खुद बदलें अपनी किस्मत

अशोक इन्दू

डायमंड बुक्स

www.diamondbook.in

प्रकाशक : **डायमंड पॉकेट बुक्स (प्रा.) लि.**
X-30 ओखला इंडस्ट्रियल एरिया, फेज-II
नई दिल्ली-110020
फोन : 011-40712200
ई-मेल : sales@dpb.in
वेबसाइट : www.diamondbook.in

KHUD BADLEIN APNI KISMAT
By : AshokIndu

समर्पण

यह पुस्तक मैं अपने पिता स्वर्गीय श्री एस. एन. पांडे और मेरी माता श्रीमती आर. पांडे को समर्पित करता हूं क्योंकि आज मैं जिस मुकाम पर पहुँचा हूं उनके कारण ही पहुंचा हूं।

पाठकों के लिए

इस धरती पर कोई ऐसी चीज जिसके बारे में पूर्वानुमान करना सबसे मुश्किल है तो वह है "जीवन", जिसे हम जी रहे हैं। हमारी जिंदगी में एक के बाद एक होने वाली घटनाओं को जब हम नहीं समझ पाते हैं तो हम उसे 'नियति' करार देते हैं। लेकिन इसी का दूसरा पहलू यह है कि जब हम असफल होते हैं तभी केवल नियति शब्द का इस्तेमाल करते हैं, उपलब्धियों के लिए हम कभी भी इसका प्रयोग नहीं करते। नियति से हम मुंह नहीं मोड़ सकते, हमें इसके सर्वोत्तम पहलू को देखना चाहिए और अच्छा काम करते हुए सदैव आगे की ओर बढ़ने की प्रवृत्ति रखना चाहिए, जो हमें बेहतर परिणाम और संतुष्टि दे सकता है। बाकी सारी प्रोत्साहक चीजें प्रत्यक्ष और अप्रत्यक्ष तौर पर सामने आती रहती हैं।

जीवन में कोई भी चीज आसानी से नहीं मिलती। चीजों की प्राप्ति के संबंध में जीवन में हमें कुछ संकेत मिलते हैं और उस संकेत को समझकर हम पर्याप्त मेहनत से उसे हासिल करने की चेष्टा करते हैं, जिसमें कुछ जोखिम भी हमें लेना पड़ता है। बाकी सब चीजों को नियति के भरोसे छोड़ दो। नियति ईश्वर का वरदान है और कुछ हद तक हमारे परिश्रम का हिस्सा। मेरे लिए यह अनुपात (नियति और परिश्रम) 50-50 का है। कुछ मामलों में यह 60-40 का हो सकता है तो कुछ में 40-60 का भी हो सकता है। लेकिन इतना तय है कि बिना कठिन परिश्रम के नियति का वरदान हासिल करना बड़ा मुश्किल है।

आप कितने भी भाग्यशाली हों बावजूद इस के कोई भी चीज सीधे तौर पर आपको हासिल नहीं होती है। जब तक जीवन है, तब तक समस्याएं रहेंगी। जिंदगी में समस्याओं को निबटाने के दो तरीके हैं। पहला सरल उपाय है, समस्याओं की ओर से आंख बंद कर लेना और इंतजार करना कि वे खुद-बखुद सुलझ जाएंगी। हालांकि ऐसा होने की दूर-दूर तक संभावना

नहीं रहती फिर भी हम कई बार ऐसा करते हैं। दूसरा तरीका है समस्याओं से दो-दो हाथ करने का, योजनाबद्ध तरीके से, बहादुरी से उसका मुकाबला करने का जिससे उस समस्या को स्थायी तौर पर निबटाया जा सके।

आपको इस बात को याद रखना होगा कि आज तक बिना चाभी का कोई ताला नहीं बनाया गया है। ठीक इसी तरह किसी निश्चित समय में आप एक से ज्यादा काम पूरी गुणवत्ता से नहीं कर सकते। लेकिन कुछ ही लोग ऐसे हैं जो अपने दिमागी संतुलन को भंग नहीं होने देते हैं।

अभी जो किताब आपके हाथ में है वह आपके लिए खुद को जानने-समझने और दूसरों के ध्यानाकर्षण के लिए मददगार साबित होगी। इस किताब में बहुत सारे विचारों को आपके समक्ष प्रकट किया गया है। मैं उम्मीद करता हूं कि अब आप अपनी जिंदगी एक अलग तरीके से जीने में कामयाब हो सकेंगे। आप कुछ परिवर्तन महसूस करेंगे और मैं विश्वास के साथ कह सकता हूँ कि निश्चित तौर पर ऐसा होगा। मैं आपके अच्छे और सफल पाठन की कामना करता हूं। आप मुझ से संपर्क कर सकते हैं।

edutrust@rediffmail.com

-अशोक इन्दू

लेखकीय...

हम लोग इन भावनाओं के साथ गहरे तौर पर जुड़ चुके हैं कि सफलता कुछ असाधारण व्यक्तियों को ही मिल पाती है, जिससे हम पूरी तरह अछूते हैं और ईश्वर ने हम पर कभी ऐसी दया दिखाई ही नहीं। बचपन से इस विचार की विश्वसनीयता के साथ ही हम बड़े होते हैं और दूसरों से कुछ अलग हट कर करते हैं। हम इस बात को भूल जाते हैं कि ईश्वर हर किसी पर समान रूप से दयाभाव रखता है और उसे बांटता भी समान रूप से ही है। यह हमारी सोच ही है, जो चीजों में भिन्नता पैदा करती है। इस धरती पर कोई भी आदमी इस विशेषता के साथ जन्म नहीं लेता कि सब चीजें उसे जन्मजात तौर पर ही हासिल हो सकें। चीजों पर अधिकार के लिए आदमी में स्वयं उस तरह की गुणवत्ता की जरूरत होती है।

मेरे कथन भले ही आपको रूखे लग रहे हों कि मैं बिना आपको जाने-समझे कैसे इस तरह से बोल सकता हूं। अपनी भीतरी ताकत को पहचानने के लिए इस किताब का सहारा आप लेते हैं तो मैं गलत नहीं हो सकता हूं अन्यथा यह एक काल्पनिक किताब साबित हो सकती है, आपकी शक्तियों को उभारने वाली पुस्तक नहीं। वैज्ञानिक सिद्धांत से यह साबित होता है कि गर्म हवाएं ऊपर की ओर उठती हैं, जिसे भरने के लिए आस-पास से ठंडी हवाएं चलती हैं। आपकी विजय यात्रा में कहीं न कहीं गैप जरूर है और इतना तय है कि इस किताब के पृष्ठों को समझकर आप उस गैप को पाट सकेंगे।

आपको यह समझ लेना चाहिए कि यह किताब आपको एकाएक नीचे से ऊपर नहीं उठा देगी लेकिन इतना तय है कि यह किताब आपकी कमजोरियों को दूर करने के साथ आपकी क्षमताओं को बढ़ाकर आपके उद्देश्य को सफल बनाने की दिशा में मददगार साबित होगी। कोई व्यक्ति किसी को सफलता के मुकाम तक नहीं पहुंचा सकता लेकिन उसे असफल होने में मददगार साबित जरूर हो सकता है। अपनी प्रगति को मापने का सबसे बेहतर तरीका है कि आप अपनी आंतरिक ऊर्जा को पहचानते हुए समस्याओं का निदान किस तरह से कर पाते हो। ऐसी कोई भी समस्या हो

ही नहीं सकती जिसका कोई समाधान न हो। ईश्वर भी हमारी मदद तब ही करते हैं जब हम कठिन परिश्रम करते हैं लेकिन हम कठिन परिश्रम तब जाकर शुरू करते हैं जब हमें लगता है कि हम असफल हो रहे हैं और ईश्वर हमारी मदद नहीं कर रहे। अपने सामने आने वाली समस्याओं से कभी भी मुंह मत मोड़ो। हमेशा खुद पर विश्वास बनाए रखो और यह सोचो कि आप जीतने के लिए पैदा हुए हैं और कभी भी असफल नहीं हो सकते। जो भी काम आप करते हैं उसे एक चुनौती की तरह से स्वीकार करते हुए सही तरीके से निभाएं। स्वयं को कभी भी आप कमरे में बंद न रखें। समस्याओं को तुरंत हल करने के उपाय सोचें वरना वे बढ़ती ही जाएंगी, जिसे बाद में मैनेज कर पाना बड़ा मुश्किल हो जाएगा।

हमेशा विश्वास रखो कि जिंदगी ने आपको वो सबकुछ दिया है जिसकी आपको जरूरत है लेकिन आपको जो चाहिए वह आप हासिल नहीं कर पाए। जो लोग ऐसा समझते हैं कि ढेर सारा धन व मर्सिडीज या फरारी कार होना ही जिंदगी का सुख है, तो वह गलत है क्योंकि कई उदाहरण ऐसे हैं, जब लोगों ने इन सब चीजों का बाद में त्याग कर दिया। (इस संबंध में मैं रॉबिन शर्मा और रवि सुब्रह्मण्यम की प्रशंसा व इज्जत करता हूं)।

जिंदगी में किसी भी उपलब्धि से आपको खुशी मिलनी चाहिए जिससे आपको आगे समस्याओं से निबटने का उत्साह मिल सके। प्रकाश का आनंद जानने के लिए अंधेरे का आनंद लीजिए। इसी तरह असफलता को आप सहज भाव से लेंगे तो सफलता का जश्न मनाने में लोग वाकई में आपका साथ देंगे। इलैक्ट्रिक बल्ब का आविष्कार करने के दौरान आइंस्टीन 16 बार असफल रहे थे। एक बार रिपोर्टरों ने जब उनसे पूछा कि आप 16 बार असफल रहे तो आइंस्टीन ने हंसते हुए जवाब दिया था कि इतना तो मैं अब जान गया हूं कि इन 16 तरीकों से तो बल्ब नहीं बनाया जा सकता है। हर व्यक्ति आइंस्टीन की तरह भाग्यशाली नहीं हो सकता, पर आप ऐसा नहीं कह सकते कि आप नहीं हैं। आपको यह समझना होगा कि असफलता का जश्न जरूरी है। यह जिंदगी की सच्ची प्रेरणा है।

हमें खुद को दूसरों से कमतर नहीं आंकना चाहिए। एक समय था जब स्टील का पर्याय 'टाटा' और जूते का पर्याय 'बाटा' को समझा जाता था। लेकिन आज आप देखिए कि परिस्थितियां कितनी बदल चुकी हैं। सैकड़ों दूसरे ब्रांड भी बाजार में आ चुके हैं जिनसे उन्हें कड़ी चुनौती मिल रही है। कई दशकों से इन चीजों का उत्पादन करने का उनका एकाधिकार अब खत्म हो चुका है। एक बार आप सफल हो गए तो इसका मतलब यह नहीं कि आप हर बार सफल हो ही जाएंगे। इसके लिए लगातार प्रयास करते रहना पड़ता है।

"बार-बार व्यवसाय बदलने वाला कभी धनी नहीं होता।" सामान्यतया इस वाक्य का प्रयोग निगेटिव तौर पर किया जाता है, लेकिन कई बार शब्दों के बदलाव से भी चीजें बदल जाती हैं। एक समय था जब कि संस्था विशेष में कई वर्ष गुजारने पर उसके प्रति दर्शायी गई निष्ठा के लिए लोगों को उसका पुरस्कार मिलता था। हमें यह याद रखना होगा कि बिताए गए वर्षों की संख्या का अनुभव दो तरीकों से हासिल होता है, जहां कोई व्यक्ति अपने पहले वर्ष हासिल किए अनुभवों को कुल वर्षों से गुणा करके प्राप्त करता है। जिंदगी न तो इतनी बड़ी है और न ही इतनी छोटी है कि किसी तरह के प्रयोगों को ज्यादा तवज्जो दी जा सके। दोनों के संयोजन से आशातीत परिणाम मिलते हैं।

भय की आशंका से हम कोई नया काम शुरू करने से हिचकिचाते हैं। हम अपनी आधारभूत गुणवत्ता को भूल जाते हैं, जिसके साथ ही हम पैदा हुए हैं, यहां तक कि हमने जो उम्मीदें पाल रखी थीं उससे बाहर नहीं निकल पाते, यह हमारे लिए असफलता नहीं बल्कि अनुभव की एक सीख है। हममें से ज्यादातर अपने कार्यों का शीघ्र परिणाम चाहते हैं जबकि जिंदगी में शीघ्र परिणाम हासिल कम ही होता है। जीवन की राह ही कुछ ऐसी है जिसमें बार-बार हमें परीक्षा देनी पड़ती है।

केवल एक ही चीज ऐसी है जिस पर आपका पूर्ण नियंत्रण होना चाहिए और वह है आपके विचार। देखने-सुनने में यह भले ही आसान लगे पर वाकई में ऐसा कर पाना बड़ा मुश्किल है। हमारा मस्तिष्क प्रकाश से भी ज्यादा तेजी से भागता है कुछ ही क्षणों में वह जयपुर से अमेरिका के व्हाइट हाउस में मि. ओबामा के पास पहुंच जाता है, जो अपने किसी मित्र से बात कर रहे होते हैं या फिर किसी पत्रकार से बात करने के दौरान व्यवधान डाल रही मक्खी को मार देते हैं। अगर आपने अपने विचारों को काबू में करना सीख लिया है तो आप भी विजेता बन सकते हैं। विचारों पर नियंत्रण होना किसी भी व्यक्ति के लिए वरदान साबित होता है। यह ठीक उसी तरह से काम करता है जैसे किसी नदी से उछलकर बहने वाली अपार जलराशि पर डैम बनाकर उसका हाइड्रो पावर इलैक्ट्रिसिटी के उत्पादन में उपयोग में लाना।

अपनी संपूर्ण ऊर्जा को किसी खास मकसद से एकधारा में ले जाने पर वह आपको निश्चित ही विजेता बना सकती है। जरूरत है तो इस पर आत्मकेंद्रित होने की। एक तय लक्ष्य की प्राप्ति के बाद आपको ऐसा महसूस होगा कि आपको इससे बड़ा लक्ष्य तय करने में कोई कठिनाई नहीं होगी। यह प्रक्रिया आपके अंतिम सांस तक जारी रहनी चाहिए जो आपके लिए सफल यात्रा साबित हो सकती है पर यह आपका पड़ाव नहीं होना चाहिए।

आप अपने-आप में अलग हैं और इसलिए आपको कुछ अलग करना होगा अन्यथा आप इस धरती के आनंद से वंचित रह जाएंगे। उपलब्धियों का आकलन शुरू करो और इस बात को समझो कि आपको क्या चीज सबसे ज्यादा संतुष्टि प्रदान करती है। जीतना और हारना महज मानसिक अवस्थाएं हैं और एक बार आपने जीतने के लिए अपना माइंड सेट कर लिया तो फिर कोई आपको जीतने से रोक नहीं सकता।

अपने जीवन में विभिन्न यात्राओं के दौरान मैंने देखा है कि हर व्यक्ति के भीतर कुछ विशेष कर पाने की क्षमता होती है लेकिन मन के भीतर बैठा हुआ भय उसे कुछ करने नहीं देता है। मैंने अपनी पूर्व किताब : 'व्हाट इफ यू डाई टुमारो', 'क्रैक द शेल दैट कवर्स यू' और 'सक्सेस इज़ नॉट बाइ चान्स' में इस बात का जिक्र किया है कि ज्यादातर लोग सफलता के भ्रमजाल से घबरा जाते हैं जबकि आप कदम आगे बढ़ाएंगे तो सफलता खुद-बखुद आपके पास चलकर आएगी।

आपकी मजबूती यही है कि आप अपनी कमजोरियों को समझते हैं और अगर आपको यह नहीं पता तो शीघ्र ही इसे समझ लीजिए। खुद के लिए एक एक्शन प्लान तैयार करके उसे अमल में लाइए और अपनी कमजोरियों को दूर करना सीखिए। अपनी कमजोरियों को मजबूती में बदलिए और यही आपको उम्मीद से बढ़कर परिणाम दिला सकता है।

इस किताब से आपकी यह यात्रा चमत्कारिक प्रतीत होगी। लेकिन इतना आपको याद रखना होगा कि इस किताब को पढ़ने के बाद आपको इन सब चीजों को अमल में लाना होगा और मैं निश्चित रूप से यह कह सकता हूं कि आने वाला समय आपका होगा। मैं अपने मेल edutrust@rediffmail.com पर आपकी सफलता की कहानियों की प्रतीक्षा करूंगा।

23 सितम्बर, 2010

अशोक इन्दू

पांडे एजुकेशन ट्रस्ट

(क्वालिटी एजुकेशन कंसल्टेंसी सर्विसेज के क्षेत्र में एक विश्वसनीय नाम)

2, पूरन बॉडी, मॉडल टाउन सी,

मालवीय नगर, जयपुर-302017

राजस्थान (भारत)

विषय सूची

अध्याय-1

जन्मजात विजेता बनिए

इस बात को कोई नकार नहीं सकता कि 'असंभव' शब्द केवल शब्दकोष में पाया जाता है। वास्तविक जीवन में इसका कोई मतलब नहीं होता। कभी-कभी किसी व्यक्ति को ऐसा महसूस होता है कि यह दिया गया कार्य उसके बूते से बाहर की बात है लेकिन वही कार्य वह किसी दूसरे समय में जाकर आसानी से पूरा कर लेता है। यह इस बात की ओर इंगित करता है कि हमारी जरूरत और ईमानदारी से की गई कोशिश ने असंभव को संभव में बदल दिया। जिंदगी में इच्छा का होना ऐसा बल है जो हमें किसी भी चीज को हासिल करने में मदद करता है। केवल उस चीज की इच्छा का होना ही काफी नहीं, उसे पाने का जुनून हमारे भीतर होना चाहिए।

जब हम देखते हैं कि किसी ने कोई चीज हासिल कर ली है और हम भी उसे पाना चाहते थे लेकिन उसने हासिल कर ली और हम अभी उसे पाना चाहते हैं लेकिन उसमें सफल नहीं होते, तो असफलता के लिए कई सारे बहाने ढूंढ़ निकालते हैं। ऐसा इसलिए क्योंकि हम अपनी असफलता का विश्लेषण करने में अक्षम हैं और विजेता की कोशिशों का सम्मान करते हैं। केवल यही नहीं, हम इसके लिए अपने भाग्य को भी कोसने से नहीं चूकते; परन्तु हम यह भूल जाते हैं कि भाग्य और नियति उन्हीं की मदद करते हैं जिनमें कुछ करने की इच्छा है।

'मैट्रो मैन' के तौर पर पहचाने जाने वाले प्रसिद्ध व्यक्ति ई. श्रीधरन महज एक दिन, महीना या साल में इतनी बड़ी शख्सियत नहीं बने हैं। बल्कि 'कोंकण रेल परियोजना' के मास्टर माइंड यही हैं और इसके पूरा होने तक वे इसके साथ निष्ठा से जुड़े रहे थे। इसे उन्होंने एक चुनौती के रूप में लिया। उन्हें खुद को साबित करने का एक अवसर मिला था

जिसका उन्होंने बेहतर सदुपयोग किया। आपको यह याद होना चाहिए कि रेलवे के पास लाखों इंजीनियर हैं। लेकिन श्रीधरन ने खुद को औरों से अलग साबित किया। मौका मिलने पर आपको भी कुछ कर दिखाना होगा। श्रीधरन ने कोंकण रेलवे प्रोजेक्ट पर ही अपनी दक्षता नहीं साबित की बल्कि, इससे पहले भी वे जिस पद पर थे उसे भी उन्होंने निष्ठा से निभाया था। आपको किसी चमत्कार घटने का इंतजार करने की बजाए परिस्थितियों को अपने अनुकूल बनाना होगा। अधिकतर लोगों की सोच होती है कि वर्तमान में जो करने के लिए उनके सामने है वह उनकी इच्छा और योग्यताओं के मुताबिक नहीं है और वह कुछ विशेष होने का इंतजार करते हैं लेकिन वह दिन कभी नहीं आता।

हमें बचपन से ही यह बताया गया है कि जीवन गुलाब के फूलों की सेज नहीं है। मुझे आज तक इस मुहावरे का मतलब समझ में नहीं आया क्योंकि मैंने एक प्राइमरी स्कूल के शिक्षक से अपनी शुरुआत की और आज मैं एक नहीं, तकरीबन 15-16 बड़े संगठनों को एक साथ संचालित कर रहा हूं। जब मैं प्राइमरी शिक्षक था तब भी लोग मुझे जानते थे और आज भी वही बात है, बस फर्क पड़ा है तो महज इतना कि मुझे जानने वाले लोगों की संख्या बढ़ गई है।

मैं जहां भी होता हूं, सर्वोत्तम करने की चाहत रखता हूं। दूसरों के संदर्भ में आपको अपनी परिस्थिति में फर्क पैदा करना होगा, तब चीजें बेहतर होंगी। इसके लिए आप इंतजार नहीं कर सकते क्योंकि जिंदगी आपको ज्यादा समय नहीं देगी।

जब आप कुछ पाना शुरू कर देंगे तो आपको महसूस होगा कि आपने जिंदगी का बहुत सारा कीमती वक्त गंवा दिया लेकिन तब पछताने के सिवा कुछ नहीं किया जा सकता।

एक सफल व्यक्ति और सामान्य व्यक्ति के बीच जो फर्क है वह शक्ति और ज्ञान का नहीं, बल्कि इच्छाशक्ति का होता है।

अगर आप विजेता बनना चाहते हैं तो कहीं से भी बस शुरुआत भर करने की जरूरत है। आपको यह नहीं भूलना चाहिए कि जो कुछ नहीं करना चाहते वे ही समयाभाव का बहाना बनाते हैं और जो कुछ करते रहते हैं वे स्वयं क्रियाशीलता से जिंदगी को पूर्ण आनंद के साथ जीते हैं। जहां

से भी आपको उचित लगता हो, शुरू कर दीजिए और किसी इंतजार में मत रहिए कि अवसर मिलेगा तब काम शुरू करेंगे।

एक बार आपने सर्वोत्तम देना शुरू किया तो, सच मानिए कि आपकी चाहत आप से दूर नहीं। जिंदगी में उन्हीं को इनाम मिलता है जो अपना कार्य खुद करते हुए स्वयं पर यकीन करते हैं।

कई बार ऐसा होता है कि आपसे कमतर लोग आपसे आगे बढ़ जाते हैं, इससे दुःखी होने की जरूरत नहीं। बिना योग्यता और पूर्ण दक्षता के वे बहुत आगे तक नहीं जा सकते और अगर वे जाते हैं तो इसका मतलब है कि उनमें योग्यता है। आपको इन सब में नहीं उलझना चाहिए और लोगों से बेहतर तरीके से अपना काम निबटाना चाहिए, जो आपको सफलता की ओर ले जाएगा।

न्यूटन की गति के द्वितीय नियम को याद कीजिए: बिना किसी बाहरी बल के कोई वस्तु इधर-उधर नहीं हो सकती है। बाहरी बल लगाने पर कोई वस्तु क्रियाशील होती है पर वह बल लगाना खत्म होने पर फिर से वापस, ऐसा जड़त्व की वजह से होता है। हमारी जिंदगी में भी जड़त्व समा चुका है जो हमें रोकता है। अपने मूल्य को आप पहचानें, केवल खुद को जानिए और बाकी सब चीजों को भुला दीजिए। जिंदगी वास्तव में फूलों की सेज है लेकिन इसके लिए गुलाब आपको खुद ही चुनने होंगे। संभवतः गुलाब के फूल को तोड़ते वक्त आपको उसका कांटा चुभ सकता है और खून भी निकल सकता है, लेकिन वह अस्थायी होगा और फूलों की सेज पर सोना उससे ज्यादा आनंददायक होगा। जिस तरह फूल चुनने में आप कांटों का सामना करते हैं उसी तरह से जिंदगी में आने वाली मुश्किलों का सामना करने के लिए तैयार रहना होगा। भौतिक सुख देने वाले साधन अस्थायी होते हैं इसलिए हमेशा ऐसे साधनों की तलाश करो जो आपको विजेता बना सकें। मेरा विश्वास है कि अगर आप जिंदगी में आने वाली मुश्किलों से निबटते जाएंगे तो आप मजबूत बनेंगे और विजय की ओर अग्रसर होंगे। ये मुश्किलें आपके जीवन का स्वाद भी बदलेंगी।

1.1 अपनी निपुणता को समझिए

एक चीज जो इस दुनिया में बिल्कुल स्पष्ट है वह यह कि आप जिस चीज की शुरुआत कर रहे हैं उसके प्रति विश्वास पैदा करें। अगर आपका

उस पर विश्वास नहीं है तो यह बेवकूफी है क्योंकि तब आपके लिए उसका अस्तित्व ही नहीं है। विश्वास करना सफल पुरुषों का एक बड़ा गुण है। वे उस चीज को अपनी कसौटी पर परखते हैं और उससे जो नतीजा निकलता है, उसके आधार पर आगे बढ़ते हुए पूरी ऊर्जा के साथ उसे पाते हैं।

हममें से ज्यादातर लोग उस हाथी के समान हैं जिसका मालिक उसे एक पतली सी जंजीर से बांध कर रखता है जो उस विशालकाय जानवर के लिए तोड़ना बहुत ही आसान हो सकता है। लेकिन वह ऐसा करता नहीं क्योंकि उसका बचपन से ही दृढ़ नजरिया है कि उसका मालिक उसे जिस जंजीर से बांध रहा है। वह जंजीर उससे अधिक मजबूत है, यहीं से फर्क पैदा होता है और वह हाथी इस बारे में सोचना ही बंद कर देता है कि मैं इस जंजीर को तोड़ भी सकता हूं। ज्यादातर लोग इसी सोच का शिकार होते हैं और पूरी जिंदगी इसी तरह से गुजार देते हैं कि उपलब्धियों को हासिल कर पाना हमारे बस में नहीं है।

सफलता के लिए सबसे पहले आपको स्वयं पर विश्वास करना होगा कि आप ऐसा कर सकते हैं।

जब मैंने अपने अनुभवों को लिखने के बारे में सोचा तो मेरे दिमाग में आया कि इसके तो लिए बहुत ज्यादा रचनाशीलता की जरूरत होगी। आश्चर्यजनक रूप में मैंने अपना डॉक्टरेट रचनाशीलता में ही किया, जिसका विषय था, 'टोरेंस टेस्ट ऑफ क्रिएटिविटी'। मैं रचनाशीलता के हर मानदंड को जानता था फिर भी मुझे डर था कि कहीं मेरे आकलन के मुताबिक परिणाम नहीं मिला तो क्या होगा और इसी बात से मैं निराश हो जाता था। मैंने अपने पिछले कार्य से इस्तीफा देकर केवल लिखने का फैसला किया। आपको विश्वास नहीं होगा कि मैंने बाजार में उपलब्ध इस विषय पर हर किताब खरीदी और पढ़ने के बाद मुझे लगा कि इस किताब के लेखकों में जो योग्यताएं हैं वह मुझमें नहीं हो सकतीं। लेकिन फिर भी मैंने लिखने का साहस जुटाया।

हालांकि ऐसा एकाएक या रातोंरात मुमकिन नहीं हुआ लेकिन मैंने शुरुआत की और एक लैपटॉप खरीदा और मैं इस किताब को लिखने में व्यस्त हो गया। पहली किताब लिखने में मुझे 6 महीने का वक्त लगा, जिसका नाम है 'व्हाट इफ यू डाइ टुमारो?' फिर प्रश्न उठा कि इसे छापेगा

कौन? मैंने तकरीबन 15 प्रकाशकों को पत्र लिखा। इनमें से ज्यादातर ने अस्वीकार कर दिया लेकिन एक ने कुछ रुचि दिखाई। मुझे स्क्रिप्ट जमा करने के लिए कहा गया। प्रकाशक ने 6 महीने तक इंतजार कराया और हर बार फोन पर यही जवाब मिलता कि इस महीने काम हो जाएगा। इस तरह वह किताब फ्रैंकफर्ट पुस्तक मेला और कोलकाता पुस्तक मेले में नहीं आ पाई और इसी बीच वहां से भी इंकार कर दिया गया। कहा यह गया कि इसमें बहुत-सी व्याकरण की गलतियां हैं।

अगले 6 महीनों के दौरान मैं दूसरी किताब 'क्रैक द शेल दैट कवर्स यू' लिखता रहा। छपने से इंकार कर देना मेरे लिए दुःखद था पर मैं रुका नहीं। इसी दौरान एक प्रकाशक ने मुझे प्रस्ताव भेजा कि मैं आपकी किताब छाप सकता हूं बशर्ते कि भविष्य में आप जो भी लिखेंगे वह किताब मेरे यहां ही छपवाएंगे। मेरे लिए यह एक बड़ा अवसर साबित हुआ और तब से मैं पीछे नहीं मुड़ा। उपरोक्त दोनों शीर्षक वाली किताबें उसी प्रकाशक ने छापीं और 'सक्सेस इज नॉट बाई चांस' दूसरे प्रकाशन द्वारा छापी गई जो इसे हिन्दी में प्रकाशित कराने के लिए इसका हिंदी अनुवाद कराना चाहते थे। साथ ही पूर्व की दोनों किताबों का भी अनुवाद छापा।

पिछले तीन सालों के दौरान यह मेरी चौथी किताब है।

कई तरह से मुझे प्रेरणा मिली जिससे मैं आगे बढ़ता रहा। जो लोग प्रशासकीय तरीकों के आलोचक थे वे लोग भी आश्चर्यचकित थे कि मैंने ऐसा कर दिया। मैंने भी आलोचनाओं का मुकाबला किया है। इस विषय पर ढेर सारी किताबें लिखी गई हैं। लेकिन मैं उनके मिश्रित विचारों के आधार पर कुछ नया लिखना चाहता था। विभिन्न विश्वविद्यालयों में मेरे अंग्रेजी के प्रोफेसर मित्रों ने भी अपने कमेंट्स भेजे थे। लेकिन अगर 80 प्रतिशत लोग भी मेरे लेखन की सराहना करते हैं तो मैं अपनी लेखन योग्यता से संतुष्ट हो पाऊंगा और मैं समझूंगा कि मेरा कार्य सफल रहा।

अक्सर ऐसा होता है कि हम अपनी प्रतिभा से वाकिफ नहीं होते लेकिन एक बार वह धरातल पर उतर जाए तो आप विजेता बन जाते हैं, केवल धन अर्जन करना ही सफलता का पैमाना नहीं है। ज्यादातर सफल लोगों ने धन और प्रतिष्ठा दोनों अर्जित की हैं। आपकी प्रतिभा ही आपकी पूंजी है और अपनी प्रतिभा को साबित करके आप खुद में दृढ़ विश्वास पैदा कर सकते हैं। आप सबकुछ कर सकते हैं पर साथ ही आपको यह भी याद

रखना होगा कि आप क्या कर रहे हैं। पहले कुछ चीजों से शुरुआत करें फिर सारी चीजें एकसाथ अपने-आप होना शुरू हो जाएंगी। यह प्रकृति का नियम है जिसे आपको खुद में समझना होगा।

लोग आपके बारे में क्या सोचते हैं, मुद्दा यह नहीं परंतु मुद्दा यह है कि आप अपने बारे में क्या सोचते हैं। आपके विचार ही आपको दूसरों से पृथक करते हैं। एक बार आपका खुद पर यकीन पक्का हो गया तो आप कोई भी चमत्कार कर सकते हैं। कमजोर लोग खुद के किए काम का आकलन दूसरों से करवाते हैं, जिन्होंने खुद कभी उस तरह के काम को करने का प्रयास नहीं किया है।

आप स्वयं की इज्जत करना सीखें। मेरे मामले में ही देखिए कि कोई प्रकाशक नहीं मिल रहा था। यदि मेरी किताब प्रकाशित नहीं होती, तो मेरे पास खोने के लिए क्या था? महज किया हुआ परिश्रम। फिर भी मैं संतुष्ट होता कि मैंने अपने मन के मुताबिक कुछ लिखा। वह संतुष्टि इसके किताब रूप में न छपने से कम नहीं होती। सबसे पहले स्वयं की संतुष्टि का होना जरूरी है। बाकी सारी चीजें द्वितीयक हैं। मैं दृढ़ता से अपने किए कार्य पर आगे बढ़ता रहा और मुझे इसमें सफलता मिली। मैं नहीं चाहता कि आपके साथ भी ऐसा हो, इसलिए अपने समक्ष मिली चुनौतियों का डट कर मुकाबला कीजिए। आप एक जन्मजात विजेता हैं और उसी के अनुरूप अपना व्यवहार रखिए।

एक बार अगर आप दृढ़ हो गए तो फिर कोई आपको रोक नहीं सकता। कमजोर व्यक्तित्व वाले ही अपने विचारों में विभिन्नता लाते हैं और सोचते हैं कि इस कार्य का परिणाम सकारात्मक होगा या नहीं। हमें किसी कार्य में सफलता प्राप्त करने की पूरी प्रक्रिया के दौरान खुद के विश्वास पर दृढ़ रहना होगा।

1.2 सर्वश्रेष्ठ की चाहत

दुनिया में हर आदमी का शरीर एक ही तरह से बना हुआ है, जिसमें एकसमान रक्त और न्यूरॉन्स की संख्या है लेकिन हमारी क्षमताएं एक समान नहीं हैं। न केवल क्षमता बल्कि हर व्यक्ति का कार्य करने का तरीका भी अलग-अलग है। ऐसा क्यों होता है? ज्यादातर लोग कैसे भी हो काम को निबटाना चाहते हैं। हम कार्य की गुणवत्ता को भूल जाते हैं, जिससे हम उसे महज सामान्य तरीके से ही कर पाते हैं।

श्रेष्ठता की कोई खास परिभाषा नहीं है और अगर एक बार कोई श्रेष्ठता हो जाती है तो जरूरी नहीं कि वह हमेशा ही कायम रहे। समय के साथ श्रेष्ठता की परिभाषा भी बदल जाती है। प्रचलित शिक्षा पद्धति के साथ सूचना तकनीक ने बहुत-सी चीजों को बदल दिया है। समय आज बदल रहा है। पहले जानकारी हासिल करने का जरिया केवल शिक्षक ही थे पर आज इंटरनेट के जमाने में शिक्षक भी श्रेष्ठता बनाए रखने के लिए रोज जानकारी देने में पिछड़ सकते हैं।

हर क्षेत्र में श्रेष्ठता के मानदंड बदल रहे हैं, यहां तक कि सरकार ने भी धनी लोगों की परिभाषा बदल दी है। नब्बे के दशक में मैनेजमेंट की डिग्री हासिल किए हुए इंजीनियरिंग के छात्रों की बहुत ज्यादा मांग थी लेकिन अब वह बात नहीं रही। इसका मतलब यह नहीं कि उनकी वैल्यू कम हो गई है लेकिन समाज की मांग में परिवर्तन आ गया है।

विजेता बनने के लिए जरूरी है कि जो आप कर रहे हैं उसे पूरी श्रेष्ठता से करें और उसमें अपना विश्वास कायम रखें। सफलता कोई अंतरिम प्रक्रिया नहीं बल्कि इसकी सीमाएं बदलती रहती हैं। सफल लोग श्रेष्ठता से काम करते हैं और वे इस सिद्धांत में विश्वास रखते हैं कि सामान्य लोगों और स्वयं के बीच अन्तर पैदा कर देंगे लेकिन वे अपने काम और स्वयं का संपूर्ण आकलन करके आगे बढ़ते हैं।

भारत में एक बड़े कार्पोरेट हाऊस के साथ काम करते हुए मैं अक्सर कहा करता था कि हमें अपनी 90 साल पुरानी शिक्षा पद्धति में ज्यादा फेरबदल करने की जरूरत नहीं। जरूरत इस बात की है कि समाज में हो रहे परिवर्तन के मुताबिक ही हमें उसके नजरिए में बदलाव लाना होगा। यह एक चुनौतीपूर्ण काम है जिसके बहुत सारे आलोचक भी हैं, पर मुझे खुशी है कि इसमें कुछ सुधार हो रहा है। संस्थान के मुखिया मुझसे इतने प्रभावित हुए कि उन्होंने मुझे प्रेरित करते हुए कुछ नए प्रोजेक्ट्स दिए ताकि मैं शिक्षा पद्धति के बारे में अपनी उपयोगिता साबित कर सकूं। मैं यह नहीं कह सकता कि पूरी तरह से बदलाव आ चुका है लेकिन परिवर्तन महसूस किया जा रहा है। कई बार छोटे बदलाव भी संतुष्टि प्रदान करते हैं लेकिन हमें यह नहीं भूलना चाहिए कि कार्य की श्रेष्ठता को किसी भी सूरत में कायम रखना है।

समय के साथ श्रेष्ठता बनाए रखने में कई बार तनाव भी झेलना पड़ता है। लेकिन आपको याद रखना होगा कि विश्वास के सहारे ही आप यहां

तक पहुंचे हैं। अगर यहां कोई दूसरा होता तो असफल हो सकता था। अगर आप श्रेष्ठता को भुला रहे हैं तो समझिए कि आप अपनी पहचान खोने की तैयारी कर रहे हैं।

अपने कार्य की श्रेष्ठता से आप कभी भी समझौता न करें। इसे समझने का बेहतर तरीका है कि आप यह जानें कि किसी कार्य की गुणवत्ता और श्रेष्ठता आपस में एक-दूसरे के पर्यायवाची हैं। अपना काम इस तरह से करें कि वह जगह छोड़ने के बाद भी आप के कार्य की छाप वहां बरकरार रहे। क्योंकि सिस्टम चलता रहता है परन्तु आपके व्यक्तित्व की पहचान कायम रहती है। एकबार आपको एहसास हो गया कि आपने ऐसा कर लिया है तो समझ जाइए कि आप सफल व्यक्तियों की सूची में जुड़ गए।

कार्य करने का आनंद उसकी श्रेष्ठता में ही छिपा होता है।

सफलता की जांच लिटमस पेपर की तरह नहीं हो सकती, जहां रंगों में परिवर्तन के माध्यम से बदलाव महसूस होता है बल्कि यह एक अनुभूति है जो आपमें इसकी गंभीरता की समझ पैदा करती है। श्रेष्ठ कार्य करने के लिए यह जरूरी है कि आपमें श्रेष्ठ विचार पैदा हों और ये श्रेष्ठ विचार ही आपको हमेशा पॉजिटिव रिजल्ट दे सकते हैं। हमेशा पॉजिटिव सोचने की आदत डालें। आप अपनी नियति के मालिक स्वयं हैं इसलिए आपको कभी भी श्रेष्ठता के साथ समझौता नहीं करना चाहिए।

1.3 कार्य का आनंद लीजिए

इस धरती पर हर सजीव अपना कार्य करते हुए अपनी संतति को बरकरार रखता है। चाहे वह पृथ्वी पर पाई जाने वाली सबसे छोटी चिड़िया हमिंग बर्ड हो या फिर विशालकाय प्राणी हाथी, ये न केवल जिंदा रहते हैं बल्कि अपनी पहचान कायम रखने के लिए निरंतर क्रियाशील भी रहते हैं।

कार्य में लीन रहना मनुष्य का स्वभाव है इसलिए वह बैठे नहीं रह सकता लेकिन देखा जाए तो अधिकतर समय हम कुछ भी करते रहते हैं क्योंकि हम सोचते हैं कि हमारे पास दूसरा विकल्प नहीं है। हम इस बात को भूल जाते हैं कि फर्श को साफ करने वाला सामान्य कार्य हो या फिर नदी पर बांध निर्माण सदृश विशेष कार्य, हरेक की अपनी खासियत होती है। हम यह मानकर चलते हैं कि समाज में उन लोगों की प्रतिष्ठा ज्यादा

है जो समाज को ज्यादा देते हैं। इस सोच को हम नकार नहीं सकते लेकिन समाज में फर्श साफ करने वाले व्यक्ति की भी वही हैसियत या पहचान होती है क्योंकि पर्यावरण को साफ करने में उसका अहम योगदान होता है।

आप ऐसे लाखों लोगों को खोज सकते हैं जो काम तो करते हैं लेकिन वे किसी कार्य को पूरा करने में कोई योगदान दे रहे हैं, ऐसा नहीं लगता। योगदान के लिए उसकी समझ का होना जरूरी है और तब जाकर आप कार्य का सच्चा आनंद उठा सकते हैं। विभिन्न कार्यों की अवधारणा हर किसी की अलग हो सकती है परंतु जिसे उसकी समझ है वही उससे प्रेम कर सकता है, उसका आनंद ले सकता है।

मैनेजमेंट के कुछ छात्र अपने प्रोफेसर के साथ कहीं दौरे पर गए थे। करियर के संबंध में वार्तालाप करते हुए वे एक ऐसी जगह पहुंच गए जहां कुछ लोग एक मंदिर के निर्माण कार्य में लगे थे। वहां काम कर रहे एक मजदूर से प्रोफेसर ने पूछा, 'क्या कर रहे हो तुम?' उसने तपाक से जवाब दिया, 'मेरे नसीब में पत्थर तोड़ना लिखा है और मैं वही कर रहा हूं।'

प्रोफेसर ने आगे चलकर दूसरे मजदूर से फिर वही प्रश्न पूछा, उसने जवाब दिया, 'चूंकि अपने परिवार के भरण-पोषण का दायित्व मुझ पर है इसलिए मुझे उनके भोजन का इंतजाम करना है। मुझे कोई दूसरा काम नहीं मिला इसलिए मैं यहां काम कर रहा हूं।

वे फिर आगे बढ़े और तीसरे मजदूर से भी यही सवाल किया। उसने कहा, 'मैं इस सुंदर मंदिर के निर्माण में अपना सहयोग कर रहा हूं और इस तरह से मैं ईश्वर का कर्ज चुकाने का प्रयास करता हूं।'

प्रोफेसर ने अपने छात्रों को बताया कि पहला व्यक्ति व्यथित हो कर कार्य कर रहा है। दूसरा आदमी अपनी दैनिक जरूरतों को पूरा करने के लिए मशीन की भांति कार्य कर रहा है लेकिन उसे कार्य में कोई रुचि नहीं है। केवल तीसरा व्यक्ति बतौर करियर यहां काम कर रहा है। इसलिए आपको उस तीसरे व्यक्ति की तरह से काम करना चाहिए।

जिस कार्य में आपकी रुचि हो उसमें और अग्रसर होइए, फिर उसका नतीजा देखिए और आपको फर्क महसूस होगा। आपका नजरिया यहां पर अहम भूमिका निभाता है। हममें से ज्यादातर लोग जवाब की प्रतीक्षा में रहते

हैं जो कभी नहीं मिलता। कुछ लोग इसलिए अपने माता-पिता और नियति को ही इसका दोषी ठहराते हैं।

सभी सबकुछ नहीं पा सकते लेकिन अधिकतर पा लेते हैं। जो हमारे पास नहीं है हम उसी की कल्पना करते हैं। हमें उन चीजों का आनंद लेना चाहिए जो हमारे पास हैं। लेकिन जो चीजें हमारे पास नहीं हैं उन्हें हासिल करने की ओर उन्मुख होना ही हमें सफलता की ओर ले जा सकता है।

जो व्यक्ति अपने वर्तमान से खुश नहीं है वह कभी भी खुश नहीं रह सकता क्योंकि उसे भविष्य में भी हर वक्त ऐसा ही लगेगा कि कुछ चीजें उसके पास अभी भी नहीं है। वर्तमान में जो आप कर रहे हैं उसके उजले पक्ष को देखें। यह आपके नैतिक स्तर को बढ़ाकर आपके सपने को साकार करने में मददगार हो सकता है। बरगद का पेड़ प्रारंभ से ही वर्तमान आकार में नहीं आ जाता बल्कि एक लंबे समयांतराल में उसे यह विशालता हासिल होती है।

आप विजेता की तरह कार्य करें और यह साबित करें कि आप उस कार्य में आनंद ले रहे हैं। कुछ भी लगातार करते रहने से उत्साह पैदा होता है और वही आनंद दिलाता है। अपनी क्षमताओं का भरपूर उपयोग करते हुए सर्वोत्तम करने की ललक ही आपको आशातीत परिणाम दिला सकती है।

किसी चीज को और बेहतर कैसे किया जाए यही जानना आनंद है।

एक बार अगर आप अपने कार्य में तल्लीन हो जाते हैं तो स्वत: आप अपनी क्षमताओं और दक्षताओं का आनंद उठा पाएंगे और यही बेहतर परिणाम दिलाएगा। तल्लीनता से किया गया कार्य ही उत्पादक साबित होता है। हम अपनी नियति के चलते नहीं बल्कि कार्य को अनुत्साही ढंग से करने के चलते असफल रह जाते हैं।

कार्य में तल्लीनता से शरीर के भीतर कुछ हार्मोनल स्राव होते हैं जो प्रत्यक्ष रूप से आपकी क्रियाशीलता को प्रभावित करते हैं। आनंद से कार्य करने पर शरीर में एड्रेनेलिन का स्तर बढ़ जाता है जो हमें गुणवत्तायुक्त कार्य संपन्न करने की प्रेरणा देता है। कई बार हम तकनीकी या अकेडमिक दक्षता के अभाव की वजह से कार्य को सही तरीके से नहीं कर पाते हैं। लेकिन ये दोनों ही चीजें ऐसी हैं, जिन्हें हम सीख सकते हैं।

अकेडमिक और तकनीकी तौर पर दक्ष कोई व्यक्ति किसी काम को

उतने मजे से नहीं कर पाता जितना कि कोई इन सबसे अनभिज्ञ व्यक्ति। कार्य को मजे के साथ करने की भिन्नता के चलते दोनों ही व्यक्तियों द्वारा संपन्न कार्यों में काफी अंतर देखा जाता है।

आप जो भी कार्य कर रहे हैं, वह आपको तब ही ख्याति और प्रतिष्ठा दिला सकता है जब आप उसे पूरे आनन्द और उत्साह के साथ करें। आनन्द और संतुष्टि दोनों ही एक-दूसरे के पर्याय हैं और व्यक्तित्व निर्माण के लिए दोनों ही समान रूप से आवश्यक हैं। ऐसा करने से आपको और बेहतर करने की प्रेरणा मिलेगी जो बेहतर से बेहतर परिणाम की ओर आपको ले जा सकती है।

1.4 अपने कार्य में लीन रहना सीखिए

आपने अक्सर सुना होगा, 'अभ्यास ही व्यक्ति को पूर्ण बनाता है' लेकिन आप इसको दूसरे तरीके से सोचें तो किसी काम को तल्लीनता से करने पर खुद-बखुद उससे प्रेम हो जाता है। एक बार उस कार्य से प्रेम हो जाने पर उसे भुलाना मुश्किल हो जाता है।

लोगों को वही काम करना अच्छा लगता है जो उन्हें पसंद होता है। वह कुछ भी हो सकता है किताब लिखना या लोगों को ठगना। आनंद के साथ किए गए कार्य में आदमी उसके भीतर तक जाता है। कुछ समय के बाद आदमी उस कार्य में खो जाता है और उसे पूर्ण दक्षता से करना सीख जाता है। उसके बाद वह बिना उस कार्य के जीवित नहीं रह पाता। इसे ही कार्य को निष्ठा से करना कहा जाता है।

दीर्घकाल तक आप अगर किसी चीज से जुड़े रहते हैं तो जो पाना चाहेंगे वह हासिल कर सकते हैं।

कई बार किसी कार्य को करने के दौरान बीच में रुचि जगती है जो आपको आनंद देती है लेकिन किसी कारणवश अंत तक जाते हुए कुछ बाधाएं सामने आती हैं और आप उस कार्य को छोड़ देते हैं। किसी कार्य को आनंद से करना आपकी अवधारणा पर निर्भर करता है। नकारात्मक आनंद आपको पीछे की ओर धकेलता है जबकि सकारात्मक आगे की ओर। आपने अक्सर 'वर्कहोलिक' शब्द के बारे में कई बार लोगों के मुंह से सुना होगा और विश्वास कीजिए कि लोग इसे पॉजिटिव तौर पर नहीं लेते

हैं। वर्कहोलिक उसे कहा जाता है जो बिना विराम के अपने कार्य में जुटा रहता हो। सालों-साल बीतने के बावजूद एक ही काम करते हुए वे बोर नहीं होते। लेकिन वास्तविकता यह है कि वे उस काम को मजा लेते हुए करते हैं और बिना उस कार्य के उन्हें कुछ खालीपन-सा महसूस होता है।

विजेता अपना कार्य इसी तरह मजा लेकर निबटाते हैं। वे कोई कार्य किसी बदले की उम्मीद से नहीं बल्कि संतुष्टि की चाहत के लिए करते हैं। इस दौरान जो कुछ भी उन्हें मिलता है उसे ही वह उपलब्धि मानते हैं।

एक दिन एक प्यासा हिरण पानी पीने के लिए नदी किनारे पहुंचा। नदी के साफ पानी में उसे अपना प्रतिबिंब दिखाई दिया उसने अपने सुंदर सींगों को देखा और उन पर उसे बड़ा गर्व हुआ। फिर उसने अपने पैर देखे जो उसे काफी भद्दे लगे और वह दुःखी हो गया।

वह सोचने लगा 'मेरे सींगों में कितनी शाखाएं हैं और ये कितने सुंदर है लेकिन काश! मेरे पैर भी ऐसे होते।'

इस दौरान एक शिकारी उधर से गुजरा और उसे पकड़ने के लिए दौड़ा। हिरण समझ गया कि वह शिकारी उसे पकड़ने आया है तो वह दुम दबाकर वहां से भागा।

बड़ी मजबूती से वह अपने डग भर रहा था। थोड़ी देर के बाद ही वह शिकारी की नजरों से ओझल हो गया। वह कुछ आगे जाकर सुस्ताने के लिए ठहरा और सोचने लगा कि मजबूत पैरों की बदौलत ही आज उसकी जान बच सकी है। इतने में एक पेड़ की शाखाओं में उसका सींग उलझ गया। उसने काफी जोर लगाया पर वह उलझता ही गया। हिरण दर्द से छटपटाते हुए सोच रहा था कि मैं भी कितना मूर्ख हूं। मैं अपने पैरों से घृणा करता था और सींगों पर गर्व, यही आज मेरे लिए घातक साबित हो गए। मुझे ईश्वर को धन्यवाद देना चाहिए था, जिसने मुझे ये पैर दिए।

1.5 संकल्पवान बनें

इस जमाने में ख्याति अर्जित करने में वही सक्षम हुए हैं जिन्होंने संकल्प लेकर बिना विचलित हुए, पूरी तत्परता से अपना कार्य किया है। यात्रा पथ पर यह जरूरी नहीं कि आपको सदैव नेशनल हाईवे ही मिले। आपको टूटी और गंदी सड़कें भी मिलेंगी पर वहां ठहरना नहीं है। इन टूटी सड़कों पर

चलने से आप और ज्यादा मजबूत बनेंगे।

इन सड़कों पर चलने के दौरान आपकी लगनशीलता की जांच होती है। दृढ़ मानसिक शक्ति वाले व्यक्ति की तुलना में लगनशील व्यक्ति ज्यादा बेहतर होता है। एक तत्पर आदमी कभी भी बिना मूल्यांकन किए कोई कार्य शुरू नहीं करता है लेकिन एक बार अगर वह शुरू कर देता है तो फिर किसी भी हालत में उसे पूरा करके ही छोड़ता है।

तत्परता एक जन्मजात गुण है लेकिन इसे अभ्यास से भी हासिल किया जा सकता है। हमारी शिक्षा पद्धति कुछ इस तरह की है कि उसमें हर चीज का शॉर्टकट सिखाया जाता है और यही जीवन में हमारी असफलता के कई कारणों में से एक कारण बनता है। हमारी शिक्षा पद्धति में कुछ ऐसी विकृतियां भरी हैं कि हम केवल अंक हासिल करने की ओर ही पूरा ध्यान केंद्रित रखते हैं।

हम अपने छात्रों को यह क्यों नहीं पढ़ाते कि इस संसार में ऐसी किसी चीज का अस्तित्व ही नहीं है जिसे हम पा न सकें? हम क्यों नहीं उन्हें अपने कार्यों में तत्परता लाने की शिक्षा देते हैं? एडीसन और न्यूटन तो कभी भी किसी सलाहकार के पास नहीं गए थे तो फिर कैसे उन्होंने बल्ब का आविष्कार कर लिया और गति के नियम का प्रतिपादन किया, जिसने आज हमारा जीवन कई मायनों में आसान बना दिया है।

तत्परता से कार्य करना ही सफलता की राह पर चलना है।

बिना तत्परता के आप कुछ भी हासिल नहीं कर सकते भले ही परिस्थितियां शत-प्रतिशत ही आपके पक्ष में क्यों न हों। एक ही दिशा में सोच-विचारकर तत्परता से अग्रसर होने पर ही सफलता मिल पाती है। बिना तत्परता के आपको कुछ भी हासिल होने की संभावना कम ही रहती है।

अगर आपने कुछ पा लिया तो समझिए कि वह आपकी तत्परता का ही परिणाम है और एक बार आपने कुछ पाया तो वह आपके लिए टॉनिक का काम कर सकता है। इस तरह की प्रेरणा का आधार तत्परता ही होती है।

एक ट्रेनिंग सेशन के दौरान दिल्ली में मेरी मुलाकात एक 52 वर्षीय महिला शिक्षक से हुई। बिहार प्रांत के सुदूर इलाके से आई उस महिला की शादी महज 15 साल की आयु में हो चुकी थी और रोजगार पाने के क्रम में वह अपने पति के साथ दिल्ली आ

गई। 20 साल की उम्र में वह 2 बेटियों की मां बन चुकी थी। अचानक एक सड़क दुर्घटना में उसके पति की मृत्यु हो गई। लेकिन उसने अपनी हिम्मत बरकरार रखते हुए दोनों बेटियों को अच्छी शिक्षा दी ताकि वे देश की बेहतर नागरिक बन सकें।

बेटियों के पढ़ते समय वह उनके साथ बैठती। उसने अपनी बेटियों के साथ पढ़ाई-लिखाई शुरू की और स्नातक की डिग्री हासिल की। बाद में उसने स्नातकोत्तर और फिर बैचलर आफ टीचिंग की डिग्री हासिल की। घर-गृहस्थी का सारा काम करने के दौरान ही उसने ऐसा किया।

घर के पास ही एक प्राइमरी स्कूल में वो नौकरी करने लगी और सात वर्ष के भीतर दिल्ली के ही एक प्रतिष्ठित स्कूल में वाइस प्रिंसिपल बन गईं। जब मैंने उससे पूछा कि आपने कैसे ये सब मुमकिन किया तो वे कहने लगी कि मैं अपनी बेटियों को अपनी पूर्व की बिताई जिंदगी नहीं देना चाहती थी। उसने बताया कि पति की मौत के बाद उसने तय किया कि अपनी बेटियों को अच्छी शिक्षा देगी, चाहे इसके लिए कितनी भी मेहनत क्यों न करनी पड़े। आज उसकी बड़ी बेटी आईएएस है और छोटी बेटी जवाहर लाल नेहरू यूनिवर्सिटी से डॉक्टरेट कर रही है।

आप ऐसा मत सोचिए कि यह केवल अपवाद है, केवल अपवाद के सिद्धांत को साबित करता है। यह सिद्धांत यह बताता है कि अगर आपने कुछ करने की ठान ली तो फिर कोई भी बड़ी से बड़ी बाधा आपका कुछ नहीं बिगाड़ सकती है। केवल दिमाग से असफलता और निराशा वाले विचार निकाल कर बाहर फेंक दीजिए।

असफलता की सोचेंगे तो वह आपको निराशा की ओर ले जाएगी और तब आपको कहीं सहयोग दिखाई नहीं देगा लेकिन आप सफलता की ओर देखेंगे तो चहुंओर से समर्थन मिलेगा।

इस किताब को पढ़ने में आपकी रुचि कायम रहे इसलिए कुछ कहानियां भी बीच-बीच में दी गई हैं। यह आपके लिए कई तरह से मददगार साबित हो सकती हैं। विष्णु शर्मा को याद करिए, अपने छात्रों को पढ़ाते वक्त वे भी कहानियों का सहारा लेते थे जो बाद में चलकर पंचतंत्र की कहानियों के नाम से प्रसिद्ध हुईं।

आप भी कुछ ठान सकते हैं और खुद अपनी एक कहानी लिख सकते

हैं। इसमें कोई परेशानी नहीं है, बस जरूरत है तो अमल में लाने की। हमेशा यह याद रखना चाहिए कि जो वक्त गुजर गया वह कभी भी लौटकर नहीं आता है और एक बार आपको सफलता मिल गई तो आपके पास भी समय का अभाव होने लगेगा। इसलिए सोचिए मत और ज्यादा देर मत करिए। बस आप जो लंबे समय से सोच रहे हैं उसे ठान लीजिए कि इसे करना है। अगर आप इसमें देरी करते हैं तो खुद आपको उसकी कीमत चुकानी होगी। जो जीतना चाहते हैं वे देर नहीं लगाते। हार से घबराने की जरूरत भी नहीं है। हारने से आपकी प्रगति रुक नहीं जाएगी। बस कुछ क्षणों के लिए थोड़ा ठहराव-सा आ सकता है। एक बार अगर आपने ठान लिया तो फिर कोई आपको आगे बढ़ने से रोक नहीं सकता, असफलता भी नहीं।

मोहम्मद गोरी को याद कीजिए, जिसे पृथ्वीराज चौहान ने 17 बार हराया, लेकिन अंततः वह जीतने में कामयाब रहा। इस युद्ध में चौहान की हुई हार महज उनकी अपनी हार नहीं थी। बल्कि इस हार की वजह से भारत में सात सौ साल से भी ज्यादा समय तक मुस्लिम शासकों की सत्ता कायम रही। इसी को कहते हैं कि मन में ठाने हुए को वास्तविकता में बदल देना जो न केवल आपके लिए बल्कि आपके बाद आने वाली पीढ़ी के लिए भी फायदेमंद साबित हो सकता है और आप उनके लिए नायक बन सकते हैं। ●

अध्याय–2

सफलता की आवश्यकता

यह एक सर्वमान्य तथ्य है कि ऐसा कोई नियम नहीं है जो आपको सफलता की ओर ले जा सकता हो। सफलता विशुद्ध रूप से व्यक्तिगत मामलों पर निर्भर करती है और हरेक के लिए उपलब्धि के अलग मायने होते हैं। यहां तक कि यह जरूरी नहीं कि कोई अपनी आवश्यकताओं की पूरी तरह से पूर्ति कर लेता हो तो वह सफल ही कहलाएगा। सफलता व्यक्ति को भीतरी प्रेरणा से मिलती है और सबके लिए अलग-अलग होती है।

पिकासो की पेंटिंग को अद्‌भुत माना जाता है और कहा जाता है कि दस कलाकार एक साथ मिलकर भी इस तरह की पेंटिंग बनाने में कामयाब नहीं हो पाएंगे। हर क्षेत्र में कुछ सफल पुरुष होते हैं और सबकी अपनी अलग तरह की रचनाशीलता होती है। चाहे वह दियासलाई हो या फिर डाइनामाइट, हर एक ने कुछ न कुछ योगदान दिया है। तभी उन्हें सफल व्यक्तियों की श्रेणी में रखा गया है।

किसी एक क्षेत्र में सफल व्यक्ति की तुलना दूसरे क्षेत्र के कामयाब व्यक्ति से नहीं की जा सकती। व्यक्ति खुद एक सपना देखता है जिसे साकार करने के लिए वह पुरजोर कोशिश करता है और सही दिशा में किया गया उसका प्रयास ही उसे कामयाबी की ओर ले जाता है।

ज्यादातर कामयाब पुरुष प्रतिभावान होते हैं और उनमें कुछ ऐसे भी होते हैं जिन्होंने कोई औपचारिक शिक्षा भी हासिल नहीं की होती, जिसे सफलता की पहली सीढ़ी माना जाता है। औपचारिक शिक्षा का कामयाबी से कोई लेना-देना नहीं होता है। किसी चीज के आविष्कार के लिए औपचारिक शिक्षा का होना जरूरी माना जाता है लेकिन कामयाब व्यक्ति बनने के लिए बहुत सारे गुणों का होना जरूरी है।

अगर आप महान व्यक्तियों की जीवनी का अध्ययन करेंगे तो पाएंगे कि वे कोई बहुत ज्यादा प्रतिभाशाली नहीं थे बल्कि बहुत ही ज्यादा सुव्यवस्थित तरीके से काम निबटाते थे। कामयाबी के लिए प्रतिभावान होने से ज्यादा जरूरी है चीजों को चतुराई से निबटाना।

प्रतिभा अलग चीज है पर कार्यकुशलता ही सबकुछ है। इससे हर बाधा से निकल कर आगे बढ़ने की चतुराई आती है और बाधाओं को खत्म भी किया जाता है।

कामयाबी की परिभाषा हर व्यक्ति के लिए समय के मुताबिक बदल जाती है। एक बात तो तय है कि कामयाब लोग भौतिक रूप से हमारे और आपकी तरह ही होते हैं, बस अंतर सिर्फ सोचने की प्रक्रिया में ही होता है। एक कामयाब व्यक्ति पहले किसी चीज का सपना देखता है। फिर अपनी क्षमताओं को पहचान कर उसका मूल्यांकन करता है और अपने लक्ष्य की प्राप्ति में जुट जाता है और जुटा रहता है जब तक उसे लक्ष्य प्राप्त नहीं होता।

एक असफल इंसान भी यही रास्ता शुरुआत में चुनता है लेकिन राह में मुसीबतें आने पर वह तय रास्ते को बदल देता है और दूसरी राह पर चलने लगता है। जब बार-बार मुश्किलें सामने आती हैं तो वह सुस्ताने लगता है और फिर आगे बढ़ना बंद कर देता है। वे ऐसा मानने लगता है कि जो लक्ष्य उसने बना रखा था वे उसके काबिल नहीं है और वह उसे नहीं पा सकता। भाग्यशाली लोग ही लक्ष्य तक पहुंच पाते हैं, मेरे भाग्य में यह सुख नहीं। ऐसा सोचने वाले कभी विजेता नहीं बन सकते।

भारत की महान और धनी विरासत के बारे में सुनकर इतिहास में सिकंदर से पहले कई महान योद्धाओं ने भारत पर आक्रमण किया था, लेकिन उनमें से कोई सफल नहीं हो पाया था। सिकंदर ने सारी परिस्थितियों का पहले अच्छी तरह से आकलन किया, उसका पूरी तरह से अध्ययन किया, अपने सेनापति और समर्पित सैनिकों से विचार-विमर्श करने के बाद एक पूरी कार्ययोजना तैयार की और उसी के अनुसार आक्रमण किया। आपको सिकंदर के बारे में एक रोचक किस्सा सुनाता हूं जिसे जानकर आप यह समझ जाएंगे कि आखिर सिकंदर को 'द ग्रेट' क्यों कहा जाने लगा।

सिकंदर ने ई. पूर्व 326 में भारत पर आक्रमण किया था। भारत से काफी दूर स्थित मेसिडोनिया का शासक था वह। वह एक वास्तविक योद्धा था। उसने पोरस को हराया, जो उस समय के महान भारतीय योद्धा थे। जीतने के बाद उसके सेनापति ने शासन की बागडोर संभालने के लिए सिकंदर को वहां बुलाया। युद्धभूमि से राजधानी तक जाने के लिए जोकि वहाँ से 50 किलोमीटर दूर स्थित थी, एक हाथी का इंतजाम किया गया था। सिकंदर हाथी पर बैठा और उसकी लगाम हाथ में देने को कहा। उसके सेनापति ने कहा कि हाथी की सवारी में लगाम नहीं होती। हाथी पर एक अन्य व्यक्ति भी सवार है, जिसे 'महावत' कहा जाता है और हाथी को यही चलाता है। यही उसे नियंत्रण में करता है। सुनकर सिकंदर को बड़ा आश्चर्य हुआ, वह हाथी पर से कूद गया और कहा, 'मैं ऐसी किसी भी चीज पर सवार नहीं होना चाहता, जिसका नियंत्रण मेरे हाथ में न हो। उसने अपने सेनापति से घोड़े का इंतजाम करने को कहा ताकि वह राजधानी तक पहुंच सके।

सिकंदर की यह दृढ़ इच्छाशक्ति ही थी जो उसके आकलन के मुताबिक परिणाम देती थी। बहुतों को इतिहास बतौर विषय पसंद नहीं है लेकिन इसकी कहानियां काफी शिक्षाप्रद हैं, जो हमें किसी का मूल्यांकन करने के काम आती हैं।

असंख्य लोग इस दुनिया में आते-जाते हैं लेकिन किसी को कोई याद नहीं रख पाता। परंतु कुछ ही निष्ठावान लोग ऐसे थे जिन्हें उनकी कामयाबी के लिए याद रखा गया है। ऐसे भी बहुत से लोग हैं जो गिनती से परे हैं। आजादी से पहले अपने निष्ठापूर्वक कार्य करने के चलते तीन बड़े औद्योगिक घराने-टाटा, बिरला और डालमिया प्रसिद्ध थे।

इन्होंने बिल्कुल नीचे से शुरुआत की थी और कम वक्त में दृढ़ इच्छा शक्ति की बदौलत बहुत कुछ हासिल किया।

2.1 वास्तविक बनिए

जीवन में अपने कार्यों के प्रति सावधान रहें। हम अक्सर सुनते हैं कि फलां आदमी अपने कार्य को लेकर सावधान रहता है और समय पर सारे

काम निबटाता है। ऐसे व्यक्ति को हर कोई इज्जत देता है और इससे वह अपनी नजरों में ऊंचा उठने लगता है।

किसी भी व्यक्ति में कर्तव्यनिष्ठा का होना उसे गुणवत्तायुक्त कार्य करने की प्रेरणा देता है। वे कभी ऐसा नहीं सोचती कि दूसरे उसके बारे में क्या सोच रहे होंगे। वे तो बस अपने कार्य की गुणवत्ता को बड़ी सावधानी से कायम रखने की कोशिश करता है।

हमेशा दिमाग में यह बात रखें कि आपके संकल्प ही आपको कामयाबी की ओर ले जाते हैं और वही सबसे महत्त्वपूर्ण हैं।

एक मजबूत व्यक्ति ही कर्तव्यनिष्ठ हो सकता है क्योंकि वह दूसरों की आलोचनाएं बरदाश्त कर सकता है। कर्तव्यनिष्ठ होने का मतलब है कि एक बार अगर किसी व्यक्ति में यह गुण आ गया तो समझिए कि वह कहीं भी काम करेगा तो उसमें वह गुणवत्ता कायम रहेगी। आपके पढ़ने की रोचकता को बनाए रखने के लिए इसी संदर्भ में एक कहानी दी जा रही है।

एक बार एक राजा के शासनकाल के दौरान उसके देश में भयानक अकाल पड़ गया। अकाल से निबटते हुए खजाना खाली होने के कगार पर पहुंच गया। वह इस बात को लेकर दुःखी था कि भविष्य में अपनी प्रजा का पेट कैसे भर पाएगा। जनता का पेट भरने के उपायों पर वह गंभीरता से सोचने लगा।

एक दिन महल के एक रात्रि प्रहरी ने राजा से मिलने की इच्छा व्यक्त की। वह किसी विशेष संदर्भ में राजा से कुछ कहना चाहता था। राजा से मिलना सरल नहीं था, सेनापति ने उससे कहा उसे जो कहना है वह उसे बता दे वह राजा तक संदेश पहुंचा देगा, परन्तु प्रहरी तैयार नहीं हुआ। अन्ततः उसे सावधानी के साथ सैनिक छावनी में राजा से मिलने दिया गया। उसने राजा से निवेदन किया–

"महाराज, मैं अपनी मूर्खता के लिए पहले तो क्षमा चाहूंगा। पिछली रात को मैंने एक सपना देखा कि महल के उत्तरी छोर पर एक खजाना गड़ा हुआ है। पहले मैं इस बारे में किसी को नहीं बताना चाह रहा था कि कहीं ये बात गलत न साबित हो। लेकिन मैं खुद को रोक नहीं सका और मैं यहीं बताने आपके पास आया हूं।" राजा ने उसे वापस लौटने की आज्ञा देते हुए कहा, "मैं इसकी जांच करवाता हूं।"

अगले दिन उस स्थान पर खुदाई शुरू की गई तो राजा यह देखकर आश्चर्यचकित हो गया कि वाकई में वहाँ तो भरपूर मात्रा में हीरे जवाहरात आदि गड़े हुए हैं। राजा ये देखकर बहुत खुश हुआ उसकी सारी चिंताएं उसी क्षण दूर हो गयीं। उसने पड़ोसी देश से प्रचुर मात्रा में अनाज खरीदने का आदेश दिया ताकि कोई भूखा न रहे।

बाद में राजा ने रात्रि प्रहरी को बुलाकर उसे धन्यवाद दिया तथा उसे आजीवन वेतन देने की व्यवस्था कर दी लेकिन साथ ही उसे नौकरी से भी हटा दिया।

आप सोच रहे होंगे कि आखिर राजा ने उसे नौकरी से क्यों हटा दिया? क्या यह न्यायोचित था? हां, राजा ने प्रहरी को भरपूर इनाम दिया आजीवन वेतन देकर। चूंकि रात्रि प्रहरी का कर्तव्य होता है रात में जागते रहना परन्तु उस प्रहरी ने अपने कार्य में लापरवाही बरतते हुए सोते हुए सपना देखा था और यही वजह रही कि उसे अपनी नौकरी से हाथ धोना पड़ा।

आप अपनी संस्था के लिए एक संपत्ति होते हैं जिसे कुछ खास कार्य के लिए रखा जाता है और यह बात बहुत कम लोग ही समझते हैं। आप अगर पूरी कर्तव्यनिष्ठा से अपनी संस्था के लिए काम करते हैं तो आपके साथ संस्था की प्रसिद्धि भी बढ़ती है लेकिन अगर आप अपना कार्य पूरी कर्तव्यनिष्ठा से नहीं करते तो संस्था में आपका कद ऊंचा नहीं होगा। कामयाब इंसानों में कर्तव्यनिष्ठा सबसे अहम खासियत रही है, बाकी अन्य खासियतें द्वितीयक हैं।

किसी संस्था में व्यक्ति विशेष के योगदान का मूल्यांकन करने के दौरान आप पाएंगे कि कर्तव्यनिष्ठ व्यक्ति बेहतर कर पाते हैं। ऐसा इसलिए होता है क्योंकि ऐसा व्यक्ति हमेशा अपनी रफ्तार से काम में जुटा रहता है और उसकी छवि भी इसी तरह की बन जाती है। वह अपने प्राथमिक कर्तव्यों से कभी भी समझौता नहीं करता है।

मनुष्य की जिंदगी में बदलाव तभी मुमकिन है जब वह पूरी तत्परता से हर काम को निबटाए। कामयाब लोग कभी भी कोई काम जल्दबाजी में नहीं करते और न ही कभी उसे समय से पहले हासिल करने के बारे में सोचते हैं, बल्कि उसके लिए सही वक्त आने तक इंतजार करते हैं।

2.2 सहज बनिए

विनम्र बनना व्यक्तित्व का ऐसा हिस्सा होता है जिसे आदमी लगातार अभ्यास से सीखता है। एक विनम्र व्यक्ति प्रत्येक इंसान की इज्जत करता है। विनम्र व्यक्ति कभी भी अपनी कमजोरी दूसरों के समक्ष नहीं प्रकट करते। कमजोर व्यक्ति में स्वाभिमान नहीं होता और कहीं भी छोटा-सा झटका लगने पर वे समर्पण कर देते हैं। जबकि एक दृढ़ व्यक्ति कभी भी ऐसा नहीं करता, वह हर परिस्थिति में मजबूत बना रहता है। एक सहज व्यक्ति हमेशा जीतने में विश्वास रखता है।

विजेता निश्चित रूप से सहज और स्वाभिमानी होते हैं यही गुण उनकी नैतिकता को बढ़ाते हैं। इसलिए ऐसे लोगों की गतिविधियों को समझने की कोशिश कीजिए।

राजस्थान के एक दूरवर्ती इलाके में एक बड़े व्यापारिक घराने के साथ चले रहे शैक्षिक प्रोजेक्ट पर काम करने के दौरान एक बार कुछ शिक्षकों ने मैनेजमेंट के किसी फैसले के विरुद्ध उग्र रूप अख्तियार कर लिया था। कुछ शिक्षकों को मिलने वाली सुविधाओं को जांच के दायरे में लाया गया था, जिसका वे विरोध कर रहे थे। उन्हें समझाने की कोशिश नाकाम रही। एक समय तो मैं काफी व्यथित हो गया और सोच लिया कि चेयरमैन को सलाह दे दूं कि संस्थान को उसके भाग्य के भरोसे छोड़ दिया जाए। लेकिन एक वार्तालाप के दौरान मैंने पाया कि चेयरमैन बहुत दयालु किस्म के व्यक्ति हैं। उन्होंने मुझसे कहा कि आप अपना काम पूर्ववत् सुचारु तरीके से करते रहिए और पुरानी बातों को ध्यान में मत रखिए। यह मेरे लिए एक बड़ा पाठ था जो मैंने उस दिन सीखा और जाना कि कर्मचारी और नियोक्ता में क्या फर्क होता है। हमारी सोच सीमित दायरे में होती है जबकि नियोक्ता व्यापक रूप से सोचता है। कितना फर्क है!

कई बार कुछ चीजें ऐसी घटती हैं कि हम उन्हें बिना समग्र रूप से जाने हुए घटना पर तुरंत टिप्पणी कर देते हैं। हम अक्सर इस बात में जल्दबाजी करते हैं जिसका असर हमारे व्यक्तित्व पर भी पड़ता है। इसलिए हमें जब किसी घटना के संदर्भ में पूरी बात मालूम न हो तो... देखें और इंतजार करें (वेट एंड वॉच) की नीति अपनानी चाहिए। आगे दी जा रही कहानी से हमें यह समझने में आसानी होगी कि धैर्य क्यों जरूरी है।

शाम के समय एक ट्रेन स्टेशन से चली। ट्रेन में काफी भीड़ थी, ऑफिस से घर जाने वालों के अलावा भारी संख्या में छात्र और छात्राएं थीं। खिड़की के पास वाली सीट पर एक बुजुर्ग अपने 30-32 साल के जवान पुत्र के साथ बैठे थे। जैसे ही ट्रेन चली तो उस लड़के ने अपने पिता से कहा, "कितने सुन्दर हरे-भरे खेत हैं।" फिर थोड़ी देर बाद बोला, "देखो पापा, पेड़ों की हरियाली कितनी अच्छी लग रही है।"

उसका इस तरह से बोलना लोगों को बड़ा अजीब लग रहा था। लोग आपस में बातें करने लगे कि शायद यह व्यक्ति पागल है। इसमें अनूप नाम का युवक भी अपनी नवविवाहिता पत्नी के साथ यात्रा कर रहा था और वह भी उस युवक पर झुंझला रहा था।

एकाएक बारिश शुरू हो गई। खिड़की से होकर बारिश का पानी यात्रियों को भिगोने लगा तो वह युवक खुशी से झूम उठा और बोला, "पापा, देखिए कितनी अच्छी बारिश हो रही है।"

अनूप को गुस्सा आ रहा था क्योंकि बारिश के पानी से उसके और उसकी पत्नी के कपड़े खराब हो रहे थे। अनूप बोला, "ओ बूढ़े! क्या तुम देख नहीं रहे कि बारिश हो रही है। अगर तुम्हारा लड़का मानसिक रूप से बीमार है तो इसे पागलखाने में भर्ती करवाओ, कम से कम लोगों को इस तरह से मत परेशान तो मत करो।

वह वृद्ध व्यक्ति पहले तो थोड़ा सकपका गया, लेकिन फिर थोड़ी धीमी आवाज में बोला, "हम लोग अस्पताल से घर लौट रहे हैं। आज ही मेरे बेटे को अस्पताल से छुट्टी मिली है। यह जन्मजात अंधा था और पिछले हफ्ते इसकी आंखों का ऑपरेशन हुआ है और इसे दृष्टि मिली है यह प्रकृति व बारिश इसके लिए नई चीजें हैं। आपको हुई असुविधा के लिए हमें खेद है।"

जब तक हम सत्य को नहीं जानते तब तक हम उस स्थिति या समस्या को समग्र रूप से नहीं जान सकते और जब हम सत्य को जान जाते हैं तो हमारी अपनी प्रतिक्रिया ही हमें बुरी लगने लगती है। इसलिए सबसे पहले समस्या को समझें फिर प्रतिक्रिया दें। कई बार हमारा शीघ्र निर्णय और त्वरित प्रतिक्रिया हमें सफलता की ओर जाने से रोक देती है।

अस्तित्व की सहिष्णुता ही सफलता का रहस्य है। सदैव शांत रहते हुए जीवन में उठने वाली हर प्रकार की तरंग का धैर्य से सामना कीजिए।

2.3 विनम्र बनिए

विजेता की तरह हमें ऐसा रास्ता चुनना होगा जिस पर हम अपने इर्द-गिर्द के सभी लोगों से तालमेल बिठाते हुए आगे बढ़ सकें, वह भी बिना किसी उग्रता के, लोगों का ख्याल रखते हुए। हमें भले ही सफलता मिले या न मिले लेकिन कभी भी मानवता के मूलभूत गुणों को नहीं भूलना चाहिए। कामयाब लोगों का यह सर्वाधिक महत्त्वपूर्ण गुण माना जाता है।

कभी-कभार ऐसा होता है कि आप जिसे अपनी बात कह रहे हैं वह उसमें रुचि नहीं दिखाता है तो आप क्रोध अनुभव करते हैं। हर व्यक्ति का अलग स्वभाव होता है और आप हर किसी को अपने अनुसार नहीं बदल सकते।

80 साल के एक वृद्ध व्यक्ति घर में अपने 45 साल के उच्च शिक्षित बेटे के साथ सोफे पर बैठे थे। एकाएक एक कौआ आकर खिड़की के पास बैठ गया। पिता ने अपने बेटे से पूछा, "वह क्या है?" बेटे ने जवाब दिया, "वह कौआ है।" एक मिनट के बाद फिर पिता ने पूछा, "वह क्या है?" बेटे ने कहा, "मैंने अभी आपको बताया न कि वह कौआ है।" कुछ समय के बाद पिता ने तीसरी बार बेटे से फिर वही सवाल पूछा। इस बार बेटा बुरी तरह से झुंझला गया और बोला कि वह कौआ है। पिता ने चौथी बार बेटे से फिर वही बात पूछी। इस बार बेटा चिल्लाते हुए बोला कि मैंने कितनी बार आपको कहा कि वह कौआ है। क्या यह बात आपको समझ में नहीं आ रही?

कुछ समय के बाद वह वृद्ध पिता अपने कमरे में गए और एक डायरी लेकर आए, जो काफी सालों से उनके पास थी। डायरी का एक पन्ना पलटते हुए उन्होंने अपने बेटे से उसे पढ़ने को कहा। उसमें लिखा था, "आज मेरा 3 साल का बेटा घर में सोफे पर बैठा था कि तभी एक कौआ खिड़की पर आकर बैठ गया। मेरे बेटे ने 23 बार मुझसे पूछा कि वह क्या है और मैंने हर बार उसका जवाब दिया कि वह

कौआ है। मैंने हर बार उसे बड़े ही प्यार से बताया। मैं एक बार भी अपने बेटे पर झुंझलया नहीं था। यहां गौर करने वाली बात यह है कि जहां बेटे ने 23 बार सवाल किया कि वह क्या है? तब भी पिता को झुंझलाहट महसूस नहीं हुई लेकिन वहीं पिता द्वारा चौथी बार ही सवाल पूछने पर बेटा चिढ़ गया।

मनुष्य एक सामाजिक प्राणी है और वह सबसे अलग-थलग नहीं रह सकता। हमें दूसरों के बारे में भी विचार करना होगा और सजग रहना होगा। हर मनुष्य की परेशानी एक-दूसरे से जुड़ी हुई होती है इसलिए उसका आपस में समाधान किया जाना चाहिए। हमें अपने व्यवहार में बदलाव लाना होगा।

बड़प्पन का नजरिया विकसित कीजिए और हर चीज के लिए लोगों को धन्यवाद दीजिए। यह समझते हुए कि आपने जो कुछ भी हासिल किया है उसमें दूसरों का भी योगदान है और यही बात आपको और बेहतर बनाएगी।

अपने अहं की संतुष्टि के लिए हम अक्सर यह सोचते रहते हैं कि हमें कोई गलती नहीं करनी है। लेकिन हकीकत यही है कि हम जन्म से सकारात्मक और नकारात्मक गुणों का मिश्रण हैं। विजेता बनने के लिए आप जन्म से ही सारे गुण लेकर नहीं पैदा होते हैं। ये सारे गुण आपको इस जिंदगी में सीखने पड़ते हैं। कोई भी सफल इंसान अपने कामयाबी को कायम नहीं रख सकता अगर वह प्रकृति की सकारात्मक चीजों को स्वीकारता नहीं हो। विजेता बनने के क्रम में आपको अपने अस्वीकृत और नकारात्मक गुणों को जानना होगा और उनके प्रति सकारात्मक रवैया अपनाते हुए कार्य करना होगा। तभी आपको इसका नतीजा हासिल होगा। यह आपका पहला लक्ष्य होना चाहिए और इसे हासिल करने के बाद विजेता बनने की आपकी यात्रा जारी रहेगी।

2.4 व्यक्तिगत ईमानदारी में विश्वास कीजिए

हम इस चीज में विश्वास करते हैं कि हर व्यक्ति अपनी एकता का प्रदर्शन करता है। हालांकि, हम ऐसा मानते हैं कि इस गुण का कामयाबी से कोई लेना-देना नहीं है। लेकिन सच्चाई यही है कि जो व्यक्ति अपने

साथ ईमानदारी नहीं बरतता, वह दूसरों के साथ भी कभी ऐसा नहीं कर सकता।

जीवन यात्रा के दौरान अनेक लोगों से हमारा पाला पड़ता है लेकिन ऐसे कम ही लोग मिलते हैं जो स्वयं को और दूसरों का आदर करते हों।

आप किसी भी क्षेत्र में ऐसा कोई एक भी ऐसा सफल व्यक्ति नहीं खोज सकते हैं जिसमें व्यक्तिगत ईमानदारी न हो। भले ही आप में यह गुण न हो पर आप इस बात को साबित जरूर करने का प्रयास करते होंगे कि आप एक विश्वसनीय व्यक्ति है।

कोई भी प्राप्त ज्ञान और दक्षता तभी आपको बेहतर परिणाम दे सकती है जब वह आपके व्यक्तित्व में पूरी तरह घुल-मिल चुकी हो। आप दूसरों के ज्ञान या जानकारी के मुताबिक सटीक कार्य नहीं कर सकते क्योंकि आपको उसके परिणाम के बारे में तय तौर पर कुछ पता नहीं है।

एक प्रोबेशनर कलेक्टर ने एक जिले में ज्वाइन किया। ठीक उसी समय उसके वरिष्ठ अधिकारी का तबादला सचिवालय में हो गया। वे जिला छोड़कर जा रहे थे इसलिए प्रोबेशनर कलेक्टर उनसे कुछ टिप्स लेने के लिए आया। वरिष्ठ अधिकारी ने जवाब दिया, "चिंता की कोई बात नहीं मैंने अपनी टेबल पर 3 लिफाफे छोड़ दिए हैं। उन पर क्रमानुसार नंबर डाल दिए हैं। जब कोई समस्या आए तो एक-एक करके उन्हें खोलना।" वह अधिकारी जिला छोड़कर सचिवालय चला गया।

तीन महीने के बाद उस जिले में जबरदस्त बारिश हुई और बाढ़ आ गई। युवा कलक्टर चिंतित हो गया और उसे कुछ भी सूझ नहीं रहा था। एकाएक उसे लिफाफों के बारे में याद आया और उसने पहला लिफाफा खोला। उसमें लिखा था, "जब भी कोई समस्या आए तो पहले अधिकारियों पर उसका दोष मढ़ दो।" उसने ऐसा ही किया।

बाढ़ खत्म होने के बाद मुख्यमंत्री का उस इलाके में दौरा करने का कार्यक्रम तय हुआ। सारे इंतजाम किए गए पर मुख्यमंत्री की गाड़ी सड़क खराब होने की वजह से पंक्चर हो गई। मुख्यमंत्री ने इसके लिए सफाई मांगी तो कलक्टर चिंतित हो उठा। फिर उसने दूसरा लिफाफा निकाला, "किसी भी समस्या को निबटाने के लिए उसका सारा इल्जाम

अपने कनिष्ठ अधिकारियों पर लगा दो।" उसने ऐसा ही किया और मुख्यमंत्री संतुष्ट हो गए।

कुछ दिन तो शांति से बीते। एकाएक सही तरीके से मामले को न सुलझा पाने की वजह से जिले के हेडक्वार्टर में दो गुट आपस में जमकर भिड़ गए और कानून व्यवस्था बिगड़ गई। कलेक्टर उस स्थिति से निबट नहीं पाया और उसने तीसरा लिफाफा खोला। खोलते हुए वह अवाक् रह गया क्योंकि उस लिफाफे में जो निर्देश थे वे इस तरह थे, "तुम्हारे पद पर आने वाले अगले पदाधिकारी के लिए इसी तरह तीन लिफाफे तैयार करो जो तुम्हें कल यहां से रिसीव करेगा।" अगर आप व्यक्तिगत तौर पर सत्यनिष्ठ या ईमानदार नहीं हैं तो आपके साथ भी ऐसा नतीजा हो सकता है। कोई भी सीखा हुआ ज्ञान आपको अपनी गणना या उम्मीद के मुताबिक परिणाम नहीं दे सकता। जब तक आप खुद उसकी परख न कर लें।

सफलता की सीढ़ी पर चढ़ने का सर्वोत्तम तरीका है अवसरों को भांपते हुए चढ़ना।

मेरे एक मित्र हैं जो मेरे एक छात्र के पिता भी हैं, उनसे वर्तमान शिक्षा पद्धति की असफलताओं पर चर्चा होती रहती है। वे इस प्रोफेशन से जुड़े हुए नहीं हैं। ऐसा उनकी चर्चाओं में प्रतीत होता है। उनके बच्चे प्रतिभावान हैं। उनका लड़का छात्रवृत्ति के आधार पर आईआईटी और आईआईएम में पढ़ चुका है और बेटी आईआईटी करना चाह रही है।

एक दिन उन्होंने मुझसे कहा कि मैं अपने शहर की सारी सम्पत्ति को बेचकर अपने पैतृक स्थान पर जाकर आराम करना चाहता हूं। मुझे मालूम है कि वे एक अच्छे खाते-पीते परिवार से हैं और उनके पास कई एकड़ जमीन है। एकबार उनकी बेटी का किसी अच्छे प्रोफेशनल कॉलेज में एडमिशन हो जाए तो फिर वे ऐसा कर पाएंगे। उन्होंने बताया कि उन्हें अब और पैसों की जरूरत नहीं है और अगर होगी भी तो पर्याप्त पैसा जमा है।

वे एक कामयाब इंसान रहे हैं और कुलीन परिवार से हैं। लेकिन उनका इस तरह से सोचना कहीं न कहीं मुझे बहुत कचोट रहा था। मैंने जब इस बात की जांच की तो पता चला कि उन्होंने बुरे वक्त में अपने साथियों की

तन-मन-धन से मदद की थी लेकिन आज जब उन्हें जरूरत है तो कोई भी दिलेरी नहीं दिखा रहा। इसे व्यक्ति का एकाकीपन से जूझना भी कहा जा सकता है। शायद यही वजह है कि वे शहर छोड़कर जाने की बात करते हैं।

2.5 चुकाने की प्रवृति अपनाएं

हम ऐसे बहुत से लोगों को जानते हैं जो यह शिकायत करते हैं कि हमने विपरीत परिस्थितियों में लोगों की मदद की है लेकिन हम खुद लोगों का शिकार हो गए। कारण भले ही जो रहे हों पर हमें इस पर विचार करना चाहिए कि क्या वाकई में ऐसा हुआ है या फिर हम ऐसी सोच रखते हैं। एक बात विश्वास रखिये कि अगर किसी को उसका लक्ष्य हासिल करने में आप उसकी मदद करेंगे तो वह भी आपको इस तरह की मदद जरूर करेगा।

किसी की दान के तौर पर मदद करना और किसी की उसके लक्ष्य हासिल करने में मदद करना, दोनों ही अलग बातें हैं। चीन में एक कहावत है, "अगर आप किसी को एक मछली देते हो तो आप उसके एक वक्त के भोजन का इंतजाम करते हो लेकिन अगर आप उसे मछली पकड़ना सिखाते हो तो वह आजीवन अपने परिवार के लिए भोजन जुटाने में सक्षम हो सकेगा।"

दान देने की आदत को अच्छी आदत नहीं कहा जा सकता। यदि आप किसी को कुछ देते हो तो ऐसी चीज दो जो उसकी जिंदगी में बदलाव पैदा कर सके यानी वह स्थायी बदलाव लाने वाली चीजें हो। किसी से कुछ लेते हो तो दूसरे तरीके से उसे भी कुछ चुकाने की प्रवृति मन में पैदा करो। आम के पेड़ को देखो जो आपको किसी भी हालत में फल मुहैया कराता है। यहां तक कि आप उसे पत्थर मारते हो फिर भी वह आपको फल देता है। यह एक उच्च स्तर का दान है और आपको ऐसे दान में विश्वास करना चाहिए। इसी दान का एक उदाहरण इस किस्से में बयां करता हूं।

बहुत वर्षों पहले एक सेब का पेड़ था। एक छोटा बच्चा उस पेड़ से प्रेम करता और उसके इर्द-गिर्द खेलता था। हर दिन छोटा बच्चा पेड़ पर चढ़ता, सेब तोड़ता, खाता और उसकी छांव में खेलता था। पेड़ भी उसके साथ खेलता था। समय बीतता गया और वह बच्चा बड़ा हो गया और अपनी व्यस्तताओं के चलते उसने वहां आना छोड़ दिया। एक दिन

वह पेड़ के पास आया तो देखा कि पेड़ उदास है, पेड़ ने उससे पूछा, "आओ और मेरे साथ खेलो।"

बच्चा बोला, "मैं अब बालक नहीं रहा, मुझे अब खिलौने चाहिए पैसा चाहिए।" सेब के पेड़ ने कहा, "देखो, मेरे पास पैसा तो नहीं है पर तुम सेब तोड़ कर बाजार से पैसा ला सकते हो। बच्चा खुश हो गया और उसने पेड़ से सारे फल तोड़ लिए और चला गया और फिर वापस नहीं लौटा। पेड़ बहुत उदास हो गया। बहुत दिनों के बाद एक दिन जब वह आया तो पेड़ ने खुश होकर कहा– आओ, मेरे साथ खेलो।" लड़का बोला कि "अब मेरे पास खेलने के लिए वक्त नहीं है। मुझे अपने परिवार के साथ काम करना पड़ता है। हमें एक घर की जरूरत है। क्या तुम मेरी मदद कर सकते हो?" पेड़ ने जवाब दिया कि उसके पास घर तो नहीं है। पर वह उसकी शाखाएं काट कर घर बना सकता है। वह लड़का उस पेड़ से शाखाएं काट कर खुशीपूर्वक घर बनाने ले गया। पेड़ उसे देख कर खुश हो रहा था लेकिन वह लड़का वापस नहीं लौटा।

पेड़ दोबारा से अकेला पड़ गया और उदास रहने लगा। गर्मी के समय एक दिन उस लड़के को वहां आया देख पेड़ प्रसन्नता से झूम उठा और उसे खेलने के लिए कहा। लड़के ने कहा, "मैं अब बड़ा हो चुका हूं और फिलहाल उदास हूं। मुझे शांति चाहिए इसलिए मैं नदी में भ्रमण करना चाहता हूं। मुझे एक नाव की जरूरत है।" पेड़ बोला– "मेरा तना काट कर तुम नाव बना सकते हो और काफी दूर तक भ्रमण कर सकते हो।"

लड़के ने तना काटा और नाव बना कर चल दिया नदी में घूमने। काफी दिनों तक वह लौट कर वापस नहीं आया। अंततः वह कई सालों के बाद वापस आया। उसे देख कर पेड़ बोला, "माफ करना मुझे, मैं अब तुम्हें कुछ भी देने लायक नहीं बचा। तुम्हारे लिए अब मेरे पास सेब भी नहीं हैं..." इस पर लड़के ने जवाब दिया कि "मेरे भी अब दांत नहीं रहे।" पेड़ ने उदासी से कहा– "तुम्हारे चढ़ने के लिए अब मेरी डालियां भी न रहीं।" लड़का बोला। "अब मैं ऐसा कर पाने में सक्षम नहीं हूं। मैं बस अब तुम्हारी जड़ों में बैठ कर आराम करना चाहता हूं।" पेड़ बोला, "पुराने पेड़ों की शाखाएं आराम

करने की सबसे अच्छी जगह होती हैं। आओ, यहां बैठो और आराम करो।" लड़का वहां बैठ गया और पेड़ खुश हो गया। खुशी से उसके आंसू टपक रहे थे।

अधिकतर अध्यायों में आपने देखा होगा कि मैं इस बात पर जोर देता रहा हूं कि किसी को उसके लक्ष्य की प्राप्ति में सहायता करने पर वह किसी न किसी रूप में आपके लक्ष्य की प्राप्ति में आपका भी सहायक हो सकता है। यह तय मान कर चलिए कि अगर आपकी मदद से किसी ने कुछ हासिल किया है तो समझिए उसमें से कुछ हिस्सा निश्चित रूप से आपको भी हासिल हुआ है।

आपका नजरिया चुनाव पर दृढ़ हो तो नतीजा भी उसके मुताबिक होता है। यह चुनाव वह नहीं है जो आप भविष्य को ध्यान में रखकर निर्धारित करते हैं। यह निर्भर करता है कि आप कैसे इसको लेते हैं और इसके लिए क्या करते हैं।

आपकी क्रियाएं और प्रतिक्रियाएं आपकी सफलता का पैमाना हैं। अगर आप की दृष्टि लघु है तो आप कभी भी बड़ी चीजों को नहीं पा सकते। यानी बड़ी चीजें पाने के लिए आपको बड़ा सोचना होगा।

एक बार मेरे एक मित्र का ट्रांस्फर दूरस्थ इलाके में होने से उनका बेटा मेरे साथ रहने लगा। वह उस समय स्कूल में पढ़ता था। मेरे पड़ोसियों और सहयोगियों ने मुझे ऐसा करने से मना किया था। लेकिन मैंने उस लड़के को अपने यहां रखा क्योंकि तीन पीढ़ी पहले उस परिवार ने मेरे परिवार की काफी मदद की थी और मुझे उसके बदले में कुछ चुकाने का मौका मिला तो मैं उसे पूरा करना चाहता था।

उस लड़के की गणित की परीक्षा के दौरान उसके प्राइवेट ट्यूटर की तबीयत खराब हो गई। मैंने एक दूसरे शिक्षक से उस बच्चे को पढ़ाने की बात कही। मैंने उनसे कहा कि मैं उस बच्चे को आपके यहां पहुंचा दूंगा और ले आऊंगा। मैंने इसके लिए कुछ पेमेंट की भी बात कही पर उन्होंने मना कर दिया और किसी दूसरे शिक्षक का नाम सुझाया।

ज्यादा संख्या में प्राइवेट ट्यूशन करने और स्कूल में ठीक से नहीं पढ़ाने के आरोप में उस शिक्षक को मैनेजमेंट ने हटाना चाहा था लेकिन मैंने

हस्तक्षेप करते हुए उनकी सेवा बरकरार रखी थी। पिछले साल उनके वेतन में भी अच्छी वृद्धि हुई थी। हालांकि इस समस्या से अवगत होने के बाद बहुत से शिक्षकों ने मुझसे उस लड़के को पढ़ाने के बारे में पेशकश की।

हमारे समाज में ये सब आमतौर पर लगातार चलता रहा है। हम हर किसी को उसके द्वारा की गयी मदद के बदले में बिना कुछ सोच-विचार किए कुछ लौटाना चाहते हैं। इन सबसे ऊपर उठते हुए हमें इस बात का ख्याल रखना चाहिए कि जब इंसान को किसी चीज की जरूरत हो और हमारे पास उसकी सेवा करने लायक कुछ हो तो हमें उसकी सहायता अवश्य करनी चाहिए। किसी व्यक्ति को उसके द्वारा की गई भूल को माफ करके आप अपनी इस प्रवृत्ति को अवश्य व्यवहार में लाइये। ●

अध्याय-3

अपने नजरिए को कैसे आकार दें

आप वैसे ही बन जाते हैं, जैसे विचार रखते हैं। क्या यह सच्चाई नहीं है? आपकी सोच आपकी नियति को तय करती है, यह आपकी सोच का ही नतीजा होती है। आप अपनी सोच से ज्यादा विकास नहीं कर सकते और न ही आप उससे ज्यादा कुछ हासिल कर सकते हैं, जिसे आपने सपने में नहीं देखा हो। केवल लाटरी का मामला अपवादस्वरूप हो सकता है। लोग अपने आस-पास की चीजों के मुताबिक ही चीजों को खोजने में विश्वास रखते हैं।

कोई प्राचीन स्मारक अपने वर्षों पुराने अस्तित्व को कायम रखने के कारण पर्यटकों का चहेता बना रहता है। इसे ढांचे को बनाने वाले ने पहले इसका सपना बुना होगा। फिर इसका डिजाइन तैयार करके काम में हाथ लगाया होगा। सामान्यतौर पर आदमी किसी नई चीज को शुरू करने-भर से ही डरता है और यही वजह है कि मानसिक रूप से विकलांग व्यक्ति कुछ भी प्रयोग करने से नहीं हिचकिचाता है।

आपके महान दृष्टिकोणों का परिणाम ही आपको बड़े कार्यों की ओर प्रोत्साहित करता है।

अपनी सोच के मुताबिक ही हम अपने नजरिए को आकार देते हैं। हमें बचपन से ही सिखाया जाता है कि अंधेरा दुष्टात्माओं का प्रतीक है, जिससे हमें भय लगने लगता है लेकिन जब हम इस तथ्य को समझ जाते हैं कि अंधेरा कुछ नहीं बल्कि प्रकाश की अनुपस्थिति की वजह से होता है, तो सारा डर गायब हो जाता है। यह तो महज एक उदाहरण है वरना हमने अपना नजरिया कुछ ऐसा बना लिया है कि हम डरते ज्यादा हैं।

क्या आपने किसी शिशु को मोमबत्ती की लौ छूते हुए देखा है और फिर उसके बाद उसकी प्रतिक्रिया क्या होती है? आपके मना करने के बावजूद वह उसे छूना चाहता है, तब तक जब तक एक बार उसका हाथ उससे जल न जाए। जब तक उस लौ से उसका हाथ जलेगा नहीं तब तक वह कोशिश करता रहेगा। एक बार हाथ जल जाने के बाद वह लौ से दूरी बना लेता है।

किसी व्यक्ति की सफलता की राह में सबसे बड़ी बाधा प्रत्यक्ष या अप्रत्यक्ष रूप से असफल होने के भय का हावी रहना है। सफलता और पिछड़ना एक ही संदर्भ में होते हैं। बस उसमें व्यक्ति, दिन, समय आदि का फर्क होता है। सफल लोगों में पिछड़ जाने का भय कुछ कम होता है। पिछड़ने से डरना व्यक्ति की प्रवृत्ति होती है जो उसे आगे बढ़ने से रोकती है। लेकिन एक बार आप सफल हो गए तो फिर डर कैसा। जिनके पास कुछ भी खोने को नहीं होता, वे डरते नहीं हैं। बस आपको अपने नजरिए में बदलाव लाना होगा।

आप दुनिया में हर चीज को जानने की कोशिश करें, जरूरी नहीं कि आप जिंदगी में हर बात का जवाब पा ही लें। लेकिन आपको इस प्रक्रिया में लगे रहना चाहिए। जीवन में गंतव्य से ज्यादा यात्रा का महत्त्व है। अपनी जीवन यात्रा में चीजों को खोजने की प्रवृत्ति आपको बनाए रखनी चाहिए। मैंने जिंदगी में बहुत सारे काम किए हैं पर योजनाबद्धता नहीं बना पाया। मैं चीजों को खोजता और जिसमें आनंद महसूस होता वह काम करता। आपको जीवन में हर बात का जवाब नहीं मिल सकता।

व्यक्ति को अपने भीतर से भय को निकाल कर अपने लिए सफलता की राह बनानी चाहिए और इसे केवल वह खुद ही कर सकता है। कोई भी बाहरी मदद परिस्थिति को निकृष्ट बना देगी। महज इस किताब को पढ़-भर लेने से आप सफल नहीं हो सकते, न ही बाजार में बिकने वाली इस तरह की दूसरी किताबों को पढ़ने से ऐसा मुमकिन है। लेकिन ऐसा मुमकिन है अगर आप अपने आस-पास होने वाले घटनाक्रम पर पैनी निगाह रखते हों और बिना पिछड़ने के भय के आप सफलता की राह पर आगे बढ़ने की चेष्टा करें। आप विश्वास कीजिए कि इस तरीके से आप योजनाबद्ध ढंग से कार्य करते हुए हर सफलता पा सकते हैं बस आपको अपने व्यवहार में थोड़ा लचीलापन लाने की आवश्यकता है। व्यक्ति का नजरिया तीक्ष्ण ऊष्मा की तरह से काम करता है जो कि साधारण ऊष्मा से ज्यादा ताकतवर होती

है। अपनी तीक्ष्ण ऊष्मा का इस्तेमाल करते हुए आप अपनी सफलता की कहानी खुद गढ़ सकने में सक्षम हो सकते हैं। इससे आप अपने सपनों को साकार कर सकते हैं। अपने बदले नजरिए का भरपूर आनंद लीजिए जो आपकी मौलिक संपत्ति है।

आपकी जिंदगी में कई झटके आएंगे लेकिन अब झटकों से घबराने की जरूरत नहीं है। जब आप सड़क पर कार या बाइक चलाते हैं तो कई बार झटका लगता है पर आप उसे नियंत्रित करते हैं। आप क्लच और गियर को एडजस्ट करके झटकों से निजात पाते हैं। जिंदगी भी इसी तरह से है। जीवन के झटकों को अपने नजरिए से एडस्ट करिए तब देखिए कैसे सहज रूप से आपको जीवन का आनंद हासिल होगा।

जीवन में आने वाले ऐसे झटके आपको एडजस्टमेंट की सीख देते हैं, जिसे आप महज अपने नजरिए से काबू में ला सकते हैं इसके लिए आपको सकारात्मक सोच विकसित करनी होगी। अपने आपमें इस सबसे टक्कर लेने की क्षमता का विकास करिए, तब देखिए आपको सफलता का भरपूर पुरस्कार मिलेगा।

3.1 आशावादी बनिए

मैं एक ऐसे शहर में रहता हूं जो प्राचीन सभ्यता और स्मारकों के लिए पर्यटकों के बीच प्रसिद्ध है। मैं देश के बहुत सारे हिस्सों में जा चुका हूं परन्तु इनमें मुझे जयपुर सबसे अच्छा लगा। ऐसा इसलिए नहीं कि मैं यहां पहले से रहता आ रहा हूं बल्कि यहां का शांतिपूर्ण वातावरण इसका सर्वप्रमुख कारण है। मेरे घर से रेलवे स्टेशन 15 किलोमीटर दूर है। जिसके लिए रास्ते में 6 रेड लाइट सिग्नलों को पार करना पड़ता है। मुझे कहीं भी जाना हो तो मैं समय से पहले ही घर से निकलता हूं। यहां यह चर्चा का विषय नहीं है पर एक बात है जो मैं आपसे कहना चाहूंगा।

मान लीजिए कि मुझे घर से स्टेशन जाना है और मुझे 6 रेड लाइट पार करनी पड़ें तो इसके लिए मैं 6 जगहों पर सिग्नल ग्रीन होने का इंतजार नहीं करूंगा, बल्कि मैं पहले सिग्नल पर पहुंचकर सीधे उसे पार कर लूंगा लेकिन अगर वहां रेड लाइट हो तो मुझे लाइट के ग्रीन होने का इंतजार करना पड़ेगा। सिग्नल लाइट चाहे रेड हो या ग्रीन मैं कभी भी घर से निकल सकता हूं। इसलिए स्टेशन तक पहुंचने के लिए मुझे किसी भी बाधा रूपी सिग्नल को नहीं पार करना होता है।

अगर मैं आशावादी हूं तो मैं स्टेशन तक की यह दूरी लगभग आधे घंटे में तय कर लूंगा। लेकिन अगर मैं निराशावादी हूं तो सिग्नल पर होने वाली इस देरी के लिए सरकारी मशीनरी को दोषी ठहराऊंगा।

सफलता की ओर हमें वही राह ले जाती है जिसे हम जानते हैं। कभी-कभार यह 15 किलोमीटर से कम भी हो सकती है। लेकिन जब तक हमें यह नहीं पता है तब तक तो उसी नजरिए पर चलना होगा। अगर आपको जीवन में कुछ पाना है तो आशावादी नजरिया अपनाना होगा। अगर आपके जीवन में अंधेरा है तो इसका मतलब है कि वहां अभी प्रकाश प्रतीक्षा में है और जैसे ही प्रकाश होगा। यकीन मानिए आपके जीवन से सारा अंधेरा खत्म हो जाएगा।

आशावादी व्यक्ति वह होता है जिसे हर जगह ग्रीन लाइट ही दिखाई देती है जबकि निराशावादी व्यक्ति को हर जगह रेड लाइट ही दिखाई देती है। सफल पुरुष कलरब्लाइंड होते हैं।

अपने बुरे दिनों में भी जो खुद पर विश्वास बनाए रखते हैं। उन्हें जिंदगी उसका पुरस्कार जरूर देती है। आपको कभी भी बेहतर मौका मिलने का इंतजार नहीं करना चाहिए बल्कि परिस्थिति को अपने वश में करने का उपाय करते रहना होगा। ऐसा कभी भी और किसी भी स्तर पर हो सकता है, न्यूनतम या अधिकतम।

समस्या हर स्तर पर एक समान ही रहती है। जब मैं प्राइमरी स्कूल में शिक्षक था तब भी समस्याएं थीं और आज स्वतंत्र रूप से कार्य कर रहा हूं तब भी हैं। जब मैं शिक्षक था तो सोचता था कि इस दुनिया में सबसे अच्छा व्यक्ति हेडमास्टर है, जब मैं प्रिंसिपल बना तो लगा कि स्कूल मैनेजमेंट कमिटी का चेयरमैन सबसे सफल व्यक्ति होता है लेकिन जब मैं खुद तीन स्कूलों की मैनेजमेंट कमेटी का चेयरमैन बन चुका हूं तो लगता है कि इन सबसे अच्छा प्राइमरी शिक्षक ही होता है, जिसके पास कार्य करने का वक्त इन सब लोगों से कहीं ज्यादा होता है। आप लोगों ने इस संदर्भ में शायद प्रसिद्ध कहानी सुनी होगी कि एक व्यक्ति किस तरह ईश्वर से उनका वरदान वापस लेने को कहता है। एक दिन एक मजदूर ने सपना देखा कि वह मजदूर से सुपरवाइजर बन गया है और मजदूरों से काम करा रहा है। फिर वह सुपरवाइजर से ठेकेदार बन गया है लेकिन ठेकेदारी के दौरान

वह कई उलझनों में फंसता चला गया है, इसलिए एकबार फिर से वह मजदूर बनना चाह रहा है।

आपने देखा कि यह फर्क केवल आपके नजरिए की वजह से पैदा होता है। एक बार अगर आप आशावादी हो गए तो फिर आप जहां भी रहेंगे, परिस्थिति का आनंद उठाएंगे। मैं इस तथ्य को स्वीकार करता हूं मैं आशावादी नजरिए से चीजों को देखता हूं।

एक दिन किसी प्रोजेक्ट पर काम करने के दौरान मेरे पी.ए. ने मुझसे कहा कि यह गलती कंप्यूटर की त्रुटी की वजह से हो गई है; मैंने तुरंत कहा कि कंप्यूटर एक प्रोसेसिंग यूनिट है और उससे वही आउटपुट निकलेगा जो हम उसे बतौर इनपुट डालेंगे। अगर हम उसमें डाटा ही गलत डालेंगे तो फिर परिणाम भी गलत ही निकलेगा।

आप स्वयं को इस बात के लिए तैयार रखिए कि जीवन में अच्छे और बुरे दोनों ही परिणाम लगातार आते रहते हैं। जिंदगी में इस तरह मिश्रित परिणाम आपको प्राप्त होते रहेंगे, जिस रास्ते पर आपको आगे की ओर बढ़ते जाना है। जिंदगी एक रफ्तार है और आपको कभी भी इस रफ्तार को रोकना नहीं है।

अगर जिंदगी में आप सकारात्मक रवैया अपना कर चलते हैं तो आपको अक्सर अच्छे अवसर मिलते रहेंगे। जिंदगी में आने वाले झटकों को झेलने के लिए हमेशा तैयार रहिए और उन झटकों का सकारात्मक रवैए और आशावादी नजरिए से मुकाबला कीजिए। फिर देखिए, आने वाला समय आपका होगा।

3.2 सकारात्मक परावर्तक बनिए

एक छोटे बच्चे को टेबल पर बादाम से भरा एक जार रखा हुआ मिला। बच्चे ने सोचा, "अगर मां यहां होती तो इस जार में से कुछ बादाम निकाल कर मुझे जरूर देती, इसलिए मुझे इसमें से कुछ बादाम निकालने चाहिए" और उसने जार का ढक्कन खोलकर उसमें हाथ घुसाया और पूरी मुट्ठी में जितने बादाम आ सके उसे समेट लिया। लेकिन जैसे ही वह बच्चा जार से हाथ बाहर निकालने लगा तो उसका हाथ उसमें फंस गया क्योंकि पूरी मुट्ठी बादाम से भरी हुई थी। उसने दोबारा कोशिश की पर असफल रहा। अब वह रोने लगा।

इसी बीच बच्चे की मां कमरे में आई और उसने पूछा, "क्या हुआ?" बच्चे ने रोते हुए कहा, "मेरे हाथ में बादाम हैं और वह बाहर नहीं निकल रहा है।" मां ने उस बच्चे से कहा। "ज्यादा लालची मत बनो। कुछ बादाम नीचे जार में गिरा दो और एक बार में केवल 2-3 बादाम ही बाहर निकालो।" बच्चे ने ऐसा ही किया और आसानी से उसका हाथ बाहर निकल गया। बाद में बच्चे ने सोचा कि काश! वह इस बात को पहले ही खुद समझ गया होता। आखिर कितना आसान तरीका था। मेरे दिमाग में यह बात पहले क्यों नहीं आई।

हममें से ज्यादातर लोग इस बच्चे की तरह ही कार्य करते हैं। अगर हमारे हाथ कुछ लग जाता है तो हम सोचते हैं कि अब सारा ही उठा लें। ऐसा इसलिए भी होता है क्योंकि हम सोचते हैं कि क्या पता हमें इस चीज के लिए दोबारा मौका मिले भी या नहीं। सोचने की हमारी यह नकारात्मक प्रवृत्ति सामाजिक ढांचे में हो रहे बदलाव की वजह से भी है। परिवार की परिभाषा सिमट रही है और हम अब बहुत ही संकुचित दायरे (हम दो हमारे एक) में सिकुड़ रहे हैं। अब हम हर चीज को शतप्रतिशत करना चाहते हैं और उसमें भी बिना किसी समझौते के, जो हमारी नकारात्मक सोच की प्रवृत्ति को बढ़ाता है। माता-पिता ऐसा सोचते हैं कि हमारा इकलौता बच्चा ही हमारा भविष्य है और हर चीज उसी के लिए है।

इकलौता बच्चा होना माता-पिता के लिए कोई बुरी बात नहीं है लेकिन बच्चे के पालन-पोषण के दौरान कुछ समस्याएं पैदा होंगी। बच्चा वही समझता है जो वह देखता है। इकलौते बच्चे पर माता-पिता ज्यादा ध्यान देते हैं और हर तरह से उसका ख्याल रखते हुए उसे खुश रखना चाहते हैं, जिससे वह किसी चीज से "समझौता" करना नहीं सीख पाता। यहीं से सामाजिक तौर पर बिखराव की स्थिति शुरू हो जाती है।

उसे यह कभी नहीं सिखाया जाता है कि जिंदगी में कुछ ऐसी चीजें भी हैं, जिन्हें बिना किसी की मदद के हासिल नहीं किया जा सकता। समाज को संपूर्ण रूप से तब विकसित किया जा सकता है जब हम एक-दूसरे का सहयोग लेते हुए आगे बढ़ें। हम अपनी सोच का दायरा बढ़ाते हैं तो उससे समाज के साथ-साथ हमारा भी फायदा होता है। समाज के प्रति यह हमारा कर्तव्य बनता है कि हम बच्चों को ये सब चीजें सिखाएं।

सकारात्मक सोच की बदौलत आप हर चीज को ज्यादा बेहतर ढंग से कर पाएंगे

हर चीज आपके पास होते हुए भी आप तब तक सफल नहीं हो सकते जब तक आप के व्यक्तित्व में सकारात्मक सोच पैदा नहीं होगी। क्योंकि किसी चीज को हासिल करने की प्रक्रिया के दौरान आपको सकारात्मक सोच के साथ यह समझना होगा कि आखिर जो आप पाना चाहते हैं उसका वजूद है और आप उसे मानते हैं। अपनी बेटी की शादी तय करते समय मैं इस बात को तय नहीं कर पा रहा था कि मुझे शादी किसी जान-पहचान के रिश्ते में ही करनी चाहिए या फिर अनजान परिवार में भी शादी की जा सकती है। मेरे दिमाग में इस बारे में सकारात्मक और नकारात्मक दोनों ही विचार पैदा हो रहे थे। इसलिए मैंने इसे एक साल के लिए स्थगित कर दिया। बाद में मैंने अपनी बेटी के पक्ष में ही फैसला लिया। मेरी बेटी इंजीनियरिंग में पोस्ट ग्रेजुएट है और भविष्य में किसी भी संकट का सामना करने में सक्षम है सकारात्मक सोच के साथ मैंने इस बारे में फैसला किया।

आपको सकारात्मक नजरिया बनाए रखने के लिए अपनी क्षमता और सोच पर नियंत्रण रखना होगा। तभी आप जीवन में अच्छे फैसले ले पाएंगे। आपके गलत फैसलों से जिंदगी में जो आपका नुकसान होता है। उसका अगर आप मूल्यांकन करेंगे तो स्पष्ट रूप से यह बात उभर कर सामने आएगी कि आपने परिस्थिति को पूरे सकारात्मक रवैये से नहीं निबटाया था।

3.3 अपनी गतिविधियों पर नियंत्रण रखें

अगस्त, 2009 के आखिरी दिनों में जब मैं यह चैप्टर लिख रहा था उस समय अधिकांश खबरिया चैनलों पर एक ही तरह की खबर चल रही थी कि भारतीय जनता पार्टी की आंतरिक कलह ने उसकी "पार्टी विद ए डिफरेंस" की छवि को उजागर कर दिया है। यह ड्रामा इतना दिलचस्प था कि मेरे जैसा आदमी, जिसकी राजनीति में ज्यादा रुचि नहीं है वह भी आगे क्या होगा यह जानना चाह रहा था।

यह ड्रामा लोकसभा चुनाव के बाद से ही शुरू हो चुका था जब हरेक पार्टी कार्यकर्त्ता इस बात को लेकर सुनिश्चित था कि इस बार जीत तय है। हालांकि, कई राज्यों में इस पार्टी की सरकार है जहां जनता के बीच उनकी कार्यशैली संतोषप्रद मानी गई है। लेकिन पार्टी की हार के बाद हर बड़ा नेता एक-दूसरे पर दोषारोपण कर रहा है।

पार्टी के एक वरिष्ठ नेता जसवंत सिंह की जिन्ना पर लिखी किताब ने आग में घी डालने का काम कर दिया। मैंने यह किताब नहीं पढ़ी है लेकिन मैं यह नहीं समझ पाया कि वर्तमान परिदृश्य में इस किताब की क्या उपयोगिता हो सकती है। महज अपने राजनीतिक प्रतिद्वंद्वियों की प्रतिक्रिया के अलावा। निरक्षरता, गरीबी और मूलभूत सुविधाओं के अभाव सदृश्य बहुत-सी समस्याएं हमारे देश में मुंह बाए खड़ी हैं लेकिन हम उन सबको छोड़ बिना मतलब के मुद्दों की बाल की खाल उखाड़ते हैं।

मैं इतिहास का विरोधी नहीं पर हमारी शिक्षा पद्धति में जिस तरह इतिहास पढ़ाया जाता है उसका विरोधी हूं। हम इतिहास के शासकों के बारे में ही ज्यादा पढ़ाने में समय देते हैं कि फलाने शासक ने कितनों दिनों तक शासन किया और उसकी जन्मतिथि क्या थी, वगैरह-वगैरह, जिनका कोई शैक्षिक मूल्य नहीं है।

जैसा कि भारत में होता आया है, जसवंत सिंह को पार्टी से निकाल दिया गया और वे काफी हद तक गिरते चले गए और पार्टी के 'छिपे हुए राज' को उजागर करने की बात करने लगे।

उपरोक्त पैराग्राफ का कोई अर्थ नहीं होगा जब तक मैं यह नहीं कहूं कि खबरों में लालकृष्ण आडवाणी को 'किंग मेकर' की भूमिका में दिखाया जा रहा था। स्वतंत्र भारत में अब भी कितने मूढ़ लोग हैं जो "किंग" शब्द को भुला नहीं पाए हैं और यह भी देखिए कि अखबार में लिखने वाले एक जानकार व्यक्ति ने इस तरह लिखा कि।

मैं मानता हूं कि सफल व्यक्ति अपनी गतिविधियों पर नियंत्रण रखते हैं और हमेशा अपने नजरिए के मुताबिक परिस्थिति को ढालते हैं। अपनी गतिविधियों पर नियंत्रण रखकर अप्रत्यक्ष तौर पर आप स्वयं को काबू में रखते हैं और इस तरह से कोई भी आप पर नियंत्रण बनाने में सक्षम नहीं हो सकता। आपके साथ जो हो रहा है उसे आप

काबू में नहीं कर सकते लेकिन अपने नजरिए में बदलाव लाकर आपके साथ जो होता है उसे बदल सकते हैं और इस तरह आप पर कोई हावी नहीं होता बल्कि आप खुद अपने मास्टर बनते हैं।

हर व्यक्ति अपनी गतिविधियों पर नियंत्रण रखना चाहता है लेकिन कुछ ही लोग ऐसा कर पाते हैं। ऐसा इसलिए क्योंकि हमारे आस-पास जो लोग हैं वे हमारी नकारात्मक चीजों का ही विश्लेषण करते रहते हैं, जिससे हम अपनी क्षमताओं पर संदेह करना शुरू कर देते हैं। आम के बगीचे में खड़े होकर अमरूद के फल के बारे में नहीं सोचा जा सकता। ऐसा ही हमारी सोच के साथ होता है।

अपने आस-पास जिस तरह का वातवरण व्यक्ति को मिलता है उसी के अनुरूप उसकी सोच विकसित होती है और उसके व्यक्तित्व की सोचने की प्रक्रिया उसी दिशा में अग्रसर होती है। आपने देखा होगा कि किसी खास चीज के बारे में विभिन्न राज्य के लोगों की सोच भिन्न-भिन्न होती है।

एक बार अगर आपने जिंदगी की लड़ाई में जीतने के बारे में ठान लिया तो फिर विजेता की तरह से व्यवहार करना शुरू कर दीजिए। आपके अधीन जितनी भी चीजें हैं। उन सबको पूरी क्षमता से नियंत्रण में करके आगे बढ़ते रहिए। कोई मजदूर अगर सही दिशा में काम करता है तो निश्चित ही उसे सफलता मिलती है।

3.4 अक्षमताओं से सीख लीजिए

नाकामयांबी एक मानसिक अवस्था है। एक बार अगर आप असफल हो जाते हैं तो आप सोचने लगते हैं कि आपका आकलन गलत था, जिससे परिणाम सही नहीं आए और अब आपको फिर से खुद में सुधार करने का मौका नहीं मिलेगा। मुझे वह दिन याद आता है जब मैंने अपनी बेटी से शाकाहारी खाना बनाने के लिए कहा था। वह छुट्टी का दिन था। वह नौ बजे से पहले नहीं उठती थी लेकिन उस दिन वह 7 बजे किचन में थी। उसने खाना बनाया और सबको खिलाकर उनकी प्रतिक्रिया जानने के लिए बेसब्री से इंतजार करने लगी। हम लोगों ने खाना शुरू किया तो ऐसा लगा ही नहीं कि यह खाना मेरी बेटी ने बनाया है। सभी ने उसकी तारीफ की और मैंने उसे बताया कि इस खाने को और ज्यादा कैसे सुधारा जा सकता है। वह लगातार खाना बनाने का अभ्यास करती रही और अच्छा खाना बनाने लगी।

अगर वह पहले ही यह सोचकर डर जाती कि उसे तो खाना बनाना आता ही नहीं है तो फिर वह यह सब कैसे सीखती। मैं अपने साथ काम करने वालों और बच्चों से यह कभी नहीं कहता कि यह कार्य उनकी क्षमता से परे है और यह उन्हें बोझिल लग सकता है।

नाकामयाबी की वजह आपका अपना ही फैसला होता है। आपकी कोशिशों का ही नतीजा होता है यह। दसवीं क्लास में गणित संभाव्यता चैप्टर में आपने सीखा होगा कि ताश की 52 पत्तियों में क्वीन के निकलने के कितने चांस होते हैं। यही हमारे फैसले पर भी लागू होता है। हमें बहुत-सी चीजों पर काम करना चाहिए। कई बार पहले प्रयास में ही अच्छा या सटीक परिणाम आ जाता है तो कई बार बहुत ज्यादा प्रयास करना पड़ता है। बिना कोशिश किए आपको कभी भी उसका परिणाम नहीं मिल सकता। बार-बार मिलने वाली असफलता से ही समस्या का समाधान निकल कर सामने आता है।

केवल मानव प्रजाति के साथ ही ऐसा नहीं होता बल्कि इस धरती पर रहने वाली हर प्रजाति के साथ ऐसा होता है और इसीलिए वे बेहतर परिणाम हासिल करने में जुटे रहते हैं। जीवों का एक से ज्यादा बच्चे पैदा करने का मतलब यही होता है कि उनमें कुछ के नष्ट होने का भय रहता है, जिससे कि संतति को बरकरार रखा जा सके। अगर एक ही प्रयास में बेहतर परिणाम हासिल हो जाता है और नष्ट होने की संभावना नहीं रहती तो वे इतनी बार प्रयास नहीं करते। पेड़ पौधों के साथ भी यह बात लागू होती है। वे बहुत ज्यादा तादाद में बीज पैदा करते हैं बहुत सारे बीजों में कुछ ही अंकुरित हो पाते हैं और अपने मातृवृक्ष की भांति फल-फूल पाते हैं।

सेब के पेड़ को देखिए एक पेड़ में तकरीबन पांच सौ फूल होते है और हरेक फल में दस से ज्यादा बीच। आखिर सेब के फल में इतने बीज होने की क्या जरूरत है। यहां प्रकृति हमें कुछ शिक्षा देना चाहती है। इसका मतलब होता है कि प्रवृति में सारे बीज जमीन में उगते नहीं, इसलिए ज्यादा से ज्यादा बीज पैदा करते हैं जीव। इसको ऐसे भी समझा जा सकता है कि एक नौकरी पाने के लिए हम 20 जगह इंटरव्यू देते हैं। एक अच्छा कर्मचारी रखने के लिए नियोक्ता 40 लोगों का इंटरव्यू लेता है। एक मकान बेचने के लिए आप 50 लोगों से संपर्क करते हैं। यही बात कार के बारे में भी होती है। मकान, कार, इंश्योरेंस पॉलिसी

बेचने वाले भी पचासों लोगों से संपर्क करते हैं तब कहीं जाकर एक ग्राहक मिलता है। जब हम इस 'बीज के सिद्धांत' को समझ जाते हैं तो निराश नहीं होते। साथ ही हम पीड़ित होने की अपनी मानसिकता को भी त्याग देते हैं।

देखा जाए तो कई बार कामयाब व्यक्तियों को भी नाकामयाबी का मुंह देखना पड़ता है। जब चीजें आपके नियंत्रण से बाहर होती हैं तो अपनी जिंदगी के प्रति व्यक्ति कंजूसी बरतने लगता है। दुनिया में अन्य लोगों के व्यवहार/बर्ताव को आप नहीं बदल सकते। न ही आप लोगों के व्यवहार के लिए नियम बना सकते हैं और जब लोग आपके मुताबिक नियमों का पालन नहीं करते तो आप क्रोधित हो जाते हैं। यही सोच संकुचित सोच है। जबकि आपको इसके उत्तर सोचने चाहिए। जब जाकर लोग आपकी प्रशंसा करेंगे। हर व्यक्ति को ईमानदार बनना चाहिए।

आपके पति/पत्नी या प्रिय मित्र को आपका जन्मदिन मालूम होना/याद रहना चाहिए। इसकी आप उम्मीद लगाए रहते हैं। लेकिन अक्सर ऐसा हो नहीं पाता, इससे हमें निराशा होती है। इसलिए बेहतर तरीका यही है कि अपनी मांगें कम कर दीजिए। जो चीजें आपके नियंत्रण में नहीं हैं उन्हें ऐसे समझिए, "मैंने कोशिश की लेकिन ऐसा नहीं हो पाया। तो कोई बात नहीं ठीक है!" हमें अपने नजरिए में बदलाव लाना होगा तब जाकर मानसिक तौर पर शांति संभव है। ऐसा मानकर चलो कि आज धूप है तो अच्छी बात है और अगर बारिश होगी तो भी अच्छी बात है।

यह जरूरी नहीं कि कामयाबी पाने की राह में आने वाली सारी चीजें आपके मुताबिक ही काबू में रहें जिससे आपको पूरी सुविधा हो। इसलिए अपने नजरिए को काबू में रखिए। नाकामयाबी को स्वीकारना बड़ा मुश्किल होता है लेकिन आप यह जान लीजिए कि बिना ऐसा किए कामयाबी हासिल करना भी मुश्किल है और आप इसके लिए खुद को तैयार रखिए।

कामयाबी की तरह नाकामयाबी भी बहुत से लोगों के लिए बहुत महत्त्वपूर्ण चीज होती है। सकारात्मक मानसिक नजरिए से और

नाकामयाबी से नये अनुभव सीखिए, मकड़ी कितनी बार चढ़ती और गिरती है, फिर भी उसका ऊपर की ओर चढ़ना जारी रहता है। आप भी इसे जारी रखिए।

किसी नतीजे पर पहुंचने से पहले आप चीजों को प्राथमिकता के आधार पर हैंडल करते हैं, जरूरी नहीं कि इससे पहले भी आपने उस चीज को प्राथमिकता दी होगी जिसे इस बार दे रहे हैं। परिस्थितियों के अनुसार आप उसमें बदलाव लाते हैं। चीजों को तय करते समय पहले आप उसकी गणना करते हैं, उसका मूल्यांकन करते हैं तब जाकर फैसला करते हैं। हम इस सिद्धांत को जानते हुए भी ऐसा सोचते हैं कि चीजें हमारे विचार के मुताबिक दी हों, और अगर ऐसा होता है तो समझिए कि आप खुद में कुछ खास हैं।

अगर नतीजा आपके पक्ष में आता है तो सफलता का जश्न मनाइए और अगर ऐसा नहीं हुआ तो उसकी उम्मीद मत छोड़िए और समझिए इस बार गेम हार गए, अगला चांस फिर मिलेगा, इसके लिए फिर से जी जान से जुट जाइए। आप चाहे सबकुछ खो चुके हों, उसके बावजूद आपको चांस मिलेगा, ऐसा विश्वास रखिए। कई बार परिस्थितियां प्रतिकूल हो जाती हैं, जिसके लिए आपको तैयार रहना होगा और अपने तरीके से उसे हैंडल करना होगा। इससे साबित होता है कि लक्ष्य को हासिल करना आसान नहीं होता।

नाकामयाबी हमें बहुत कुछ सिखाती है और इससे कामयाबी की राह आसान होती है। आइंसटीन को अगर एक ही प्रयास में कामयाबी मिल गई होती वे उतना खुश नहीं होते। उनके ये शब्द हर आदमी के लिए प्रेरणादायक हैं कि 'नाकामयाबी के दौरान मुझे इतना तो जरूर पता चल गया कि कम से कम इन 17 तरीकों से तो बल्ब नहीं बन सकता है। सफलता आपका माइलस्टोन है। जब आप किसी एक माइल स्टोन पर पहुंचते हैं तो फिर अगला माइल स्टोन आपके सामने होता है।

आप अपने शिक्षक खुद हैं चाहे आप पास हो जाएं या फेल। हम इस बात को नकार नहीं सकते कि हम इस समाज का हिस्सा हैं जो हमारी जिंदगी को प्रभावित करता है लेकिन कभी भी खुद पर किसी को हावी नहीं होने देना चाहिए और न ही वैचारिक तौर पर किसी से ज्यादा प्रभावित होना चाहिए। इस बात को हमेशा याद रखिए कि नाकामयाबी में ही कामयाबी का वरदान छिपा हुआ है और लक्ष्य हासिल होने तक प्रयास करते रहिए।

3.5 आभार प्रकट करने का गुण विकसित कीजिए

ज्यादातर लोगों की यह आदत होती है कि अच्छी चीजों का श्रेय वे खुद हासिल करना चाहते हैं और बुरी चीजों के लिए दूसरों पर दोषारोपण कर देते हैं। ऐसा इसलिए होता है कि हम अपनी नाकामयाबी को पचाने की क्षमता नहीं रखते और ऐसा सोचते हैं कि इसके लिए वे परिस्थितियां जिम्मेदार रहीं, जिसने हमारा साथ नहीं दिया और हम अपने लक्ष्य से पिछड़ गए।

हमें इस बात पर विश्वास करना चाहिए कि जब हम उपलब्धि के लिए खुद को बधाई का पात्र मानते हैं तो फिर नाकायाबी की दशा में ऐसा क्यों नहीं कर सकते। आदर्श स्थिति तो यह है कि हमें अच्छी चीजों का श्रेय दूसरों को देना चाहिए और उसकी खामियों की जिम्मेदारी खुद लेनी चाहिए। अपनी प्रगति में दूसरों के योगदान को स्वीकार करना ही बड़प्पन है।

ऐसा तब होता है जब हम अपनी स्थिति से संतुष्ट हों हम ऐसा सोचना शुरू कर देते हैं कि हमें किसी की मदद की जरूरत नहीं तो यह हमारी दृढ़ता को दर्शाता है। यह हमारा नकरात्मक नजरिया है जो दिमाग में सकारात्मक चीजों को आने से रोकता है।

मेरे एक मित्र हैं जो शहर के एक नामी-गिरामी व स्थापित स्कूल के प्रिंसिपल थे। इस पद पर ज्वाइन करने से पहले 9 महीने तक वे नौकरी की तलाश में थे और कई प्रयासों के बावजूद उन्हें ढंग की नौकरी नहीं मिल रही थी। अंततः उन्हें यह नौकरी मिली और सबकुछ ठीक-ठाक हो गया। कुछ समय के बाद उनका स्वभाव उग्र व हठी होता गया और वे समझने लगे कि अब बिना उनके यह संस्था नहीं चल सकती। वे दिनप्रतिदिन जटिल बनते गए और किसी भी मीटिंग के दौरान सीनियर्स को नीचा दिखाने का एक भी मौका नहीं चूकते।

उनके सीनियर्स का चयन समाज के द्वारा किया गया था जो इस शहर के प्रतिष्ठित व्यापारिक घरानों से संबंध रखते थे। लेकिन इस सबके बावजूद इनमें से कुछ लोग उनकी कद्र करते थे जिससे उनकी उग्रता को बढ़ावा मिला। यह सब 2 साल तक चलता रहा।

बाद में वे अपने दोस्तों की भी अनदेखी करने लगे। शहर का प्रतिष्ठित स्कूल होने की वजह से उस स्कूल में एडमिशन के लिए मारा-मारी की हालत रहती थी लेकिन वे उसी का पक्ष लेते थे जो

उनसे सीधे संपर्क करता था। समय बीतता गया और वे समझने लगे कि उन्होंने अब तक जो कुछ भी हासिल किया है वह अपनी योग्यता और क्षमता के बलबूते पर हासिल किया है, जिसमें दूसरों का कोई योगदान नहीं है। एकाएक, मुझे पता चला कि वे अपने पद से हाथ धो बैठे हैं, जिसकी प्रमुख वजह उनका उग्र स्वभाव का होना रहा।

आपको यह समझना होगा कि आपको परिस्थिति के मुताबिक ढल कर लोगों से दोस्ताना रवैया अपनाना होगा, तभी आप अपने करियर की ऊंचाईयों पर पहुंच सकते हैं। आप अपने विचारों के अनुसार हर किसी को अपनी सुविधा नहीं दे सकते और न ही हर व्यक्ति को अपनी सेवाएं मुहैया कराने में सक्षम हो सकते हैं लेकिन आप सब लोगों के प्रति विनम्रता जरूर प्रकट कर सकते हैं।

आप तब तक शिक्षित नहीं हो सकते जब तक आप समाज की कद्र करना नहीं सीखते। समाज द्वारा निर्वाचित व्यक्ति प्रशासन में ज्यादा पावरफुल होते हैं। ऐसा इसलिए है क्योंकि उन्हें उनके काम के बदले जो दिया जाता है उसके एवज में वे खुद को समाज के प्रति समर्पित रखते हैं। उनकी पूरी ऊर्जा और समय, समाज के उत्थान में खर्च होती है। हम भारतीय लोग अपनी कार्य संतुष्टि के पहलू को ज्यादा महत्त्व देते हैं।

हमारा अंतर्मुखी स्वभाव ही है जो हमें अपनी उपलब्धियों के लिए दूसरों के प्रति आभार प्रकट करना नहीं सिखाता है। बिना कुछ लिए हम किसी को भी कुछ देने को तैयार नहीं होते हैं। यह पेमेंट का तरीका जरूरी नहीं कि नकद ही हो, यह प्रशंसा, अप्रत्यक्ष गिफ्ट वगैरह भी हो सकता है।

आपके साथ होने वाली हर अच्छी चीज का आभार प्रकट कीजिए, आगे बढ़ने वाला हर कदम आपको वर्तमान स्थिति से बेहतर स्थिति की ओर ले जाएगा, लक्ष्य की ओर।

मेरे मित्र के साथ घटित उपरोक्त उदाहरण एकमात्र नहीं हो सकता, ऐसे ढेरों उदाहरण हैं। जहां लोग कुछ पाने की चाहत में मर्यादा को खो देते हैं। बिना बड़प्पन के गुण के प्रगति मुमकिन नहीं है। इस तरह से लोग छोटी उपलब्धियों के हासिल होने पर ही संतुष्ट हो जाते हैं। वे ऐसा सोचते हैं कि जो वे चाह रहे हैं उसी के मुताबिक लोग कार्य करते रहें और वही सबसे ठीक तरीका है। आपने जो लक्ष्य बना रखा है, अगर आप उसे हासिल नहीं

कर पाते तो कहते हैं कि अंगूर खट्टे हैं। दूसरों पर दोषारोपण करके खुद के अहं को संतुष्टि पहुंचाते हैं। आप समझते हैं कि इस धरती पर सही तरीके से केवल आप ही काम करते हैं और बाकी सारे लोग बेईमान हैं।

अक्सर मैं यह नहीं समझ पाता हूं कि क्यों हम चीजों को उसी स्वरूप में नहीं लेते जैसी वे हैं, बजाय इसके हम उनमें दोष ढूंढ़ते हैं। ऐसा तब होता है जब आप किसी चीज के प्रति बड़प्पन का नजरिया नहीं रखते। आप सोचते हैं कि बिना किसी को छोटा बनाए आप बड़े नहीं बन सकते और यह एक साबित तथ्य है।

ऐसा नहीं कि हम यह नहीं जानते लेकिन इस पर अमल करना बहुत कठिन होता है। हम ऐसा महसूस करते हैं कि ईश्वर ने हमें विशेषतौर पर बनाया है और हमारे साथ कुछ खास होने वाला है। आपको यह याद रखना होगा कि इस तरह से आप खुद को बेवकूफ बना रहे हैं और इस रास्ते पर चलकर आप कोई उपलब्धि नहीं हासिल कर सकते।

बिना किसी की मदद के आप अपना विस्तार नहीं कर सकते हैं। आपको निश्चित तौर पर यह समझना होगा कि कामयाबी की राह में बहुत-सी चीजों को त्यागने की जरूरत होती है और उन सब लोगों के प्रति बड़प्पन दिखाना होता है जो आपके कामयाबी के रास्ते को तय करने में मददगार हों। अपने आलोचकों के प्रति बड़प्पन का रुख अख्तियार करना वाकई में बहुत मुश्किल होता है लेकिन इतना जान लीजिए कि एक बार अगर आप इस कला में माहिर हो गए तो मुझ पर यकीन रखिए, आपको विजेता बनने से कोई नहीं रोक सकता। आप वास्तविक विजेता होंगे। ●

अध्याय-4

स्वयं निर्णय लें

एक बार गलती से एक गधा जंगल में पहुंच गया और वहां की हरियाली से खुश होकर घास चरने लगा। चूंकि उसके पास वहां कोई काम नहीं था इसलिए कुछ ही दिनों में वह घास चरते-चरते काफी मोटा और बड़ा हो गया। जंगल के अन्य प्राणियों को वह थोड़ा विचित्र-सा लगता, इसलिए वे उस गधे से दूर ही रहने लगे। ऐसा समाचार सुनकर जंगल का राजा शेर भी आशंकित हो गया और उसे देखने गया कि आखिर ऐसा कौन-सा प्राणी आ गया। गधे की भारी आवाज सुनकर शेर भी भयभीत हो गया और तनाव से दिन-प्रतिदिन उसका वजन घटता गया।

एक दिन शेर जंगल में अपने इलाके में घूम रहा था। इस दौरान उसने देखा कि वह गधा एक बंदर के साथ लड़-झगड़ रहा है। आदत के मुताबिक गधा पीछे की ओर दुलत्ती चला रहा था, जिससे बंदर को कोई नुकसान नहीं होता। एकाएक शेर को समझ में आ गया कि यह खतरनाक दिखने वाला जानवर गधा है। बस फिर क्या था, वह गधे पर झपटा और उसे मार गिराया।

विष्णु शर्मा द्वारा लिखित 'पंचतंत्र' में इस तरह की ज्यादातर कहानियां हैं। जो राजपुत्रों के संदेह दूर करने के लिए लिखी थीं। मानव जीवन में व्यावहारिक रूप से इनका बहुत महत्त्व देखा जाता है। पाठकों को मैं बता देना चाहूंगा कि बिस्मार्क ने एक बार कहा था। "मूर्ख ही कहते हैं कि वे अपनी गलतियों से सीख लेते हैं," चूंकि जीवन हमें किसी चीज को सीखने या सोचने का कम ही मौका देता है। इसलिए हमें सदैव सजग रहना चाहिए।

मैं यह चैप्टर 5 सितंबर, 2009 के दिन लिख रहा था, जिस दिन पूर्व राष्ट्रपति सर्वपल्ली राधाकृष्णन का जन्म दिन है और उसे शिक्षक दिवस भी कहा जाता है। शिक्षण क्षेत्र में कार्यरत रहने के चलते पिछले कई साल के अनुभव से मुझे ऐसा महसूस हुआ कि इतिहास में मेरे कुछ सवालों का जवाब मुझे सही ढंग से नहीं मिल पाया है। कई बार मैं इन सवालों में उलझ जाता। गुरु विश्वामित्र से लेकर गुरु द्रोणाचार्य तक और रामायण से लेकर महाभारत तक। कौटिल्य के लिए मन में अपार श्रद्धा है। जिन्होंने एक बच्चे को चुनकर उसे राजा बनाया और जिसका सम्राज्य भारतीय इतिहास का स्वर्णिम युग कहा गया। वह छात्र कोई और नहीं चन्द्रगुप्त था जिसने मौर्य वंश की स्थापना की थी। कौटिल्य ने चन्द्रगुप्त में छिपी प्रतिभा को पहचाना और उसे तराश कर महानता के शिखर पर पहुंचा दिया।

यहां एक प्रश्न उठता है कि अगर कौटिल्य ने चन्द्रगुप्त के अलावा अगर किसी दूसरे बच्चे को चुना होता तो क्या होता। दूसरा राजा तो बन जाता लेकिन उसका साम्राज्य स्वर्णिम काल नहीं कहा जाता। मैं नहीं समझता कि इससे इतर कोई बात होती। एक बार किसी चीज के प्रति समर्पित हो जाने के बाद आपको उसके प्रति न्यौछावर होना होगा।

जिंदगी में सफलता का राज यही है कि जब भी अवसर मिले तो उसे भुनाने को तत्पर रहें।

बस यह विश्वास रखिए कि अगर आपमें दम है तो किसी भी हालत में, कम या ज्यादा परिणाम आपको मिलेगा लेकिन बाहरी ताकतें उसमें आपको प्रभावित नहीं करेंगी। देखा गया है कि गुरुओं ने अपने लक्ष्य के मुताबिक परिणाम के लिए उसमें अपनी दिलचस्पी दिखाई है। अगर आप द्रोणाचार्य के कार्यप्रदर्शन की समीक्षा करेंगे तो क्या आपको ऐसा नहीं लगेगा कि "एकलव्य" की क्षमता द्रोणाचार्य से भी कहीं बढ़कर हो जाती। मैं इससे ज्यादा नहीं कहना चाहूंगा ताकि कट्टरवादी ताकतों को बढ़ावा मिले और वे इस किताब पर प्रतिबंध लगाना चाहें।

यद्यपि इसे बुरा माना जाता है फिर भी ज्यादातर लोग ऐसे तत्त्वों का ध्यान आकर्षण करने के लिए इस तरह की चीजें लिखते हैं जो ऐसे लोगों द्वारा पढ़ी जाती है जोकि पुस्तक प्रेमी तो नहीं होते पर ऐसी किताबें जरूर पढ़ते हैं। आपको ऐसा नहीं लगता कि इस तरह की गतिविधि एक स्वतंत्र

देश के लिए जायज नहीं ठहराई जा सकती, जहां वे ज्वलंत मुद्दों पर लोगों को मरने-मारने पर उतारू हो जाएं? आखिर वे क्यों अपना मूल्य नहीं समझते किसी के व्यक्तिगत विचारों पर प्रतिबंध लगाने की बजाय वे सामाजिक मुद्दों का निराकरण करके चमत्कार कर सकते हैं।

इस दुनिया में बहुत-सी चीजें आपके मुताबिक नहीं होतीं। क्या आपमें ऐसी शक्ति है जो उनकी प्रगति को रोक दे, मैं कह सकता हूं कि आप ऐसा नहीं कर सकते। उदाहरण के तौर पर एक टीवी सीरियल "सच का सामना" को ही लीजिए, इतनी हाय-तौबा क्यों? आपको पसंद नहीं तो चैनल बदल लीजिए। आप क्यों चाहते हैं कि हर आदमी आपकी ही तरह बन जाए, क्या आप लोकसभा चुनाव लड़ने जा रहे हैं?

हमारी यह आदत होती है कि चीजों को हम अपने हिसाब से सोचते हैं आपको जैसा लगे वैसा करो पर दूसरों को भी अपने हिसाब से करने दो, उसमें व्यवधान मत डालो हमें अपने अनुसार लोगों को नहीं देखना चाहिए। आप क्यों संविधान के मुताबिक कार्य करना चाहते हैं? मैं मानता हूं कि आप मेरे तर्क से सहमत नहीं होंगे। लेकिन सोचिए कि अगर कौटिल्य ने एक साधारण बच्चे को नहीं चुना होता तो क्या चन्द्रगुप्त जैसा महानायक उभरकर सामने आ सकता था।

अपनी प्रतिभा और मूल्य को समझो और उसी दिशा में आप कार्य करो वरना आप इस धरती पर बहुत कुछ खो दोगे। हर आदमी को अपनी क्षमता को जानकर एक तय समय में अपना कार्य करना चाहिए।

ज्यादातर लोगों को अपनी क्षमता की समझ नहीं होती और वे दूसरों से पूछते हैं कि क्या करें, क्या न करें। ऐसा केवल अशिक्षित लोगों के साथ ही नहीं बल्कि शिक्षितों के साथ भी होता है। आप अपने आस-पास भी ऐसा देखते होंगे? हर इंसान स्वयं में अलग है। हर व्यक्ति लंबाई, वजन, दिमाग, बुद्धि, जानकारी, सामान्य ज्ञान में भिन्न-भिन्न होता है। आप एक जन्मजात विजेता हैं, और आपमें सारे गुण मौजूद हैं। बस जरूरत इस बात की है कि आपको यह जानना होगा कि कैसे लड़ना है। जब तक आप यह नहीं समझेंगे कि कैसे और किससे लड़ना है। तब तक आप विजेता नहीं बन सकते।

4.1 अपनी क्षमताएं बढ़ाएं

सबकुछ ईश्वर के हाथ में नहीं होता, जैसा कि आप सुनते आए हैं। लोग कहते हैं कि भगवान के प्रति सबकुछ समर्पित करके खुश रहो। एक

बार अगर आपके पास कुछ न हो तो फिर आपके साथ कोई समस्या ही नहीं रहेगी।

एक व्यक्ति अक्सर परेशानियों से घिरा रहता था। एक दिन वह भविष्यवक्ता के पास गया। भविष्यवक्ता राशियों की गणना करके ग्रहों के मुताबिक भविष्य बताता था। भविष्यवक्ता ने उस व्यक्ति की ग्रहदशाओं का, उसकी हथेलियों से आकलन किया और कहा, "शनि तुम्हारे छठे घर में बैठा है और वह नाराज चल रहा है। वही सारी समस्या पैदा कर रहा है। अगर तुम मुझे पांच सौ रुपए दो तो मैं उसकी स्थिति बदलने के उपाय करूंगा। जो तुम्हें फायदा पहुंचाएगा।" उस आदमी ने कहा, "मेरे पास पांच सौ रुपए नहीं हैं।" दोनों के बीच काफी देर तक मोल-भाव चलता रहा और अंत में भविष्यवक्ता ने शनि की ग्रहदशा को महज दस रुपए में ही शांत कर देने की बात कही।

लेकिन उस आदमी ने कहा कि वह दस रुपए भी देने की हालत में नहीं। इस पर भविष्यवक्ता चिढ़ गया और बोला, "जाओ यहां से भागो। तुम्हारे पास दस रुपए भी नहीं तो शनि क्या, कोई भी ग्रह तुम्हारा कुछ भी नहीं बिगाड़ सकता है।"

आप किसी चीज को तभी खो सकते हैं जब वह भौतिक या मानसिक रूप से आपके अधिकार में हो और अगर ऐसा नहीं है तो फिर कोई डर नहीं। मुख्य चीज है स्वयं को समझना। अधिकांश समय तो हम खुद को समझने में ही बिता देते हैं।

हम सोचते हैं कि चूंकि हम एक मनुष्य हैं इसलिए हम सबसे महान हैं और अपनी इच्छानुसार कुछ भी हासिल कर सकते हैं। हमारी सोच में गलती नहीं बल्कि हमारी शिक्षा व्यवस्था कुछ इस तरह की है कि वह छात्रों की दिलचस्पी किस चीज में है, यह समझ नहीं पाती। एक बार आप जान गए कि आप इस क्षेत्र में बेहतर कर सकते हैं तो आपको शीघ्र ही शुरुआत कर आगे बढ़ना चाहिए।

समाज का एक औसत प्रतिभाशाली या शिक्षित व्यक्ति भी, किसी मेधावी छात्र को पछाड़ सकता है, अगर उस व्यक्ति का लक्ष्य निर्धारित व केंद्रित हो।

हर आदमी को अपनी ताकत के बारे में जानना चाहिए। कुछ लोग इसे जीवन की शुरुआत में ही समझ जाते हैं तो कुछ लोगों को जिंदगी के अंतिम क्षणों में भी इसकी समझ नहीं हो पाती। हमारे देश में, हम अपनी दिलचस्पी शिक्षा पद्वति के माध्यम से ढूंढ़ते हैं। लेकिन हमारी शिक्षा पद्धति इस मामले में असफल ही साबित हुई है।

हमारी शिक्षा पद्धति छात्रों की रुचि को समझने में पूरी तरह से अक्षम रही है और यही वजह है कि सरकार द्वारा अत्यधिक अनुदान दर पर आईआईटी की पढ़ाई पूरी करने के बाद कोई छात्र। आईएएस बनने की सोचता है। यही कारण है कि ऑल इंडिया इंस्टीट्यूट ऑफ मेडिकल साइंसेज से डॉक्टर की डिग्री लेने के बाद कुछ छात्र एमबीए करके बैंक में नौकरी हासिल करना चाहते हैं। मेरे एक डॉक्टर मित्र के पुत्र प्रतिष्ठित एम्स के मेडिकल एंट्रेस टेस्ट में टॉपर रहे और फाइनल ईयर में भी टॉप आए। एक दिन अचानक वे मेरे पास आए और मुझसे कहा, "मुझे स्कूल फंक्शन के दौरान बुक स्टॉल्स को मैनेज करने का एक सर्टिफिकेट चाहिए। उन्होंने बताया कि वे आईआईएम कोलकाता में अंतिम साल के छात्र हैं और उन्हें यह सर्टिफिकेट वहां जमा करना है उन्होंने बताया कि एमबीबीएस करने के बाद उन्होंने हिसाब लगाया कि इस पेशे में जाने के बजाय वित्तीय पेश में जाने से करियर बढ़िया व जल्दी ऊंचाई पर जाएगा।"

मैं उनके उत्तर से सहमत नहीं हो पाया। मैंने जब उनसे कहा कि ऐसा करके आपने न केवल किसी दूसरे छात्र के अवसर को खत्म कर दिया बल्कि यह जनता के पैसे का दुरुपयोग भी है। इसके लिए उन्होंने शिक्षा पद्वति को दोषी करार देते हुए क्षमा मांग ली। जो उसकी क्षमताओं व रुझान को नहीं आंक सका। आपको इस तरह के बहुत से उदाहरण मिल जाएंगे जो शिक्षा पद्वति को दोषी ठहराते हैं।

आईआईटी कंप्लीट करने के बाद आईएएस अधिकारी बनने या फिर एमबीबीएस के बाद एमबीए करना या बैंकर बनने में कोई बुराई नहीं है लेकिन क्या आपको नहीं लगता कि ऐसा करने से देश में एक इंजीनियर या डॉक्टर कम हो गया, जिसकी भारत जैसे देश में आज बेहद जरूरत है। ऐसा इसलिए हुआ क्योंकि वे पहले अपना मूल्य नहीं आंक पाए।

4.2 कर सकने की क्षमता के प्रति सजग रहें

इस धरती पर हर समय में कुछ ऐसे लोग हुए हैं जो अपनी अधिकतम क्षमताओं के अनुकूल कुछ भी हासिल कर सकने में सक्षम हुए हैं। आईआईटी में टॉप करने वाला छात्र निश्चित ही प्रतिभाशाली होगा, उसकी क्षमताओं पर संदेह नहीं किया जा सकता। लेकिन अगर बाद में वह इंजीनियरिंग करियर बदल लेता है तो क्या वह अपने बहुमूल्य चार साल बर्बाद नहीं करेगा।

एक आदमी मानसिक रोगियों के पुनर्वासन पर कार्य कर रहा था, जिसके चलते वह एक बार उन्हें देखने गया। वहां डाक्टर ने उसे सलाह दी कि अगर यहां कोई आपसे कुछ कहे तो आप उससे उलझे नहीं ।

वे अंदर बगीचे में जाकर बैठ गया। इतने में उसके पास एक 25 वर्षीय युवक शांत मुद्रा में आकर बैठ गया। उसने पूछा, "क्या तुम अपने दोस्तों, शिक्षकों, माता-पिता या पड़ोसियों की वजह से यहाँ आए हो?" हालांकि उस व्यक्ति को सलाह दी गई थी कि वह यहाँ किसी से यहां न उलझें। फिर भी उसके निर्दोष भावों को देखकर उसने उस मानसिक रोगी से कहा, "अपने दोस्तों, शिक्षकों, माता-पिता या पड़ोसियों की वजह से कोई कैसे यहां पहुंच सकता है?"

वह युवक बोला, "हां, लेकिन कोई आदमी अपने आस-पास के सभी लोगों की उम्मीदों के मुताबिक खरा कैसे उतर सकता है और वह भी बिना किसी का दिल दुखाए?" फिर उसने बताया कि जब वह छात्र था तो स्कूल के शिक्षक उससे डॉक्टर बनने की उम्मीद रखते थे ताकि उनका और स्कूल का नाम रोशन हो। उसके मित्र उसमें प्रशासकीय क्षमता देखकर उसे कला विषय लेकर आईएएस बनने को प्रेरित करते थे। उसके पिता एक कारोबारी हैं, जो उसे एमबीए की डिग्री लेकर उसे बिजनेस में आने की सलाह देते।

बिना इसकी इच्छा को समझे, हर आदमी उससे अपनी अलग अपेक्षा रखता था। हर आदमी की इच्छाओं को संतुष्ट करने की कोशिश करते-करते एक दिन उसने खुद को इस मानसिक रोगियों के आश्रम में पाया। उसने बताया कि बाद में धीरे-धीरे सभी को मेरे भीतर मानसिक रोगों के लक्षण दिखाई देने लगे और अब मैं खुद भी यहां

आराम महसूस करता हूं क्योंकि इस आश्रम में आने के बाद अब किसी को मुझसे कोई उम्मीद नहीं।

जीवन अनमोल है। हमें कुछ ऐसे ठोस कदम उठाने होंगे, जिससे समाज मजबूती से आगे बढ़े।

ईश्वर ने हमें सिक्के के दो पहलू की तरह हर स्थिति को हैंडल करने के लिए दो रास्ते दिए हैं, एक है बैठे रहना और दूसरा है उसे सोचना, सफलता इस बात पर निर्भर करती है कि हम हेड का चुनाव करते हैं या टेल का क्योंकि इसके एक पहलू में सफलता है तो दूसरे में नुकसान।

अधिकतर समय हम ये समझने में असफल रहते हैं कि आखिर हम वास्तव में चाहते क्या हैं? ऐसी स्थिति उत्पन्न होने का एक मुख्य कारण यह है कि हमारे देश में हर व्यक्ति को अपने अनुसार स्वतन्त्रता से सोचने और व्यवहार करने की आजादी नहीं है और न ही कोई सही मार्गदर्शक है यह बताने के लिए कि उन्हें अपनी कार्यक्षमता का ज्यादा से ज्यादा प्रयोग किस प्रकार करना चाहिए। हम अक्सर किसी भी कार्य को बिना सोचे समझे झट-से करने को तैयार हो जाते हैं, क्योंकि हमें हर समय डर लगा रहता है कि कहीं कोई मौका हमारे हाथ से छूट न जाए। परिणामस्वरूप मिली असफलताओं के कारण या तो हम अपनी नौकरी बदलना चाहते हैं या फिर नौकरी या कार्य के प्रति कोई आकर्षण और उत्साह न होने के कारण तनावग्रस्त हो जाते हैं।

4.3 अपने कार्य के प्रति निष्पक्ष रहें

एक किसान ने कुत्ता और एक गधा पाल रखा था दोनों ही वफादार थे और मालिक उन्हें बहुत खुश रखता था। एक दिन किसान का कोई मित्र उसके घर आया तो कुत्ता उसे देखकर भौंकने लगा। किसान ने कुत्ते की ख़ूब पिटाई की। इससे कुत्ते में बदले की भावना घर कर गई। उसी रात कुछ चोर किसान के घर में घुसे। दोनों जानवर जगे हुए थे। गधे ने कुत्ते से भौंकने के लिए कहा ताकि मालिक जाग जाए लेकिन कुत्ता मालिक के व्यवहार से क्रोधित था,

उसने अपना कर्तव्य निभाने से मना कर दिया। गधा उसके इस निर्णय से सहमत नहीं था और उसने जोर-जोर से चिल्लाना शुरू कर दिया, जिससे मालिक गहरी नींद से जाग गया और गुस्से में आकर गधे को खूब मारा। मालिक के व्यवहार से दु:खी होकर कि उसकी वफादारी के बदले मालिक ने उसे पीटा, उसने वह जगह सदा के लिए छोड़ दी और वहां से चला गया।

अंदाजा लगाइए कि अगर मालिक ने गधे के व्यवहार को उचित ठहराकर उसकी पीठ थपथपाई होती और गधे की वफादारी के बदले कुत्ते की जिम्मेदारियां भी उसे दे दी होतीं तो क्या होता? कुछ समय तक तो गधा अपनी अतिरिक्त जिम्मेदारियों को बखूबी निभाता लेकिन कुत्ता फिर भी वहां मौजूद रहता और कुत्ते को भी बिना कुछ मेहनत किये, वही खाना दिया जाता जो गधे को मिलता था, तब इससे गधे में कुंठा पैदा होती और अतिरिक्त कार्य भार के कारण गधे के स्वास्थ्य पर भी बुरा प्रभाव पड़ता और कुछ ही दिनों में वह अपनी कार्यक्षमता के विपरीत परिणाम देता।

हममें से अधिकांश की नियति उपरोक्त कहानी की तरह है। हम अपने कार्यस्थल पर अक्सर अतिरिक्त जिम्मेदारियों को निभाने की कोशिश कर अपनी क्षमता दिखाना चाहते हैं। अधिकांशत: हम अपने बॉस के सामने सक्षम और काबिल दिखना चाहते हैं और इसी कारणवश हम कई बार अपने अधीनस्थ कर्मचारियों की अक्षमता भी बताते हैं। दोनों ही स्थितियों में हम संस्था का नहीं, अपना हित देखते हैं। आपातकालीन अवस्था में अपनी संस्था की बढ-़चढ़ कर मदद करना एक अच्छे कर्मचारी का गुण माना जाता है। लेकिन तुरंत लाभ की उम्मीद से कुछ करना बुरा समझा जाता है। संस्था एक या दो व्यक्तियों से नहीं चलती, इसके लिए बहुत-से विश्वस्त लोगों की जरूरत पड़ती है।

प्राथमिक तौर पर आपके पेशे में प्रोफेशनलिज्म झलकना चाहिए, इसलिए आपका अपने कार्य के बारे में पूरी तरह जानना बहुत महत्त्वपूर्ण और आवश्यक है।

हर संस्था को तेजी से आगे बढ़ने के लिए गधों की जरूरत होती है लेकिन साथ ही संस्था के लिए स्वामीभक्त और वफादार कुत्तों की भी जरूरत होती है। वास्तव में गधे संस्था को आगे बढ़ाने में लगे रहते हैं

क्योंकि इससे वे अपनी योग्यता को संस्था में साबित करना चाहते हैं। गधा दूसरों के कार्य भी करता है। यहां होना यह चाहिए कि संस्था के संचालक को कुत्ते से बातचीत करके समस्या का समाधान निकालना चाहिए ताकि भविष्य में कुत्ता अपनी ड्यूटी में कोताही न बरते। बॉस के लिए आवश्यक है कि वह हर आदमी को उसकी योग्यता और क्षमता के मुताबिक काम में लगाए रखे ताकि न तो कोई ज्यादा काम के बोझ तले दबा रहे और न ही कोई आरामतलब बन सके।

कार्य को हर संभव तरीके से टालने की कोशिश करना मनुष्य का स्वभाव है। हममें से ज्यादातर लोग अपने लाभ के लिए विचारों का आदान-प्रदान करते हैं। एक बार अपनी योग्यता सिद्ध करने के बाद आदमी के भीतर का डर कमजोर हो जाता है। कामयाबी अधिकांशतः मनुष्य के अथक परिश्रम का नतीजा होती है लेकिन आपके इर्द-गिर्द के लोग उसका क्रेडिट आपके भाग्य को देते हैं। वे आपके वर्षों से जारी परिश्रम को गौण करके भाग्य को ज्यादा सराहते हैं।

एमबीए करने और शिक्षा क्षेत्र में काफी अनुभव बटोरने के बाद मैंने स्कूल कंसल्टेंसी चलाने के लिए बाजार में पहले से मौजूद लोगों से बातचीत करनी चाही। मेरी मुलाकात इस दौरान एक ऐसे व्यक्ति से हुई जो पिछले पांच साल से इस कारोबार में है। उसने बातचीत के दौरान इस प्रोफेशन को फालतू बताया तब मैंने उससे पूछा कि फिर आप कैसे इतने सालों से टिके हैं!

मैं और मेरी पत्नी आपस में सलाह मशविरा करने के बाद इसकी शुरुआत करने का फैसला कर चुके थे हम अच्छी तरह जानते थे कि असफल होने की स्थिति में पत्राचार और यात्रा में खर्च किये गये कुछ हजार रुपयों से ज़्यादा खोने के लिए हमारे पास कुछ नहीं था। मैंने स्कूल की नौकरी छोड़ दी और इस प्रोफेशन की शुरुआत की। मुझे अपनी दृढ़ता पर पूरा भरोसा था। वह दिन मेरे लिए टर्निंग प्वाइंट साबित हुआ। मेरे साथ केवल मेरी दृढ़ इच्छा-शक्ति ही थी, जो मुझे आगे बढ़ा रही थी। मैं जानता हूं कि भारत में शिक्षा के क्षेत्र में अभी विकास की काफी संभावना है, खासकर स्कूली शिक्षा में इस प्रोफेशन के माध्यम से शिक्षा में व्यापक स्तर पर सुधार संभव है।

बिना किसी उद्देश्य के भटकने और इस धरती पर दूसरों पर निर्भर रहने या भार बनने की बजाय आपको शीघ्र ही अपनी क्षमताओं का

मूल्यांकन करना चाहिए, आपको स्वयं ही अपनी बाधाओं से पार पाना होगा। भारतीय मानसिकता यह बन चुकी है कि, "अगर मैं असफल हो गया तो लोग क्या सोचेंगे।" आप दूसरों को ऐसा सोचने की स्वतंत्रता क्यों देते हैं? अगर आप ऐसा सोचेंगे तो आपकी 75 प्रतिशत परेशानी स्वयं ही दूर हो जाएगी। प्रारंभ में मुझे भी ऐसे हालात का सामना करना पड़ा था एक शहर में रहते हुए मैंने मित्रों से मिलना-जुलना बंद कर दिया। मैं अपने प्रोफेशन के प्रति केंद्रित होने लगा। इससे संबंधित किसी भी कमेंट्स को मैं अनसुना कर देता। मेरे नए कारोबार के बारे में अगर कोई नकारात्मक टिप्पणी करता तो मैं उससे बात करना बंद कर देता। ऐसा करना काफी कष्टप्रद होता लेकिन मैं अपने रवैए पर अडिग रहा और अपने प्रोफेशन में विविधता लाता रहा और ट्रेनिंग कंसल्टेंसी की योजनाओं पर अमल करता रहा। प्रोफेशनल बनने से पहले अक्सर लोग कई मसलों पर सलाह करने आते और अपनी पूरी जानकारी व अनुभव के आधार पर मैं उनकी भरपूर मदद करता। अब भी लोग मेरे पास आते हैं लेकिन अंतर यह हो गया है कि अब मैं हर सिटिंग की फीस 10 हजार रुपए लेता हूं। अक्सर मेरे क्लाइंट हमारी मीटिंग फाइव स्टार होटलों में रखते हैं। इस तरह से 2 से 3 सिटिंग का सिलसिला चल पड़ा। अब आप देखिए कि कैसे चीजें बदल जाती हैं।

4.4 लक्ष्य स्पष्ट हो

एक लक्ष्यहीन व्यक्ति वह होता है जिसे यह न पता हो कि उसके लिए कौन से प्रोफेशन में जाना बेहतर होगा। ऐसे लोग एक तरफ तो आईएएस की तैयारी करते हैं और दूसरी तरफ शॉर्टहैंड व टाइपराइटिंग का कोर्स भी सीखते रहते हैं कि कहीं अगर आईएएस में सेलेक्ट नहीं हो पाए तो आजीविका का दूसरा विकल्प तो रहेगा। क्या आपको नहीं लगता कि दोनों करियर विकल्पों में जमीन-आसमान का अन्तर है। अगर कोई आदमी आईएएस में सेलेक्ट नहीं भी होता है तो उसे राज्य स्तरीय सेवाओं या उससे जुड़ी दूसरी सर्विस में जाना चाहिए। इससे यह साबित होता है कि उस व्यक्ति ने अपनी क्षमता का अच्छी तरह से आकलन नहीं किया होगा।

दो साल बाद जब मैं पांच बड़े स्कूली प्रोजेक्ट्स को संचालित करने लगा तो मेरे आलोचकों ने मुझे बधाई दी और मुझे सौभाग्यशाली कहा है

न विचित्र बात! अभी भी वे मेरी प्रतिबद्धता व परिश्रम को इसका श्रेय नहीं देना चाहते और न ही मेरी मेहनत व कर्तव्यनिष्ठा को देखते हैं।

स्पष्ट और केंद्रित लक्ष्य की स्थापना और उस पर कार्य करना ही सफलता का आरंभिक बिंदु है।

अक्सर आपके दिमाग में यह विचार आता होगा कि आखिर वास्तव में यह भाग्य है क्या? मेरा मानना है कि अपनी क्षमताओं का सही आकलन करके अपनी रुचि के मुताबिक क्षेत्र में आगे बढ़ना ही भाग्य है। अपना काम समय से पूरा करने वाले लोग समाज के लिए आदर्श बनते हैं, जरूरत है तो बस आपके पूरे कमिटमेंट की, बाकी सारी चीजें तो द्वितीयक हैं।

आप स्वयं को या अपने गुणों को ज्यादा देर तक नहीं छिपा सकते जैसे आप ज्यादा देर तक किसी को बेवकूफ नहीं बना सकते। आपकी वास्तविकता ही आपकी ताकत है। मैं समझता हूं कि इस धरती पर एक भी ऐसा व्यक्ति नहीं होगा, जिसमें कोई भी कमजोरी न हो। लेकिन उसे छिपाने की कोशिश में अपनी वास्तविकता नहीं छिपानी चाहिए। आपको समझना होगा कि आप कुछ हटकर हैं और उसी गुण की बदौलत आप बहुत कुछ हासिल कर सकते हैं।

आपकी सफलता यात्रा की कहानी की शुरुआत विजय से होगी, सच मानिए। ज्यादातर आलोचकों का कहना है कि आज बाजार में सकारात्मक नजरिए पर किताबों की जैसे बाढ़ आ गई है। जबकि मेरा मानना है कि हमारे शीघ्र उपलब्धि हासिल करने की चाह का ही यह नतीजा है। हम आज किसी चीज के लिए इंतजार नहीं करना चाहते।

आज समाज में आत्महत्या व अराजकता की प्रवृत्ति बढ़ रही है, जिसकी सबसे बड़ी वजह युवाओं का अल्पदृष्टि होना है, जो कम समय में ही ज्यादा चीजें हासिल करना चाहते हैं। इसमें कोई संदेह नहीं कि तर्क और सोचने में वे हम से आगे हैं और माउस के एक क्लिक पर उनके पास सूचना हासिल करने के अनेक माध्यम उपलब्ध हो जाते हैं।

इस पृष्ठ को लिखते समय चैनलों पर आंध्र प्रदेश के मुख्यमंत्री डॉ. वाई.एस. राजशेखर रेड्डी का हैलीकॉप्टर लापता होने की खबरें आ रही थीं। उनकी मौत की खबर आने के बाद तकरीबन एक सौ बीस लोगों ने दुःख से आत्महत्या करने का प्रयास किया। कैसी विडम्बना है यह?

आत्महत्या की कोशिशों की विस्तृत जानकारी के लिए जब मैंने रेडिफ मेल खोला तो उनके खिलाफ लिखे गए ब्लॉग्स को पढ़कर हैरान रह गया। दोनों ही परिस्थितियां अपनी पराकाष्ठा पर थीं। कई बार हम कारण जानना ही नहीं चाहते और न ही यह जानते हैं कि हमें करना क्या है। हम हर चीज पाना चाहते हैं। लेकिन हमें यह पता नहीं कि हम उसके उनका बाद क्या करेंगे। मैं आपको उस दिशा में ले जाना चाहता हूं कि जहां आप अपनी प्रतिभा को पहचान सकें। आपका लक्ष्य ही आपके लिए महत्त्वपूर्ण है। बाकी सभी चीजें तो सहायक हैं।

4.5 स्वयं पर किसी को हावी न होने दें

टीवी पर आने वाले एक विज्ञापन को याद कीजिए, जिसमें एक जेंटलमैन रेडलाइट पर अपनी कार में बैठा बराबर से गुजरते साइकिल पर सवार बराबर से गुजरते एक रफ एंड टफ लड़के को घृणा की दृष्टि से देखता है। लड़का इसे भांप लेता है और अपनी शर्ट और टाई, दोनों को सलीके से ठीक करके आत्मविश्वास से जवाब देता है, "अंकल, बस दो पहियों का फर्क है, आ जाएंगे हम भी चार पहियों पर।" यह हमें सिखाता है कि अगर हमने किसी को खुद पर हावी नहीं होने दिया तो हम भी किसी कम नहीं हैं।

अगर सही दिशा में लक्ष्य निर्धारित करके हम ईमानदारी से परिश्रम करें तो दुनिया में कुछ भी हासिल करना असंभव नहीं है। हम अक्सर यह सोचते हैं कि हम दूसरों से कमतर हैं पर ऐसा नहीं सोचते कि हम बहुतों से बेहतर भी हैं। अपने मूल्यांकन के प्रति ईमानदारी बरतना अच्छी बात है।

याद रखिये कि अच्छे व्यक्तियों की गतिविधियाँ और व्यवहार आपको विभिन्न स्तर पर प्रभावित करते हैं। जब आप उस व्यक्ति की अच्छाइयों को देखते हैं तो उसके विचारों व व्यवहारों से आप सम्मोहित हो जाते हैं। उपरोक्त उदाहरण में नेता की मृत्यु के बाद लोगों का आत्महत्या पर उतारू होना इसी बात को इंगित करता है। वे सोचते हैं कि अपने नेता के बिना वे कुछ भी नहीं हैं।

एक ऐसा व्यक्ति जो अपनी क्षमताओं के बलबूते पर लक्ष्य हासिल करने जा रहा हो वह कभी इन चीजों से समझौता नहीं करेगा। वह इन सब चीजों में संतुलन कायम रखेगा। आप इस धरती पर नेतृत्व के लिए भले ही

न आए हों, आप महात्मा गांधी या अब्राहम लिंकन भले ही न हों लेकिन व्यक्तिगत तौर पर आपमें जो योग्यताएं हैं वे लोगों को आकर्षित करने वाली होनी चाहिए।

अगर आप में आंच के सामने खड़े होने की क्षमता नहीं है तो आपको रसोईघर में नहीं जाना चाहिए।

एक बार जब आप अपने विचारों पर दृढ़ हो जाएंगे तो निश्चित रूप से आपको इच्छित परिणाम मिलेगा। ऐसा करके आप एक उदाहरण पेश करेंगे, जिसका लोग अनुसरण करेंगे। आप लोगों के बीच पहचाने जाएंगे। आपको स्वयं पर विश्वास करना सीखना होगा।

कमजोर सिद्धांतों वाले लोग दूसरों के विचारों के द्वारा सोचते हैं, उन पर उनका स्वयं का नहीं बल्कि दूसरों का शासन चलता है। जब तक व्यक्ति आत्म-नियंत्रित और आत्म-अनुशासित नहीं होता वह स्वयं को साबित नहीं कर सकता। आपको अपने सिद्धांत स्वयं बनाने हैं, साथ ही आपके शब्दों से ज्यादा आपका काम बोलना चाहिए। एक संस्था के साथ काम करते वक्त मैंने देखा कि एक महिला, जो उस संस्थान में वित्तीय कामकाज देखती थी, उसे ज्यादा बोलने की आदत थी। एक अन्य व्यक्ति ने मुझे आकर यह बात बताई उसे लगा कि शायद मैं यह बात जानकर खुश होऊंगा। लेकिन मैंने कोई प्रतिक्रिया व्यक्त नहीं की। वह महिला अपना सारा कामकाज दुरुस्त रखती थी। कई बार काम पड़ने पर उसने अपनी सारी फाइलें सही तरीके से काम करके मुझे सौंपी थीं।

एक बार मैंने देखा कि मेरी अनुपस्थिति में वह गॉसिप करने में मग्न है और ऐसा करके बहुत खुश है।

मैंने उपरोक्त उदाहरण इसलिए दिया है कि ऐसा होना सामान्य है। क्या मुझे उस महिला को कम बोलने के लिए कहना चाहिए था, परंतु जहां इससे मेरा कीमती वक्त बरबाद होता वहीं मैं उस बहुमूल्य समय में यह किताब नहीं लिख पाता। क्योंकि जब तक कि कोई आपके प्राथमिक कार्यों में किसी प्रकार की बाधा डालकर आपको परेशान न करे तब तक आपको किसी पर हावी होने की जरूरत नहीं।

विजेता हमेशा जीत की ओर देखता है। यहां तक कि खराब हालात में भी, लेकिन उसे स्वयं उन चीजों को साबित करने में लिप्त नहीं होना

चाहिए जो पहले से ही साबित है। जब लोग आपकी आलोचना करें तब भी उसे अनसुना करके आपको अपने लक्ष्य की ओर बढ़ना चाहिए। कई बार हम कहते हैं कि दूसरों ने जैसा हासिल किया है उस राह पर चलते हुए हम नहीं कर पाएंगे। ऐसा सोचना मूर्खता है।

स्वयं को दूसरों से हटकर बनाने की चेष्टा करें, अपने शब्दों के बजाए अपनी कार्य कुशलता से स्वयं को साबित करें। ऊर्जा के परिवर्तन के सिद्धांत के मुताबिक शब्द हवा में विलुप्त हो जाते हैं, जबकि गति के नियम के अनुसार कार्य उसका अनुसरण करता है।

आप अपने-आप में कुछ अलग हैं, आप दूसरों के शब्दों के मुताबिक क्यों चलना चाहते हैं, कार्य करना चाहते हैं। जबकि आपको बनाने में उनका कोई योगदान नहीं है। ●

अध्याय-5

सफलता का स्तंभ

समय के साथ सफलता के मायने बदलते रहते हैं। एक ही व्यक्ति के लिए विभिन्न समय पर सफलता के अर्थ अलग-अलग होते हैं। बेहतर तरीके से जानने के लिए इसे तीन विभिन्न श्रेणियों में बांटा जा सकता है। पहली श्रेणी, जिसमें आप अपने अनुसार लक्ष्य को हासिल करते हैं। मान लें कि आपने आईआईटी में सफलता का लक्ष्य बनाया और उसे हासिल कर लिया। दूसरी श्रेणी है कि आपने एक अच्छे मकान, प्लॉट या विला का मन बनाया और उसे हासिल किया। इसमें कार वगैरह भी हो सकती है। तीसरी श्रेणी में उपरोक्त दोनों चीजें हैं, जहां आपने ये सभी चीजें हासिल कर लीं तो दूसरे भी प्रेरणा लेकर यह लक्ष्य रख सकते हैं।

ज्यादातर, सफलता की यात्रा अंतहीन होती है। आप अधिकतम सफलता का आनंद लेना चाहते हैं। एक बार लक्ष्य को शीघ्रता से हासिल कर लेने पर आप फिर से दूसरा लक्ष्य निर्धारित कर लेते हैं। एक बार आईआईटी में सफल होने पर छात्र आगे की परीक्षाओं में अच्छा ग्रेड लाना चाहता है। आईआईएम से डिग्री हासिल करने के बाद छात्र जिंदगी का लुत्फ लेना चाहता है। लेकिन यह 'बाद' कभी नहीं आता और सफलता की यात्रा जारी रहती है।

सफलता एक यात्रा है, तो हम में से कितने हैं जो इस यात्रा का आनंद उठा पाते हैं। ऐसा इसलिए होता कि हम खुद से ज्यादा दूसरों के लिए हैं। जब तक हमें उत्साह मिलता है, हम अपनी यात्रा जारी रखते हैं। अगर आप भी ऐसा सोचते हैं। तो इस घुड़सवार की कहानी से आपको बहुत कुछ समझने को मिलेगा।

काफी समय पहले एक जमींदार ने एक घुड़सवार से कहा कि अगर वह उसके घोड़े पर सवार होने में कामयाब हो जाएगा तो उसे

बतौर इनाम वो सारी जमीन दी जाएगी, जितनी वह दिन-भर में उस घोड़े पर बैठकर नाप सकेगा।

घुड़सवार ने कहा "बस इतना ही।" और तेजी से घोड़े पर चढ़ गया और जितना तेज वह घोड़े को दौड़ा सकता था दौड़ाने लगा ताकि ज्यादा से ज्यादा जमीन नाप सके। यहां तक कि घोड़ा और वह दौड़ते-दौड़ते भूख-प्यास और थकान से निढाल हो गये लेकिन तब भी वह रुका नहीं क्योंकि उसे ज्यादा से ज्यादा जमीन चाहिए थी। वह जिस बिंदु से चला था वहाँ पहुंचने से पहले ही वह थककर गिर गया और मरणासन्न हो गया। तब उसने स्वयं से कहा-"क्यों मैंने ज्यादा जमीन पाने के लालच में स्वयं पर इतना जुल्म किया? अब मैं मर रहा हूँ और अब मेरी कब्र बनाने के लिए सिर्फ जमीन के छोटे से टुकड़े की जरूरत होगी।

हमारी जीवन यात्रा की भी यही कहानी है। ज्यादा से ज्यादा पैसा कमाने के लिए हम रोज कठिन मेहनत करते हैं और स्वयं को दूसरों से ज्यादा कामयाब साबित करने के लिए अधिक से अधिक पैसा और पावर चाहते हैं। हम अपने परिवार और स्वास्थ्य की अनदेखी करते हैं और आस-पास की सुंदरता से और अपने शौक से प्रेम करना भूल जाते हैं। कुछ समय बाद जाकर हमें इन चीजों का एहसास होता है। जीवन में कामयाबी के लिए पैसा और पावर हासिल करना ही सबकुछ नहीं है। जिंदगी केवल कामयाबी हासिल करने का नाम नहीं है- कामयाबी के नाम पर हम आनंद को पीछे छोड़ रहे हैं। वह आनंद जो हमें नई स्फूर्ति प्रदान कर हमें बेहतर जिंदगी का मजा देता है।

जिंदगी एक संतुलित कार्यकलाप है, जिसमें स्वयं व परिवार के लिए भी वक्त होना चाहिए। यह आपको तय करना है कि आप कैसे इन कार्यकलापों को संतुलित करें। अपनी प्राथमिकताओं को तय कीजिए और उसके मुताबिक फैसला लीजिए।

खुशी और प्रेम ही जिंदगी का मतलब व उद्देश्य होना चाहिए, जोकि मानव का प्रमुख लक्ष्य है। हर कामयाब कहानी का यही अंत है, इसे आपको याद रखना चाहिए। खुदगर्जी से जीवन में अंधेरा फैलता है। प्रकृति और अपनी उपलब्धियों का लुत्फ उठाइए। अपनी छोटी से छोटी सफलता का जश्न मनाइए।

जिंदगी छोटी और क्षण-भंगुर है। संतुलित जीवन जीना ही बेहतर जिंदगी के मायने हैं। आप केवल तब ही जीवन का आनंद उठा सकते हैं जब आप आनंदित महसूस करेंगे। लेकिन अधिकांशतः हम तब ही आनंद मनाते हैं जब हमें कोई अपनी उपलब्धियों के बारे में बताता है।

अपने विचारों को देखिए, वे शब्द बनते हैं। अपने शब्दों को देखिए, वे क्रियाएं बनते हैं। अपने द्वारा की जाने वाली क्रियाओं को देखिए, वे आदतें बन जाती हैं। अपनी आदतों को देखिए, वे आपकी विशेषता बन जाती हैं। अपनी विशेषता को देखिए, यही आपकी नियति बनती है।

5.1 औसत प्रतिभा

प्रतिभा समस्याओं से निबटने की एक योग्यता है। एक प्रतिभावान आदमी किसी समस्या का उपयुक्त उपाय तलाश कर उसका निदान करता है। अपने आस-पास नजर डालने पर आप पाएंगे कि कामयाब इंसान भी आप ही की तरह हैं।

कभी ऐसा मत सोचिए कि वे आपसे ज्यादा भाग्यशाली हैं। एक बात आप जान लीजिए कि उनकी कामयाबी की सबसे बड़ी वजह यही होगी कि उन्होंने दूसरों की बातों को अनसुना करके स्वयं से प्रेरणा ली व आगे बढ़े।

आश्चर्यजनक रूप से हम किसी नए काम को हाथ में इसलिए नहीं लेते कि हममें वह क्षमता नहीं बल्कि हम सोचते हैं। कि हम कभी वह काम पूरा कर ही नहीं पाएंगे। जब तक कोई व्यक्ति किसी कठिन काम में हाथ नहीं लगाता तब तक उसकी प्रतिभा नहीं मापी जा सकती लेकिन एक बार जब वह अपनी योग्यता के बलबूते साबित कर देता है तो वह प्रतिभावान बन जाता है।

आपको हर आदमी की सलाह विश्लेषण करके उसे अपनी परिस्थितियों के मुताबिक ढालना होगा ताकि वह आपके लिए फलदायी साबित हो। चाहे आप कम या ज्यादा आईक्यू वाले हों, आंख मूंदकर किसी की सलाह नहीं मान लेनी चाहिए। आपकी प्रतिभा इसी बात की जांच है कि जो सलाह आपको दी गई है उसे आप कैसे कार्यान्वित करते हैं। आगे दी जा रही इस पौराणिक कथा से आप इसे बेहतर तरीके से समझ सकते हैं।

एक बार एक महात्मा किसी गांव से गुजर रहे थे। उन्होंने देखा कि कुछ लोग रो रहे हैं। पूछने पर पता चला कि सांप के काटने से किसी की मौत हो गई है। महात्मा ने गांव में उस सांप को खोजा और उससे किसी भी आदमी को न काटने की विनती की, ताकि गांव वाले सांप से भयभीत न रहें। सांप ने महात्मा से भविष्य में ऐसा न करने का वादा किया। कुछ दिनों के बाद वे महात्मा फिर उस गांव से गुजर रहे थे। परिस्थिति बिल्कुल विपरीत थी। गांव वाले उस सांप को पत्थरों व डंडों से पीट रहे थे। सांप मरणासन्न हो चुका था। किसी तरह से महात्मा ने सांप को बचाया। महात्मा ने उस सांप के जख्मों पर दवा लगाते हुए पूछा, "गांव वालों की निर्दयता को तुम क्यों इस तरह सहन कर रहे थे?"

सांप ने जवाब दिया, "मैं आपकी बात मान कर चल रहा था। आपको ऐसा नहीं लगता कि आपकी सलाह मेरी जान ले लेती?"

महात्मा बोले, "मैंने तुम्हें किसी को काटने से मना किया था लेकिन तुमसे यह नहीं कहा था कि जरूरत पड़ने पर तुम अपनी शक्ति का इस्तेमाल करना बंद कर दो।"

कई बार ऐसा होता है कि बिना मांगे आपको बहुत से लोग अपनी सलाह दे देते हैं, जबकि आपको उस सलाह की जरूरत नहीं होती। हमारे देश में सलाह ऐसी चीज है जो मुफ्त में मिलती है। आपने टीवी के एक विज्ञापन में देखा होगा कि एक आदमी को सर्दी-जुकाम होने पर उसका दोस्त बोलता है, "तुम क्या कर रहे हो यह... वाला सीरप ले लो। (वह किसी खास ब्रांड की दवा का नाम बताता है)।"

उसे अपने दोस्त को डॉक्टर के पास जाने की सलाह देनी चाहिए थी। क्या किसी को भी इस तरह दवा की सलाह देना उचित है।

आप महसूस करते होंगे कि कम आईक्यू वाले आदमी को ज्यादा आईक्यू वाले आदमी के मुकाबले समस्याओं को सुलझाने में काफी दिक्कतें आती हैं। लेकिन वास्तव में ऐसा नहीं होता। जब आप छोटी समस्याओं का समाधान करने में सक्षम होते हैं तो आप बड़ी समस्याओं का भी समाधान कर सकते हैं। आपको अपने दिमाग में यह बात बैठा लेनी चाहिए कि समस्या को सुलझाने की क्षमता का आईक्यू से कोई संबंध नहीं है।

अगर आप छोटी समस्याओं को सुलझा लेते हैं तो इसमें कोई संदेह नहीं कि जिंदगी में बड़ी समस्याओं के आने पर भी आप उनका सामना कर पाएंगे।

आप दुनिया के किसी भी व्यक्ति से कम प्रतिभावान नहीं हैं। अन्यथा आपने पढ़ने के लिए यह किताब नहीं चुनी होती और न ही अपना कीमती वक्त इसको देते। अगर आप कुछ खो रहे हैं तो वह है आपका दृढ़निश्चय। अपने दृढ़निश्चय को बढ़ाने की कोशिश करें, जो सकारात्मक ऊर्जा पैदा करेगा। कभी भी अपनी योग्यता पर संदेह न करें, आप जीतने के लिए आए हैं और निश्चित रूप से विजेता बनेंगे।

5.2 कल्पनाशील बनें

कल्पनाशीलता का सामान्य अर्थ किसी चीज का विजुअलाइजेशन करना होता है। जब आप किसी कार्य को शुरू करना चाहते हैं तो पहले उसे विजुअलाइज कर लेते हैं उसके बाद ही वह दृश्य को, आपके चेतन मस्तिष्क को भेजता है। बिना इसके कोई भी कुछ हासिल नहीं किया जा सकता।

इसके विपरीत होता है रिफ्लैक्स एक्शन। इस प्रक्रिया में बिना पहले से विचार किए हुए हमारा शरीर हरकत में आ जाता है। जब हमारे शरीर पर कहीं मच्छर बैठता है तो इस रिफ्लैक्स एक्शन के चलते हाथ अनायास ही वहां पहुंच जाता है। लेकिन यह रिफ्लैक्स एक्शन अस्थायी होता है, लेकिन हम इसे अक्सर महसूस करते हैं। कई बार हम समस्याओं के समाधान में इसका भी उपयोग करते हैं लेकिन यह कोई स्थायी प्रभाव नहीं छोड़ता।

कल्पनाशीलता हमारे मुख्य तंत्रिका तंत्र (नर्वस सिस्टम) द्वारा किया जाने वाला कार्य है, जोकि हमारे मस्तिष्क का सबसे ज्यादा विकसित भाग है। काल्पनिक दृश्य में किसी भी समय सुधार की संभावना होती है। यही कारण है कि विजुअलाइजेशन को रिफलैक्स एक्शन से ज्यादा तीव्र माना जाता है।

हम एक समय में कई विचारों को विजुअलाइज करते हैं। किसी पर हम तुरंत कार्यान्वित होते हैं तो किसी को बाद में अमल में लाने की कोशिश करते हैं और कुछ सदा के लिए दम तोड़ देते हैं। हर आदमी में विजुआलइजेशन की प्रतिभा है। अन्यथा एक किसान जो पढ़ा-लिखा नहीं होता है, बादलों व हवा का रुख देखकर मौसम का पूर्वानुमान नहीं बता पाता।

कल्पनाशीलता मनुष्य का जन्मजात गुण मानी जाती है। कुछ लोग इसका ज्यादा इस्तेमाल करते हैं तो वे इसमें माहिर हो जाते हैं। कल्पनाशीलता

से विजुअलाइजेशन की क्षमता पैनी होती है जो आपको एक आधार उपलब्ध कराती है।

किसी समस्या का काल्पनिक समाधान इस पर निर्भर करता है कि आप कितने वास्तविक होकर सोचते हैं, जिसे हम आमतौर पर 'कॉमन सेंस' कहते हैं।

मूसलाधार बारिश में एक व्यक्ति कार से कहीं जा रहा था एकाएक उसका बायां पहिया पंक्चर हो गया और उसने पहिया बदलने के लिए कार रोकी। उसने पंक्चर हुए पहिए के चारों स्क्रू निकाल दिए लेकिन अचानक ही वे सारे स्क्रू उसके हाथ से छूट कर पास बह रहे नाले में गिर गए। उसकी कार एक पागलखाने के सामने आकर खराब हुई थी और एक पागल खड़ा हुआ उसकी सारी गतिविधियों को बड़े ध्यान से देख रहा था। वह रोगी उसके पास आया और बोला कि शेष तीनों पहियों से एक-एक स्क्रू निकाल कर इसमें लगा दो और अपनी यात्रा शुरू करो। वह आदमी हैरान रह गया कि इतना बुद्धिमान आदमी इस जगह कैसे हो सकता है। उस रोगी ने कहा कि यह सलाह मात्र एक कॉमन सेंस है और कुछ नहीं। कॉमन सेंस की अधिकता ही बुद्धिमत्ता कहलाती है।

इस कहानी में वह व्यक्ति न जाने सालों से कार चलाता था। लेकिन विषम परिस्थिति आने पर वह उपाय को विजुअलाइज करना भूल गया। विषम परिस्थितियों में ऐसा ज्यादातर लोगों के साथ होता है। ऐसा इसलिए होता है क्योंकि हमारा दिमाग नकारात्मक विचारों से भरा रहता है और हम अपने दिमाग में चीजों को सही तरीके से विजुअलाइज नहीं करते। विषम परिस्थितियों में स्वयं को संयत रखने से आप सर्वोत्तम परिणाम पा सकते हैं। आप भले इस बात को मानें या न मानें लेकिन दुर्गम इलाकों में रहने वाले लोगों में कल्पनाशीलता या विजुआलाइजेशन की सबसे ज्यादा क्षमता होती है। वे मौसम के हालात को विजुअलाइज करके फसल की एडवांस बुआई करते हैं। यहां तक कि जानवरों में भी इसकी अद्भुत क्षमता होती है और प्राकृतिक आपदा आने से पहले ही वे इसका अंदाजा लगा लेते हैं।

समझ आपकी जानकारी का नतीजा होती है न कि आपके सीखने की गति का परिणाम।

हममें से कम ही लोग अपने विचारों पर अमल करते हैं, ज्यादातर लोग दूसरों की ही कॉपी करते हैं। हम सफल लोगों की सफलता की कहानियां पढ़कर उन पर यकीन करके उनकी नकल करना शुरू कर देते हैं परंतु मूल तथ्य भूल जाते हैं कि एक ही आइडिया हमेशा काम नहीं कर सकता और यदि काम करता भी है तो उसका परिणम एक जैसा नहीं होता। हम रोजाना सैकड़ों विचारों को दफना देते हैं। जो विजुलाइजेशन की प्रक्रिया के दौरान उत्पन्न होते हैं। असफल होने के डर से हम उन्हें कार्यान्वित नहीं करते। मेरी किताब 'क्रेक द शेल दैट कवर्स यू' में मैंने इस विषय का विस्तार से जिक्र किया है। यह आपके विचारों से पैदा होने वाले भय से आपको मुक्त करती है।

5.3 आत्मविश्वास-सफलता की कुंजी

आत्मविश्वास आपकी आंतरिक शक्ति होती है। आपकी प्राथमिकता अपनी आन्तरिक शक्तियों के आकलन की होनी चाहिए। अगर आपके पास ऐसा करने की क्षमता नहीं है तो आपका हर काम अधूरा ही रह जाएगा।

खुद पर दृढ़-विश्वास करके आप अपने 90 फीसदी लक्ष्य को हासिल कर सकते हैं और महज 10 फीसदी के लिए ही आपको तकनीकी ज्ञान की जरूरत पड़ सकती है। तकनीकी ज्ञान अनुभव से आता है। लेकिन अगर आपको तकनीकी ज्ञान होने के बावजूद खुद पर संदेह है तो हो सकता है कि आप अपना लक्ष्य हासिल न कर पाएं। दुनिया में ज्यादातर असफल अपनी योग्यताओं और क्षमता पर किये गये संदेह का शिकार रहे हैं। वे इसलिए असफल हुए क्योंकि उनमें आत्म-विश्वास नहीं था।

दुनिया में जितने भी महान आविष्कारक हुए हैं, सबने पहले खुद पर विश्वास किया फिर अपनी उपलब्धियों को हासिल करने पर। अगर उन्होंने अपनी क्षमता पर संदेह किया होता तो वे कतई अपने लक्ष्य तक नहीं पहुंच पाते।

> *युधिष्ठिर पांडवों में सबसे बड़े थे। वह एक सत्यवादी इंसान थे और महज एक बार अपवादस्वरूप छोड़कर उन्होंने कभी झूठ नहीं बोला महाभारत में उनका एक प्रतिष्ठित दर्जा है। 'मकुर' नामक उनका एक पालतू कुत्ता था। मकुर हमेशा उनके साथ ही रहता था। युधिष्ठिर जब भी कोई फैसला लेते तो उसकी सलाह जरूर लेते।*
>
> *मृत्यु के बाद युधिष्ठिर को स्वर्ग में आने का आमंत्रण मिला। वे स्वर्ग के द्वार तक पहुंच गए। मकुर भी उनके साथ ही गया था। स्वर्ग*

के द्वार पर खड़े द्वारपाल ने युधिष्ठिर से कहा कि आपके साथ यह कुत्ता स्वर्ग में नहीं जा सकता। नियमानुसार कुत्ते का स्वर्ग में जाना मना है। युधिष्ठिर ने कुत्ते के बिना स्वर्ग में जाने से मना कर दिया। स्वर्ग के संरक्षक इन्द्र के लिए बड़ी समस्या पैदा हो गई। उन्होंने मंत्रिमंडल की बैठक आयोजित की और मामले पर चर्चा की गई। युधिष्ठिर को नियमों के बारे में समझाया गया पर वे नहीं माने। अंततः नियमों में संशोधन करते हुए युधिष्ठिर को मकुर के साथ स्वर्ग में जाने दिया गया। लेकिन यह तय किया गया कि ऐसा भविष्य में नियम नहीं बनेगा। यह केवल एक बार के लिए ही मान्य है। दूसरों के साथ ऐसा नहीं लागू होगा।

युधिष्ठिर अपने व्यवहार के मुताबिक अपनी बात को मनवाने में सफल रहे क्योंकि उन्हें खुद पर विश्वास था कि वे गलत नहीं हैं। युधिष्ठिर को अपने विश्वास पर गर्व था और ऐसा करके वे अपना स्वाभिमान कायम रख सके। मुसीबत के दौरान अपने अनुसरण करने वालों को खो देना एक अच्छे नेता का गुण नहीं, ऐसे में एक समय के बाद नेता अकेला पड़ जाएगा। ऐसा खुद के स्वाभिमान को कायम न रख पाने की वजह से होगा।

आपके पास इस तरह के बहुत से उदाहरण होंगे। अच्छा परिणाम नहीं आने पर कई बार छात्र आत्महत्या को प्रेरित होते हैं, जिसकी प्रमुख वजह उनके स्वाभिमानी होने को माना जाता है। लेकिन देखा जाए तो सही मायने में अगर उनमें स्वाभिमान होता तो वे आत्महत्या का रास्ता नहीं चुनते।

दूसरों के मुकाबले खुद को श्रेष्ठ साबित करने के लिए आपको दूसरी बार मौका नहीं मिल पाएगा।

असफल होने पर हम कई बार हताश हो जाते हैं लेकिन हम यह भूल जाते हैं कि प्रकृति का यह मौलिक नियम है कि मंजिल तक पहुंचने के लिए हर इंसान अलग रास्ता चुनता है। हम वरदान पाने के लिए लाख से ज्यादा देवताओं की पूजा करते हैं। लेकिन अंतिम मंजिल एक ही है। आपका लक्ष्य तो तय होना चाहिए लेकिन उसके रास्ते कभी सबके लिए समान नहीं हो सकते। हर इंसान की अपनी क्षमता होती है, जिसके मुताबिक वह मंजिल को तय करने का रास्ता चुनता है।

हम अक्सर सुनते हैं कि पहले की अपेक्षा जिंदगी अधिक तनावपूर्ण हो गई है। ऐसा इसलिए कि हम अपनी मंजिल अपनी क्षमताओं की बजाय और दूसरे बाहरी स्रोतों की मदद से पाना चाहते हैं। हमें विश्वास होना चाहिए कि इस कार्य को करने के लिए सर्वश्रेष्ठ व्यक्ति हम ही हैं, दूसरा कोई नहीं। जिस दिन हम खुद पर विश्वास कर लेंगे उस दिन कोई भी शक्ति हमें मंजिल तक जाने से रोक नहीं पाएगी। अगर मंजिल कठिन है तो आपका आत्म-सम्मान उसे कई भागों में बांट कर हासिल करने की चेष्टा करेगा।

5.4 भय का दृढ़ता से मुकाबला करो

असफलता इस बात का संकेत है कि हमने ईमानदारी से अपनी मंजिल पाने की कोशिश नहीं की। अपना लक्ष्य प्राप्त करने की राह में नाकामयाबी सबसे बड़ी बाधा मानी जाती है। कम ही लोग हैं जो नाकामयाबी से नहीं डरते। असफलता हमारे जीवन का एक हिस्सा है और बिना इसके हम जिंदगी का मतलब नहीं समझ सकते। असफलता ही हमें पूरी ताकत के साथ आगे बढ़ने की प्रेरणा देती है।

आपने देखा होगा कि सड़कों पर तेज गति से कार चलाते समय स्पीड ब्रेकर आते हैं, जहां कार की गति कम करनी होती है। आपने कभी भी उस स्पीड ब्रेकर को बहुत तेज गति के साथ पार करने की कोशिश नहीं की होगी अन्यथा दुर्घटना की संभावना हो सकती है। असफलताएं हमारी जिंदगी में स्पीड ब्रेकर का काम करती हैं। यह हमें बताती हैं कि हमेशा एक समान गति बनाए रखना संभव नहीं। आपको रुकना होगा, अपनी ऊर्जा को संगठित करते हुए अपनी इच्छित गति से बढ़ते हैं फिर कोई गति रोधक आ जाता है और आपको अपनी गति न्यूनतम कर देनी पड़ती है और इस प्रकार आप अपनी यात्रा जारी रखते हैं।

ऐसा मुमकिन हो सकता है कि बिना असफल हुए आप अपनी मंजिल तक पहुंच जाएं लेकिन एक बार मंजिल पर पहुंच जाने पर आपको लगेगा कि आपकी क्षमताओं के आगे मंजिल कमतर है। असफलताएं आपको यह समझाती हैं कि एक बार फिर से अपनी क्षमताओं का आकलन करके पूरी ताकत लगाकर मुकाम हासिल करने में जुट जाएं।

वास्तव में असफल होने से पहले ही हमारे दिमाग में असफलता का भय घर कर जाता है। जब हम असफलता के बारे में सोचते हैं तो हमारे भीतर एड्रेनेलिन हारमोन का स्राव होने लगता है। जो हमे असफलता को स्वीकार

करने की ओर प्रेरित करता है। एक बार अगर आपके दिमाग से असफलता का डर निकल जाता है तो आप फिर पुरानी अवस्था में आ जाते हैं।

एक जंगल में एक शेर रहता था, जोकि वहां का राजा था। उस जंगल में कुछ भेड़ें भी थीं, जो अक्सर शेर के बच्चों को परेशान करती थीं। शेरों की संख्या मुश्किल से सौ थी, जबकि भेड़ों की संख्या कई हजार में थी। सभी शेरों ने भेड़ों को सबक सिखाने के लिए उनसे लड़ाई करने की ठानी।

युद्ध की घोषणा हो गई और बंदर को निर्णायक बनाया गया। बंदर एक नया विचार लेकर आया कि शेरों की सेना का सेनापति एक भेड़ को बनाया जाए और भेड़ों की सेना का सेनापति शेर को बनाया जाए। शेरों ने आपस में बात की और वे इस विचार से सहमत हो गए। एक रेखा के दोनों ओर दोनों सेनाएं खड़ी हो गईं। बंदर ने युद्ध का बिगल बजाया। भेड़ों की सेना का सेनापति बना शेर जोर से दहाड़ा और उसकी दहाड़ को सुनकर शेरों का सेनापति बना भेड़ डर कर भाग गया। इधर, सैनिक शेरों ने सोचा कि हार के डर से सेनापति भाग रहे हैं तो उन्होंने भी वैसा ही किया और वे भी भाग गये।

आपकी मानसिक अवस्था ही आपको सफलता की ओर ले जाती है। आप विजेता तभी बन सकते हैं, जब आपको भीतर से यह महसूस हो कि कोई आपको हरा नहीं सकता। आपका 'किलर इंस्टिंक्ट' ही आपको विजय दिला सकता है। गलती होने पर तुरंत उसका विश्लेषण करते हुए आगे बढ़ जाएं। आपको ऐसा कोई कामयाब इंसान नहीं मिलेगा, जिसने कभी कोई भूल न की हो। भूल ही आपको यह एहसास कराती है कि मंजिल तक पहुंचना उतना आसान भी नहीं है। असफलता का सामना करने के लिए खुद को मानसिक तौर पर तैयार रखें।

एक बार एक प्रोजेक्ट पर काम करने के दौरान, ऐसा हुआ कि कुछ शिक्षकों ने चेयरमैन से मेरे बारे में शिकायत की। मेरे लिए यह एक झटका था क्योंकि मैंने उससे पहले ट्रेनिंग की पचासों प्रशिक्षण कक्षाएं ली थीं। चेयरमैन ने मुझे बुलाकर कहा कि उन शिक्षकों में बहुतों के पति जिले में उच्च पदों पर हैं और वे यहां सिर्फ समय काटने को आती हैं। वे उच्च शिक्षित हैं लेकिन उनमें पढ़ाने के लिए कोई प्रतिबद्धता नहीं है। अपने सत्र के दौरान मैंने उन लोगों से कुछ साधारण किस्म के सवाल पूछे, जिसका वे उत्तर नहीं दे सकीं और मैंने इस पर

टिप्पणी करते हुए कहा कि अगर वे लोग इन चीजों के प्रति सजग नहीं हैं तो वे इस पेशे में रहने के योग्य नहीं हो सकतीं। पहली बार ऐसा हुआ कि किसी ने उन लोगों के बारे में प्रत्यक्ष रूप से ऐसी टिप्पणी की थी। स्कूल के मालिक एक बिजनेसमैन थे और उन्होंने मेरी जो सेवाएं ली थीं। उससे उन्हें खासा फायदा हुआ, जो पहले उन्हें नहीं हो रहा था। प्रतिस्पर्धा में वहां कई और नए स्कूल खुल गए थे जिनसे इनके एकाधिकार को चुनौती मिल रही थी। जिले के अधिकारियों की पत्नियों को नौकरी पर रखना मजबूरी से ज्यादा जरूरत थी। चूंकि स्कूल इंगलिश मीडियम था इसलिए इंगलिश बोलने वाले शिक्षकों की जरूरत थी, भले ही उन्हें विषय ज्ञान की पकड़ हो या न हो। उन्होंने उसे अपनी ट्रेनिंग के तरीके में बदलाव लाने को कहा।

मैंने अपनी टिप्पणी के लिए उनसे क्षमा मांगते हुए उसमें परिवर्तन की बात बताई। मैं उन्हें यह समझाने में सफल रहा कि भाषा ज्ञान के साथ ही कुछ स्तर तक विषय का ज्ञान भी जरूरी है क्योंकि हजारों छात्रों का भविष्य उनके हाथों में है और ऐसा नहीं हुआ तो उनका भविष्य चौपट हो सकता है। मैंने उन्हें कुछ खास किताबों और इंटरनेट की साइटों से जुड़ने की सलाह दी ताकि अपडेट जानकारी मिलती रहे और वे एक महीने में मेरी उम्मीद के मुताबिक खरे उतरे। यह ट्रेनिंग कार्यक्रम मेरे लिए खास फायदेमंद रहा।

बिना गलती किए हुए आप कभी कुछ हासिल नहीं कर सकते। अपने अनुभवों के बावजूद आप पूर्ण कभी नहीं हो सकते। हमेशा कुछ नया सीखने की संभावना रहती है जिससे आप कुछ सीख सकते हैं। गलती महसूस होने पर कभी भी क्षमा मांगने से हिचकिचाना नहीं चाहिए। केवल वही आदमी कभी गलती नहीं कर सकता जो कुछ करता ही न हो अन्यथा जो कुछ करेगा तो गलती जरूर होगी। इसका उम्र और अनुभव से कोई संबंध नहीं है। गलती करना जिंदगी का एक हिस्सा है और उसे स्वीकारने में भी कोई हिचकिचाहट नहीं होनी चाहिए। बस एक बात का ख्याल रखें कि एक ही तरह की गलती का दोहराव न हो। आप जन्मजात विजेता हैं और आप स्वयं में दृढ़ हैं तो असफलता का भय आपको नहीं सताएगा।

5.5 वैयक्तिक अस्तित्व कायम रखें

कई बार हम अपने आस-पास ऐसे लोगों को जानते व आपस में चर्चा करते हैं जो कभी भी अपने सिद्धांतों से समझौता नहीं करते। ऐसे लोग अपवाद नहीं लेकिन हम सोचते हैं कि हमने अगर ऐसा किया तो हम असफल हो सकते हैं। खास गुण होना ईश्वर का वरदान है लेकिन हम ऐसा नहीं सोचते और उन सफल लोगों के गुणों व तरीकों की नकल करके कामयाब होना चाहते हैं। हम सोचते है कि कुछ खासियतों के चलते ही ऐसे इंसान कामयाब होते हैं लेकिन हम यह भूल जाते हैं कि प्रकृति का सामान्य नियम है कि हर आदमी में कुछ न कुछ खासियत होती है।

आपने गुब्बारे बेचने वाले को देखा होगा। वह उसमें हाइड्रोजन गैस भर कर हवा में उड़ाता है, जो काफी ऊपर तक जाता है उसमें विभिन्न रंगों के गुब्बारे होते हैं। उन गुब्बारों का आकर्षण रंगों से ज्यादा उसमें भरी गैस के कारण होता है। जो उसे ऊपर ले जाती है। लेकिन लोग गैस को भुला देते हैं।

दूसरों की सफलता से कुछ हासिल करने के लिए उन चीजों को अपनाने की कोशिश न करें जो दिखाई दे रही हैं। उनकी भीतरी चीजों को अपनाएं। अगर हर आदमी दूसरे की नकल करने लगे तो इससे वह खुद की पहचान खो देगा।

मैंने स्वयं कई तरह के प्रोजेक्ट्स पर काम किया है और मैंने उन्हें अच्छी तरह से संचालित भी किया है। कभी-कभार मेरे पास आने वाले लोग कहते हैं कि अपने कार्यों के बदले जो मैं फीस लेता हूं वह दूसरों के मुकाबले ज्यादा है। मैं बड़ी विनम्रता से उन्हें बताता हूं कि मुश्किल परिस्थितियों के समय मैं जितनी आसानी से उसका हल निकाल सकता हूं, दूसरे वैसा कर पाने में शायद सक्षम न हों और ज्यादा विलंब होने पर फिर मैं भी कुछ नहीं कर सकता। यही खासियत आपको लोगों से अलग करती है। यह खासियत भले ही बहुत अल्प मात्रा में हो सकती है लेकिन आपको कभी यह नहीं भूलना चाहिए कि भोजन में अल्प मात्रा में नमक कम या ज्यादा होने से उसका पूरा स्वाद बदल जाता है।

एक बड़े कारखाने में काम कर रही मशीनें एकाएक बंद हो गईं। कारखाने के इंजीनियर उसकी मरम्मत में लग गए। लेकिन वह ठीक न हो सकी। कारखाने का मालिक बेचैन था क्योंकि उसे बर्बाद होने वाले हर एक

मिनट की बड़ी कीमत चुकानी पड़ रही थी। उसने अपने एक मित्र से बात की जो कि एक अनुभवी इंजीनियर को जानता था। उसने उस इंजीनियर को अपने मित्र के कारखाने में भेजा। उस इंजीनियर ने सभी मशीनों का निरीक्षण किया और कहा कि इस काम के लिए वह 10 हजार रुपए लेगा। मालिक तुरंत उससे सहमत हो गया। इंजीनियर ने एक हथौड़ा मंगाया और एक निश्चित जगह पर जोर से हथौड़ा मारा और मशीन चालू हो गई। इंजीनियर ने अपना मेहनताना मांगा।

कारखाने के मालिक ने कहा, इस छोटे-से काम के लिए सौ रुपए काफी हैं यह काम तो कोई भी कर सकता था।

इंजीनियर ने जबाव दिया, 'श्रीमान्, आप बिल्कुल ठीक फरमा रहे हैं। हथौड़े की एक चोट के लिए वाकई में सौ रुपया काफी हैं, लेकिन 9,900/- रुपए इस बात को निर्धारित करने के लिए हैं कि आखिर हथौड़ा मारना किस जगह पर है।'

मालिक ने उसकी बात समझी और तुरंत ही उसे 10 हजार रुपए दे दिए।

कोई भी काम छोटा या बड़ा नहीं होता। काम को करने का तरीका सही होना चाहिए। सबके काम का तरीका अलग होता है। हर काम को जिंदा दिली के साथ कीजिए। स्कूल से लेकर कालेज तक आपने कम से कम पचासों शिक्षकों से पढ़ा होगा लेकिन उनमें से दो-तीन शिक्षकों के नाम ही आपको याद होंगे जिन्होंने कुछ अलग तरीके से पढ़ाया होगा।

दुनिया की प्रगति अलोकप्रिय फैसलों का नतीजा है।

कई बार आप मेरी बातों से भले ही सहमत न हों पर जब आप कोशिश करेंगे तो निश्चित तौर पर मैं यह कह सकता हूं कि आप मुझसे सहमत होंगे। मैं आपको अलोकप्रिय होने की सलाह नहीं देता लेकिन मैं आपसे इतना कहना चाहता हूं कि आपको अपनी खासियत कायम रखनी चाहिए। भले ही आप लोकप्रिय बनें या नहीं। यह सब बस कुछ समय की ही बात है फिर एक समय ऐसा आएगा जब लोग आपके फैसलों की सराहना करेंगे।

इस धरती पर हर कामयाब इंसान को समाज ने दुत्कारा है क्योंकि उनके विचार वर्तमान समय से आगे की सोच रखते है और समाज ने कभी भी उन विचारों को शुरुआत में कोई तवज्जो नहीं दी। मैं अपने इस विचार के समर्थन में कोई उदाहरण नहीं देना चाहूंगा। क्योंकि आपके आस-पास ऐसे ढेरों उदाहरण मौजूद हैं। एक बार आपने अपना लक्ष्य निर्धारित कर लिया तो फिर एक सफल व्यक्ति की तरह आपको दृढ़-निश्चयी रहना है, भले ही लोग आपके फैसले की सराहना करें या न करें। बस आप अपनी व्यक्तिगत पहचान बनाने की कोशिश करें, न कि ऐसा इंसान बनने की जो कि समाज को कुछ भी न दे सकें।

●

अध्याय-6

सफलता के आवश्यक सूत्र

आमतौर पर हम मानते हैं कि सफल व्यक्ति कुछ मायनों में हम से अलग होते हैं। और हमारा यह भी मानना है कि अगर हमें भी उनकी तरह माहौल व परिस्थितियां मिली होतीं तो हम भी सफल हो सकते थे। यही सोच हमें आगे बढ़ने से रोकती है। बेशक, उनमें हमसे अलग कुछ विशेष गुण जरूर हैं लेकिन एक विशेषता और भी है और वे है उनका बहु-आयामी होना, जबकि हम वैसे नहीं हैं। हमें स्विचिंग स्टाइल अपनाना चाहिए। हम किसी काम की शुरुआत करते हैं और कुछ समय बाद उसमें छोटी-मोटी बाधाएं आने पर बिना विचार किए किसी से भी सलाह लेते हैं और जो व्यक्ति कभी अपने काम में सफल नहीं हुए वे हमें गलत राह चुनने की सलाह देकर हमें रास्ते से भटका देते हैं।

ज्यादातर, असफलता की वजह यह होती है कि हम अपने इर्द-गिर्द के लोगों की टिप्पणियों को कुछ ज्यादा ही महत्त्व देते हैं। हम उस टिप्पणी के पीछे छिपे कारणों की ओर कभी गौर नहीं करते और उनसे संतुष्ट होकर काम रोक देते हैं। अच्छा श्रोता बनना अच्छी बात मानी जाती है लेकिन बिना कारण के उस बात पर विश्वास करना बुरी बात है, दूसरों की बात को बिना सोचे-समझे अपने जीवन में मत उतारें। अपनी आंखें खुली रखिए और नए विचारों को अपनाइए।

पौराणिक कथाएं हमारी सर्वोत्तम शिक्षक हैं। इन कथाओं को अगर हम देखें तो ये आज भी पूरी तरह से प्रासंगिक हैं। हम सपनों की दुनिया में खोए रहते हैं। हम कठिन परिश्रम से बचना चाहते हैं और पलक झपकते ही चीजों को हासिल करना चाहते हैं।

एक व्यापारी के पास एक तोता था, जिसे वह दूर देश से लाया था। वह उसे चांदी के पिंजरे में कैद करके रखता व फल खिलाता था। तोता बहुत ही चालाक और वाकपटू था।

तोता लंबे समय से उस कैद से आजाद होना चाह रहा था लेकिन व्यापारी उसे आजाद करने के बजाय उससे कुछ अच्छी बातें बताने को कहता।

एक दिन तोते ने उससे कहा, 'मुझे आजाद कर दो तो मैं तुम्हें तीन ऐसी सलाह दूंगा जो तुम्हारे लिए बड़ी फायदेमंद होंगी।

व्यापारी तोते से तो प्यार करता ही था, पर उसे धन से भी बहुत प्रेम था। उसने सोचा, 'अगर इसकी सलाह काम कर जाती है तो मुझे ढेर सारा धन मिल सकता है।' व्यापारी ने तोते का पिंजरा खोल दिया और वह उसके हाथ पर बैठकर बोला, "खो चुकी संपत्ति का कभी भी दुःख मत करो।" व्यापारी ने मन में सोचा कि यह बेकार की सलाह है पर कुछ बोला नहीं।

तोता उड़कर छत पर जा बैठा। वह बोला, "मेरी दूसरी सलाह को ध्यान से सुनो। वह हर बात जो तुमसे कही जाए। उस पर पूरी तरह विश्वास मत करो।" व्यापारी व्यथित होकर बोला, "मुझे कुछ ऐसी बात बताओ जो मैं नहीं जानता।"

"जो तुम नहीं जानते, वह बात यह है कि मेरे पेट में दो अमूल्य पत्थर हैं," तोता बोला।

"दो अमूल्य पत्थर," व्यापारी ने दोहराया। "ओह! मैं भी कितना मूर्ख हूं कि मैं ने तुम्हें छोड़ दिया। मुझे जीवन-भर इस बात का दुःख रहेगा।"

"क्या तुम मेरी तीसरी सलाह नहीं सुनना चाहोगे?" तोता बोला।

"जल्दी बताओ," व्यापारी उस पर चिल्लाया। "दुःख मत करो लेकिन तुम्हें मुझे खो देने का दुःख सताने लगा," तोता बोला।

"मैंने तुमसे कहा था कि जो बात तुम्हें सुनाई दे उस पर बिना विचार किए शीघ्र विश्वास मत करो लेकिन जब मैंने तुमसे कहा कि मेरे पेट में दो कीमती पत्थर हैं तो तुमने तुरंत विश्वास कर लिया। अगर वास्तव में मेरे पेट में दो कीमती पत्थर होते तो मैं जिंदा कैसे रह सकता था? मेरी तीसरी सलाह है कि बातों को सुनना सीखो, बातों को कान से सुनने की बजाय दिमाग से सुनो।" और इतना कहने के बाद वह तोता वहां से उड़ गया।

पौराणिक कथाएं आज भी हमारी सर्वोत्तम शिक्षक हो सकती हैं लेकिन हम सोचते हैं कि केवल वे बेवकूफ लोग ही उन पर विश्वास कर सकते हैं, जो सपनों की दुनिया में खोए रहते हैं। अगर ऐसा नहीं होता तो लाटरी का कारोबार इतना नहीं फलता-फूलता और लोग टीवी कार्यक्रमों में 'हां' या 'न' का विकल्प चुनकर मैसेज नहीं भेजते रहते। सपनों की दुनिया में विचरण करते हुए कामयाबी पाने का नतीजा ही आज लोगों को साइबर क्राइम करने को उकसा रहा है। इसमें शिक्षित और अशिक्षित सभी तरह के लोग लिप्त हैं।

सफलता कभी भी फैंटेसी नहीं हो सकती और न ही वरदान। यह केवल निश्चित क्रिया-कलापों के साथ रिस्क लेकर किए जाने वाले कठिन परिश्रम का नतीजा होती है। एक बात स्पष्ट है कि एक समय पर कामयाब हुई रणनीति दुबारा से लागू करने पर कामयाब नहीं हो सकती, ऐसा तय नहीं कहा जा सकता। नई उपलब्धियों के लिए नए विचारों और ऊर्जा की जरूरत पड़ती है आपके शब्दकोश में 'असंभव' शब्द नहीं होना चाहिए।

पूर्व में सफलता की जिम्मेदार रणनीति, भविष्य में आपकी असफलता के लिए जिम्मेदार हो सकती है -चार्ल्स हैंडी।

इसमें कोई संदेह नहीं कि सफलता के लिए कुछ मूलभूत गुणों का होना आवश्यक है। लेकिन इसका मतलब ये हरगिज नहीं हो सकता है कि हर सफल आदमी के साथ यह नियम एक ही तरह लागू हो। हम मानते हैं कि सही दिशा में अथक परिश्रम करने से सफलता हासिल होती है लेकिन हम सही दिशा तय करने में असफल रहते हैं और कई बार तो जिंदगी-भर हम अपनी सही दिशा तय नहीं कर पाते। जो लोग जितनी जल्दी सही दिशा खोज लेते हैं, वे उतने भाग्यशाली होते हैं, जैसा कि एडिसन सत्रह बार असफल रहे थे।

आपको विश्वास करना होगा कि कामयाबी के लिए कुछ विशेष गुणों की जरूरत होती है जो जिंदगी में कभी भी प्राप्त हो सकते हैं, किसी भी आयु या अवस्था में, साठ साल की अवस्था में भी।

अमिताभ बच्चन द्वारा एंकरिंग किए गए प्रख्यात टीवी शो 'कौन बनेगा करोड़पति' में कई लोगों ने एंकरिंग करने का प्रस्ताव ठुकरा दिया था परन्तु इस टीवी शो ने बच्चन परिवार की नियति ही बदल दी। उस समय बच्चन

के सितारे गर्दिश में थे जो रातोंरात शहंशाह बन गए। उसके बाद उन्हें कई दूसरे शो में भी एंकरिंग का मौका मिला और उन्होंने करोड़ों कमाए।

इससे क्या साबित होता है? सफलता के लिए समय और उम्र मायने नहीं रखते। एक बार अगर आपने ठान लिया तो फिर कोई आपको रोक नहीं सकता। अपने लक्ष्य पर बिना क्षण-भर रुके हथौड़ा चलाते रहिए, एक दिन ऐसा जरूर आयेगा जब वह टुकड़ों में बंट जाएगा और आप उसे आसानी से प्राप्त कर लेंगे।

6.1 दृढ़ निश्चय

स्वाभाविक रूप से इंसान किसी चीज के लिए प्रतिबद्ध होकर उसे ठान तो लेता है परन्तु ये जोश बड़ी जल्दी ठंडा हो जाता है। किसी लक्ष्य के प्रति हम पंद्रह मिनट से ज्यादा समय तक केंद्रित नहीं रह पाते। एक बार को अगर वह चुनौती हमारे पसंद की होगी तो स्वत: ही उसके प्रति हमारे अंदर दिलचस्पी बढ़ जाएगी। यही कारण है कि सुंदर व अच्छी चीजों की ओर हमारा ध्यान तुरंत आकर्षित हो जाता है।

एक दृढ़निश्चयी व्यक्ति वह होता है जो किसी भी कीमत पर अपने लक्ष्य को हासिल करना चाहता है। कामयाब इंसान में यह सबसे बड़ा गुण होता है। बिना दृढ़निश्चयी हुए हम कोई चीज हासिल नहीं कर सकते। हर आदमी इस गुण को अपनाना तो चाहता है लेकिन उसके प्रति उसकी यह चाहत ज्यादा समय तक टिक नहीं पाती।

दृढ़निश्चय के साथ एक आवश्यक गुण और है वह है, विश्वास का होना। बिना विश्वास के हम कोई भी लक्ष्य हासिल नहीं कर सकते। पहले आपको विश्वास करना सीखना होगा। तभी आप प्रगति की राह पर आगे बढ़ सकते हैं। यह एक सतत् प्रक्रिया है, जिसे आप सीख कर इस क्षेत्र के मास्टर बन सकते हैं। इसके लिए बस सामान्य बुद्धि की जरूरत है।

यह कहानी एक ऐसे पर्वतारोही की है जो ऊंची चोटियों पर चढ़ना चाहता था। कई वर्षों की तैयारी के बाद उसने अपने साहसिक अभियान की शुरुआत तो की लेकिन वह अकेले ही इस शानदार जीत को पाना चाहता था इसलिए अकेला ही इस अभियान पर जाने के लिए तैयार हो गया। सारी तैयारी करने के बाद कैंप तक पहुंचते-पहुंचते उसे रात हो गई। ज्यादा ऊंचाई व भूस्खलन के कारण कुछ दिखाई नहीं दे

रहा था, हर तरफ अंधेरा था। बादलों ने चांद और तारों को ढक रखा था। पहाड़ की चोटी पर पहुंचने से कुछ फीट पहले ही वह फिसल गया और तेजी से नीचे की ओर गिरने लगा।

पर्वतारोही केवल काले धब्बों को देख पा रहा था। वह नीचे की ओर गिरता जा रहा था और उसके दिमाग में जिंदगी-भर बिताए अच्छे व बुरे क्षण घूमने लगे। वह सोच रहा था कि मौत अब करीब आ चुकी है कि इतने में ही उसे किसी रस्सी में लिपटे होने का आभास हुआ, जिसने उसकी कलाइयों को जोर से जकड़ रखा था। उसका शरीर हवा में झूल रहा था और केवल रस्सी को उसने जोर से पकड़ रखा था। वह सहायता के लिए जोर-जोर से चिल्ला रहा था। अंधेरे में उसे आवाज सुनाई दी। "मुझसे क्या चाहते हो, उसने कहा, "मुझे बचाओ, भगवान।"

"क्या तुम वाकई विश्वास करते हो कि मैं तुम्हें बचा सकता हूं।" पर्वतारोही ने कहा, "बिल्कुल, मुझे आप पर विश्वास है।" "तो अपनी कलाई में लिपटी रस्सी को छोड़ दो," ऊपर से आवाज आई। कुछ क्षणों के लिए सन्नाटा छा गया और उसने रस्सी को और ज़्यादा मजबूती से पकड़ लिया।

सुबह जब बचाव दल के लोग वहां पहुंचे तो उन्होंने देखा कि पर्वतारोही का शरीर रस्सी में फंसा है और वह मर चुका है। उसके हाथों ने रस्सी को बुरी तरह से जकड़ रखा है। जबकि वह जमीनी सतह से महज पांच फीट ही ऊपर था। वह आदमी भगवान के भरोसे बैठा रहा और उसी विश्वास के चलते भयानक स्थितियों में घिर गया। विपरीत परिस्थितियों में हम भी अक्सर ऐसा ही करते हैं। जब तक परिस्थितियां हमारे अनुकूल होती हैं तब तक हम दृढ़निश्चयी रहते हैं। लेकिन हालात विपरीत होते ही हमें अपनी क्षमता पर संदेह होने लगता है और हम सबकुछ खो बैठते हैं। आपको यह समझना होगा कि लक्ष्य हासिल करने के दौरान सब चीजें हमारी योजना के मुताबिक नहीं होतीं।

एयरोडायनामिक नियम के अनुसार बंबलबी उड़ नहीं सकती। उसके पंखों के मुकाबले उसके शरीर का वजन ज्यादा होता। इस नियम की अनदेखी कर वह फिर भी उड़ती है।

एक बार अगर आप किसी चीज को ठान लेते हैं तो फिर छोटी-मोटी बाधाएं आपको डिगा नहीं सकतीं। आराम की अवस्था में शरीर को हिलाने में ज्यादा बल लगाना पड़ता है परंतु जब वे क्रियाशील रहता है तो इसे हिलाने-डुलाने के लिए खुद को अधिक बल लगाना नहीं पड़ता। जब शरीर का आंतरिक बल कार्यरत रहता है तो किसी निश्चित समय में यह बल न के बराबर होता है। विपरीत परिस्थितियों में हमारे साथ भी यही होता है।

मुझे वह समय याद आ रहा है जब कई प्रकाशकों ने मेरी पहली किताब 'व्हाट इफ यू डाई टुमारो?' को छापने योग्य न पाकर इंकार कर दिया था। मैं उस समय यह बात नहीं समझ पाया था कि प्रकाशक के लिए विषय उतना महत्त्व नहीं रखता जितना की उसकी बिक्री। जो विषय ज्यादा बिकता है, वही छपता है। मैं फिर भी बिना व्यथित हुए छः महीने तक इंतजार करता रहा और इस बीच दूसरी किताब 'क्रेक द शेल देट कवर्स यू' लिख डाली।

इंकार के बाद अगर मैं हताश हो जाता तो आप तक वह किताब नहीं पहुंच पाती। आप एक दृढ़ निश्चयी व्यक्ति तभी कहे जा सकते हैं। जब आप विपरीत हालात में भी लक्ष्य की ओर बढ़ते रहें बाधाओं को पार करने पर ही कामयाबी हासिल होती है।

आपके आस-पास के लोग कभी-कभार आपके कार्यों को संदेह के नजर से देख सकते हैं। अगर आपको लगता है कि आपने ठीक समय पर उस चीज को क्लिक नहीं किया तो उसकी समीक्षा करो। अधिकांशतया आपको लोगों की आलोचना सुनते समय बहरा बन जाना चाहिए। जो ऐसा करके आपको पीछे की ओर खींचना चाहते हैं। दूसरों की बजाय स्वयं अपना आकलन ज्यादा उचित है। मैंने अपनी लिखी चीजें जब एक ऐसे मित्र को दिखाईं जो अक्सर दूसरों का काम छपवाते रहते थे। उन्होंने मुझसे कहा कि लेखन आपके बस की बात नहीं, आप कुछ और कीजिए। लेकिन मैंने भी यह ठान लिया था कि मुझे किताब छपवानी ही है। प्रकाशक से मेरी बात तय हो गई और मैंने भाषागत सुधार की बात स्वीकार ली पर विचारों की पुनरावृत्ति न हो, ऐसा उनसे कहा। हालांकि, मुझे इसके लिए काफी इंतजार करना पड़ा। लेकिन उसके बाद से मैंने पीछे मुड़कर नहीं देखा। यह मेरी पांचवीं किताब है। अगर मेरी किताबें कामयाब नहीं होती तो प्रकाशक कैसे उसे छाप रहे हैं। इतना ही नहीं वे उसे अनुवादित करके अन्य भाषाओं

में भी छाप रहे हैं। अपनी गतिविधियों के प्रति दृढ़निश्चयी रहिए। फिर देखिए, सबकुछ आपकी योजना के अनुसार ही होगा।

6.2 स्वामीभक्ति

अक्सर लोग किसी भी शब्द का अर्थ अपने मतलब और समय के हिसाब से अलग-अलग निकालते हैं लेकिन उस शब्द का वास्तविक अर्थ सदैव एक समान ही होता है। वफादारी किसी संस्था के लिए प्रति व्यक्ति की वह प्रतिबद्धता है जिसके लिए वह वेतन प्राप्त करता है। मान लें, आप किसी संस्थान में काम करते हैं और वह संस्थान बाजार मूल्य के हिसाब से आपको भुगतान करता है। अगर किसी समय किसी भी कारण से आप उस संस्थान से अलग हो जाते हैं तो आपको कभी भी उस संस्थान के खिलाफ नहीं बोलना चाहिए। ऐसा करना वफादारी या स्वामीभक्ति के खिलाफ माना जाता है। अगर आप ऐसा करते हैं तो माना जाएगा कि वर्तमान संस्थान के साथ भी आप का रवैया ऐसा ही रहेगा।

आपको अपनी ब्रांडिंग के प्रति सजग रहना होगा। एक इंसान जो दूसरों पर विश्वास नहीं कर सकता वह स्वयं के प्रति भी विश्वास कायम नहीं रख सकता है।

मैंने शहर के एक नामी संस्थान से इस्तीफा देकर उसी शहर के दूसरे संस्थान में ज्वाइन किया। मेरा लक्ष्य संस्था को एक नाम दिलाना था। तीन साल के भीतर मैं अपनी टीम के साथ इस मुकाम पर पहुंच गया कि हमने संस्थान को शहर के पांच प्रमुख संस्थानों में शुमार कर दिया। अच्छे कर्मचारियों के निष्ठा व लगन से किये गये कार्य का नतीजा था कि हम इस उपलब्धि को हासिल कर पाए। इसी बीच मेरे पूर्व संस्थान में लोगों ने उसके प्रबंधकीय व प्रशासन विभाग के खिलाफ अभियान चला रखा था। वास्तव में, जहां मैं पहले था वहां हर तीन साल पर चुनाव होता था। चूंकि वह संस्थान सोसाइटी द्वारा चलाया जाता था। दो समूह के लोग बारी-बारी से पावर में आते थे। मुझे कुछ आपत्तिजनक चीजों के बारे में बताया गया लेकिन मैंने उस पर कोई स्टेप लेने से मना कर दिया। आखिर कुछ सालों का कार्यकाल है हमारा, तो उस दौरान हम एकदूसरे पर विश्वास रखकर काम करते रहे और दोस्तों की तरह ही अलग भी हुए।

अपने संस्थान से जाते समय कभी भी उसकी आलोचना नहीं करनी चाहिए। ऐसा केवल नेता ही कर सकते हैं। टिकट न मिलने पर वे दूसरी पार्टी ज्वाइन कर लेते हैं और पूर्व की पार्टी को अमानवीय करार देते हैं व नई को मानवीय। आप जहां भी रहें, उस संस्था या व्यक्ति के लिए वफादारी का भाव दर्शाना जरूरी है, अन्यथा कोई भी आप पर विश्वास नहीं करेगा।

एक कंपनी एक्जीक्यूटिव के पास दो पालतू कुत्ते थे। जब वह उन्हें घर लाया था तो वे दोनों एक महीने के थे। वे साथ-साथ पले-बढ़े लेकिन उनकी आदतें अलग-तरह की थीं। एक्जीक्यूटिव के दफ्तर से लौटने पर पहला कुत्ता उससे लिपटकर प्यार जताता लेकिन दूसरा कोने में ही बैठा रहता था। एक दिन मालिक के घर आते ही शाम को दूसरा कुत्ता उससे आकर प्यार जताने लगा तो एक्जीक्यूटिव कुछ समझ न सका। उसकी पत्नी ने बताया कि पहले कुत्ते के साथ कोई दुर्घटना हो गई है।

एक सप्ताह में पहला कुत्ता ठीक हो गया और मालिक के प्रति प्यार जताने लगा। एक दिन मालिक शाम को दफ्तर से घर आया तो पहले कुत्ते को अकेले प्यार जताने की आदत थी, तो वह थोड़ा व्यथित होकर मालिक को काटने को दौड़ा। इतने में दूसरा कुत्ता जो अब तक चुपचाप बैठा हुआ था, आकर उससे लड़ने लगा।

स्वामीभक्ति का स्वभाव केवल मनुष्यों में ही नहीं, जानवरों में भी होता है और समय आने पर वे इसे साबित भी करना चाहते हैं। हम जानवर तो पालते हैं पर उनसे कोई सीख नहीं लेते। हम समझते हैं कि स्वामीभक्ति दर्शाना कमजोरों का स्वभाव होता है हम समझते हैं कि ऐसे आदमी परिवर्तन नहीं ला सकते। जबकि संस्थान में ऐसे लोगों को पुरस्कार देना होगा जो संस्थान के प्रति समर्पित होते हैं, भले ही वे ज्यादा काम न करें पर इससे जनता में संस्थान की अच्छी छवि बनती है।

अगर आप ईमानदार नहीं हैं तो आप अपने इर्द-गिर्द के ऐसे लोगों को अपने साथ नहीं जोड़ सकते। स्वयं के प्रति ईमानदार बनने पर ही आप अपनी मजबूती व कमजोरियों को पूरी तरह से समझ पाएंगे। बिना ईमानदार बने आप सही तरीके से अपनी शकित, कमजोरी, अवसरों और चुनौतियों का आकलन नहीं कर सकते। अन्यथा आप स्वयं को सही तौर पर नहीं समझ पाएंगे।

ऐसा व्यक्ति ही वास्तव में समझ पाता है और अपनी असफलता का ईमानदारी से आकलन करके उसे दोबारा नहीं दोहराते। असफलता का दोहराव तब होता है जब हम अपनी क्षमता नहीं समझ पाते। इस धरती पर हम अपनी सार्थकता साबित करने के लिए ही आए हैं। लेकिन हममें से कुछ लोग ही उसे साबित कर पाते हैं। हम अपनी क्षमताओं को जानकर भी कई बार सही तरीके से अपने लक्ष्य की ओर नहीं बढ़ पाते। यह सच है कि हर आदमी सबकुछ हासिल नहीं कर सकता, क्योंकि सबकी कार्य करने की योग्यता और क्षमता अलग-अलग होती है।

स्वामीभक्ति कुछ खास लोगों की विशेषता होती है। कुछ समय पहले आपने अखबारों में पढ़ा होगा कि हमारे देश के एक प्रतिष्ठित वैज्ञानिक ने 'पोखरण टेस्ट' को असफल करार दिया है और वह भी इन हालात में जब हमें पड़ोसी देशों से चुनौती मिल रही है। मैं इस मामले की तह में नहीं जाना चाहता लेकिन अपनी 60 साल की सेवा के बाद सेवा विस्तार न मिलने पर वह व्यक्ति देश की रक्षा व्यवस्था पर ऐसी टिप्पणी करता है। ऐसा केवल भारत में ही हो सकता है अन्यथा दूसरे देशों में खासकर हमारे ही एक निकटतम पड़ोसी देश में अगर ऐसा होता तो वह आदमी अगले दिन का सूरज नहीं देख पाता। मुझे अब तक यह समझ में नहीं आ रहा कि इस टिप्पणी से उसे क्या हासिल हुआ होगा। एक ऐसा व्यक्ति जो अपनी जन्मभूमि के प्रति निष्ठा नहीं रखता हो वह अपने परिवार के लिए निष्ठावान नहीं हो सकता। हर आदमी को कम से कम अपने देश के प्रति तो राष्ट्रभक्त होना ही चाहिए।

6.3 आपसी सहयोग की भावना

समुद्र में क्रेब प्रजाति का एक जीव पाया जाता है, जिसे 'हरमिट क्रेब' कहा जाता है। क्रेब अपने भोजन का इंतजाम स्वयं से नहीं कर पाते। समुद्र में एक दूसरा जीव पाया जाता है जिसका नाम है 'एडमेशिया'। यह हिल-डुल नहीं पाता। इसलिए यह भी खुद से खाने का इंतजाम नहीं कर पाता। हरमिट क्रेब एडमेशिया को अपना सहारा देता है और वह भोजन का इंतजाम करता है। जिससे दोनों की जिंदगी कटती है। कैसा प्राकृतिक गठजोड़ है यह! एक दूसरे के सहयोग से दोनों अपना जीवन यापन करते हैं। आपने आदमियों में इस तरह का संगठन देखा है? मुझे तो नहीं लगता।

इससे हमें यह संदेश मिलता है कि लक्ष्य निर्धारण में हमें एक-दूसरे की मदद करनी चाहिए।

कामयाबी की दौड़ में हजारों लोग शामिल होते हैं। लेकिन कुछ लोगों को यह हासिल हो पाती है। एकदूसरे की मदद करने और लेने से मंजिल तय करना आसान हो जाता है। आप ईमानदारी से अपनी मंजिल तय करते हैं और दूसरे भी उसी तरह आसानी से अपनी मंजिल तय करने में सक्षम हो सकते हैं। दूसरों को इतना समय नहीं कि वे आपकी राह में बाधा खड़ी कर सकें।

आपने कई लोगों के मुंह से सुना होगा कि शिखर पर पहुंचने के बाद सीढ़ी को हटा देना चाहिए ताकि कोई दूसरा वहां तक न पहुंच सके। यह उचित व ईमानदार विचार नहीं है। हर आदमी को कामयाब होने का अवसर मिलना चाहिए। दूसरों की कामयाबी की भी आपको दुआ करनी चाहिए। यह एक मानवीय दौड़ है, न कि चूहा दौड़। याद रखिए कि दौड़ में जीतने के बाद भी चूहा, चूहा ही रहता है। आप चूहा क्यों बनना चाहते हैं?

इस धरती पर जन्म लेने वाला कोई भी व्यक्ति अक्षम नहीं होता। जब वह कुछ करता है तो कई बार लोग उस पर ध्यान देते हैं, तो कई बार नहीं भी देते। आगे दी जा रही कहानी द्वारा आप इसे बेहतर ढंग से समझ सकते हैं। इस कहानी में यह बताया गया है कि आप अपनी ऊर्जा को सकारात्मक रूप से उपयोग में लाते हैं तो वह कभी व्यर्थ नहीं जाती।

उड़ीसा में एक कोल आदिवासी एक डंडे में दो बड़े बर्तनों को बांधकर गांव से दूर बहते झरने से अपने कंधों पर रखकर पानी लाता था। उनमें से एक बर्तन में छोटा-सा छेद था। उस बर्तन में वह पानी भरता तो पूरा था, पर मालिक के घर तक पहुंचते-पहुंचते उसका आधा पानी रास्ते में टपक-टपक कर गिर जाता था। आधा पानी ही घर तक आता था। दो साल तक यह सिलसिला चलता रहा।

उस लीक हुए बर्तन को खुद पर बड़ा दुःख होता था कि मेरी वजह से इसका आधा पानी रास्ते में टपक जाता है। एक दिन उस बर्तन ने कोल से इसके लिए क्षमा मांगते हुए कहा, 'मैं बहुत दुःखी हूं।'

कोल ने पूछा, 'क्यों दुःखी हो?'

बर्तन ने जवाब दिया। 'पिछले दो साल से तुम पानी तो भर कर ला रहे हो पर आधा पानी रास्ते में ही टपक जाता है, जिससे तुम्हारा इतना परिश्रम व्यर्थ हो जाता है।'

कोल ने कहा, 'कोई बात नहीं, शायद तुमने गौर नहीं किया होगा। जिस रास्ते से आते वक्त तुम्हारा पानी टपकता है, उसके किनारे मैंने फूलों के बीज बोए थे। मैं तुम्हें हर दिन एक ही कंधे पर रखता हूं। उस पानी के टपकने से फूलों के पौधे बड़े हो गए हैं। अब मैं उन पौधों से हर रोज फूल लाकर मालिक को दे रहा हूं। मैं जानता था कि तुम्हारा पानी टपकता है, इसीलिए मैंने ऐसा किया था।

आप अपनी जानकारी के मुताबिक सदैव ही कम से कम गलतियां करना चाहते हैं। सफलता पाने के लिए इस किताब में दी गई सलाहों में से आप अपने अनुसार सलाह ढूंढ़ कर आगे बढ़ सकते हैं। आपको अपने लक्ष्य को हासिल करने के दौरान मिलने वाले किसी भी मौके को नहीं छोड़ना चाहिए।

आपने सम्राट अकबर की वो कहानी जरूर सुनी होगी, जिसमें उन्होंने जमीन पर एक रेखा खींच कर कहा कि बिना कोई छेड़छाड़ किए इस रेखा को कैसे छोटा किया जा सकता है हर व्यक्ति असफल हो गया लेकिन बीरबल ऐसा करने में सफल रहा। उसने कुछ खास नहीं किया बस उस रेखा की बगल में एक बड़ी रेखा खींच दी। आप जो भी समय या ऊर्जा खर्च करते हैं उसे हमेशा सकारात्मक दिशा में ही खर्चें।

स्वयं में बहुत-सी कमियों के बावजूद अगर मैं स्वयं से प्रेम कर सकता हूं तो फिर दूसरों में थोड़ी बहुत कमियों की वजह से उनसे घृणा कैसे कर सकता हूं - स्वामी विवेकानंद

अपने आस-पास घटित नकारात्मक चीजों को आप मत देखिए। यह आपके व्यक्तित्व को प्रभावित करता है और इस पर सोच-विचार करने में आपकी कीमती ऊर्जा नष्ट होगी। कभी-कभी मन में नकारात्मक विचार आने पर उसकी प्रतिक्रिया बढ़ती जाती है। एक बार अगर आपके मन में नकारात्मक विचार पैदा हो जाएंगे तो फिर उसका चक्र बार-बार मन में चलता रहेगा।

हमें दूसरों की भावनाओं व उपलब्धियों को निश्चित रूप से देखना चाहिए। ऐसा करने से हम कुछ खोने की बजाय कुछ हासिल ही करते हैं। इससे हमारे अंदर स्वयं में सुधार करने की ललक पैदा होती है। स्वयं को

एक ब्रांड के तौर पर स्थापित कीजिए। कामयाब आदमी हर समय लोगों से हंस कर मिलते हैं और कोई भी आलोचना उन्हें विचलित नहीं करती। क्योंकि वे अपनी क्षमताओं पर विश्वास करते हैं और जानते हैं कि एक न एक दिन वे जरूर विजेता बनेंगे।

6.4 परिवर्तन

परिवर्तन जीवन का मसाला है, उसका स्वाद है। यह एक प्राकृतिक प्रक्रिया है और यह होता रहता है, आप चाहें या न चाहें। कल रात को टीवी के चैनल बदलते समय अचानक मेरी नजर 'स्टार वन' के एक कार्यक्रम 'द परफैक्ट ब्राइड' पर पड़ी। मैं टीवी तो अक्सर ही देखता हूं पर ज्यादातर न्यूज चैनल्स ही देखता हूं। जिस कार्यक्रम की यहां मैं चर्चा कर रहा हूं। उसने मेरी आंखें खोल दीं। मुझे इस पर टिप्पणी का कोई अधिकार नहीं लेकिन व्यक्तिगत तौर पर एक चीज जो मैंने महसूस की वह है उसमें होने वाला परिवर्तन। चूंकि ऐसे कार्यक्रमों को मैं पसंद नहीं करता। इसलिए मैं उन पर पाबंदी लगाने की बात करता था।

दरअसल, उसमें कोई योजनाबद्ध परिवर्तन नहीं था। योजनाबद्ध तरीके से किए जाने वाले परिवर्तनों के पीछे कोई उद्देश्य छिपा होता है। रिवाजों में परिवर्तन कष्टप्रद और सामाजिक नियमों के खिलाफ माना जाता है। इस तरह के परिवर्तनों को पचाना थोड़ा मुश्किल होता है।

हम परिवर्तन को इसलिए रोकना चाहते हैं क्योंकि हम सोचते हैं कि वर्तमान परिस्थिति ही आरामदायक है। घरों में भी हम देखते हैं कि पुरुषों को तो परिवर्तन करने का (नियम भंग का) अधिकार होता है, लेकिन महिलाओं को नहीं होता।

एक बार एक घर में पति व पत्नी में कुछ नोकझोंक हो गई। वे दोनों मौन रहने लगे। अगली सुबह पति को पांच बजे उठना था। उसने मौन को भंग नहीं करना चाहा। उसने एक कागज पर यह बात लिख दी। कृपया मुझे सुबह पांच बजे जगा देना और उसे उसके तकिए के नीचे रख दिया। सुबह जब वह उठा तो नौ बज रहे थे। उसे कहीं जाना था और अब बहुत देर हो चुकी थी। उसने अपनी पत्नी की ओर गुस्सा से देखा और तभी उसे बेड पर एक कागज पड़ा हुआ मिला। उस कागज पर उसकी पत्नी ने लिख कर रख दिया था, "पांच बज गए हैं, उठ जाइए।"

जिंदगी बदलते हुए मौसमों की तरह है। आप मौसम को नहीं बदल सकते लेकिन आप खुद को बदल सकते हैं।

भले ही आप परिवर्तन चाहते हों या न चाहते हों लेकिन आपको इसे स्वीकार करना पड़ता है। आप समय के अनुसार खुद को परिवर्तित नहीं करेंगे और उसका प्रतिरोध करेंगे तो भी बाहरी ताकतें जरूर आपको परिवर्तित करने का प्रयास करेंगी। शुरुआती दौर में किसी परिवर्तित चीज को समझना आसान होता है। ऐसा नजरिया रखने पर आने वाले दिनों में आप और ज्यादा कामयाबी की ओर बढ़ सकते हैं।

हम ऐसा मानते हैं कि केवल कमजोर इंसान ही परिवर्तन को तेजी से अपनाते हैं लेकिन हकीकत इसके विपरीत है।

मजबूत इरादों वाला इंसान परिवर्तन को जल्दी अपनाता है, बजाय कमजोर इंसान के। प्रारंभ में तो परिवर्तन कष्टकारी होता है, लेकिन बाद में इससे काफी आसानी होती है। ज्यादातर समय हम अपनी ऊर्जा को यही सोचने में नष्ट करते हैं कि नई परिस्थितियों में अगर हम खुद को नहीं ढाल पाए तो कहीं हम असफल न हो जाएं।

यहां तक कि लक्ष्य हासिल करने के बाद भी यदि हम बदली परिस्थितियों के अनुरूप खुद को ढालेंगे तो उससे हमें ही फायदा होगा। हमें परिवर्तन को स्वीकार करना चाहिए। कई बार बदले माहौल में ढलने के लिए हमें कठिन परिश्रम की भी जरूरत पड़ती है।

बदलाव से जूझने में शिक्षा सबसे बड़ा हथियार है, परन्तु इसका अर्थ यह नहीं है कि केवल शिक्षित व्यक्ति ही बदलाव को आसानी से अपना सकते हैं। स्वयं को अपडेट रखिए ताकि होने वाले बदलावों को आप आसानी से समझ सकें। ऐसा करने से हमें बदलाव को महसूस करने में आसानी होगी, जिससे हम बेहतर नतीजे हासिल कर सकते हैं।

आधुनिक साधनों के उपयोग से आपके जीवन की राह आसान होगी और ये आपके लक्ष्य प्राप्ति में सहायक होंगे। आप बिना इन साधनों के इस्तेमाल के कामयाब नहीं हो पाएंगे। एक बार आपने विजेता बनना ठान लिया तो फिर बेहतर यही है कि आप आलोचनाओं में अपनी ऊर्जा खपाने की बजाय इस तरह के परिवर्तनों को आगे बढ़कर स्वीकार करें। स्वयं को इन बदलावों में ढालने के लिए मानसिक रूप से तैयार करें। एक बार इन्हें अपना लेने पर प्रत्यक्ष या अप्रत्यक्ष तौर पर वह आपको मंजिल तय करने में मददगार साबित होगा।

6.5 क्रियाएं

स्वाभाविक तौर पर मनुष्य कार्योंमुखी होता है। यही कारण है कि बॉलीवुड की एक्शन फिल्में ज्यादा लोकप्रिय रही हैं। अपने लक्ष्य के प्रति स्पष्ट कार्योन्मुख हुए बिना आप कामयाब नहीं हो सकते। कामयाबी पाने के लिए आपका पहला कदम यह होना चाहिए कि अपनी क्षमताओं को जानकर अपने माहौल के मुताबिक योजनाबद्ध ढंग से एक्शन प्लान बनाकर लक्ष्य का निर्धारण करें। इनमें से किसी भी चीज की अनदेखी होने पर लक्ष्य तक पहुंचने के लिए आपको ज्यादा ऊर्जा लगानी पड़ेगी।

एक कामयाब इंसान के लिए स्पष्ट कार्य योजना का होना बुनियादी जरूरत है। आप अपनी योजनाओं को निर्धारित अंतराल पर नहीं बदल सकते; इससे आपके विचारों व क्रियात्मकता में बाधा पैदा हो सकती है।

एक युवा, सफल मैनेजर अपने घर के समीप वाली सड़क से कार द्वारा तेजी से गुजर रहा था कि उसने एक बच्चे को वहां खड़ा पाया। इतने में उसकी कार पर एक पत्थर आकर लगा। पत्थर से कार को नुकसान पहुंचा और उसने कार वहीं रोक दी। नीचे उतरकर वह आदमी उस बच्चे को डांटने पहुंचा। क्रोध में उसने बच्चे से कहा। "तुमने कार का कितना नुकसान किया, पता है तुम्हें?" बच्चे ने उससे विनती की, "प्लीज, सर. .. मैं माफी चाहता हूं लेकिन कोई उपाय न देख मुझे ऐसा करना पड़ा। कोई यहां रुक नहीं रहा था। इसलिए मैंने ऐसा किया।" उस बच्चे की आंखों से आंसू छलकने लगे। वह बोला, "पास में मेरा विकलांग भाई अपने व्हीलचेयर से गिर पड़ा है। मैं उसे चेयर पर नहीं बैठा पा रहा हूं। वह गिरा पड़ा है। प्लीज, आप मेरी थोड़ी मदद कर दें।"

इतना सुनने के बाद वह कार वाला युवक शांत हो गया और उस विकलांग बच्चे को उठाकर व्हीलचेयर पर बैठा दिया। फिर अपनी जेब से रूमाल निकालकर उसके जख्मों को साफ किया। बिना कुछ बोले उस बच्चे को उसके घर तक छोड़ आया।

इस जगह कोई दूसरा आदमी भी होता तो वह भी यही करता, जो उसने किया। उसके योजनाबद्ध कार्य में बाधा आने पर जिस तरह की प्रतिक्रिया

शुरू में उसने की, वैसा ही दूसरे भी करते। आपको अपनी तय योजना को निश्चित तौर पर जारी रखना चाहिए लेकिन आपातकालीन अवस्था में आपको रुकना होगा।

अपने प्रोजेक्ट पर काम करने के दौरान एक बार एक इंटरनेशनल स्कूल के लिए महज दो-तीन दिन में एक रिपोर्ट तैयार करने को मुझे कहा गया। मेरे साथ थोड़ा खराब वक्त चल रहा था, मेरी पत्नी गंभीर रूप से बीमार थी। मेरी बेटी को भी उस समय मेरी विशेष जरूरत थी। जिस आदमी ने मुझे वह प्रोजेक्ट करने को दिया था उसे मेरे हालात के बारे में उस समय पता था और यह भी पता था कि प्रोजेक्ट में कितना समय लग सकता है। लेकिन मैंने तय वक्त में प्रोजेक्ट पूरा कर दिया। जब मैं उसे जमा कराने गया तो मैं यह जानकर हैरान रह गया कि मुझे अभी एक हफ्ते का इंतजार करना होगा क्योंकि बॉस अभी किसी दूसरे कार्य में व्यस्त हैं।

मैं काफी व्यथित हो गया और मुझे लगा कि मेरी क्षमताओं को परखने के लिए ही शायद ऐसा किया गया है कि मैं समय पर चुनौती-भरे प्रोजेक्ट को पूरा कर पाऊंगा या नहीं। कामयाब इंसान कभी भी काम को टालता नहीं है। किसी भी व्यक्ति की क्षमता को महज परखने के लिए कोई चुनौती नहीं दी जानी चाहिए। अन्यथा एक समय के पश्चात् ऐसा होता है कि वह व्यक्ति दी गई चुनौती को गंभीरता से नहीं लेता है। यह बिल्कुल वैसा ही है जैसा भेड़िए की कहानी है कि भेड़िया आया... भेड़िया आया... और जब वाकई में भेड़िया आ गया तो कोई भी गडरिये को बचाने आगे नहीं आया। लोगों ने सोचा कि हो सकता है वह आज भी पहले की तरह ही झूठ बोल रहा हो और किसी ने उस पर ध्यान ही नहीं दिया।

कभी भी परखने के ख्याल से किसी को नहीं जांचना चाहिए। कोई भी व्यक्ति या परिस्थिति बुरी नहीं होती। यह आपकी गलती है कि आप उस व्यक्ति या परिस्थिति का सही आकलन नहीं कर पाते। एक कामयाब इंसान अपनी कार्य योजना के मुताबिक परिस्थितियों को उपयोग में लाता है और ऐसे ही लोगों में यह क्षमता होती है कि विपरीत हालात को भी वे अपनी अनुकूल बना लेते हैं।

बुरी से बुरी स्थिति में भी कुछ सकारात्मक जरूर होता है। यहां तक कि एक बंद पड़ी हुई घड़ी भी दिन में कम से कम दो बार सही समय दर्शाती है। ●

अध्याय-7

सफलता के लक्षण

सफलता एक बहुत ही निजी खेल की तरह है, जैसे हर खेल में प्रत्येक खिलाड़ी में एक खास हुनर होता है ठीक उसी तरह यहां भी है। सफलता हुनर के प्रति आवेग न होकर इंसान का जुनून है। कोई ऐसा नहीं कह सकता कि कामयाब होने के लिए आपमें निम्नांकित गुण होने जरूरी हैं। आपको इस तरह के ढेरों उदाहरण आस-पास मिल जाएंगे। मेरे लिए कामयाबी का मतलब है समाज में अपनी उपस्थिति दर्ज कराना। एक बार लोगों ने आपकी नकल या आलोचना शुरू कर दी तो जान जाइए कि आप कामयाब इंसान हैं।

आप कह सकते हैं कि आतंकवादी भी समाज में अपनी उपस्थिति दर्ज कराना चाहते हैं। हां, कौन कहता है कि वे कामयाब नहीं? हर स्थिति के दो पहलू होते हैं-सकारात्मक और नकारात्मक। नकारात्मक चीजें भी किसी स्थिति में उतनी ही महत्ता रखती हैं जितनी कि सकारात्मक। अगर रावण नहीं होता तो राम को कौन याद करता? अगर आप प्रकाश को नहीं देख पाते तो अंधेरे की बुराई नहीं करते। बिना असफलता के कामयाबी का कोई मतलब नहीं।

एक बार कहीं जाते समय एक व्यक्ति को रास्ते में एक दैत्य मिल गया। वह दैत्य उस व्यक्ति के घर में उसके साथ रहना चाहता था। पहले तो वह थोड़ा डर गया लेकिन दैत्य ने आश्वासन दिया कि वह उसे किसी तरह का कोई नुकसान नहीं पहुंचाएगा। लेकिन उसके साथ एक समस्या है कि वह कभी बैठा नहीं रह सकता। उसे हमेशा कोई काम चाहिए और उसके लिए दुनिया का कोई भी काम करना मुश्किल नहीं है। उस आदमी ने एक मिनट सोचने के बाद हामी भर दी और दैत्य को अपने साथ ले गया।

घर लौटकर उसने सोचा कि दैत्य को ढेर सारे कामों में उलझा देगा। जैसे ही वे घर पहुंचे, दैत्य ने काम मांगा। दैत्य को व्यस्त रखने के लिए आदमी ने एक बड़ा गड्ढ़ा खोदने को कहा, जो उसने पलक झपकते ही खोद दिया। आदमी सोच रहा था कि जब तक वह गड्ढा खोदेगा तब तक वह अपने बहुत से दैनिक कार्य निबटा लेगा। लेकिन वह दैत्य को काम करता देख हैरान रह गया। अगले आधे घंटे तक वह दैत्य को कुछ न कुछ काम देता रहा, जिसे वह पलक झपकते ही निबटा देता।

अब दैत्य उस आदमी के सिर पर काम माँगने के लिए सवार हो गया और धमकी दी कि काम नहीं दिया तो वह उसे ही मार देगा। उस व्यक्ति की बेटी यह सब घटनाक्रम देख रही थी। उसने पिता को आश्वस्त किया और कहा कि घबराने की कोई जरूरत नहीं है इस दैत्य को काम में उलझाए रखने की एक बहुत अच्छी योजना मेरे पास है।

उसकी बेटी ने दैत्य से कहा कि एक बांस लेकर आओ और उसे जमीन के सहारे टिकाकर खड़ा करो। दैत्य ने उसकी बात मानते हुए काम कर दिया और फिर अगला काम मांगने आ गया। बेटी ने दैत्य से कहा कि जाओ और जब तक तुम्हें अगले काम का आदेश न मिले, तब तक उस बांस पर चढ़ो, फिर उतरो चढ़ो और उतरो। इस प्रकार दोनों बाप-बेटी उसके चंगुल से मुक्त हो गए।

कामयाब लोगों में उपरोक्त कहानी के दैत्य की तरह ही विशेषता होती है। सफल लोग मरते दम तक अपनी कुछ विशेषताओं का त्याग नहीं करते। वे काम के बिना जिंदा नहीं रह सकते। ऐसे लोग परिश्रमी होते हैं और हमेशा अपने लक्ष्य को जल्द से जल्द से हासिल करने की कोशिश में रहते हैं। यह भी सच है कि एक लक्ष्य को तय कर लेने के बाद वे दूसरा लक्ष्य निर्धारित कर लेते हैं।

जैसा कि पहले ही कहा गया है कि सफलता को विस्तृत रूप से तीन श्रेणियों में रखा गया है। स्वयं से हासिल हुई सफलता। अपने आस-पास के लोगों के माध्यम से हासिल सफलता और तीसरी सफलता ऐसी है, जिसमें पहली और दूसरी का संयोजन हो। हर श्रेणी के लिए अलग तरह के पैरामीटर हैं। आप किसी एक की कामयाबी की तुलना दूसरे व्यक्ति की कामयाबी से नहीं कर सकते हैं। भले ही उनमें बहुत-सी समानताएं क्यों न हों।

पिछले अध्यायों में हमने सफलता के लिए जरूरी गुणों पर चर्चा की, इस अध्याय में हम सफलता के मूलभूत गुणों पर चर्चा करेंगे। एक बात का आपको यहां ध्यान रखना होगा कि हम जिन गुणों की चर्चा करेंगे वह सीखने की प्रक्रिया से आते हैं। सीखने का गुण वह है जिसे हम नियमित अभ्यास से धीरे-धीरे हासिल करते हैं। इसका मतलब होता है कि आपमें कोई खासियत नहीं है, तो भी आप सफलता की इस दौड़ से इतर नहीं हैं। इसके लिए आप अपनी गुणवत्ता का आकलन करिए कि जो आपमें नहीं है, उसे सतत अभ्यास से कैसे हासिल किया जाए।

अधिकतर गुण आप आसानी से सीख सकते हैं। बस, हमारे भीतर ललक होनी चाहिए। मैं आपकी प्रतिबद्धता पर संदेह नहीं कर रहा, क्योंकि अगर ऐसा होता तो आपके हाथ में यह किताब नहीं होती। यह साबित करता है कि आप अपने विचारों और कार्यों की दूरी को कम करना चाहते हैं। अब हम कामयाब लोगों के मूलभूत गुणों की चर्चा करते हैं।

7.1 समय की कीमत

सफलता का यह एक महत्त्वपूर्ण आधार स्तंभ है। हम बचपन से ही सुनते आ रहे हैं कि समय बड़ा कीमती होता है और इसकी कद्र करनी चाहिए लेकिन वास्तव में हम ऐसा कर नहीं पाते। बहुत-सी चीजों को हम जानते हुए, उनका मूल्य समझते भी नहीं कर पाते हैं। कई बार हम किसी आइडिया पर सोचते तो कई दिनों तक हैं, पर उसे अमल में नहीं लाते।

अधिकतर किसी कार्य के लगभग आधा हो जाने पर हमें महसूस होता है कि यह बेकार है और हम उसे छोड़ देते हैं, जिससे हमारे वक्त की बरबादी होती है। हम समय की कीमत भूल जाते हैं।

मेरे ट्रेनिंग सत्र के शुरुआती दौर में लोग 30-40 मिनट देरी से आते थे। इनमें से ज्यादातर वरिष्ठ फैकल्टी मेम्बर और शासकीय अधिकारी थे, जो अक्सर समय की कमी बताते थे। हमारे देश में समय से आने वालों की कद्र नहीं होती। देरी से आने वाले सोचते हैं कि वे महत्त्वपूर्ण हैं। मैंने उनको समय पर आने की सलाह दी पर नतीजा सिफर रहा। यह उतना आसान नहीं था, समय की सख्ती के चलते मुझे कई बार अपना बिजनेस खोना पड़ा था।

मैंने अपने परिवार में समय पालन का सख्त निर्देश जारी कर रखा है। हम अपने घर आने वाले मेहमानों से भी यही अपेक्षा करते हैं। हम उन्हें स्पष्ट

कहते हैं कि देरी से आने पर खाना आपको अकेले खाना पड़ सकता है। इस सख्ती के बावजूद सभी लोग न सही पर हमारे कुछ नजदीकी मित्र इस बात पर अमल करते हैं।

महान कार्य हमेशा समय की कद्र करने से ही संभव होते हैं। हर काम समय पर करने से आप समय के गुलाम तो जरूर होंगे लेकिन आप समय की कीमत समझ जाएंगे। एक साधारण कहावत है कि समय को खोना जिंदगी को खोने के समान है। मेरे साथ काम करने वाले लोग समय की कद्र करना सीख जाते हैं। कई बार मैं उनकी परेशानियों को समझ नहीं पाता तो मैं उन्हें बताता हूं कि एक समय में हाथ में ढेरों काम होने के बावजूद भी मैं कभी लेट नहीं होता।

समय=जिंदगी; इसलिए, समय व्यर्थ गंवाओगे तो जिंदगी को व्यर्थ गंवाओगे, या समय के मालिक बने तो जिंदगी के मालिक बनोगे।

अगर एक बार आप प्रतिबद्ध हो गए तो समय की कीमत को आकना आप सीख जाएंगे। इसमें प्रमुख चीज कार्यों को योजनाबद्ध तरीके से करना है। ऑफिस में देर तक बैठने वाले लोग दो तरह के होते हैं। एक तो वे जिन्हें यह नहीं पता होता कि उन्हें करना क्या है और दूसरे वे जिन्हें यह नहीं पता कि जिस के लिए वे यहां है, वह उन्हें कैसे करना है। आज तक मैं अपने ऑफिस में एक निश्चित अवधि से ज्यादा कभी भी नहीं बैठा। समय की कद्र करके ही मैंने अपनी एक किताब 'व्हाट इफ यू डाई टुमारो?' लिखने में कामयाबी पाई। मैं आपसे वह किताब पढ़ने का आग्रह करूंगा।

एक बात हमेशा याद रखिए कि अगर आप ही कुछ करना नहीं चाहेंगे तो दूसरा जबरदस्ती आपसे कुछ नहीं करा सकता। हर कामयाब कहानी में समय सबसे महत्त्वपूर्ण फैक्टर होता है। रेस के दौरान समय ही वह फैक्टर है जो किसी को विजेता बनाता है। अन्यथा अंतिम बिंदु तक पहुंचने की क्षमता हर प्रतिभागी में होती है। कहा जाता है कि समय और तरंग किसी का इंतजार नहीं करते। समय पर काम निबटाने वाले लोग हमेशा फायदे में रहते हैं। यह आपकी कार्य के प्रति दिलचस्पी ही होती है कि जो आपने सोचा उसे आप कितनी जल्दी अमल में लाते हैं। अवसर आपके पास आकर दस्तक दे यह जरूरी नहीं, लेकिन अगर ऐसा नहीं होता तो आप उसकी प्रतीक्षा न करें।

7.2 सफलता का अध्यवसाय

हम मानते हैं कि किसी भी क्षेत्र में नियमित परिश्रम करने से परिणाम अच्छे आते हैं लेकिन जैसे ही उसमें कोई कठिन मोड़ आता है तो हम अपने कदम वापस खींच लेते हैं। हमें पुरानी कहावतों पर भी ध्यान देना चाहिए। जरूरी नहीं कि जिन परिस्थितियों ने किसी आदमी को कामयाब बनाया वैसी परिस्थितियां आपको भी कामयाब बनाएं; या जिन हालात ने किसी को असफलता के गर्त में पहुंचाया है तो, यदि आप भी उस राह पर आगे बढ़े तो आप भी असफल होंगे।

अध्यवसाय एक दृढ़ कदम है, जिसमें आप अपनी पूरी ताकत व क्षमताओं को झोंक देते हैं। सामान्य अर्थों में, बिना रुके लगातार कार्यरत रहना ही अध्यवसाय है।

समान मेहनत के बावजूद हर आदमी को उसका नतीजा एक समान नहीं मिल पाता। कुछ ही लोग इच्छित परिणाम मिलने तक अपने लक्ष्य की ओर कदम बढ़ाते रहते हैं। अगर हम दृढ़निश्चयी होकर कार्य जारी रखें तो निश्चित ही मंजिल हासिल होगी।

ठंडे दिमाग से सोचकर आगे बढ़ने पर ही आप अपना सटीक मूल्यांकन कर सकते हैं। अगर हम छोटी-छोटी समस्याओं को सुलझाने का स्टेमिना (शक्ति) खो देते हैं तो बड़ी समस्याओं को कैसे सुलझा पाएंगे। हमारा अंतिम उद्देश्य यही होना चाहिए कि हम वही योजना बनाएं, जिस पर अमल करना हमारे लिए संभव हो।

सफलता... एक परिणाम है, लक्ष्य नहीं।

हम अपनी प्रतिबद्धता के प्रति ज्यादा देर नहीं टिक पाते। ऐसा होना स्वाभाविक है। लेकिन नियमित अभ्यास से हम अपने कार्यों के प्रति प्रतिबद्ध हो सकते हैं। एक साथ कई काम हाथ में होने और उनका समय पर सही नतीजा न निकलने पर हम हताश हो जाते हैं, इसके लिए हमें यह पहले जानना जरूरी हो जाता है कि किस काम को शीघ्र करना है और कौन-सा बाद में।

यह कोई अप्राकृतिक व्यवहार नहीं है, फिर भी हम बच्चों की तरह अपनी आदतें जाहिर करते हैं। एक बच्चा अपने पास कई खिलौने रखता है और उनमें से आप एक भी खिलौना निकाल लें तो वह रोने लगता है। एक

काम खत्म होने पर हम भी यह नहीं समझ पाते कि प्राथमिकता के आधार पर अब हमें क्या करना चाहिए।

एक समय में कई कार्यों को मैनेज करना कामयाब व्यक्तियों की खासियत है लेकिन आपको मंजिल तय करते समय ऐसा नहीं करना चाहिए। अपने लिए निर्धारित मंजिल को आपको स्वयं अपनी दृढ़ता से तय करना है। आपको राह में कई बाधाएं मिलेगी लेकिन आपकी दृढ़ता आपको भटकने नहीं देगी।

सोचने और करने में फर्क है। हम सोचते तो बहुत कुछ हैं लेकिन करते ज्यादातर वही है जो करना हमें अच्छा लगता है। अपने विचारों पर दूसरों को मत हावी होने दें। दूसरों की सलाह लेना अच्छी बात है लेकिन बिना आकलन के उसे अपनाना मूर्खता है। दूसरों की नकल करने से कामयाबी हासिल न होने के पीछे अध्यवसाय का ही अभाव है। वे अपने कार्य के प्रति समर्पित होते हैं पर सफल नहीं हो पाते।

7.3 कार्य का आनंद

काम करना मनुष्य की नियति है और बिना काम के कोई आदमी सामान्य जिंदगी नहीं जी सकता। हम केवल अपनी जरूरतों को ही पूरा करने के लिए काम नहीं करते बल्कि स्वयं को उत्पादक और फिट रखने के लिए भी करते हैं। काम करने से हमें आनंद और संतुष्टि मिलने के साथ नए विचार मिलते हैं जिससे दिमाग ज्यादा उर्वर बनता है। काम का मतलब है समाज में कुछ योगदान करना।

हममें से कम ही लोग काम का मजा लेते हैं। ज्यादातर लोग काम को एक बोझ समझते हैं। ऐसे लोग महज अपने परिवार के भरण-पोषण के लिए काम करते हैं तथा सामाजिक उत्थान के कार्यों में अपना योगदान नहीं देते। वे नहीं जानते कि काम करने के दौरान कैसे उसका आनंद लिया जाए।

ऐसा तभी होता है जब हम अपनी पसंद का काम नहीं चुनते। हमें यह समझना होगा कि जब हम अपनी पसंद का काम नहीं चुन सकते तो जो कर रहे हैं उसी में आनंद खोजें। हम अक्सर काम को बदलने की सोचते रहते हैं।

दुनिया में ऐसा कोई काम नहीं जिसमें हम अपनी योग्यता नहीं साबित कर सकें। ऐसे लोगों को मुंबई के डब्बावालों की कहानी पढ़नी चाहिए। वे अपने काम को इतने सलीके से करते हैं कि उसमें असफलता की

गुंजाइश 0.01 प्रतिशत से भी कम रहती है, जबकि ज्यादातर उसमें अनपढ़ लोग ही हैं। वे अपने काम का मजा लेते हैं, इसलिए सफल हैं। उनकी वितरण प्रणाली को न केवल भारत बल्कि विदेशों में टॉप मैंनेजमेंट संस्थानों में पढ़ाया जाता है। उन्होंने साबित कर दिखाया कि कि कोई भी काम छोटा नहीं होता है। आपको अपने आस-पास भी ऐसे कई उदाहरण मिल जाएंगे।

मैं कभी भी एक बार में दो प्रोजेक्ट हाथ में नहीं लेता। इससे मुझे उसे समझने और गुणवत्तायुक्त समय देने में आसानी होती है। लोग मुझसे पूछते हैं, तो मैं उन्हें कहता हूं कि मैं पैसे से ज्यादा अपनी संतुष्टि और आनंद के लिए काम करता हूं। पैसे के लिए काम करना और काम करते हुए उसका आनंद लेना, दो अलग चीजें हैं।

एक बार एक कारखाने का प्रबंधन निर्देशक (एम.डी.) कारखाने में श्रमिकों का निरीक्षण कर रहा था। उसने देखा कि दीवार के पास एक युवक आराम से खड़ा है। उसके पास जाकर उसने पूछा, "तुम्हें कितना वेतन मिलता है?"

वह युवक पहले तो थोड़ा हैरान हुआ कि ऐसा उससे क्यों पूछा जा रहा है। फिर उसने जवाब दिया, "दस हजार रुपए महीना, सर! लेकिन क्यों?" एम.डी. ने बिना उत्तर दिए अपनी जेब से तीस हजार रुपए निकाल उसे देते हुए कहा, "मैं यहां लोगों को काम करने के पैसे देता हूं, खड़े होकर सुंदरता निहारने के लिए नहीं। ये लो तुम तीन महीने की सैलरी और दफा हो जाओ, यहां से..." वह युवक तेजी से वहां से खिसक लिया।

दूसरे कर्मचारियों को अपनी ओर आश्चर्य से देखते हुए पाकर एम. डी. ने गुस्से के साथ उन सभी को ताकीद की, कि इस कंपनी में हर आदमी के साथ यही नियम लागू होगा। फिर एम.डी. ने एक कर्मचारी से पूछा, "वह युवक कौन था, जिसे अभी बाहर किया है?" जो जवाब उसे मिला उसे सुनकर वह हैरान रह गया, "वह पिज्जा डिलीवरी करने वाला लड़का था, सर!"

मैं नहीं जानता कि आप उस एम.डी. को किस कैटेगरी में रखेंगे पर इतना तय है कि ज्यादातर लोग यह समझ नहीं पाते कि वे क्या करने जा

रहे हैं। मैंने खुद ट्रेनिंग, प्रोजेक्ट बनाने, एडमिनिस्ट्रेशन और शिक्षण आदि कई तरह के काम किए हैं लेकिन हर काम में मैंने आनंद खोज लिया था। मैंने कभी नहीं कहा कि मुझ पर काम का बोझ है। मुझे याद नहीं कि किसी काम को समय पर न कर पाने के लिए मैंने कभी क्षमा मांगी हो, जबकि मैं अक्सर अपनी पारिवारिक व पेशेगत जिम्मेदारियों के अलावा सामाजिक कार्यों में भी शामिल होता हूं। ऐसा इसलिए क्योंकि मैं अपने काम का आनंद लेता हूं और उसे पूरे दिल से करता हूं।

अपने काम को पूरे दिल से करें तो सफलता आपके कदम चूमेंगी- प्रतिस्पर्धा बहुत थोड़ी है।

अपने काम का आनन्द लेना ही सफलता का मूलमंत्र है। आपको तब तक सफलता हासिल नहीं हो सकती जब तक आप अपने काम का आनंद नहीं लेंगे। जब आप जीवन में कुछ हासिल करेंगे तो आपके आस-पास के लोग आपको प्रेरित करेंगे, जिससे आपको लोगों से अलग होने का एहसास होगा। यही वजह है कि भारत के प्रसिद्ध प्रेरक प्रशिक्षक, शिव खेड़ा ने कहा कि विजेता कोई अलग काम नहीं करते लेकिन वे अलग तरीके से काम करते हैं।

अपने काम को एंज्वाय करने के लिए आपको उसके हिसाब से एडजस्ट होना होगा। कोई दूसरा आपको यह नहीं सिखा सकता। दूसरों की मदद का इंतजार भी न करें। अगर आपको सफल होना है व विजेता बनना है तो यह आपकी सोच यह होनी चाहिए कि आप सर्वोत्तम हैं। याद रखें कि हर काम में सर्वोत्तम किया जा सकता है।

7.4 सादगी का सम्मान

उदारीकरण, निजीकरण और ग्लोबलाइज़ेशन के दौर में आज हर आदमी स्कैनर के अंदर है। आप अपने लैपटॉप पर गूगल में अपना घर देख सकते हैं। इसने हमारी जिंदगी को और ज्यादा उलझा दिया है और हम इस बड़े बाजार में खो-से गए हैं। सादगी और सहजता किसी सफल इंसान की बहुत बड़ी खासियत होती है। ज्यादातर लोग इसमें विश्वास करते हैं। दुनिया के धनी व्यक्ति वारेन बफे आज भी अपने पुराने घर में रहते हैं और पुरानी कार पर चलते हैं, जबकि वह करोड़ों रुपए हर साल दान करते हैं। बिल गेट्स ने अपने बेटे को डिजाइनर लैपटॉप का इस्तेमाल करने की अनुमति नहीं दी।

सादगी का मतलब कमजोरी से कतई नहीं लगाया जा सकता बल्कि यह आपके चरित्र को और निष्ठा को दर्शाती है। सादा व सरल व्यक्ति न केवल अपने, बल्कि दूसरों के लिए भी आदर्श प्रस्तुत करता है। उसके आचरण से दूसरे भी प्रेरित होते हैं।

एक पुरुष व महिला एक खिड़की के पास बैठे थे। महिला उस पुरुष से बोली, "मैं तुमसे प्रेम करती हूं। तुम दिखने में सुंदर हो, धनी हो और हमेशा अच्छे कपड़े पहनते हों।"

बदले में पुरुष ने भी कहा, "मैं भी तुमसे प्रेम करता हूं। तुम बहुत खूबसूरत हो, ईश्वर ने फुरसत से बनाया है तुम्हें, तुम मेरे सपनों का संगीत हो।" महिला का चेहरा गुस्से से लाल हो गया। वह बोली, "कृपया, आप मुझे अकेला छोड़ दें। मैं कोई दृश्य नहीं जो आपके सपनों में आऊं। मैं एक महिला हूं और एक पत्नी की तरह आपसे प्रेम चाहती हूँ।" इसके बाद दोनों जुदा हो गए।

पुरुष ने स्वयं से कहा, "चलो, दूसरा सपना देखते हैं" महिला ने क्रोधित होते हुए कहा–"मैं ऐसे इंसान को पसंद नहीं करती जो मुझे सपनों और खूबसूरत दृश्य की तरह देखता हो।"

ज्यादा सरल और सादा होना भी मुसीबत पैदा करता है। इस कहानी में दोनों सौम्य हैं पर व्यावहारिक बिल्कुल नहीं। आपको ऐसी स्थितियों से बचना चाहिए। एक समय आता है जब आपको कोई न कोई फैसला जरूर लेना पड़ता। आपको कभी भी कर्कश शब्दों का इस्तेमाल नहीं करना चाहिए लेकिन अपने कार्य के प्रति समर्पित रहना चाहिए। इंसान दृढ़ फैसला नहीं लेता बल्कि मजबूत फैसले ही इंसान को दृढ़ बनाते हैं।

सफल लोग जिंदगी को वरदान की तरह जीते हैं। वे हर सैकेंड जिंदगी का लुत्फ उठाते हैं। वे हर हाल में खुश रहना जानते हैं। व्यर्थ की बातों में वे समय नहीं गंवाते। वे अपने विचारों पर स्वयं तो अडिग रहते ही हैं। साथ ही दूसरों को भी नये विचारों से लाभ उठाने की सलाह देते हैं।

हमेशा हंसते-मुस्कुराते हुए, प्रेम के साथ अच्छी जिंदगी बिताते हुए उन्होंने सफलता हासिल की।

किसी भी आदमी को सफल बनाने में उसका व्यवहार बहुत मायने

रखता है। एक तनावग्रस्त आदमी को सफलता देरी से मिलती है जबकि सरल व सहज रहने की स्थिति में सफलता जल्द मिलने की उम्मीद होती है। यह उसके सकारात्मक नजरिए को दर्शाता है।

इस शहर के एक बड़े संस्थान से इस्तीफा देने के बाद मैंने जो दूसरा संस्थान ज्वाइन की, वह पहले वाले से काफी छोटा था। काम भी बहुत कम था। एक महीने के भीतर खुद को सैटल करते हुए मैंने नतीजा देना शुरू कर दिया। अब मैं अक्सर अपने मेल चेक करने के अलावा बाकी समय में खाली बैठा रहता। समय का सदुपयोग करना अब समस्या बन रही थी। मैं कभी खाली नहीं बैठा रह सकता।

मैंने खाली समय को उपयोग में लाने का एक सटीक तरीका खोज निकाला। मैंने अपने तजुर्बों और विचारों को लिखकर एक किताब की शक्ल दी लेकिन शुरुआत में मैंने कभी प्रकाशन कार्य के बारे में नहीं सोचा था। मेरी पहली किताब "क्रैक द शेल दैट कवर्स यू" को पूरा करने में मुझे एक साल लग गया, यद्यपि मेरी दूसरी किताब, "व्हाट इफ यू डाई टुमारो" पहले प्रकाशित हुई। मेरी तीसरी किताब "सक्सेस इज नाट बाई चांस" जो हिन्दी व इंगलिश दोनों में प्रकाशित हुई, ने मुझमें सकारात्मक मूल्यों का संचार किया, जो सौम्यता से हमारे आस-पास विद्यमान है। आप यकीन मानिए, जब मेरी एक भी किताब नहीं छपी थी तब भी मैं निराश नहीं था। आज मेरी लिखी पांचवीं किताब आपके हाथ में है और मैं हर उस व्यक्ति का शुक्रिया अदा करना चाहूंगा। जिसने प्रत्यक्ष या अप्रत्यक्ष तौर पर मुझे सफल बनाने में योगदान दिया है। सफलता की राहें कभी बंद नहीं होती। लेकिन आपको परिवर्तन के लिए बिल्कुल तैयार रहना होगा। यही नियम है।

7.5 चरित्र का मूल्य

आपका चरित्र लोगों को बताता है कि आप क्या हैं। आपका चरित्र ही आपका व्यक्तित्व बताता है। आपको कई बार ऐसे लोग मिले होंगे जो अपने बारे में हांकते तो ज्यादा हैं पर वास्तविकता कुछ और होती है। आपने वह कहावत भी जरूर सुनी होगी कि कुछ देर के लिए तो आप किसी को बेवकूफ बना सकते हैं पर ज्यादा समय तक आप कोई भी सच्चाई छिपा नहीं सकते। सफल होने और विजेता बनने के लिए किसी असाधारण गुण की नहीं बल्कि साधारण गुणों के होने की ही जरूरत होगी, जो हम और

आप में हैं। परन्तु केवल गुण नहीं बल्कि आप जो चाहते हैं, उसके प्रति आपमें समर्पण कितना है, वह सफलता की निशानी है।

समय बीतता गया और लोग जुड़ते गए। मैं छात्रों को भी सहूलियत प्रदान करना चाहता था और इस क्रम में दाखिले से पहले व्यक्तिगत तौर पर छात्रों से मिलकर उनका दाखिला उसी क्लास में करता, जिसके लिए वे योग्य होते। मैं प्रतिभा के अलावा दूसरी चीजों को तरजीह देकर दाखिला देने के पक्ष में नहीं रहता। मैंने संचालकों को स्पष्ट बता दिया कि स्कूल के कुछ मानक बनाए रखने के लिए एक सीमा से ज्यादा दाखिला नहीं लिए जा सकते।

कुछ समय के बाद मुझे इन मूल्यों के साथ थोड़ा समझौता करने के लिए कहा गया तो मैंने यह कहते हुए काम छोड़ दिया कि इससे गुणवत्ता प्रभावित होगी। मैंने बड़ी विनम्रता से उन्हें समझाया, क्योंकि हमेशा आपको दृढ़ता अपने शब्दों में नहीं बल्कि अपने कार्यों में दर्शानी चाहिए।

हर इंसान में कुछ खासियतें होती हैं और यही खूबियां उसके चरित्र को इंगित करती हैं। आप ऐसा नहीं सोच सकते कि आपसे पहले व्यक्ति ने यह किया था इसलिए मैं भी ऐसा कर रहा हूं। चरित्र की तुलना करने से नतीजे नहीं हासिल किए जा सकते। अगर चरित्र की नकल करने से व्यक्ति सफल होता तो हर राजनेता नेहरु या पटेल और हर शिक्षक राधाकृष्णन, सर अब्दुल कलाम की तरह बन जाता। यहां तक कि जुड़वां बच्चों में भी आपस में चारित्रिक फर्क होता है। ईश्वर ने आपको कुछ खूबियां प्रदान की हैं और आपको उस चरित्र के आधार पर आगे बढ़ना चाहिए।

आप किसी महापुरुष की आत्मकथा पढ़िए, आपको दूसरे के मुकाबले उनके चरित्र में कोई समानता नहीं मिलेगी।

हिटलर का छोटा कद सेना और देश पर शासन में कभी आड़े नहीं आया। अकबर को 'महान' साबित करने में शिक्षा आड़े नहीं आई। वर्तमान में, आईएएस के नतीजे आने पर आप देखते हैं कि बहुत-से गरीब व मध्यवर्गीय परिवारों के छात्र उसमें चुने जाते हैं। यह उनकी चारित्रिक विशेषता होती है कि वे अपने लक्ष्य के प्रति दृढ़निश्चयी बने रहते हैं। सभी तरह की नकारात्मकता के बावजूद धीरूभाई ने वह हासिल किया, जो उन्होंने चाहा। आप कह सकते हैं कि एक दशक में कितने ही लोगों ने इस कहानी को दोहराया होगा लेकिन हर दोहरायी गई कहानी धीरूभाई अंबानी की याद नहीं दिलाएगी।

सफल लोग नई राह प्रदर्शित करते हैं, उसी राह पर चलते हुए आप सारे फैक्टर्स समान रहने के बावजूद सफलता की उस कहानी को दोहरा नहीं सकते। आपको अपनी राह स्वयं से प्रदर्शित करनी होगी। आपके चरित्र में आपकी हकीकत झलकनी चाहिए। आप जिसे बतौर उदाहरण लेते हैं उनमें जो क्षमता है, आपमें भी उससे कोई कम क्षमता नहीं है। आप जब किसी आदर्श व्यक्ति के चरित्र का पोस्टमार्टम करेंगे तो आप यह जानकर हैरान होंगे कि आपमें उनसे ज्यादा व्यक्तिगत गुण हैं। मुख्य बात यह है कि आपने कभी अपना समालोचक के तौर पर विश्लेषण नहीं किया है, अन्यथा आपकी भी विजेता बनने की यात्रा आरंभ हो गई होती। अभी भी कोई देरी नहीं हुआ है, आप खुद को विजुअलाइज करिए और आगे बढ़िए।

कामयाब होने के लिए अपना कार्यक्षेत्र बदलने की भी जरूरत नहीं है। हर क्षेत्र में कामयाब लोगों की लिस्ट काफी होती है। कौन जानता था कि बिहार से आए एक साधारण आदमी डा. बिन्देश्वरी पाठक एक ऐसे क्षेत्र में कामयाबी हासिल कर लेंगे, जिसकी आम आदमी सार्वजनिक तौर पर चर्चा नहीं करना चाहता। "सुलभ शौचालय" के रूप में उन्होंने एक आंदोलन चलाया और देखिए आज परिस्थितियां कहां पहुंच गईं और वे कितने कामयाब इंसान हैं। आपको इस तरह के और भी बहुत सारे उदाहरण मिल जाएंगे। केवल एक चीज, जिसे हम खो रहे हैं, वह है अपने चरित्र की कीमत का आकलन हम नहीं कर पाते।

किसी भी व्यक्ति की सफलता या असफलता का मुख्य कारक उसका अपना चरित्र ही होता है।

इस मोड़ पर समय को गंवाना आपको सफलता की यात्रा से दूर धकेल देगा। असफल और नाकामयाब लोग वही हैं जो केवल सोचते हैं, लेकिन कभी शुरुआत नहीं करते। कोई भय मत करो। ईश्वर तुम्हारे भीतर है। ईश्वर ने आपको मुनष्य के रूप में जन्म दिया है और वह सदैव आपको सहारा प्रदान करेगा। बस जरूरत है तो शुरुआत करने की, वह आपका साथ हर मोड़ पर देगा। अपने भीतर कभी भी ऐसी सोच न पैदा होने दें कि आप समस्याओं को सुलझाने में कामयाब नहीं हो सकते, आपमें वह क्षमता है जो हर आने वाली समस्या का सामना कर सकती है। सोचने में ज्यादा समय न गंवाएं। आपका

समय अब शुरू हो चुका है और आप अपने अवसर को पकड़िए। यह आपका अंतिम चांस है, अब नहीं तो कभी नहीं। फैसला आपका है।

7.6 दया भावना की शक्ति

दया भावना इंसान की एक ऐसी खूबी है जो उसे स्वतः अच्छाईयों की ओर ले जाती है। इसमें किसी को क्षमा करने की भावना आपको ऐसी प्रवृत्ति की ओर ले जाती है कि नुकसान पहुंचाने वाले को भी आप क्षमा कर सकें। आप महसूस कर सकते हैं कि ऐसा कहना तो आसान है पर व्यावहारिक रूप में लाना मुश्किल। आपका कहना सही है, लेकिन आप कुछ विशेष हैं, इसलिए आप ऐसा कर सकते हैं।

'रामायण' में भी इसी बात की चर्चा है। इस धर्मग्रंथ में भी क्षमा को महान बताया गया है। क्षमा करने वाला महान होता है। कई बार जब आपके पास पद व शक्ति होती है तो आप लोगों को क्षमा करना से इंकार कर देते हैं। आप सोचते हैं कमजोर आपके अधीन हैं। वास्तव में, ऐसा करने से आप में और दूसरों में फिर क्या फर्क रह पाएगा। आप अपने विचार स्वयं बनाएं और कभी भी दूसरों की टिप्पणियों से व्यथित न हों।

दयालुता एक क्रिया है और संपूर्ण जानवर प्रजाति केवल दयालुता की भाषा को समझती है। यहां तक कि दयालुता दिखाने पर जंगल का राजा शेर भी सर्कस में रिंग मास्टर के साथ काम करने को तैयार हो जाता है। आप किसी पर भी दयालुता प्रकट करके उसे अपना वफादार बना सकते हैं लेकिन आपको इससे बदले में कुछ हासिल करने के बारे में नहीं सोचना चाहिए। "चूहा और शेर" की प्रसिद्ध कहानी में शेर चूहे की मदद की बात सुनकर हंस कर उसे छोड़ तो देता है पर उसे विश्वास नहीं होता कि एक चूहा उसकी मदद कर सकता है, परन्तु प्रकृति उसे समझा देती है। जब शिकारी शेर पर जाल फेंककर उसे पकड़ लेता है। तब चूहा ही शेर का जाल काटकर उसकी जान बचाता है। ऐसी परिस्थितियां कई बार हमारे साथ भी होती हैं लेकिन हम उन पर ध्यान नहीं दे पाते।

मैंने सामने से एक लड़के को आते देखा, उसके पीछे एक भेड़ दौड़ती चली आ रही थी। "कोई आश्चर्य नहीं है कि भेड़ निरंतर तुम्हारे पीछे-पीछे चल रही है।" भेड़ की ओर इशारा करते हुए मैंने उस लड़के से आगे कहा– "तुमने उसके गले में रस्सी बांधकर उसे खुद

से जोड़ रखा है।" लड़का हंसा और उसने भेड़ के गले से रस्सी खोल दी। और फिर चल दिया।

जैसे ही लड़के ने आगे बढ़ने के लिए कदम बढ़ाया भेड़ उसके बिल्कुल नजदीक आ गई और फिर उसके पीछे-पीछे चलने लगी। वह नवयुवक हंसा और भेड़ को थोड़े जौ दिये और बोला "आप ठीक कह रहे हैं। लेकिन जैसा कि आप देख रहे हैं, इसे मेरे पीछे चलाने वाली रस्सी का नाम है 'दयालुता'।"

दया भावना आपके कार्यों में झलकनी चाहिए। यही आपके चरित्र की पहचान है। यह आपके व्यक्तित्व को मजबूती प्रदान करती है। कभी ऐसा न सोचें कि जरूरत पड़ने पर वह व्यक्ति आपकी कोई मदद नहीं करेगा, और न ही कभी मन में बदले की भावना पालें। ऐसा करने से आप अपनी कीमती ऊर्जा को बेकार की चीजों में उलझाए रखेंगे। ऐसा सोचने की बजाय बदले की भावना को जल्द से जल्द अपने मन से निकाल फेंकें।

हम विश्वास करते हैं कि दया दिखाना और दानशीलता अच्छी बात है लेकिन समय आने पर परिस्थिति का विश्लेषण करके इन अच्छे कामों को कुछ समय के लिए रोक दें। ऐसा केवल आपके साथ ही नहीं, हम सबके साथ होता है। हम में से कुछ लोग जल्द ही ऐसी स्थितियों पर काबू पा लेते हैं तो कुछ देरी से। कुछ लोग किसी भिखारी को कुछ भीख देना और ऐसी ही दूसरी क्रियाओं को ही दयालुता समझते हैं लेकिन ऐस कार्य दयालुता की श्रेणी में नहीं आते। आप ऐसा स्वर्ग में अपना स्थान सुरक्षित करने के लिए करते हैं।

दयालुता में विश्वास करने वाले लोग खास नहीं होते, बस उनमें खास तरह की सोच होती है। वे इस बात में आस्था रखते हैं कि जैसे प्रकृति ने हमें बदले में बिना कुछ वापस मिलने की उम्मीद के बहुत कुछ दिया है। वैसे ही हमें भी दूसरों पर दया दिखानी चाहिए। एक बार अगर आपमें यह गुण पैदा हो गया तो यह आपका चरित्र बदल देगा और आपको अपने अंदर एक अज्ञात शक्ति महसूस होगी। आप अपनी क्रियाओं से प्रोत्साहित होकर स्वयं मजबूत बन जाएंगे।

आपने हिंदी फिल्मों में देखा होगा कि बचपन में जब एक अभिनेता या उसके परिवार के साथ कुछ बुरा घटता है तो वह उसके जीवन को उथल-पुथल कर देता है। और अभिनेता बिना अपने भविष्य की परवाह

किए हुए किसी भी कीमत पर विलेन से मुठभेड़ जारी रखता है। इसमें कोई शक नहीं कि हीरो का कार्य उसके दृढ़निश्चय और जुनून को दर्शाता है लेकिन यह नकारात्मक भी है। अगर वह अपनी ऊर्जा का सकारात्मक इस्तेमाल करता तो वे विलेन को अच्छाई का पाठ पढ़ा सकता था। मैं आपको डरपोक बनने की सलाह नहीं दे रहा हूं, लेकिन दयालुता से यह आप जीत सकते हैं। यहां तक कि हारी हुई लड़ाई भी। इसका सबसे बड़ा उदाहरण "राष्ट्रपिता" महात्मा गांधी हैं, जिन्होंने अंग्रेजों को भारत छोड़ने पर मजबूर कर दिया। उन्होंने दयालुता के आशीर्वाद और अहिंसा के बलबूते यह सब किया। यह अलग मुद्दा है कि हम भारतीय गांधीजी के कई कार्यों की आलोचना करने से नहीं चूकते।

आज सफलता का मतलब केवल धनी व संपन्न होने से लगाया जाने लगा है चाहे आप कैसे भी उस संपत्ति कमा रहे हों, ऐसे में दया भावना जैसे गुण पीछे छूट रहे हैं। लेकिन जो लोग वास्तव में सफलता की ओर अग्रसर हैं वे इस गुण में विश्वास रखते हैं। भले ही आम लोग न करें। अगर आप स्थायी सफलता चाहते हैं तो फिर आपको यह गुण अपनाना होगा। उस आदमी को कभी मत भूलें, जिसने आपके प्रति कृपा दिखायी हो।

कृपा करने की भावना आप केवल बाहरी लोगों के प्रति ही नहीं, बल्कि अपने परिवार में भी दिखा सकते हैं। आपको थोड़ा अजीब लगेगा पर आपको इसे प्रदर्शित करने के कई मौके मिलते हैं। जब आपके बच्चे को आपकी जरूरत होती है और आप अपने ऑफिस या बिजनेस के सिलसिले में घर से बाहर होते हैं तो उसे यह एहसास दिलाते हैं कि उसी के लिए आप ऐसा कर रहे हैं। क्या आप सोचते हैं कि यह न्यायोचित है? नहीं, किसी भी कीमत पर नहीं, आपको निश्चित तौर पर अपने बुजुर्ग माता-पिता पर कृपा दर्शानी चाहिए और उनके साथ कुछ समय बैठकर उनका कुशल-क्षेम पूछना चाहिए।

ये सभी क्रियाएं आपके चरित्र को महान बनाएंगी और एक समय आएगा जब आप किसी भी तरह की समस्या से घिरे होने पर उसका समाधान खोज लेंगे। मैं मानता हूं कि आपमें यह खासियत है लेकिन अगर ऐसा नहीं है तो आज ही से ऐसा करना, दयालुता प्रदर्शित करना शुरू कर दीजिए। ●

लेखकों के बारे में

सन् 1965 में जन्मीं श्रीमति इंदु पांडेय एक सामाजिक कार्यकर्त्ता हैं, जिन्होंने अपने स्वर्गीय ससुर श्री एस. एन. पांडेय की स्मृति में वर्ष 1995 में गुणवत्तायुक्त शिक्षा के क्षेत्र में पांडेय एजुकेशन ट्रस्ट की स्थापना की अवधारणा तैयार की। श्री एस. एन. पांडेय जाने माने शिक्षाविद व सामाजिक कार्यकर्त्ता रह चुके हैं। सन् 1956 में जन्में पेशे से शैक्षिक प्रशासक डा. ए. के. पांडेय, पांडेय एजुकेशन ट्रस्ट के सीईओ हैं। डॉ. पांडेय शिक्षकों को प्रेरणाप्रद प्रशिक्षण मुहैया कराते हैं और अब तक उन्होंने 2000 से ज्यादा शिक्षकों को अपनी सेवा प्रदान की है। जाने-माने जर्नल्स में उनके 35 से ज्यादा शोधपत्र छप चुके हैं। इंटरनेशनल स्कूल ऑफ बिजनेस मैनेजमेंट, ज्ञान विहार यूनिवर्स, जयपुर में वे बतौर विजिटिंग फैकल्टी और डाल्मिया शिक्षा समिति, चिरावा राजस्थान के सचिव हैं। श्रीमति पांडेय को मानव संसाधन में महारत हासिल है और वे अपनी सेवाएं लेने वालों को उनकी जरूरत के मुताबिक बेहतर कार्य योजना तैयार करने में सहयोग प्रदान करती हैं। किसी भी तरह की कार्य योजना को हैंडल करने की उनकी योग्यता है।

इस किताब में किसी भी तरह के सुधार की आपसे अपेक्षा की जा रही है। आप हमसे किसी भी शैक्षिक प्रशिक्षण व प्रोजेक्ट्स के लिए edutrust@rediffmail.com पर संपर्क कर सकते हैं। हम अपनी ओर से जल्द जवाब भेजने की कोशिश करेंगे।

लेखक की अन्य पुस्तकें : व्हाट इफ यू डाई टुमारो? क्रैक द शैल दैट कवर्स यू और सक्सेस इज नॉट बाई चांस (इंगलिश), पावर टू राइट युअर ऑन डेस्टिनी जिद करो और सफलता पाओ (हिंदी में)।

व्यक्तित्व विकास
अच्छा इंसान सफल विजेता कैसे बने
शशिकांत 'सदैव'
डेल कारनेगी
लोक व्यवहार
प्रभावशाली व्यक्तित्व की कला
टॉपर्स के टॉप टिप्स
टॉपर बनना ना तो मुश्किल है, ना ही नामुमकिन
जे.पी.एस. जौली
डेल कारनेगी
चिंता छोड़ो सुख से जियो
कहानियाँ जो जीना सिखाएं
जे.पी.एस. जौली
कहानियाँ जो राह दिखाएं
सुख, समृद्धि और सफलता की पारसमणि
जे.पी.एस. जौली
मैनेजमेंट एवं कॉरपोरेट गुरु चाणक्य
चाणक्य द्वारा सिखाए गए यह सूत्र जो आज भी उतने ही प्रासंगिक हैं!
डॉ. उज्जवल पाटनी
सफल वक्ता सफल व्यक्ति
सफलता पाने की 8 शक्तियाँ
शिशिर श्रीवास्तव
सफलता की नई तकनीक
सफलता एक निरन्तर प्रक्रिया है
असंभव से संभव की ओर
असफलता से ना घबराएँ
परिश्रम का कोई विकल्प नहीं
टाइम मैनेजमेंट
आप और आपका व्यवहार
सूर्या सिन्हा
सोच बदलो सफलता पाओ
जोगिन्दर सिंह
क्या है नेटवर्क मार्केटिंग जानिए
No.1 Bestseller
सूर्या सिन्हा
जीत लो ख्वाबों को
जोगिन्दर सिंह
हार के बाद ही जीत है
जोगिन्दर सिंह
डायमंड बुक्स
X-30, ओखला इंडस्ट्रियल एरिया, फेज-II नई दिल्ली-110020 फोन : 011-40712200
ई-मेल : sales@dpb.in Shop online at www.diamondbook.in

ലോഡ്ജിലെ ആരുടേയെങ്കിലും മുറിയിൽ കിടക്കുന്ന ഷർട്ടും പാന്റ്സുമായിട്ടാവും അവന് അന്നൊക്കെ ക്ലാസുമുറികളിൽ എത്തുക. എന്തെങ്കിലും ചോദിച്ചാൽ അവൻ വിശദീകരണമുണ്ട്. ''എന്തിനും ഏതിനും എതിർപ്പുകളുടെ സ്വരമാണ് വേണ്ടത്. വർത്തമാനകാലത്തും ഭാവിയിലും വ്യക്തമായ നിലപാടുകളുള്ള വ്യക്തികൾക്ക് ചിലതെല്ലാം കഴിഞ്ഞേക്കും. ആശിക്കാൻ അതുമാത്രം പോരേ.'' അതാണ് അവന്റെ അന്നത്തെ വിലയിരുത്തൽ.

കടൽക്കാറ്റിന്റെ നേർത്ത സ്വരം അവർക്കിടയിലൂടെ സൗഹൃദം സൃഷ്ടിച്ചുകൊണ്ടു ഇടയ്ക്കിടെ കടന്നുപോയി. അവരുടെ നിശ്വാസങ്ങളിൽ നനുത്ത ഗൃഹാതുരതയുടെ ഗതകാലസംഗീതം പ്രതിദ്ധ്വനിച്ചു. ശ്യാമിന്റെ മനസ്സ് പഠിക്കാനറിയാവുന്ന സത്യവ്രതൻ നക്ഷത്രങ്ങളെ സാക്ഷിയാക്കി ആത്മഗതംപോലെ പതുക്കെ പറഞ്ഞു:

''പ്രിയ ചങ്ങാതീ, നീ എന്താണ് ആലോചിക്കുന്നതെന്ന് എനിക്കറിയാം. ഞാൻ വരച്ചിട്ട വൃത്തങ്ങൾക്കപ്പുറം നിന്റെ മനസ്സു പോയിട്ടില്ലെന്നും എനിക്കറിയാം. ഞാൻ ഇതുവരെ ലക്ഷ്യരഹിതമായി സഞ്ചരിക്കുകയായിരുന്നു. ഫേൺഹില്ലിലൂടെ, ദില്ലിയിലൂടെ, വാരണാസിയിലൂടെ, തെലുങ്കാനയിലൂടെ, ഹരിദ്വാറിലൂടെ, ഹിമാലയ സാനുക്കളിലൂടെ... ഒടുവിൽ ഞാൻ എങ്ങുമെത്തിയില്ല, എനിക്കെത്താൻ ഇടമില്ലായിരുന്നു. ഞാൻ സ്വപ്നം കണ്ടിരുന്ന സമനിരപ്പുകൾ വിശ്വാസരാഹിത്യത്തിന്റെ സുനാമികൾ തകർത്തിരുന്നു. സ്വരുക്കൂട്ടിയ ധാരണകളിൽ മുഞ്ഞ പടർന്നിരുന്നു. എങ്ങോട്ടു പോകണമെന്നും എനിക്കറിയില്ലായിരുന്നു. കരുതിവച്ച വസന്തങ്ങൾ ഏതോ മഞ്ഞുവീഴ്ചയിൽ തകർന്നടിഞ്ഞിരുന്നു. പിന്നീടൊന്നും എനിക്ക് വീണ്ടെടുക്കാനായില്ല. തീവ്രമായ ഏകാന്തതയുടെ വിരൽത്തുമ്പുകളിൽ ഞാൻ ആരെയോ അന്വേഷിക്കുകയായിരുന്നു. അതാരാണെന്നും എനിക്ക് കണ്ടെത്താനായില്ല. അവിടെ തുടങ്ങി എന്റെ പരാജയം.''

വിപ്ലവത്തെ സ്വപ്നം കണ്ടുനടന്ന ഒരു വിദ്യാർത്ഥിനേതാവാണ് തന്റെ മുന്നിലെ മണൽപ്പരപ്പിൽ നീണ്ടുനിവർന്നു കിടക്കുന്നതെന്ന് ശ്യാം ഓർത്തു. വിപ്ലവങ്ങൾ ആകസ്മിക വിസ്ഫോടനങ്ങൾ അല്ലെങ്കിൽ പിന്നെന്താണെന്ന് അന്വേഷിക്കേണ്ടതുണ്ടെന്നു സത്യവ്രതൻ പറയുമ്പോൾതന്നെ മറ്റൊന്നുകൂടി കൂട്ടിച്ചേർക്കണമായിരുന്നു. സ്ഥിതിഗതികളെ വിശദീകരിക്കുവാൻ ഈ വിഷയത്തിൽ ചരിത്രത്തെ ശരണം പ്രാപിക്കുകയേ ഗതിയുള്ളൂ.

കടൽക്കാറ്റ് വീശുമ്പോൾ അവർക്കിടയിൽ വീണ്ടും മൗനം ഉറഞ്ഞുകൂടി. ഇരുവരും കടലിന്റെ വിദൂരസ്ഥലികളിൽ കണ്ണുംനട്ടിരുന്നു. കാലം നിർദ്ദയനായ സാക്ഷിയാണെന്ന് ശ്യാം ഓർക്കുകയായിരുന്നു.

ഉൾക്കടലിന്റെ അങ്ങേത്തലയ്ക്കൽ ഒരു കപ്പൽ ഒറ്റപ്പെട്ടു നിൽക്കുന്നത് ശ്യാം ശ്രദ്ധിച്ചു. അതിന്റെ പുകക്കുഴലിൽ നിന്നും ഒറ്റപ്പെട്ടവന്റെ സങ്കടങ്ങൾപോലെ ഇരുണ്ട പുക ബഹിർഗമിക്കുന്നുണ്ടായിരുന്നു. ഏതോ വിദൂര രാജ്യങ്ങളിൽ നിന്നും ചരക്കും യാത്രക്കാരുമായി മാസങ്ങളോളം സഞ്ചരിച്ചെത്തിയ കപ്പൽ നങ്കൂരമടിക്കുമ്പോൾ ആശ്വാസത്തിന്റെ ലഹരിയിലായിരിക്കണം.

നക്ഷത്രങ്ങൾക്ക് തിളക്കം വർദ്ധിക്കുന്നത് ശ്യാം തിരിച്ചറിഞ്ഞു. സത്യവ്രതന്റെ മനസ്സിലെ രഹസ്യങ്ങൾ ചോർത്താൻ നക്ഷത്രങ്ങൾ ശ്രമിക്കുകയാണെന്ന് അവനു തോന്നി. ഒരുവന്റെ ഉള്ളിലുള്ള നൊമ്പരങ്ങൾ തിരിച്ചറിയാൻ കോടാനുകോടി നക്ഷത്രങ്ങൾക്കുള്ള അതീന്ദ്രിയ ശക്തിയെക്കുറിച്ച് കുഞ്ഞിൻനാളിൽ അമ്മ പറഞ്ഞുതന്നത് ശ്യാം ഓർക്കുകയായിരുന്നു. ആകാശത്തിലെ നക്ഷത്രക്കൂമ്പാരങ്ങളോടു അവന് അന്നുതോന്നിയ അത്ഭുതവും ആഭിമുഖ്യവും ഇന്നും അവസാനിച്ചിട്ടില്ല. ഇടയ്ക്കിടെ ഈ കടപ്പുറത്തു ഒറ്റയ്ക്ക് വന്നു കിടക്കുമ്പോൾ നഷ്ടബാല്യത്തെക്കുറിച്ചാവും അവൻ ചിന്തിക്കുക.

കടൽക്കാറ്റിന്റെ ശിഥിലതന്ത്രികളിൽ സത്യവ്രതന്റെ ആത്മഗതം ഉൽക്കപോലെ നിപതിച്ചു, അവന്റെ പഴയ പ്രഭാവത്തിൽ:

‘‘നിങ്ങൾ സ്വപ്നങ്ങളെ താലോലിച്ചു. ഞാൻ അവയെ കുഴിച്ചുമൂടി. അതിനു മുകളിൽ സ്മാരകശിലകൾ വച്ചു.’’

പഴയ ചങ്ങാതി മാറിയിട്ടില്ലെന്ന് ശ്യാമിനു വീണ്ടും തോന്നി.

ആകാശത്ത് മുഴക്കോൽ നക്ഷത്രങ്ങൾക്ക് സ്ഥാനഭ്രംശം സംഭവിച്ചു തുടങ്ങിയിരിക്കുന്നു.

മണൽപ്പരപ്പിൽ നേർത്ത ചൂട് അനുഭവപ്പെടുന്നുണ്ട്. സത്യവ്രതന്റെ മൗനം വീണ്ടും കനക്കുകയാണ്.

ആറേഴ് വർഷങ്ങൾക്ക് മുമ്പ് ബിരുദപഠനം കഴിഞ്ഞ് എല്ലാം ഉപേക്ഷിച്ചു ഗ്രാമംവിട്ടപ്പോൾ അവൻ മടങ്ങി വരുമെന്ന് ശ്യാം വിശ്വസിച്ചില്ല. അവനെ കാത്തിരിക്കാൻ ആരുമില്ലായിരുന്നു. ഉപനിഷത്തുകളും ഓഷോയുമൊക്കെ ആയിരുന്നു അവന്റെ ഇഷ്ടവിഷയങ്ങൾ. നചികേതസ്സിന്റെ പിന്നാലെ അവനെത്ര സഞ്ചരിച്ചു! മരണത്തിന്റെ നിഗൂഢതകളായിരുന്നു അവന്റെ അന്വേഷണവിഷയം.

‘‘യദാ സർവ്വേ പ്രഭിദ്യന്തേ ഹൃദയസ്യൈഷ ഗ്രന്ഥയഃ
അഥ മർത്ത്യോളമൃതോ ഭവതി ഏതാവദനുശാസനം’’

പാർട്ടിയിലെ സജീവപ്രവർത്തകനായിരുന്നു സത്യവ്രതന്റെ അച്ഛൻ ശേഷൻമാഷ്. സോഷ്യലിസത്തിന്റെ കാണാക്കിനാവുകൾ തേടിയിറങ്ങിയ അധ്യാപകൻ. അസത്യങ്ങളുടേയും അനീതികളുടേയും വായ്

മൂടിക്കെട്ടാൻ കവലകൾതോറും കെണിയൊരുക്കിയ മാഷ്. പക്ഷേ വിഭാഗീയത പാർട്ടിയിൽ പ്ലേഗ് പോലെ പടർന്നുപിടിക്കുന്ന കാലമായിരുന്നു അത്. ശത്രുക്കൾക്കെതിരെ തലപൊക്കിയ ഈനാംപേച്ചികൾക്ക് മാഷെന്ന ഒറ്റയാനെ തളച്ചിടാനായില്ല. മാഷിന്റെ സുതാര്യമായ ചേതോവികാരങ്ങൾ തച്ചുടക്കാൻ അവർക്ക് തിടുക്കമായി. മാഷിന്റെ പാതകളിൽ അവർ ജാഗ്രതയോടെ കതിനകൾ വച്ചു കാത്തിരുന്നു.

പുരോഗതിയിലും മൂല്യങ്ങളുടെ ശ്രേണീഭാവത്തിലും വിശ്വാസമർപ്പിക്കാത്തവർക്ക് വിപ്ലവത്തിന്റെ സവിശേഷ സ്വഭാവം അറിയാൻ കഴിയില്ലെന്ന വിശ്വാസക്കാരനായിരുന്നു ശേഷൻമാഷ്. വിപ്ലവമെന്നത് നമ്മുടെ രാജ്യത്ത് മിക്കവാറും ഒരു നിരർത്ഥക പദമായി പരിണമിച്ചിരിക്കുന്നു എന്നാണ് അദ്ദേഹത്തിന്റെ വാദം. ഉടഞ്ഞുതകർന്ന അഹന്തയുടേയും അൽപ്പത്തം കലർന്ന ആവേശാതിരേകത്തിന്റേയും പ്രഖ്യാപനങ്ങളെ വിപ്ലവമെന്നെണ്ണിയ പാരമ്പര്യമാണ് നമുക്കുള്ളതെന്ന് അദ്ദേഹം പല വേദികളിലും പ്രഖ്യാപിച്ചു. നിന്ദിക്കപ്പെടേണ്ടവനാണ് വിപ്ലവകാരി എന്നിടത്തോളം ആ സങ്കൽപം അധപ്പതിച്ചതിൽ അദ്ദേഹത്തിനു ദുഃഖമുണ്ടായിരുന്നു. സമ്പന്നവർഗ്ഗത്തിന്റെ നിരന്തരമായ പ്രചാരണം നിമിത്തം ഉണ്ടായ വിധിവൈപരീത്യമാണ് അതെന്ന് അദ്ദേഹം തുറന്നടിച്ചു. ഇത്തരം തുറന്നു പറച്ചിലുകൾ എതിർപക്ഷത്തെ വിറളിപിടിപ്പിച്ചു. അൽപന്മാരുടെ രാഷ്ട്രീയവിശ്വാസങ്ങൾക്ക് കൊമ്പു മുളച്ചു. അവർ നിരന്തരം കരുക്കൾ നീക്കി. ഉന്മൂലനസിദ്ധാന്തമാണ് വിജയത്തിന്റെ കൊടിമരമെന്ന് അവർ വിധിയെഴുതി.

മഴക്കെടുതികളിൽ മതിൽക്കെട്ടുകൾ തകർന്നുവീണു. പാവം മാഷ് ഒലിച്ചുപോയി. സാഗര ഗർജ്ജനം അവസാനിച്ചത് തിരകൾക്കിടയിലെങ്ങോ ആയിരുന്നു. വിഭാഗീയതകളിൽ മാഷ് അസ്തമിച്ചു. രക്തത്തിൽ പൊതിഞ്ഞ തിരുശേഷിപ്പ് വീട്ടിലെത്തുമ്പോൾ ഭാര്യ ഗൗരിട്ടീച്ചർ നിലവിളിച്ചില്ല. കോടിപ്പോയ മുഖവുമായി അവർ നിലത്തേക്ക് വീണു. ഒരു വടവൃക്ഷം വീഴുന്നപോലെ. പിന്നെ അവർ ഏറെനാൾ എഴുന്നേറ്റില്ല. പ്രവാഹത്തിൽ ഒലിച്ചുപോകുമ്പോൾ പത്തു വയസ്സുള്ള മകൻ സത്യവ്രതൻ അമ്മയെ കെട്ടിപ്പിടിച്ചു കരഞ്ഞു. അനാഥത്വത്തിന്റെ ഇടിമുഴക്കം അമ്മയെ ഒറ്റപ്പെടുത്തി. മാഷിന്റെ ആദർശത്തിന്റെ അധ്യായം പൂർത്തിയാകുമ്പോൾ അമ്മയും മകനും സധൈര്യം മുന്നേറി.

തുടർന്നുള്ള മകന്റെ പഠനത്തിലായി അമ്മയുടെ ശ്രദ്ധ. മകൻ ബിരുദതലത്തിലെത്തുമ്പോൾ അമ്മ പെൻഷൻ പറ്റിയിരുന്നു. തുടർന്നുള്ള ഉപരി പഠനം വേണ്ടെന്നായി സത്യവ്രതൻ. അമ്മ നിർബന്ധിച്ചില്ല. മകൻ അവന്റെ വഴി കണ്ടെത്തുമെന്നായിരുന്നു അമ്മയുടെ

വിശ്വാസം. ആ വിശ്വാസം മകനെ രക്ഷിച്ചോ? അറിയില്ല. പക്ഷേ മകന്റെ വിശ്വാസങ്ങളിൽ അതീന്ദ്രിയതലങ്ങൾ വികസിക്കുകയായിരുന്നു. അമ്മയെപ്പോലും ഉപേക്ഷിച്ച് അവൻ യാത്ര തുടർന്നു. അതെവിടേക്കാണെന്നു മാത്രം അവൻ ആരോടും പറഞ്ഞിരുന്നില്ല. അവനോട് ആരും ചോദിച്ചതുമില്ല. അവനു പറയാൻ ആരുമുണ്ടായിരുന്നില്ല എന്നതല്ലേ സത്യം?

തോളിൽ കറുത്ത തുണിസഞ്ചിയുമായി തന്നെ കാത്ത് ഫാക്ടറി ഗേറ്റിൽ നിന്നിരുന്ന സത്യവ്രതനെ കണ്ടപ്പോൾ ശേഷൻമാഷിന്റെ ചിത്രമാണ് ശ്യാമിന്റെ മനസ്സിൽ ഓടിയെത്തിയത്. ചരിത്രം ആദ്യം ദുരന്തമായും പിന്നീട് പ്രഹസനമായും ആവർത്തിക്കുമെന്ന് പറഞ്ഞ ആചാര്യന്റെ വാക്കുകൾ അവൻ ഓർക്കുകയായിരുന്നു.

പഠിക്കുന്ന കാലം മുതൽ അവനൊരു മൗനിയായിരുന്നു. തികഞ്ഞ സ്വപ്നജീവി. നഗരത്തിലെ കോളെജിലെത്തിയിട്ടും അവന്റെ ചെയ്തികളിൽ മാനസാന്തരമുണ്ടായില്ല. അച്ഛന്റെ അനുജനായിരുന്നു രക്ഷകൻ. അവന്റെ മനസ്സറിഞ്ഞ് ചെറിയച്ഛൻ പ്രോത്സാഹിപ്പിച്ചു. പക്ഷേ രാഷ്ട്രീയം മാത്രം വേണ്ടെന്ന് അദ്ദേഹം ഉപദേശിച്ചു. വിപ്ലവത്തിന്റെ തീപ്പൊരികൾ അപകടകാരിയാണെന്നായിരുന്നു അദ്ദേഹത്തിന്റെ നിഗമനം, അനുമാനം. സത്യവ്രതൻ, പക്ഷേ പ്രത്യക്ഷ രാഷ്ട്രീയത്തിൽനിന്ന് സാവധാനം ഒഴിഞ്ഞുനിൽക്കാൻ ശ്രദ്ധിച്ചു. അച്ഛന്റെ വിശ്വാസങ്ങളായിരുന്നില്ല മകന്റേത്. താനറിയാതെ ഒരു നിഗൂഢത അവനെ പിന്തുടരുകയായിരുന്നു.

യുണിവേഴ്സിറ്റി കോളെജിലെ മുത്തശ്ശിമാവിന്റെ ചുവട്ടിൽ സത്യവ്രതൻ ഏകാന്തതയുടെ തീക്ഷ്ണതകൾക്ക് വേണ്ടി കാത്തിരുന്നു. മുടിയും താടിയും വളർത്തിയ അവനെ സഹപാഠികൾ വിചിത്രജീവിയായി മാത്രം വിലയിരുത്തി. അവന്റെ മനസ്സിൽ നെരൂദയും പോൾ സെലാനും ഗുന്തർഗ്രാസും ബ്രഹ്ത്തുമൊക്കെ ചുറ്റിത്തിരിഞ്ഞു. യൂണിവേഴ്സിറ്റി ലൈബ്രറിയും പബ്ലിക്ക് ലൈബ്രറിയും അവന്റെ ആശ്വാസകേന്ദ്രങ്ങളായി.

പുൽത്തകിടിയിൽ അവൻ നെരൂദയെ ആലിംഗനം ചെയ്തു:

''ദുഃഖമേ എനിക്ക് നിന്റെ കരിഞ്ചിറകുകൾ വേണം
ഇത്രയേറെ വെയിൽ ഗോമേദകത്തിന്റെ ഇത്രയേറെ തേൻ
പുൽത്തകിടിയിൽ പുഞ്ചിരിക്കുന്ന കിരണങ്ങൾ
ചുറ്റും വെളിച്ചത്തിന്റെ സമൃദ്ധിമാത്രം.
എല്ലാമെല്ലാം ഉയരക്കാറ്റിൽ മുരളുന്നു
തേനീച്ചകൾ പോലെ.

അതിനാൽ ദുഃഖമേ, എന്റെ സോദരീ
എനിക്ക് നിന്റെ കറുത്ത ചിറകു തരിക.''

സത്യവ്രതന്റെ കവിതകൾ സമാന്തരപ്രസിദ്ധീകരണങ്ങളിൽ അച്ചടിച്ചുവന്നപ്പോൾ സഹപാഠികൾ വിളിച്ചുകൂവി, ഇവന്റെ ഉള്ളിൽ ഇതാ ഒരു കവി ജീവിക്കുന്നു.

അനന്തവിഹായസ്സിൽ സ്വപ്നങ്ങളുടേയും ചിത്രശലഭങ്ങളുടേയും പറുദീസകൾ അന്വേഷിച്ച സത്യവ്രതൻ എന്ന യുവാവ് ഗ്രാമീണതയുടെ ചാരുത കണ്ണിൽ ചാലിച്ചു നടന്നവൻ. പ്രണയത്തിന്റെ ദിശാസൂചികൾ സ്വന്തം വിശ്വാസങ്ങളുടെ നെരിപ്പോടിൽ സൂക്ഷിച്ചവൻ. അവന്റെ മനസ്സിൽ കവിതകൾ പൂത്തുലഞ്ഞു.

സത്യവ്രതൻ ആകാശത്തിലെ നക്ഷത്രപഥങ്ങളിലൂടെ സഞ്ചരിക്കുകയാണെന്ന് ശ്യാമിനു തോന്നി. പണ്ടൊക്കെ അവൻ പറയുമായിരുന്നു, നക്ഷത്രങ്ങൾക്കും അക്ഷരങ്ങൾക്കും സമാനതകളേറെയാണെന്ന്. ഒരിക്കൽ ഏതോ അലസമായ സന്ധ്യയിൽ ഗ്രാമത്തിന്റെ ക്ഷേത്രക്കുളത്തിലെ പടിക്കെട്ടിൽ വച്ച് അവൻ പറഞ്ഞു,

''ശ്യാമേ, നീ കേട്ടിട്ടില്ലേ, അക്ഷരം വെളിച്ചമാണെന്ന്. നമ്മുടെ മനസ്സിന്റെ ഉള്ളറകളിൽ നക്ഷത്രങ്ങൾ കൂടുകെട്ടുമ്പോൾ കവിതയിലൂടെ അക്ഷരവെളിച്ചം ചിതറിവീഴും.''

സത്യവ്രതന്റെ മനസ്സിൽ പ്രണയത്തിന്റെ വിത്തുകൾ വീഴുന്നത് യൂണിവേഴ്സിറ്റി കോളെജിൽ അവസാന വർഷം പഠിക്കുമ്പോഴാണ്. അവന്റെ ക്ലാസിൽ പഠിക്കുന്ന യമുനയുമായുള്ള പരിചയം പ്രണയത്തിന്റെ നിറഭേദങ്ങൾ തീർക്കുകയായിരുന്നു. കവിതയായിരുന്നു ഇരുവരേയും ബന്ധിപ്പിച്ചത്. യമുന നന്നായി വായിക്കും. കവിതകളോടു കമ്പമാണ്. കവിത എഴുതുന്നവരേയും യമുനയ്ക്ക് ഇഷ്ടമായിരുന്നു. എന്നാൽ അതിനെ പ്രണയമെന്ന് വിളിക്കാൻ സത്യവ്രതൻ തയ്യാറായിരുന്നില്ല. ലൈബ്രറിയിലേക്ക് ഒരുമിച്ചായി യാത്ര. സാഹിത്യവും ചരിത്രവും മനശ്ശാസ്ത്രവുമൊക്കെ ഓലഞ്ഞാലിക്കിളികളെപ്പോലെ അവളുടെ മനസ്സിൽ ചേക്കേറി. സത്യവ്രതന്റെ നീട്ടിവളർത്തിയ മുടിയും താടിയും അവൾക്ക് അവന്റെ കവിതകളെപ്പോലെ ഇഷ്ടമായിരുന്നു.

സർക്കാർ ഉദ്യോഗസ്ഥനായിരുന്നു യമുനയുടെ അച്ഛൻ. ഒരേയൊരു മകൾ. അവളെ പഠിപ്പിച്ച് കോളെജ് അധ്യാപികയാക്കണമെന്നായിരുന്നു അച്ഛന്റെ ആഗ്രഹം. അച്ഛനുമമ്മയും കഴിഞ്ഞാൽ അവൾ കൂടുതൽ ഇഷ്ടപ്പെട്ടിരുന്നത് സത്യവ്രതനെ ആയിരുന്നു. ഒന്നിനോടും ആഭിമുഖ്യമില്ലാത്ത ആ സ്വഭാവം യമുനയെ ഭാവിയിൽ സ്വീകരിക്കാൻ തയ്യാറാകുമായിരുന്നോ എന്നുപോലും ശ്യാം സന്ദേഹിച്ചിരുന്നു.

ബിരുദപഠനം അവസാനിച്ചതോടെ അവരുടെ ബന്ധം ഒരു ദശാസന്ധിയിലെത്തി നിന്നു. ആർക്കും പിടികിട്ടാത്ത സമസ്യയായിരുന്നു സത്യവ്രതന്റെ മനസ്സ്. ഛന്ദസ്സില്ലാത്ത കവിതപോലെ അവന്റെ ചിന്തകൾ പാറിപ്പറന്നു. അനാഥത്വമായിരുന്നു അവന്റെ ശത്രുവും മിത്രവും. നിസ്സംഗതയുടെ കാമുകനെന്നാണ് സുഹൃത്തുക്കൾ അവനെ വിശേഷിപ്പിച്ചത്. അമിതമായ പ്രതീക്ഷകളൊന്നും യമുനയ്ക്കും ഇല്ലായിരുന്നു. താൽക്കാലികമായ ഒരു വിഭ്രമം. ഇഷ്ടങ്ങളുടെ രഥചക്രങ്ങൾ ദിക്കുകൾ തെറ്റി സഞ്ചരിക്കുകയാണെന്ന് യമുനയുടെ മനസ്സു പറഞ്ഞു. കുഞ്ഞിൻനാളിൽ കേട്ട, പിടികിട്ടാത്ത ഗന്ധർവകഥകളിലെ നിശ്വാസം പോലെ അത് ആടിയുലഞ്ഞു.

ആറേഴ് വർഷക്കാലം സത്യവ്രതൻ എവിടെ ആയിരുന്നെന്ന് ആരും അന്വേഷിച്ചില്ല, ശ്യാമും. യമുനയുടെ വിശ്വാസങ്ങൾ എവിടെ കത്തിയെരിഞ്ഞെന്നും അറിയില്ല. കത്തുകൾ എഴുതുന്ന സ്വഭാവം പണ്ടേ അവനില്ലായിരുന്നു. ശ്യാം അത് പ്രതീക്ഷിച്ചതുമില്ല.

കടൽക്കര ശൂന്യമായിരിക്കുന്നു. വൈകിയാൽ വീട്ടിലെത്താൻ ബസ് കിട്ടില്ല. നക്ഷത്രങ്ങൾക്ക് പ്രകാശമേറിയിരിക്കുന്നു. ഇടയ്ക്കിടെ കിഴക്ക് നിന്നും ഉയർന്നുവരുന്ന ചെറിയ മേഘക്കഷണങ്ങൾ കടൽക്കരയിൽ നിഴലുകൾ മെനഞ്ഞു.

ശ്യാം പറഞ്ഞു:

''നമുക്ക് പോകാം. വൈകിയാൽ ബസ് കിട്ടാൻ പ്രയാസമാകും.''

മണൽപ്പരപ്പിലൂടെ അവർ നടന്നുനീങ്ങി. സത്യവ്രതൻ ഒരു നിഴൽ പോലെ ശ്യാമിനെ പിന്തുടരുകയാണ്.

അസ്തമയസൂര്യന്റെ അവസാന കിരണവും അപ്രത്യക്ഷമായിരിക്കുന്നു.

അവർ റോഡ് മുറിച്ചുകടന്നു.

ഇടയ്ക്ക് ശ്യാം ചോദിച്ചു, ''നഗരത്തിൽ എന്താണ് നിന്റെ പരിപാടി? എത്ര ദിവസം ഉണ്ടാകും?''

സത്യവ്രതൻ ആലോചനയിലാണ്. തക്കതായ ഉത്തരം കണ്ടെത്താൻ അവൻ പാടുപെടുകയാണെന്ന് ശ്യാമിനു തോന്നി. ചില നിമിഷങ്ങൾക്ക് ശേഷം അവൻ പറഞ്ഞു:

''നഗരത്തിൽ ചില ആൾക്കാരെ കാണണം. എത്ര ദിവസം നിൽക്കണമെന്നറിയില്ല. എങ്കിലും നിന്നേയും വിസ്മയയേയും കൂടുതൽ ബുദ്ധിമുട്ടിക്കാതെ സ്ഥലം കാലിയാക്കിക്കൊള്ളാം.''

അപ്പോൾ എത്തിച്ചേർന്ന ബസ്സിൽ അവർ കയറി അടുത്തടുത്ത സീറ്റുകളിൽ ഇരുന്നു. കടൽക്കരയിൽ നിന്നുള്ള തണുത്ത കാറ്റ് അവരെ തഴുകുന്നുണ്ടായിരുന്നു.

രണ്ട്

നിറപ്പകിട്ടാർന്ന സ്വപ്നവിതാനങ്ങളിൽ സൗന്ദര്യത്തിന്റെ വിഹ്വലതകൾ തേടിയിറങ്ങിയ പെൺകുട്ടി- വിസ്മയ. ഗ്രാമത്തിന്റെ വയൽ വരമ്പുകളിൽ പൂത്തുലഞ്ഞുനിന്ന കൈതപ്പൂവിന്റെ മണംപിടിച്ചു പതുങ്ങിപ്പതുങ്ങി നടന്ന അവളുടെ മുടിക്കെട്ടിനു ചുറ്റുവട്ടത്തിൽ പൂത്തുലഞ്ഞ പൂക്കളുടെ നറുമണമായിരുന്നു. അസാധാരണമായ സുഗന്ധം. വിസ്മയത്തിന്റെ നിറക്കൂട്ടുകൾ മനസ്സിൽ നിറയുന്ന കാലമായിരുന്നു അത്. വീട്ടിലെ അലമാര തുറന്നാൽ കൈതപ്പൂവിന്റെ ഗന്ധം കാറ്റിൽ തളംകെട്ടും. ഗ്രാമത്തിലെ സ്കൂളിൽ പത്താംതരത്തിൽ പാവാട ഉടുത്തു പോകുമ്പോൾ അയൽക്കാർ അത്ഭുതപ്പെടും. ''വിസ്മയാ, നീ വിസ്മയങ്ങളുടെ തുലാവർഷപ്പകർച്ചയിലാണല്ലോ.''

ചെറുപ്രായത്തിൽ കവിതകളോടായിരുന്നു അവൾക്ക് പ്രിയം. പാഠപുസ്തകങ്ങളിലെ കവിതകളെല്ലാം അവൾ കാണാപ്പാഠമാക്കും. ക്ഷേത്രക്കുളത്തിലെ പടവുകളിൽ ഇരുന്നു വൈലോപ്പിള്ളിയുടെ കിനാവിൽ കണ്ട കവിത താളാത്മകമായി അവൾ ആലപിക്കും.

ഇന്നലെയുറക്കത്തിൻ പിന്നിലെ മയക്കത്തി-
ലെന്നിലേക്കെത്തീ വിണ്ണിൻ പഞ്ചവർണപ്പൂങ്കിളി
എന്തു ചൊല്ലാവൂ, ദിവ്യാഹ്ലാദഭാവത്തിൻ രശ്മി-
കന്ദളികളാൽ തീർത്ത കമനീയമാം രൂപം!
എന്റെയാണെന്നാൽ സുസ്വതന്ത്രയാം നീലാകാശ-
ത്തിന്റെ കുഞ്ഞിനെ നെഞ്ചിൽ, കൈക്കൂട്ടിലൊതുക്കവേ
അഭിമാനിച്ചേൻ ലോകർ കാണട്ടെ,യാനന്ദത്തി-
ന്നറിയാരഹസ്യത്തെക്കൊഞ്ചുമിത്തങ്കത്തിനെ!
ഇന്നലെയുറക്കത്തിൽ പിന്നിലെ മയക്കത്തിൽ
വന്ന പൂങ്കിളി കഷ്ടമപ്പൊഴേ മറഞ്ഞുപോയ്!
മഴവില്ലൊഴിയിൽ കൂത്താടാനോ, കൊഴിഞ്ഞൂർന്നോ-
രഴകിൻ ചെല്ലത്തൂവൽ മാത്രമാണിന്നെൻകൈയിൽ...

കവിത ഏതായാലും കവി ആരായാലും വിസ്മയയുടെ മൊഴികളിലെത്തുമ്പോൾ അതിനു പുതുജീവൻ വീഴും. അവളുടെ കവിതാരചനയ്ക്ക് ഒട്ടുമിക്ക കവികളും കൂട്ടുനിന്നു. കവികൾതന്നെ അവളുടെ കവിതകൾ തിരുത്തി. ഊണിലും ഉറക്കത്തിലും കവികൾ അവളുടെ കൂടപ്പിറപ്പുകളായി. അക്ഷരങ്ങൾ അവളുടെ മനസ്സിലും നാവിൻതുമ്പിലും തത്തിക്കളിച്ചു. യൗവനത്തിലെ ആവേശം അവളുടെ സിരകളിൽ നൃത്തം വച്ചു.

കോളെജിലെത്തിയപ്പോൾ വിസ്മയയുടെ കവിതാഭ്രമത്തിനു ആക്കം കൂടിയതേയുള്ളു. പി കുഞ്ഞിരാമൻ നായരും ബാലാമണി യമ്മയും അക്കിത്തവും വൈലോപ്പിള്ളിയും ഇടശ്ശേരിയുമൊക്കെ ലൈബ്രറിയിൽ നിന്ന് അവളുടെ പിന്നാലെ ഇറങ്ങിവന്നു. സഹ പാഠികൾ അന്തംവിട്ടു. വിസ്മയയെ പ്രണയിക്കുന്ന കവികളോ? അവളുടെ മനസ്സു നിറയെ കവിതയായിരുന്നു.

പാഠ്യവിഷയം മാറ്റിവച്ച് കവിത ഉരുവിടുന്ന ചേച്ചിയെ കണ്ട അനുജത്തി രേഷ്മ അമ്മയുടെ മുന്നിൽ വിഷയം അവതരിപ്പിച്ചു,

''നോക്കൂ അമ്മേ, ചേച്ചി പാഠങ്ങൾ പഠിക്കുന്നില്ല. കവിതകളെ യാണ് തോളിലേറ്റി നടക്കുന്നത്. ഇങ്ങനെ പോയാൽ വർഷാവസാന പ്പരീക്ഷയ്ക്ക് കവിതയിലൂടെ വട്ടപ്പൂജ്യം തന്നെ.''

അനുജത്തിയുടെ കുസൃതിയൊന്നും അവളെ കവിതയിൽനിന്ന് അകറ്റിയില്ല. കവിതക്കെതിരെയുള്ള പരാതികളൊന്നും കേട്ടതായി അമ്മ ഭാവിച്ചില്ല. അവർ ആത്മാഭിമാനത്തോടെ അവളുടെ ഭാവങ്ങൾ ശ്രദ്ധിക്കുകയായിരുന്നു.

കവിത പഠിക്കുന്നത് കുറ്റമാണോ? അതിനും വേണ്ടേ ഭാഗ്യം? ബിരുദത്തിനു പഠിക്കുമ്പോൾ ഇടയ്ക്കു വച്ചാണ് അമ്മ അച്ഛനെ സ്വീകരിക്കാൻ വിവാഹമണ്ഡപത്തിലേക്ക് കയറിപ്പോയത്. എങ്കിലും അവരുടെ മനസ്സിൽ കവിതകൾ ഉണ്ടായിരുന്നിരിക്കണം. ആധുനിക കവികൾ മകളുടെ മുറിയിലും വീട്ടുവരാന്തയിലും ചുറ്റിപ്പറ്റി നടന്നു കവിതകൾ വായിച്ചു നടക്കുന്നത് അമ്മ കണ്ടെങ്കിലും കാര്യമാക്കി യില്ല. മാത്രമല്ല സന്തോഷിക്കുകയും ചെയ്തു. അനിയത്തി രേഷ്മ അച്ഛന്റെ മുന്നിൽ ആവലാതിയുമായി എത്തി. കൃഷിക്കാരനായ അച്ഛന്റെ മനസ്സിൽ സന്തോഷം പതഞ്ഞു. മകൾ അക്ഷരത്തിന്റെ പാതയിലൂടെ സഞ്ചരിക്കുന്നല്ലോ. അച്ഛൻ പറഞ്ഞു:

''കവിത കൊള്ളാം. കവിതയുടെ മുകൾപ്പരപ്പിലല്ല, ആഴത്തിൽ ചെന്ന് നീന്തണം. അതാണ് കവിതയുടെ സുഖം.''

അവിടെയും പരാജയപ്പെട്ട അനിയത്തി മുഖം താഴ്ത്തി പോകു മ്പോൾ വിസ്മയയുടെ ഉള്ളിൽ ചിരിപൊട്ടി. വിസ്മയയുടെ മനസ്സിന്റെ സ്നേഹതീരങ്ങളിൽ കവിത കൊതുമ്പുവള്ളങ്ങളായി തുഴയാൻ തുടങ്ങി. കവിതയുടെ കിന്നരിത്തലപ്പാവും വച്ച് പൂക്കളും ഇലകളും അവളെ പിന്തുടർന്നു. പൂത്തുലഞ്ഞ കവിതകളിൽ വസന്തം അഗ്നി നാളങ്ങൾ വിതറി.

വിസ്മയയുടെ കണ്ണുകളിൽ അഗ്നി ജ്വലിച്ചു.

കവിതയുടെ നേർത്ത തന്ത്രികളിൽ സ്വപ്നങ്ങളുടെ ചാരുത കോരിയെടുക്കാൻ അവൾ ആഗ്രഹിച്ചു.

ഗ്രാമത്തിന്റെ ഗൃഹാതുരത്വത്തിൽ അവൾ നീന്താനിറങ്ങി. അപ്പോൾ അമ്മ പറഞ്ഞു:

''കവിതയുടെ മുങ്ങാംകുഴിയിൽ നിനക്ക് ജീവിതം ജീവിച്ചുതീർക്കാനാവില്ല. കവിത സ്വപ്നസന്നിഭമാണ്. ജീവിതം മാത്രമാണ് യാഥാർത്ഥ്യം. എന്റെ കുഞ്ഞുമോളുടെ കൈകൾക്ക് കവിത താങ്ങാനുള്ള ശക്തിയുണ്ടോ? ശേഷിയുണ്ടോ? അതിന്റെ അലങ്കാരങ്ങളും ഛന്ദസ്സുകളും മറ്റേതോ ലോകത്തിലാണ് വേരൂന്നിയിരിക്കുന്നത്. സാധാരണക്കാരിയായ ഒരമ്മയുടെ മോൾക്ക് അതൊക്കെ വഴങ്ങുമോ? ജീവിക്കാൻ നാലക്ഷരം പഠിക്ക്. അക്ഷരം വെളിച്ചമാണ്. വെളിച്ചത്തിന്റെ കിന്നരിത്തലപ്പാവ് വച്ച രാജകുമാരൻ എന്റെ മോളെ കൈവിടില്ല.''

എങ്കിലും അക്ഷരങ്ങളുടെ നിറക്കൂട്ടുകളിൽ ആരോരുമറിയാതെ വിസ്മയയുടെ മനസ്സ് പടർന്നു പന്തലിച്ചു. ഛന്ദസ്സിന്റെ വർണ്ണപ്പൊട്ടുകൾ പൂത്തുലഞ്ഞു. അവളുടെ അക്ഷരമഹിമ മനസ്സിൽ ചിതറി വീണു. അനിയത്തിയാണ് അവയൊക്കെ തെരഞ്ഞുപിടിച്ചത്. അവൾ വിളിച്ചു കൂവി, ''ഇതാ ഒരു കവയത്രി ജനിച്ചിരിക്കുന്നു.''

നഗരത്തിൽ പഠിക്കാനെത്തിയപ്പോഴാണ് രണ്ടുവർഷം സീനിയറായ ശ്യാംപ്രഭാകറിനെ വിസ്മയ പരിചയപ്പെടുന്നത്. വിദ്യാർത്ഥി യൂണിയൻ പ്രവർത്തനങ്ങളുമായി നടക്കുന്ന ശ്യാമിനെ അവൾ ശ്രദ്ധിക്കുന്നത് യാദൃച്ഛികമായാണ്. ഉശിരോടെ മുദ്യാവാക്യങ്ങൾ മുഴക്കി സഹപാഠികളോടൊപ്പം കോളെജ് വളപ്പിൽ മുന്നേറുന്ന ശ്യാമിന്റെ ചലനങ്ങൾ ഗ്രാമത്തിൽ നിന്നുവന്ന വിസ്മയയ്ക്ക് അത്ഭുതമായിരുന്നു. സുഹൃത്തുക്കളിൽ നിന്നു ചോർന്നു പ്രചരിച്ച അവളുടെ കവിതകളായിരുന്നു ക്ലാസുകളിൽ സംസാരവിഷയം. അതാണ് ശ്യാമിനെ ആകർഷിച്ചത്. അവൾതന്നെ ഒരു കവിതയാണല്ലോ എന്ന് അവൻ മനസ്സിൽ കുറിച്ചിട്ടു. അവളുടെ വസ്ത്രധാരണത്തിനു പോലും ഗ്രാമീണതയുടെ ചാരുതയുണ്ടായിരുന്നു. കോളെജിലെ സാഹിത്യമത്സരങ്ങളിൽ കവിതയുടെ കുത്തക വിസ്മയയ്ക്കായിരുന്നു.

എന്നാൽ ജാതിയുടെ മതിൽക്കെട്ടുകൾ തങ്ങളുടെ പ്രണയബന്ധത്തിൽ മുള്ളുവേലികൾ തീർക്കില്ലേ എന്നവർ വ്യാകുലപ്പെട്ടു. യാഥാസ്ഥിതികരായ ഉന്നത ജാതിയിലെ വിസ്മയ. താഴ്ന്ന ജാതിയിലെ ശ്യാം. പൊരുത്തപ്പെടാൻ സാധ്യത കുറവാണെന്ന് സഹപാഠികൾ വിധിയെഴുതി. അവിടെ ശ്യാമിന്റെ സഹായത്തിനെത്തിയത് സത്യവ്രതനായിരുന്നു. വിപ്ലവവും പ്രണയവും ഒന്നാണെന്ന് വിശ്വസിച്ച അവൻ അവരെ തമ്മിൽ ബന്ധിപ്പിക്കാൻ മുന്നോട്ടുവന്നു. അതോടെ ആ ബന്ധത്തിനു പുതിയൊരു മാനം കൈവന്നു.

സത്യവ്രതൻ പറഞ്ഞു:

''ജീവിതം ഒരിക്കലേ ഉണ്ടാകൂ. അടുത്ത ജന്മം നീ പട്ടിയോ പൂച്ചയോ ആയി ജനിക്കും. പക്ഷേ നിന്റെ പ്രണയത്തിന്റെ ഭാഷ ഇവിടെ അവസാനിക്കും. അതിനാൽ ജാതിയും മതവും നോക്കി പ്രണയത്തെ കൊല്ലരുത്. നിനക്ക് താൽപര്യമെങ്കിൽ ഞാനൊപ്പമുണ്ടാകും.''

പിന്നെ ഒരു താക്കീതുപോലെ സത്യവ്രതൻ പറഞ്ഞു:

''മതത്തേക്കാൾ ഭീകരമാണ് നമ്മുടെ ജാതിവ്യവസ്ഥ. അപകടകാരികൾ ഹിന്ദുക്കളിലെ സവർണരാണ്. അവർ ആഞ്ഞടിക്കും. അതിനാൽ ഇക്കാര്യം വളരെ ഭദ്രമായിരിക്കണം. ആരുമറിയേണ്ട. അറിഞ്ഞാൽ കുളമാവും. സമയമാവുമ്പോൾ ബാക്കി കാര്യങ്ങൾ ഞാൻ നോക്കിക്കൊള്ളാം. ജാഗ്രതൈ!''

സത്യവ്രതൻ വളരെ കൂളായാണ് ആ ബന്ധത്തെ കണ്ടിരുന്നത്. ഉണ്ടാകാൻ പോകുന്ന ജാതിയുദ്ധത്തെ പിടിച്ചുകെട്ടാൻ അവൻ കരുക്കൾ നീക്കുന്ന വിവരം ശ്യാമിനറിയില്ലായിരുന്നു.

ബിരുദം കഴിഞ്ഞിറങ്ങുമ്പോൾ ശ്യാമിന്റെ മനസ്സ് ശൂന്യമായിരുന്നു. വിസ്മയ എന്ന സവർണ പെൺകുട്ടി തന്നോടൊപ്പം ഇറങ്ങിവരുന്നതിനെക്കുറിച്ചൊന്നും അവനു ധാരണയില്ലായിരുന്നു.

ജാതിയുടെ നീണ്ടുകൂർത്ത പല്ലുകൾ എങ്ങോട്ടാണ് തിരിയുന്നത് എന്നറിയില്ല. ആ മതിൽക്കെട്ടുകൾ ഭേദിക്കാൻ ശ്യാമിനോ വിസ്മയയ്ക്കോ അറിയില്ലായിരുന്നു. സമൂഹത്തിന്റെ മനശ്ശാസ്ത്രം വികലമാണ്. അത് ഏതു ഭാഗത്തേക്ക് സഞ്ചരിക്കുമെന്ന് ആർക്കുമറിയില്ല. പക്ഷേ കവിതയുടെ നനുത്ത മണമുള്ള അവളുടെ മനസ്സ് ശ്യാമിനെയല്ലാതെ മറ്റാരെയും സ്വീകരിക്കാൻ തയ്യാറായിരുന്നില്ല.

പ്രണയരഹസ്യം പുറത്തുവന്നാൽ എതിർപ്പുകൾ പലപാട് നിന്നും ആഞ്ഞടിക്കുമെന്നറിയാം. ആഭിജാത്യത്തിന്റെ തിരുവാഭരണങ്ങളുമായി ബന്ധുക്കൾ മതിലുകൾ ചാടി വരാം. അവളുടെ മനസ്സറിഞ്ഞത് അനുജത്തി മാത്രമായിരുന്നു. അവൾ ചേച്ചിയുടെ കവിതകൾ മാത്രമല്ല അവളുടെ മനസ്സും പഠിച്ചിരുന്നു. യാഥാസ്ഥിതിക മനസ്സുകൾ ഗതികിട്ടാത്ത പ്രേതങ്ങളെപ്പോലെ അലഞ്ഞുതിരിയുന്ന കാലത്തെക്കുറിച്ച് അവൾക്കറിയാമായിരുന്നു. മതവും ജാതിയും തീർക്കുന്ന മതിൽക്കെട്ടുകൾക്കപ്പുറമാണ് ജീവിതത്തിന്റെ സൂക്ഷ്മഘടകങ്ങളെന്ന് അനിയത്തി രേഷ്മ മനസ്സിലാക്കിയിരുന്നു. അവളുടെ കുഞ്ഞുമനസ്സിന് ലോകത്തെക്കുറിച്ച് കാര്യമായ അറിവില്ലെങ്കിലും ജീവിതത്തിന്റെ അനൽപ്പമല്ലാത്ത അഭിനിവേശങ്ങളും ആവേശങ്ങളും മനസ്സിലാക്കാനുള്ള ശേഷിയുണ്ടായിരുന്നു.

അവളുടെ മനസ്സ് ഒരു ഭൂകമ്പമാപിനിപോലെ പ്രവർത്തിച്ചു. എല്ലാം തക്കസമയത്ത് ചേട്ടത്തിയെ അറിയിച്ചിരുന്നു. ഉണ്ടാകാൻ

പോകുന്ന ഭൂകമ്പം എങ്ങനെ മുൻകൂട്ടി അറിഞ്ഞെന്ന് വിസ്മയ അത്ഭുതപ്പെട്ടിരുന്നു. ശ്യാമിന്റേയും വിസ്മയയുടേയും കോളെജിലെ കൂടിക്കാഴ്ചകൾപോലും വീടിന്റെ കോലായയിൽ വാർത്തകളായി പറന്നുവീണു.

കോളെജിലെ പഠനത്തോടൊപ്പം വിസ്മയ കവിതയുടെ ലോകത്ത് വർണപ്രപഞ്ചങ്ങൾ തീർത്തു. കാലത്തിന്റെ തിരുശേഷിപ്പുകൾക്കിട യിൽ ഗ്രാമം അവളുടെ ശരീരത്തിലും മനസ്സിലും മാറ്റങ്ങൾ വരുത്തി. കാലത്തിന്റെ സാക്ഷിപോലെ അനിയത്തി രേഷ്മ അതൊക്കെ ഉൾ ക്കൊണ്ടിരുന്നു.

ജീവിക്കാൻ വഴി കണ്ടെത്താതെ വിസ്മയയെ പുറത്തുകൊണ്ടു വരുന്നത് ശരിയല്ലെന്ന് ശ്യാമിനറിയാം. എന്നാൽ ശ്യാമിന്റെ അച്ഛൻ മകനെ ശ്രദ്ധിക്കുകയായിരുന്നു. അവന്റെ തീരുമാനങ്ങളിൽ, നിശ്ചയ ദാർഢ്യങ്ങളിൽ ഏറെ വിശ്വാസമുണ്ടായിരുന്നു അച്ഛന്. ജാതിയുടേയും മതത്തിന്റേയും മതിൽക്കെട്ടുകളെ നിരന്തരം ആക്രമിച്ച തീവ്ര കമ്യൂ ണിസ്റ്റുകാരനായിരുന്നു അച്ഛൻ.

ഒരിക്കൽ മകനോട് അച്ഛൻ പറഞ്ഞു;

''ജീവിതം നിന്റേതാണ്. തെരഞ്ഞെടുപ്പുകൾ വ്യക്തിപരമാണ്. അതിൽ ആർക്കും കൈവയ്ക്കാനാവില്ല. പക്ഷേ തീരുമാനങ്ങൾക്ക് ശക്തിയുണ്ടാകണം. അവളെ നീ കൈയൊഴിയരുത്. നിങ്ങളുടെ ജീവിതത്തിന്റെ നിമ്നോന്നതങ്ങളിൽ ഞാനുണ്ടാവില്ല, അമ്മയുണ്ടാ വില്ല, ജനമുണ്ടാവില്ല. ഈ ഗ്രാമവും ഉണ്ടാവില്ല.''

അച്ഛൻ എതിർപ്പുകൾക്കിടയിൽ കൊടുമുടിയായി ഉയരുമെന്ന് ശ്യാമിനറിയാം. അതിനെ തകർക്കാൻ ഭൂകമ്പങ്ങൾ കിണഞ്ഞു ശ്രമിക്കു മെന്ന് അച്ഛൻ മനസ്സിലാക്കി. അവിടെ ഹിമാലയമായിത്തീരാനും അച്ഛനു കഴിഞ്ഞെന്നിരിക്കും.

വിസ്മയയുടെ വീട്ടിൽ പ്രണയവാർത്ത മുള പൊട്ടിത്തുടങ്ങിയി രുന്നു. അവൾക്കു നേരേ താക്കീതുകളുടെ മുള്ളുവേലികൾ വളർന്നു. അവർ പ്രണയിച്ചാൽ എവിടെയെങ്കിലും വീഴും, അല്ലെങ്കിൽ വീഴ്ത്തും. നീ പിൻമാറുന്നതാണ് ബുദ്ധി. നമ്മുടെ പാരമ്പര്യവും കുടുംബ മഹിമയും കൂടി പരിഗണിക്കണം. ബന്ധുക്കൾ ജാഗരൂകരായി.

വിസ്മയയുടെ മുറച്ചെറുക്കനെന്ന ബന്ധം പറഞ്ഞെത്തിയ അയൽ വാസിയായിരുന്നു പ്രശ്നങ്ങൾ സൃഷ്ടിക്കാൻ മുന്നോട്ടുവന്നത്. എന്നാൽ അയാളുടെ അടവുകളൊന്നും ഫലിക്കാതെ വന്നപ്പോൾ ജാതിയുടെ തുറുപ്പുചീട്ടുകൾ പുറത്തിറക്കാൻ ശ്രമിച്ചു. ഗ്രാമത്തെ മൊത്തത്തിൽ ഇളക്കിവിടാനുള്ള തന്ത്രങ്ങൾ. പക്ഷേ വിസ്മയയുടെ അച്ഛനും അമ്മയും അതൊന്നും അറിഞ്ഞതായി ഭാവിച്ചില്ല. മകളിൽ പൂർണവിശ്വാസമായിരുന്നു അവർക്ക്.

ഒരിക്കൽ നഗരഹൃദയത്തിൽ ബസ്സ്റ്റോപ്പിൽ മഴ തോരുന്നതും കാത്തു നിൽക്കുമ്പോൾ വിസ്മയ അവന്റെ ചെവിയിൽ മന്ത്രിച്ചു: ''നാട്ടുകാർക്കിടയിൽ, കുടുംബക്കാർക്കിടയിൽ നമുക്ക് നിലനിൽക്കാനാവുമോ? നാം ലോകത്തിന്റെ ഏത് കോണിലേക്കാണ് ഓടിയൊളിക്കുക?''

ശീതക്കാറ്റിൽ ഊയലാടുന്ന മഴത്തുള്ളികളെ നോക്കി ശ്യാംപ്രഭാകർ നിന്നു. പിന്നെ മഴത്തുള്ളികൾ ആലിംഗനം ചെയ്ത അവളുടെ തണുത്ത ശരീരം ചേർത്തുപിടിച്ചുകൊണ്ട് പറഞ്ഞു:

''നീ എന്റേതാണ്. നമുക്കിടയിൽ ജാതിയുടേയും മതത്തിന്റേയും മതിൽക്കെട്ടുകൾക്ക് പ്രസക്തിയില്ല. നിന്നെ സ്വന്തമാക്കാൻ, സംരക്ഷിക്കാൻ ഞാൻ ലോകത്തിന്റെ ഏതു കോണിലേക്കും പോയെന്നിരിക്കും. നമുക്കിടയിൽ ആരെയും കടന്നുവരാൻ അനുവദിക്കില്ല.''

അവളുടെ നിസ്സഹായത മഞ്ഞുകട്ടപോലെ പതുക്കെ അലിഞ്ഞില്ലാതായപ്പോൾ ശ്യാം മൗനത്തിന്റെ ആവരണത്തിൽ വിസ്മയയെ ചേർത്തുനിർത്തി.

പ്രണയത്തിന്റെ തീവ്രത കൂടിയപ്പോൾ പ്രതീക്ഷിച്ചപോലെ ഭൂകമ്പങ്ങൾ ഉയർന്നു. ചുറ്റിനും വേലിക്കെട്ടുകൾ തീർക്കാൻ അച്ഛനുമമ്മയുമല്ല ശ്രമിച്ചത്. കപടസ്നേഹം പറ്റുന്ന ബന്ധുക്കളായിരുന്നു. അവർ വീട്ടുമുറ്റത്ത് അണിനിരന്നു. താഴ്ന്ന ജാതിക്കാരനെ പ്രണയിച്ച് കുടുംബത്തിന്റെ മാനംകെടുത്തുന്നവർക്കെതിരെ അവർ ശബ്ദമുയർത്തി. ഒരു ഗ്രാമത്തെത്തന്നെ ചുട്ടുചാമ്പലാക്കുമെന്ന് അവർ ഭീഷണിമുടക്കി. അവരുടെ ജൽപനങ്ങൾ ഏറിയിട്ടും അച്ഛനും അമ്മയും ഒന്നും ഉരിയാടാതെ ഇരുന്നതേയുള്ളൂ. മകളുടെ ജാതിവിട്ടുള്ള പ്രണയത്തെ അനുകൂലിക്കുന്നതായി ബന്ധുക്കൾ വിധിയെഴുതിയിട്ടും അച്ഛൻ അഭിപ്രായമൊന്നും പറഞ്ഞില്ല. അതാകട്ടെ ആഢ്യരായ ബന്ധുക്കളിൽ കൂടുതൽ അരിശമാണുണ്ടാക്കിയത്.

ഒരു ദിവസം രാത്രിയിൽ തീപ്പന്തങ്ങളുമായാണ് അവർ വീട്ടിലെത്തിയത്. ഉടൻ പ്രതിവിധി ഉണ്ടായില്ലെങ്കിൽ അവർ വീട് അഗ്നിക്കിരയാക്കും എന്ന് ഭീഷണിമുഴക്കി.

അത്രയുമായപ്പോഴേക്കും അച്ഛനു സഹിച്ചില്ല. അദ്ദേഹം തേങ്ങയിടാൻ ഉപയോഗിക്കുന്ന നീളംകൂടിയ വെട്ടുകത്തിയുമായി പുറത്തേക്ക് വന്നു ആക്രോശിച്ചു:

''ആർക്കാടാ വീടിനു തീയിടാൻ ധൈര്യമുള്ളത്. വാടാ പട്ടികളേ, നിന്റെയൊക്കെ കാലുകൾ ഞാൻ വെട്ടിനുറുക്കും. നീയൊന്നും ഇവിടെ നിന്ന് നടന്നുപോകില്ല. ഇഴഞ്ഞുപോകും. എന്റെ മക്കളുടെ കാര്യം തീരുമാനിക്കുന്നത് ഞാനാണ്. നിന്നെയൊക്കെ വെട്ടിനുറുക്കാൻ

എനിക്ക് അറിയാഞ്ഞിട്ടല്ല. പോടാ പട്ടികളേ, ഇല്ലെങ്കിൽ ഇവിടെത്തന്നെ നിന്നെയൊക്കെ കുഴിച്ചിടും. ധൈര്യമുണ്ടെങ്കിൽ വാടാ, നാറികളേ.'' അച്ഛന്റെ ശബ്ദം ഗ്രാമത്തിൽ പ്രതിദ്ധ്വനിച്ചു. വന്നവർ പതുക്കെ പിൻമാറി സ്ഥലംവിട്ടു.

അച്ഛനിൽ ഉറങ്ങിക്കിടന്ന പഴയ കമ്യൂണിസ്റ്റുകാരൻ ഉയിർത്തെഴുന്നേൽക്കുന്നത് ജനം കണ്ടു. എങ്കിലും വീട്ടിലെ ചലനങ്ങൾ അവർ ശ്രദ്ധിക്കുന്നുണ്ടായിരുന്നു.

അനുജത്തി രേഷ്മ പറഞ്ഞു:

''ചേച്ചീ നീ സമാധാനമായിരിക്കൂ. ബന്ധുക്കളല്ല നമ്മെ രക്ഷിക്കുന്നത്. കുറേക്കഴിയുമ്പോൾ അവർ ഫണംമടക്കി മാളത്തിൽക്കയറും. അച്ഛനോടു പൊരുതാൻ അവർക്കാർക്കും കഴിയില്ല.''

കാലത്തിന്റെ ഗതിയെക്കുറിച്ചൊന്നും അറിയാത്ത അനുജത്തിയുടെ വാക്കുകൾ ദീപസ്തംഭംപോലെ ഉയർന്നുനിന്നു.

ഏതാനും ദിവസം കോളെജിൽ പോകാൻതന്നെ വിസ്മയയ്ക്ക് ആയില്ല. ജാതിയിൽ കുറഞ്ഞവനെ അവൾ പ്രണയിക്കുന്നുവെന്ന വാർത്ത ഗ്രാമത്തിലെങ്ങും പാട്ടായി. അതിന്റെ ഉത്തരവാദികൾ ബന്ധുക്കൾ തന്നെയായിരുന്നു.

മൂന്ന്

നഗരം സുദീർഘമായ നിദ്രയിലേക്ക് വീഴുകയാണ്. പകൽ മുഴുവൻ ചൂടുകൊണ്ട് ഗതിമുട്ടിയ നഗരത്തിന് രാത്രിയാണ് വിശ്രമസമയം. അകലെ, അനന്തമായ ഹൈവേയിലൂടെ ചീറിപ്പാഞ്ഞുപോകുന്ന വാഹനങ്ങളുടെ ചിലമ്പിച്ച ശബ്ദം ആരേയും അലോസരപ്പെടുത്തുന്നില്ല. ഹാളിൽ താൽക്കാലികമായുണ്ടാക്കിയ കിടക്കയിൽ സത്യവ്രതനും ശ്യാം പ്രഭാകറും നീണ്ടുനിവർന്നു കിടന്നു.

മരക്കോവണിയുള്ള ഒറ്റമുറി ഫ്ളാറ്റിലാണ് ശ്യാമും കുടുംബവും ഏറെക്കാലമായി താമസിക്കുന്നത്. വിസ്മയയും പാറുക്കുട്ടിയും നേരത്തെ ഉറക്കമായിരിക്കുന്നു. കോളേജുകാലത്തെ പ്രണയങ്ങളും വിപ്ലവാശയങ്ങളുമൊക്കെയാണ് ശ്യാമിന്റെ സംഭാഷണങ്ങളിൽ തികട്ടി വന്നത്. എന്നാൽ സത്യവ്രതൻ മാറിയതൊന്നും ശ്യാം അറിഞ്ഞിരുന്നില്ല.

''ജീവിതം ഒരാദർശമല്ല. വസ്തുതയാണ്. ഗതി വികാസമാണ്. ശൂന്യതയിൽ അതിന് നിലനിൽപില്ല. ഒരു ചുരുങ്ങിയ പരിപാടിയും

പരിതഃസ്ഥിതിയും ജീവിതത്തിന് ആവശ്യമാണ്.'' സത്യവ്രതന്റെ മനസ്സിൽ തന്റെ ഗുരുവിന്റെ ആപ്തവാക്യമാണ് മുഴങ്ങിക്കേട്ടത്. കോളേജ് വിട്ടശേഷം ഭാഗ്യപരീക്ഷണങ്ങളുടെ കാലമായിരുന്നു സത്യവ്രതന്റേത്. അർദ്ധസത്യങ്ങളുടേയും അർത്ഥരാഹിത്യങ്ങളുടേയും കൂമ്പാരമാണ് ജീവിതമെന്ന് തന്റെ യാത്രകളിൽ സത്യവ്രതൻ തിരിച്ചറിഞ്ഞു. എന്നാൽ അതൊന്നും പറഞ്ഞാൽ മനസിലാവുന്ന തലമുറയല്ല തന്നോടൊപ്പം സഞ്ചരിക്കുന്നതെന്ന യാഥാർത്ഥ്യം സത്യവ്രതനെ വല്ലാതെ നൊമ്പരപ്പെടുത്തി.

സ്വന്തം ജീവിതവഴികളിൽ വിപ്ളവത്തിന്റെ സാരാംശമാണ് സത്യവ്രതൻ അന്വേഷിച്ചതെങ്കിൽ ശ്യാം പ്രഭാകർ ജീവിതത്തിന്റെ തീവ്ര നൊമ്പരങ്ങളാണ് തേടിയത്. താൻ എവിടെ ആയിരുന്നു എന്നാണ് ശ്യാമിന് അറിയേണ്ടിയിരുന്നത്. പക്ഷേ തനിക്കുതന്നെ അറിയാത്ത ഒരു കാര്യം സത്യവ്രതൻ എങ്ങനെയാണ് വിശദീകരിക്കുക?

ശ്യാമിന്റെ പരിമിതികളാണ് അവനെ ഈ നഗരത്തിന്റെ വിശാലതകളിൽ തളച്ചിട്ടത്. അവൻ എന്നും ഒരു സ്വപ്നജീവിയായിരുന്നു. അവന്റെ സ്വപ്ന സാക്ഷാത്കാരമായിരുന്നു വിസ്മയ. അതിനപ്പുറം അവനു അഭിലാഷങ്ങളില്ല; അന്വേഷണങ്ങളില്ല. കാമ്പസ് രാഷ്ട്രീയത്തിന്റെ ശിഥിലവിതാനങ്ങളിൽ ഉറപ്പിക്കാവുന്നതല്ല ജീവിതത്തിന്റെ ഘടികാരങ്ങൾ. അവയുടെ സമയക്രമങ്ങൾ വ്യത്യസ്തമാണ്. രാഷ്ട്രീയത്തിന്റെ ഞാറ്റടിയായി കാമ്പസിനെ കാണുന്നവർ പുത്തൻ തലമുറയുടെ തീവ്രതകൾ വിസ്മരിക്കുന്നവരാണെന്ന അഭിപ്രായക്കാരനായിരുന്നു സത്യവ്രതൻ. അധികാരത്തിന്റെ സോപാനങ്ങളിൽ കയറിപ്പോയാൽ കമ്യൂണിസത്തിന്റെ ആദർശവും പുളിക്കുമെന്ന് അവൻ തിരിച്ചറിഞ്ഞിരുന്നു.

കേരളത്തിന്റെ തരിശു നിലങ്ങളിലെ യുവഹൃദയങ്ങളിൽ അസ്വസ്ഥത പടരുന്ന കാലമായിരുന്നു അത്. നാടിന്റെ പോക്കിനെക്കുറിച്ച് നേതാക്കൾ മൈതാനപ്രസംഗം നടത്തുമ്പോൾ അവരുടെ പൊള്ളയായ മനസ്സിന്റെ പോക്കിനെക്കുറിച്ചായിരുന്നു ബുദ്ധിയുള്ള യുവാക്കൾ ചിന്തിച്ചിരുന്നത്. അതിന്റെ അനുരണനം അന്ന് കോളെജിന്റെ അന്തരീക്ഷത്തിലും അലയടിച്ചിരുന്നു. കോളെജിൽ അരങ്ങേറിയ ചർച്ചകളിൽ ഭൂരിഭാഗവും അത് പ്രകടമായിരുന്നു. അവയുടെ ചുക്കാൻ പിടിച്ചതാകട്ടെ സത്യവ്രതനും.

യൂണിവേഴ്സിറ്റി കോളെജ് യൂണിയൻ ചെയർമാനായി സത്യവ്രതൻ തെരഞ്ഞെടുക്കപ്പെട്ടപ്പോൾ കൂടുതൽ സന്തോഷിച്ചത് അവിടത്തെ അധ്യാപകരായിരുന്നു. ആദർശത്തിലധിഷ്ഠിതമായ ആശയങ്ങളാണ് യൂണിയന്റെ കരുത്തെന്ന് സത്യവ്രതനോടു തുറന്നു പറയാനും അവർ മടിച്ചില്ല. ആ വർഷത്തെ കലാപരിപാടികളിലും

സംവാദങ്ങളിലും പുതിയൊരു യുഗത്തിന്റെ ശബ്ദമാണ് ഉയർന്നു വന്നത്. ഇന്ത്യയിലെ ഒന്നാംനിര ബുദ്ധിജീവികളേയും സാഹിത്യ കാരന്മാരേയും ചലച്ചിത്രപ്രവർത്തകരേയും കൊണ്ടു വന്ന സംഘടി പ്പിച്ച സംവാദങ്ങൾ മറ്റൊരു കാലത്തും ഉണ്ടായിട്ടില്ല. അതാകട്ടെ പ്രധാനവാർത്തകളായി പത്രങ്ങളിലും മറ്റ് മാധ്യമങ്ങളിലും പ്രത്യക്ഷ പ്പെട്ടു.

അവന്റെ മനസ്സിൽ കത്തിജ്ജ്വലിച്ച വിപ്ലവാവേശം ശ്യാം മനസ്സി ലാക്കിയിരുന്നു. താൻ വിശ്വസിക്കുന്ന രാഷ്ട്രീയത്തിൽപോലും കള കൾ വളർന്നു പന്തലിക്കുന്നതിൽ സത്യവ്രതൻ അസ്വസ്ഥനായിരുന്നു. പക്ഷേ നേതാക്കളോടൊന്നും അത് വിശദീകരിക്കാൻ അവൻ തയ്യാ റായിരുന്നില്ല.

ആശയപരമായി സമ്പന്നമായ വർഷമായിരുന്നു സത്യവ്രതൻ യൂണിയൻ ചെയർമാനായ കാലം. അക്കാലത്തെ വൈകുന്നേരങ്ങ ളിലെ മുത്തശ്ശിമാവിൻ ചുവട്ടിലെ സുഹൃത് സദസ്സുകളിൽ യുവത്വ ത്തിന്റെ പ്രസരിപ്പു കാണാമായിരുന്നു. യുവാക്കളുടെ കവിതയും കഥയുമൊക്കെ അവിടെ നൃത്തമാടി. യൂണിയൻ യോഗങ്ങളിൽ ത നിക്ക് പറയാനുള്ളത് സത്യവ്രതൻ വെട്ടിത്തുറന്നുതന്നെ പറഞ്ഞി രുന്നു. വിപ്ലവത്തിന്റെ ഭാവി എന്ന വിഷയത്തെക്കുറിച്ചു സ്വന്തം ഗുരുവിന്റെ അഭിപ്രായങ്ങൾ ഉൾപ്പെടുത്തി അയാൾ പ്രസംഗിച്ചു:

''വിപ്ലവമെന്നത് നമ്മുടെ രാജ്യത്ത് മിക്കവാറും ഒരു നിരർത്ഥക പദമായി പരിണമിച്ചിരിക്കുന്നു. ഉടഞ്ഞുതകർന്ന അഹന്തയുടേയും അൽപ്പത്തം കലർന്ന ആവേശാതിരേകത്തിന്റേയും പ്രഖ്യാപനങ്ങളെ വിപ്ലവമെന്നെണ്ണിയ പാരമ്പര്യമാണ് നമുക്കുള്ളത്. നിന്ദിക്കപ്പെടേണ്ട വനാണ് വിപ്ലവകാരി എന്നിടത്തോളം ആ സങ്കൽപം അധഃപ്പതിച്ചിരി ക്കുന്നു. സമ്പന്ന വർഗ്ഗത്തിന്റെ നിരന്തരമായ പ്രചാരണം നിമിത്തം സംഭവിച്ച ഒരു വിധിവൈപരീത്യമാണിത്.''

പ്രസംഗം കഴിഞ്ഞപ്പോൾ നേതാക്കൾ വാളോങ്ങിക്കൊണ്ടാണ് സത്യവ്രതനെ സമീപിച്ചത്. പക്ഷേ അയാൾ തന്റെ മൗനത്തിലൂടെ യാണ് അവർക്ക് മറുപടി കൊടുത്തത്. കൂടുതൽ ആക്ഷേപങ്ങളും ആരോപണങ്ങളും വന്നപ്പോൾ അവൻ തുറന്നടിച്ചു:

''സ്വേച്ഛാധികാര പ്രമത്തത വിപ്ലവത്തേയും ദുഷിപ്പിക്കും. വിപ്ലവം എന്തു തിന്നാലും വിശപ്പുമാറാത്ത ബകനായിത്തീരുമ്പോൾ സ്വന്തം കുഞ്ഞുങ്ങളെത്തന്നെ ഭക്ഷിക്കാനൊരുമ്പെടുന്നു.''

പാർട്ടിയിൽ തന്നിഷ്ടക്കാരെ ഉന്മൂലനം ചെയ്യുന്ന കാലത്താണ് സത്യവ്രതൻ തന്റെ നിലപാടുകൾ വെളിപ്പെടുത്തിയത്. വിഭാഗീയ തയും വിഴുപ്പലക്കലും വർദ്ധിച്ചപ്പോൾ അവന്റെ മനസ്സ് അസ്വസ്ഥ മായിരുന്നു.

ബിരുദപഠനത്തിനുശേഷം ഉപരിപഠനത്തിനൊന്നും സത്യവ്രതൻ ശ്രമിച്ചില്ല. ഉപരിപഠനം അമ്മയ്ക്ക് ബാധ്യതയാകുമെന്നായിരുന്നു അവന്റെ അഭിപ്രായം. അവർക്ക് ജീവിക്കാൻ കിട്ടുന്ന പെൻഷൻ തന്റെ വിദ്യാഭ്യാസത്തിനു ചിലവിടുന്ന രീതി ശരിയല്ലെന്ന അഭിപ്രായക്കാരനായിരുന്നു അവൻ.

ലൈബ്രറികളിൽ കയറിയിറങ്ങി പുസ്തകങ്ങളെ ആവാഹിക്കുകയായിരുന്നു അവന്റെ ഹോബി. കുറച്ചുനാൾ നഗരത്തിലെ വിശ്വഭാരതി കോളേജിൽ പഠിപ്പിക്കാനായിരുന്നു അവന്റെ നിയോഗം. തന്റെ സുഹൃത്തും പ്രിൻസിപ്പാളുമായിരുന്ന നിസ്സാമിന്റെ ക്ഷണപ്രകാരമാണ് സത്യവ്രതൻ ക്ളാസെടുക്കാൻ എത്തിയത്. നാലഞ്ചു മണിക്കൂർ കോളേജ് വിദ്യാർത്ഥികളെ സയൻസ് വിഷയങ്ങൾ പഠിപ്പിക്കണം. തെറ്റില്ലാത്ത വേതനവും കിട്ടും. പക്ഷേ, തന്റെ ലക്ഷ്യം ഇതല്ലെന്നും യാത്ര തുടരാൻ സമയമായെന്നും സത്യവ്രതന്റെ മനസ്സ് പറഞ്ഞുകൊണ്ടിരുന്നു. കോളെജിൽ തന്റെ സഹപാഠിയായിരുന്നു നിസ്സാം. പഠിക്കുന്നകാലം തീവ്ര കമ്മ്യൂണിസ്റ്റായ അവൻ എങ്ങനെ പാരലൽ കോളേജ് മുതലാളിയായി എന്ന് സത്യവ്രതൻ അത്ഭുതപ്പെട്ടിരുന്നു. ഒരിക്കൽ താനത് നേരിട്ട് ചോദിക്കയും ചെയ്തു. അപ്പോൾ രസികനായ അവൻ പറഞ്ഞ മറുപടി തന്നെ ഞെട്ടിച്ചു:

‘‘പാരലൽ കോളേജ് സംവിധാനം ഇല്ലായിരുന്നെങ്കിൽ കേരളം മാവോയിസ്റ്റുകളുടെ ഞാറ്റടിയാകുമായിരുന്നു.’’

ശരിയാണ്. വിപ്ലവത്തിന്റെ ശുക്രനക്ഷത്രം തേടിയിറങ്ങിയ പല ചങ്ങാതിമാരും ഇന്ന് വിശ്വഭാരതിയിലെ മികച്ച അധ്യാപകരാണ്. പട്ടിണിയില്ലാതെ ജീവിതം മുന്നോട്ടു പോയപ്പോൾ വിപ്ലവത്തിന്റെ ചെങ്കുത്തായ മേഖലകളിൽ ഉരുൾപൊട്ടൽ സംഭവിച്ചു. എങ്കിലും തന്റെ മനസിലെ വിപ്ലവവീര്യം ചോർന്നു പോകാതിരിക്കാൻ സത്യവ്രതൻ ഏറെ പണിപ്പെട്ടു. തന്റെ കർമ്മമേഖല ഇതല്ല എന്ന വിചാരം അവനെ വേട്ടയാടിക്കൊണ്ടിരുന്നു.

അക്കാലത്താണ് യമുന വിശ്വഭാരതിയിൽ താൽക്കാലിക അധ്യാപികയായി എത്തുന്നത്. ഇംഗ്ളീഷ് സാഹിത്യമായിരുന്നു അവളുടെ വിഷയം. ഏറെ നാളായി അന്വേഷണത്തിനൊന്നും ശ്രമിക്കാതിരുന്ന സത്യവ്രതന്റെ മനസിൽ യമുനയെ കണ്ടപ്പോൾ നിസ്സസംഗതയുടെ പൊടിപടലങ്ങൾ ഉയർന്നു. ടീച്ചേഴ്സ് റൂമിൽ ആദ്യം കാണുമ്പോൾ ഇരുവരും ഏറെനേരം നിശ്ശബ്ദരായി.

തങ്ങളുടെ കോളേജ് പ്രണയമറിയാവുന്ന, രസികനായ നിസാം അവർക്കിടയിൽ വന്നു നിന്നു. പിന്നെ രഹസ്യംപോലെ പറഞ്ഞു:

‘‘എല്ലാ പ്രണയങ്ങളുടേയും ശവപ്പറമ്പാണ് വിശ്വഭാരതി.’’

യൂണിവേഴ്സിറ്റി കോളേജുതന്നെ പ്രണയങ്ങളുടെ ശവപ്പറമ്പാണെന്ന് സത്യവ്രതന് തോന്നിയിട്ടുണ്ട്. അധ്യയനവർഷം കഴിയുമ്പോൾ

പ്രണയ നൈരാശ്യങ്ങളുടെ മഞ്ഞുവീഴ്ചകൾ ആരംഭിക്കും. തൊണ്ണൂറ്റിയഞ്ചു ശതമാനം പ്രണയങ്ങളും എങ്ങുമെത്താതെ ശിഥിലമാകുന്നു. സത്യവ്രതൻ തന്റെ സുഹൃത്തിന്റെ വാചകങ്ങൾ ഓർത്തു: ''കടൽക്കരയിലെ പാറക്കെട്ടിൽ ചിന്നിച്ചിതറുന്ന തിരമാലകൾ പോലെയാണ് കാമ്പസ് പ്രണയങ്ങൾ. എവിടെ എങ്ങനെ ശിഥിലമായെന്ന് ആർക്കുമറിയില്ല.''

വിശ്വഭാരതിയിൽ യമുന വന്നശേഷം സത്യവ്രതൻ കൂടുതൽ ഒറ്റപ്പെട്ടവനായി. ആകാശത്തെ മേഘക്കീറുകൾപോലെ അവന്റെ മനസ് പാറി നടന്നു. അവളുടെ സമീപനങ്ങൾ പഴയതുപോലെയല്ലെന്ന് സത്യവ്രതന് തോന്നി. അവിടെ അധികനാൾ പിടിച്ചുനിൽക്കാൻ കഴിയില്ലെന്ന് അവനു മനസിലായി. അതിനിടയിൽ യമുന വിശ്വഭാരതി വിട്ടിരുന്നു. അവൾ ബിഎഡിനു ചേരുന്നു എന്നാണ് നിസാമിനു കൊടുത്ത വിശദീകരണം.

എന്നാൽ തന്നോട് ഒരു വാക്കു പറയാൻപോലും അവൾ വന്നില്ലല്ലോ എന്ന ചിന്ത അവന്റെ സ്വാസ്ഥ്യം കെടുത്തി. അവളെ തനിക്ക് ഇഷ്ടമായിരുന്നു. പക്ഷേ, ആ ഇഷ്ടം ജീവിതാവസാനംവരെ നീട്ടിക്കൊണ്ടുപോകാൻ സത്യവ്രതന് താൽപര്യമില്ലായിരുന്നു. സ്വന്തം ജീവിതംതന്നെ പാറിപ്പറക്കുന്ന ഒരപ്പൂപ്പൻതാടിയാണ്. വെറും അടുപ്പത്തിന്റെ പേരിൽ ഒരു പെൺകുട്ടിയുടെ ജീവിതം അനിശ്ചിതത്വത്തിൽ തള്ളിയിടുന്നത് ശരിയാണോ? കയറുപൊട്ടിയ പട്ടംപോലെ ഊയലാടുന്ന തനിക്ക് ഒരു പെൺകുട്ടിയെക്കൂടി അനാഥമാക്കി പെരുവഴിയിലിറക്കാൻ എന്തധികാരം?

വിശ്വഭാരതി വിടാനുള്ള തീരുമാനംതന്നെ യമുനയെ അഭിമുഖീകരിക്കാനുള്ള മാനസികാവസ്ഥയിൽനിന്ന് ഉടലെടുത്തതാണ്. എന്നാൽ, സത്യവ്രതനോടുള്ള പഴയ തന്റെ ചങ്ങാത്തം പുനഃസ്ഥാപിക്കാനുള്ള ബുദ്ധിമുട്ടുകൾ ഏറിയപ്പോഴാണ് ഉപരിപഠനം എന്ന തുറുപ്പുചീട്ടെറിഞ്ഞ് അവൾ വിശ്വഭാരതി വിടാൻ തീരുമാനിച്ചത്. തന്റെ തീരുമാനങ്ങൾ തനിക്കു മാത്രമേ നടപ്പിലാക്കാൻ കഴിയൂ എന്ന തോന്നലാണ് യമുനയെ മുന്നോട്ട് നയിച്ചിരുന്നത്.

വീട്ടിലെ സാഹചര്യങ്ങൾ മാറ്റിയെടുക്കാൻ യമുനയ്ക്ക് കഴിയുമായിരുന്നു. പക്ഷേ, ഒറ്റപ്പെടണമെന്ന സത്യവ്രതന്റെ ആഗ്രഹത്തെ മാറ്റിയെടുക്കാൻ തനിക്ക് കഴിയില്ലെന്ന് യമുനയ്ക്ക് നേരത്തെ അറിയാമായിരുന്നു. അതിനേക്കാൾ ആശ്വാസമല്ലേ അച്ഛനും അമ്മയും പറയുന്ന വിധത്തിലുള്ള ജീവിതം? അവനു യമുനയുടെ മനോവ്യാപാരം അപ്രാപ്യമായിരുന്നു.

വിശ്വഭാരതി വിട്ടശേഷം സത്യവ്രതൻ എവിടെയെന്നില്ലാതെ സഞ്ചരിക്കുകയായിരുന്നു. ലക്ഷ്യരഹിതമായ സഞ്ചാരം. ചിലപ്പോഴൊക്കെ

ആത്മീയതയുടെ പരിവേഷം അവന്റെ ചിന്തകളെ പിടികൂടിയിരുന്നു. മുമ്പ് വായിച്ച വേദാന്ത ഗ്രന്ഥങ്ങൾ അയാളുടെ ജീവിതത്തിൽ ഒരു മാന്ത്രികനെപ്പോലെ കയറിക്കൂടി. ഒന്നിലും മനസ്സുറയ്ക്കാത്ത അവസ്ഥ. അങ്ങനെയാണ് സത്യവ്രതൻ ഒടുവിൽ ഫേൺഹില്ലിൽ എത്തിച്ചേരുന്നത്.

മനുഷ്യന്റെ മൂല്യശോഷണത്തെക്കുറിച്ച് ഏറെ ചിന്തിച്ച ആചാര്യനായിരുന്നു യതി. സത്യവ്രതൻ ഫേൺഹില്ലിൽ എത്തിയതുതന്നെ യതിയുടെ മഹത്തായ ആശയങ്ങളെ പിന്തുടർന്നുകൊണ്ടാണ്. എന്നാൽ ശാശ്വതമായ നിലനിൽപ്പ് അവിടെയും അപ്രാപ്യമായിരുന്നു. മനസിന്റെ അടിയൊഴുക്കുകൾ നിയന്ത്രണാതീതമായിരുന്നു.

വീണ്ടും സ്വാതന്ത്ര്യത്തിന്റെ അർത്ഥം തേടിയുള്ള യാത്ര. ഒരു സുഹൃത്തിന്റെ നിർദ്ദേശപ്രകാരമാണ് ഹരിദ്വാർ വഴി ഋഷികേശിലെത്തിയത്. ആത്മീയതയുടെ നിർവ്വികാരതകൾ ചേക്കേറുന്ന ഭൂവിഭാഗങ്ങൾ. സ്വാമി വിശ്വമൂർത്തിയുടെ ആശ്രമത്തിലെത്തുന്നതും അവിചാരിതമായിട്ടായിരുന്നു. തമിഴ്നാട്ടിലെ ചിദംബരത്ത് വേരുകളുള്ള സ്വാമിയുമായിട്ടുള്ള പരിചയം സത്യവ്രതനെ പുതിയൊരു മേഖലയിലേക്കാണ് ആനയിച്ചത്. ഏറെക്കാലം അവിടത്തെ ഒരു ലൈബ്രറിയിലായി ശ്രദ്ധ. സ്വാമിയുടെ ഉപദേശപ്രകാരം ഉപനിഷത്തുക്കളുടെ സാരാംശവുമായി പഠനം. ഈശവും കഠവുമായിരുന്നു പ്രധാനം.

ഉപനിഷത്തിന്റെ മാഹാത്മ്യങ്ങൾ സ്വാമി വിശ്വമൂർത്തിയുടെ വിവരണങ്ങളിൽ നിന്നുതന്നെ ലഭിച്ചു. മനുഷ്യജീവികളെ മറ്റു ജീവികളിൽനിന്ന് വ്യത്യസ്തമാക്കുന്നത് അറിവാണ്. മനുഷ്യജീവിതത്തിന്റെ ശാപവും അതുതന്നെ. ജീവിതത്തെ ദുഃഖമയമാക്കുന്നതും പ്രശ്നങ്ങളിലേക്ക് തള്ളിയിടുന്നതും അറിവാണ്.

പഠിക്കുന്ന കാലംമുതൽ സത്യവ്രതന് കഠോപനിഷത്തിനോടായിരുന്നു ഏറെ പ്രിയം. താനാണ് നചികേതസെന്ന് പലപ്പോഴും അവനു തോന്നിയിട്ടുണ്ട്. വാജശ്രവസിന്റെ യജ്ഞശാലയിൽ മനസിൽ യാഗാഗ്നിയുംപേറി നിൽക്കുന്ന നചികേതൻ. വിശ്വജിത്തായ തന്റെ പിതാവിന്റെ ജ്ഞാനരഹസ്യം എവിടെയാണ് എരിഞ്ഞടങ്ങുക? ദീപ്തമായ തിരിച്ചറിവുകളിൽപെട്ട് ഉഴലുന്നൊരു ബാലൻ. ദക്ഷിണയുടെ സ്വഭാവം കണ്ടപ്പോൾ അവന്റെ സംശയങ്ങൾ യജ്ഞശാലയിലെ ഹവിസുപോലെ എരിയാൻ തുടങ്ങി. അച്ഛന്റെ ആത്മവഞ്ചനയും ആത്മീയവഞ്ചനയും യാഗാഗ്നിനാളങ്ങൾപോലെ എരിഞ്ഞുയരുകയാണ്.

എല്ലും തോലുമായ പശുക്കളെപ്പോലും ദക്ഷിണയായി കൈഒഴിയുമ്പോൾ മകന്റെ സംശയം ഏറി. അന്വേഷണവാഞ്ഛരയിൽനിന്ന് സംശയത്തിന്റെ നെരിപ്പോടുകൾ കത്തിയെരിഞ്ഞു:

''അച്ഛാ, എന്നെ ആർക്കാണ് ദാനം ചെയ്യാൻ പോകുന്നത്?''

വിശ്വജിത്തിന്റെ കർണ്ണങ്ങളിൽ ശൂന്യത പടർന്നപ്പോൾ മകന്റെ ചോദ്യം മൂന്നാവർത്തിച്ചു:

''അച്ഛാ, എന്നെ ആർക്കാണ്?''

അച്ഛന്റെ കണ്ണിൽ യാഗാഗ്നി പടർന്നു. ആ ചോദ്യത്തിന്റെ തീവ്രമായ അർത്ഥരാഹിത്യം വാജശ്രവസിന്റെ ചുണ്ടുകളിൽ വിറയലായി അനുഭവപ്പെട്ടു.

''നിന്നെ ഞാൻ മൃത്യുവിനു കൊടുക്കും.''

ആ വാക്കുകൾ നചികേതസിന്റെ ജീവിതത്തിലെ ഉരകല്ലായിരുന്നു. സത്യവ്രതനെ ആകർഷിച്ചത് കഠോപനിഷത്തിലെ രണ്ടാം ഘട്ടമായിരുന്നു. അന്വേഷണകുതുകിയായ അവൻ യമഗൃഹത്തിൽ ഒരു തീനാളംപോലെ ചെല്ലുമ്പോൾ കുടുംബനാഥനായ യമൻ ഇല്ലായിരുന്നു. മൂന്നിരവ് മുഴുപ്പട്ടിണിയിൽ. നാലാംപക്കം യമൻ വരുമ്പോൾ, മനസ്സലിഞ്ഞ അദ്ദേഹം ബാലനിൽ കാരുണ്യവാനായി.

''നിനക്ക് മൂന്നു വരങ്ങൾ ചോദിക്കാൻ നാം അനുമതി തരുന്നു.''

നചികേതന്റെ മനസിൽ ഓടിയെത്തിയത് സ്വന്തം പിതാവിന്റെ ജല്പനങ്ങളായിരുന്നു. യജ്ഞത്തിന്റെ പേരിൽ അദ്ദേഹം ആഗ്രഹിക്കുന്നത് വിശ്വജിത് എന്ന അവസ്ഥയാണ്. മടങ്ങിയെത്തുമ്പോൾ ശാന്തനും സന്തുഷ്ടനുമായി അച്ഛൻ തന്നെ സ്വീകരിക്കണം. യമൻ കാരുണ്യപൂർവ്വം ആ വരം നൽകുന്നു.

ജരാമരണഭീതി തീണ്ടാത്ത സ്വർഗത്തിൽ എത്തിച്ചേരാനുള്ള മാർഗമെന്താണ്? ആ വരവും യമൻ നചികേതസിന് നൽകുന്നു. എന്നാൽ മൂന്നാമത്തെ ചോദ്യം മരണത്തെക്കുറിച്ചാണ്.

മരണം അത്ഭുത പ്രതിഭാസമാണ്. ജീവിതവും അങ്ങനെതന്നെ. ഒന്നില്ലെങ്കിൽ മറ്റേതിനർത്ഥമില്ല. സകലരും മരണത്തെ വെറുക്കുന്നു. ജീവിതത്തെ ഇഷ്ടപ്പെടുന്നു. മരണം അജ്ഞാതമാണ്. അജ്ഞേയവുമാണ്. എന്നാൽ മരണം സുനിശ്ചിതമാണ്. മരണത്തോടുകൂടി നമ്മുടെ അസ്തിത്വത്തിന് എന്തു സംഭവിക്കുന്നു? അതാണ് നചികേതസ് യമനോട് ചോദിക്കുന്ന മൂന്നാമത്തെ വരം. മരണശേഷം മനുഷ്യന്റെ ആത്മാവ് അവശേഷിക്കുമോ? പല തരത്തിലും നചികേതസിനെ പിന്തിരിപ്പിക്കാൻ യമൻ ശ്രമിക്കുന്നു. പക്ഷേ, ആ ബാലൻ പിന്മാറാൻ തയ്യാറായിരുന്നില്ല. സമ്പത്തും സ്ത്രീസൗന്ദര്യവുമെല്ലാം വച്ചുനീട്ടുകയാണ്. ഇല്ല; നചികേതൻ പിന്മാറുന്ന ലക്ഷണമില്ല.

സത്യവ്രതൻ സുഷുപ്തിയിലേക്ക് പതുക്കെ പതുക്കെ വീഴുകയായിരുന്നു.....

നാല്

സത്യവ്രതൻ നഗരത്തിലെത്തിയിട്ടു ദിവസങ്ങൾ കഴിഞ്ഞിരുന്നു. മേയ് മാസത്തെ ചൂടിന് ശമനമില്ല. എങ്കിലും പകൽ സമയങ്ങളിൽ അയാൾ നഗരത്തിലേക്ക് ഊളിയിടും. മടങ്ങിയെത്തുമ്പോൾ വൈകും. ആരെ കാണാൻ പോയെന്നോ എവിടെ പോയെന്നോ ശ്യാം ചോദിക്കാറില്ല. സത്യവ്രതൻ പറയാറുമില്ല. നിഗൂഢതകളുടെ വേലിയേറ്റത്തിൽ അയാളുടെ മനസ് സഞ്ചരിക്കുകയാണെന്ന് ശ്യാമിന് തോന്നാറുണ്ട്. ഇപ്പോൾ മനസിന്റെ സ്ഥാനം ഏത് ഭൂഖണ്ഡത്തിലാണെന്ന് കണ്ടെത്താൻ പ്രയാസം.

അഞ്ചു വയസുകാരി പാറു എന്ന പാറുക്കുട്ടിയുമായാണ് അവന് ഏറെ ചങ്ങാത്തം. വന്നതിന്റെ അടുത്ത ദിവസംതന്നെ തന്റെ അടുത്ത സുഹൃത്തായി പാറു അവനെ പ്രതിഷ്ഠിച്ചിരുന്നു. അമ്മാവന്റെ അലസമൊഴികളിൽനിന്നു വരുന്ന കഥകളും നഴ്സറി റൈമുകളുമൊക്കെ അവളെ പുതിയൊരു ലോകത്തെത്തിച്ചു. അവളെ മടിയിലിരുത്തി കുഞ്ഞുണ്ണി മാഷിന്റെ വരികൾ നീട്ടിപ്പാടും. അതാകട്ടെ അവളെ ഏറെ ആകർഷിച്ചിരുന്നു.

കാക്ക പാറി വന്നു
പാറമേലിരുന്നു.
കാക്ക പാറിപ്പോയി
പാറ മാത്രമായി.

മറ്റൊരു താളത്തിലാവും അടുത്ത വരികൾ:

തവളച്ചാട്ടം ചാടട മനമേ
തുള്ളിച്ചാടി നടക്കട മനമേ
തൊള്ള തുറന്നു ചിരിക്കട മനമേ
കണ്ണും പൂട്ടിയുറങ്ങട മനമേ.

ഇംഗ്ലീഷിലും താളാത്മകമായി ചൊല്ലും:

"Mary had a little lamb,
His fleece was white as snow,
And everywhere that Mary went,
The lamb was sure to go..."

കുഞ്ഞുങ്ങളെ ആകർഷിക്കാൻ പറ്റുന്ന വിദ്യകൾ സത്യവ്രതനുണ്ടെന്ന് ശ്യാമിനും വിസ്മയയ്ക്കും തോന്നിയിരുന്നു. പുറത്തുപോയി വരുന്നതുവരെ അവൾ അവനെ കാത്തിരിക്കും. കഥകളും റൈമുകളും

കേട്ടശേഷമേ അവൾ കിടക്കയിലേക്ക് പോകൂ. ആരുമായും കൂടുതലടുക്കാത്ത പാറുവിന് എന്തു സംഭവിച്ചു എന്ന് അവർ അത്ഭുതപ്പെട്ടു. ആ കൊച്ചുമനസിലേക്ക് അവൻ ഒരു നൂൽപ്പാലം കെട്ടിയിരിക്കുന്നു. പൂർവ്വജന്മത്തിൽ എവിടെയോ സംഭവിച്ച ഏതോ കപ്പൽ ഛേദത്തിന്റെ അവശിഷ്ടങ്ങൾ കണ്ടെത്തിയെന്നപോലെയായിരുന്നു സത്യവ്രതന്റെ തോന്നൽ.

അഞ്ചാറു വർഷത്തിനുള്ളിൽ വിസ്മയ ഏറെ മാറിയിരിക്കുന്നു എന്ന് സത്യവ്രതന് തോന്നി. കോളേജ് വളപ്പിൽ കവിതയെ വാരിപ്പുണർന്നു പാറിനടന്ന പെൺകുട്ടി. കവിതയുടെ നേർത്ത ശ്രുതികളിൽ പ്രണയത്തിന്റെ നെയ്ത്തിരി തെളിയിച്ച വിസ്മയ. കോളേജു മാഗസിനിൽ കവിതയെഴുതി കാമുകനിര തീർത്ത കവയിത്രി.

ഗ്രാമവർണങ്ങളേ,
ഭയത്തിന്റെ നേർത്ത
ഋതുക്കളാൽ ചാലിച്ചൊരെൻ
തപ്തനിശ്വാസങ്ങളെ കണ്ടുവോ?
മനസിന്റെ സ്വർണത്തളികയിൽ
ആരോ നിക്ഷേപിച്ച
രാമായണപ്പൂക്കളെ കണ്ടുവോ?
സീതാവിരഹത്തിൽ
അഗ്നിനാളങ്ങൾ ചിതറിയോ?

അവളുടെ കവിതകൾ പല വർണത്തിൽ, പല ഭാവത്തിൽ പൂത്തുലയുന്നത് സത്യവ്രതൻ അനുഭവിച്ചതാണ്. പക്ഷേ ജീവിതം കവിതയുടെ നിലനിൽപ്പിനെ ബാധിക്കുമെന്ന് അവൻ അറിഞ്ഞിരുന്നില്ല.

ഒരു ദിവസം രാത്രി സത്യവ്രതനും ശ്യാമും സംസാരിച്ചു കിടക്കുമ്പോൾ വിസ്മയയിൽ ജ്വലിച്ചനിന്ന കവിതെയെക്കുറിച്ച്, കവയത്രിയെക്കുറിച്ച് ആരാഞ്ഞു:

''നിന്റെ വിസ്മയ തികച്ചും ഒരു വീട്ടമ്മയായി മാറിയിരിക്കുന്നു. അവളുടെ കവിതാസരണികളൊക്കെ നീ കുഴിച്ചുമൂടിയോ? പഴയ വിരഹത്തിന്റെ അഗ്നിനാളങ്ങൾ എങ്ങുപോയി?''

ആ വാക്കുകൾ ശ്യാമിനെ വല്ലാതെ നൊമ്പരപ്പെടുത്തി. ആ മുഖത്തെ നിസ്സഹായത പടർന്ന ചിരി ജനാലയിലൂടെ അകത്തേക്കു വന്ന പാതിവെളിച്ചത്തിൽ സത്യവ്രതൻ കണ്ടു.

വിസ്മയയുടെ ഹൃദയത്തിൽ ഇപ്പോഴും കവിതക്കുരുവികൾ കൂടുകെട്ടി കിടക്കുകയാണെന്ന് ആ മുഖം വ്യക്തമാക്കിയിരുന്നു.

പക്ഷേ, നഗരത്തിലെ തിരക്കിലെ പ്രാരാബ്ധങ്ങൾക്കിടയിൽ കവിതയ്ക്കെവിടെ സ്ഥാനം? ശ്യാമിന്റെ പരിമിതികൾ ഒരുവശത്ത്. നഗരത്തിന്റെ വിശാലത മറുവശത്ത്. എല്ലാം വ്യക്തമാണ്. കുഞ്ഞ് നഴ്സറി ക്ലാസിൽ പോയിത്തുടങ്ങിയിരിക്കുന്നു.

നഗരത്തിലെ ലെയ്ത്തു മെഷീന്റെ ബഹളങ്ങൾക്കിടയിൽ ശ്യാമിന്റെ വിപ്ലവവീര്യം കെട്ടടങ്ങുകയാണോ. ശീൽക്കാരത്തോടെ അഗ്നിസ്ഫുലിംഗങ്ങൾ ചീറ്റുന്ന യന്ത്രങ്ങൾക്കിടയിൽ അവൻ പലപ്പോഴും നിർമ്മമൻ ആകാറുണ്ടായിരിക്കണം.

വീടിന്റെ അന്തരീക്ഷത്തിൽ പ്രതീക്ഷകളുടേയും സ്വപ്നങ്ങളുടേയും ചെറുതോണികൾ പങ്കായമില്ലാതെ ഉയർന്നുതാഴുന്നത് സത്യവ്രതൻ അറിഞ്ഞു. അസ്വസ്ഥതയുടെ വവ്വാലുകൾ ആ ചെറിയ വീടിന്റെ അന്തരീക്ഷത്തിൽ ചിറകടിക്കുന്നു. ബിഎസ്സി ഫിസിക്സ് ഒന്നാം ക്ലാസ്. ഉന്നത പഠനമെന്ന സ്വപ്നം പ്രണയത്തിന്റെ തീച്ചൂളയിൽ കരിഞ്ഞുപോയപ്പോൾ തരിച്ചുനിന്നത് സത്യവ്രതനായിരുന്നു.

ബോധോദയം എന്നാൽ ഉണരൽ അല്ലാതെ മറ്റൊന്നുമല്ലെന്ന് ഓഷോ പറഞ്ഞിട്ടുണ്ട്. ബോധപ്രാപ്തനായ വ്യക്തിയെ സംബന്ധിച്ച് നമ്മുടെ ജീവിതമെല്ലാം വെറും സ്വപ്നങ്ങളാണ്. അവ നല്ല സ്വപ്നങ്ങളാകാം, ചീത്ത സ്വപ്നങ്ങളാകാം, പേക്കിനാവുകളാകാം, മധുരസ്വപ്നങ്ങളുമാകാം. എന്നിരുന്നാലും അവയെല്ലാം സ്വപ്നങ്ങളാണ് എന്ന ഓഷോയുടെ വാചകങ്ങൾ തനിക്ക് മാത്രമല്ല ശ്യാമിനും അനുയോജ്യമാണെന്ന് പലപ്പോഴും തോന്നിയിട്ടുണ്ട്. പഠിക്കുന്ന കാലത്ത് ആരാണ് സ്വപ്നങ്ങൾ നെയ്യാതിരുന്നിട്ടുള്ളത്? ജീവിതത്തെ സ്വപ്നസന്നിഭം എന്ന് ഏത് ആചാര്യനാണ് വിശേഷിപ്പിച്ചത്? ശ്യാമിന്റെ ജീവിതത്തിൽ ഇനിയും സ്വപ്നങ്ങൾ അവശേഷിക്കുന്നുണ്ടാകണം.

ഇന്ന് നഗരത്തിലെ തിരക്കൊഴിയാത്ത ഓറിയന്റൽ കമ്പനിയിലെ ലെയ്ത്തുമെഷീൻ ഓപ്പറേറ്റർ പണ്ട് പ്രണയത്തിന്റെ തീവ്രതകൾ താണ്ടി വന്നവനാണ്. തന്റെ സഹായമില്ലായിരുന്നെങ്കിൽ അവനെ വിസ്മയയുടെ അച്ഛന്റെ ബന്ധുക്കൾ തല്ലിക്കൊല്ലുമായിരുന്നു.

ജീവിതത്തിലെ നഷ്ടങ്ങളും നേട്ടങ്ങളും എവിടെയാണ് തുലനം ചെയ്യേണ്ടത്? ജാതിവിട്ട വിവാഹത്തിലൂടെ നാടുവിടേണ്ടി വന്നവരുടെ ഭാഗധേയങ്ങൾ വിധി എവിടെയാണ് ഒളിപ്പിച്ചുവച്ചിരിക്കുന്നത്? യുവത്വത്തിന്റെ തിളപ്പിൽ ശരിക്കും തെറ്റിനുമിടയിൽ സങ്കുചിതമായ യാഥാർത്ഥ്യങ്ങൾ മാത്രമാണ് അവശേഷിക്കുക. യുക്തിബോധങ്ങളുടെ തുലാസിൽ ജീവിതത്തിന്റെ സ്ഥാനം എവിടെയാണ്? ശ്യാം പ്രഭാകർ യൂണിവേഴ്സിറ്റി കോളേജിലെ അഭിമാനത്തിന്റെ പ്രതീകമായിരുന്നല്ലോ. വിദ്യാർത്ഥി രാഷ്ട്രീയത്തിലും പഠനത്തിന്റെ കാര്യത്തിലും വിദ്യാർത്ഥി സമൂഹത്തെ ത്രസിപ്പിച്ച വിപ്ലവകാരി.

അഭിമാനത്തിന്റെ കുന്തമുനകൾ ഉയർത്തിക്കാട്ടി ശ്യാം-വിസ്മയ പ്രണയബന്ധത്തെ തകർത്തു തരിപ്പണമാക്കുക എന്നതായിരുന്നു സവർണമേധാവിത്വത്തിന്റെ താൽക്കാലിക വികാരം. വ്യക്തിയിലേക്കും അതുവഴി സമൂഹത്തിലേക്കും ഇഴഞ്ഞുകയറിയ മതശക്തികൾ നാടിനുണ്ടാക്കിയ കഷ്ടനഷ്ടങ്ങൾ ചില്ലറയായിരുന്നില്ല.

മഞ്ഞുവീഴുന്ന ഏതോ ഒരു രാത്രിയിൽ വിസ്മയയുടെ തണുത്ത കൈപിടിച്ച് വയൽവരമ്പിലൂടെ ലക്ഷ്യരഹിതമായി നീങ്ങുമ്പോൾ അവരെ സഹായിക്കാൻ സത്യവ്രതനും മറ്റു ചില സുഹൃത്തുക്കളും മാത്രമാണുണ്ടായിരുന്നത്. ആയുധങ്ങളുമായി വഴിയരികിൽ കാത്തിരുന്ന ബന്ധുക്കളെ കരവിരുതോടെ നേരിടാൻ അവരുടെ തീവ്രശ്രമങ്ങൾക്ക് കഴിഞ്ഞു. സത്യവ്രതന്റെ നേതൃത്വത്തിൽ പ്രതിരോധനിര ഉയർത്തിനിൽക്കുന്നു എന്നറിഞ്ഞപ്പോൾ സവർണപ്പരിഷകളുടെ അഹങ്കാരത്തിന്റെ നീർക്കുമിളകൾ പൊട്ടിച്ചിതറി. ആത്മാഭിമാനത്തേക്കാൾ സ്വരക്ഷയായിരുന്നു പ്രതിയോഗികളുടെ മുഖങ്ങളിൽ മിന്നിമറഞ്ഞത്. അടിയറവു പറയുന്ന ജീവിതങ്ങൾ തകർത്തു മുന്നേറുന്ന കാലമാണിത്. നാട്ടിലേക്ക് മടങ്ങുന്നത് പരാജയത്തിന്റെ മുഖമുദ്രയാണെന്ന് ശ്യാമും വിസ്മയയും കരുതുന്നുണ്ടാകണം.

കാലത്തിനും ജീവിതത്തിനുമിടയിൽ ഭാഗ്യപരീക്ഷണങ്ങളുടെ ഇടംതേടി നടന്നവനാണ് സത്യവ്രതൻ. അക്കാര്യമാണ് ഒരു നിയോഗമെന്നപോലെ ശ്യാമിനും വിസ്മയയ്ക്കും ശക്തി പകർന്നത്. ഒരുപക്ഷേ തന്റെ പിൻബലമില്ലെങ്കിൽ അവർക്ക് ജീവിതത്തിന്റെ മഹാമേരുക്കൾ ചവിട്ടിക്കയറാൻ കഴിയില്ലെന്ന് അവനറിയാം. ശ്യാമിന്റെ മൗനങ്ങളിൽ സത്യവ്രതനോടുള്ള വിധേയത്വം പ്രകടമായിരുന്നു. അകലെ അറിയപ്പെടാത്ത നഗരത്തിലേക്ക് വണ്ടി കയറുമ്പോൾ സത്യവ്രതൻ കൊടുത്ത ജോൺ എന്ന സുഹൃത്തിന്റെ വിലാസവും മുഷിഞ്ഞ കുറേ നോട്ടുകളുമായിരുന്നു കൈമുതൽ. അതിനുശേഷം ഗ്രാമത്തിൽ എന്തു സംഭവിച്ചു എന്ന് സത്യവ്രതനറിയല്ല. നഗരത്തിലെ തുരുമ്പിച്ച ഫാക്ടറി ഗേറ്റിന് സമീപം തന്നെ പ്രതീക്ഷിച്ചുനിന്ന അയാളുടെ മുഖത്ത് വ്യാകുലതകൾ ഉണ്ടായിരുന്നോ?

ലെയ്ത്തുമാന്റെ മുഷിഞ്ഞ വേഷത്തിൽ കമ്പനിയിൽ നിന്നിറങ്ങി വരുന്ന ശ്യാമിനെ കണ്ടപ്പോൾ പൊതുവേ നിസ്സംഗനായ സത്യവ്രതൻ ഒരു നിമിഷം പകച്ചുനിന്നു. ബുദ്ധിയും കഴിവും ഉണ്ടായിട്ടും പ്രണയവർണങ്ങളുടെ പേരിൽ ജീവിതം തുലയ്ക്കുന്ന ആയിരങ്ങളുടെ മേഘപാളികൾക്ക് ഇടയിലേക്കാണോ ശ്യാമിനും വിസ്മയയ്ക്കും സഞ്ചരിക്കേണ്ടിവന്നത്?

തത്വജ്ഞാനത്തിന്റേയും വിപ്ലവത്തിന്റേയും പാതകളിലൂടെ സഞ്ചരിക്കുന്ന തനിക്ക് ജീവിതയാഥാർത്ഥ്യങ്ങളുടെ മുൾക്കിരീടങ്ങൾ

അന്യമായിരിക്കാം. പക്ഷേ, മനസിന്റെ അനന്തമായ കോണുകളിൽ അവയ്ക്ക് വ്യാഖ്യാനം കണ്ടെത്തുക ബുദ്ധിശൂന്യതയാണ്. ശരിയായ ചോദ്യം ചോദിക്കുക പ്രയാസമേറിയ കാര്യമാണ്. ശരിയായ ഉത്തരം കണ്ടെത്തുക അതിനേക്കാൾ പ്രയാസവും.

ഇന്നത്തെ സാഹചര്യത്തിൽ ഒരാളിന്റെ വരുമാനംകൊണ്ട് കുടുംബം പുലർത്താൻ കഴിയില്ലെന്ന് ശ്യാമിനും വിസ്മയ്ക്കും അറിയാം. ഒരു ജോലി തരപ്പെടുത്തുന്നതിനെപ്പറ്റിയാണ് വിസ്മയ ചിന്തിച്ചത്. കുഞ്ഞിന് അഞ്ചു വയസ്സായ സ്ഥിതിക്ക് സ്കൂളിൽ വിടാം. അക്കാര്യത്തിൽ ശ്യാമിനും യോജിപ്പാണ്. ദിനപത്രങ്ങളിലെ വാണ്ടഡ് കോളങ്ങളിലൂടെ വിസ്മയ സഞ്ചരിക്കാൻ തുടങ്ങിയിട്ട് വാരങ്ങളായി. നഗരത്തിൽ എത്തിയ കാലത്ത് ഒരു കമ്പനിയിൽ ജോലി ലഭിച്ചു. അക്കൗണ്ട് വിഭാഗത്തിൽ. അധികകാലം നിൽക്കാനായില്ല. ഗർഭകാലമായപ്പോൾ ജോലി ഉപേക്ഷിക്കേണ്ടിവന്നു.

സാമ്പത്തിക പ്രശ്നങ്ങൾ അറിയാതെ കയറിവരുന്നു. ഒരാളിന്റെ മാത്രം വരുമാനം ഇന്നത്തെ നഗരകുടുംബങ്ങളിൽ കീറാമുട്ടിയാണ്. അച്ഛനും അമ്മയും വാർദ്ധക്യത്തിന്റെ പടിവാതിൽക്കലാണ്. പഴയ പോലെ കൃഷിയിൽനിന്ന് ആദായമില്ല. ജോലിക്കൂലി കൊടുത്താൽ കൃഷിയിൽനിന്ന് കാര്യമായ മിച്ചം ഉണ്ടാകില്ല. തന്റെ അനുജത്തിയെക്കുറിച്ചാണ് വിസ്മയയുടെ ചിന്ത. അവളുടെ ബിരുദപഠനം മുടങ്ങാൻ പാടില്ല. പഠനച്ചെലവുകൾ കൂടുന്നു. മിച്ചം വയ്ക്കുന്ന പണം അവൾക്കയച്ചുകൊടുക്കണം.

പത്രപ്പരസ്യങ്ങളിലൂടെ കടന്നുപോവുമ്പോൾ പരിചയമാണ് മുഖ്യമെന്ന് തോന്നാറുണ്ട്. പുതിയ സാങ്കേതികവിദ്യകൾ വന്നതോടെ ബിരുദംകൊണ്ടു മാത്രം ജോലി നേടാൻ പ്രയാസമാണ്. അഞ്ചു വർഷംമുമ്പ് ബിരുദം കഴിഞ്ഞവൾക്ക് പുതിയ സാങ്കേതികവിദ്യ വിദൂരമാണ്. എങ്കിലും അപേക്ഷകൾ അയയ്ക്കാൻ അവൾ മടിക്കാറില്ല. പല കമ്പനികളും മുൻപരിചയമാണ് ചോദിക്കുക. പണ്ട് അനിയത്തി കളിയാക്കും. കവിത എഴുതി നടന്നോ. ഒരു ഇന്റർവ്യൂന് പോകുമ്പോൾ കവിതക്കെട്ട് ബോർഡിന്റെ മുന്നിലിട്ടു കൊടുക്കണം. കമ്മിറ്റിയിൽ കവികളാരെങ്കിലുമുണ്ടെങ്കിൽ രക്ഷപ്പെട്ടു. ഇല്ലെങ്കിൽ ഗോവിന്ദ!

നഗരത്തിൽ എത്തുമ്പോൾ പ്രതീക്ഷകൾ ഏറെയായിരുന്നു. ശ്യാമിന് മികച്ച ജോലി കിട്ടും. ജീവിക്കാൻ പറ്റുന്ന ശമ്പളവും കിട്ടും. മറ്റുള്ളവരുടെ മുന്നിൽ തലയുയർത്തി നിൽക്കണം. രാത്രിയിൽ, ഊടുവഴികളിലൂടെയാണ് ഗ്രാമം വിട്ടത്. തിരിച്ചു അന്തസ്സോടെ കയറിച്ചെല്ലണം. എതിർപ്പു പ്രകടിപ്പിച്ച ബന്ധുക്കളെല്ലാം അസൂയയോടെ നോക്കി

നിൽക്കണം. അവൾക്ക് അച്ഛനും അമ്മയും അനുജത്തിയുമടങ്ങുന്ന ഒരു ആകാശം മാത്രമേയുള്ളൂ. അതിനുള്ളിൽ കയറിവരാൻ ആദ്യം അനുവാദം ലഭിച്ചത് ശ്യാംപ്രഭാകർ എന്ന കാമുകനാണ്. ഇപ്പോൾ പാറു എന്ന പാറുക്കുട്ടിയും. തീർന്നു. അതാണ് ആകെയുള്ള ലോകം. വിസ്മയയുടെ ഓർമകളിൽ നനുത്ത ദുഃഖം തളം കെട്ടി.

സത്യവ്രതനും സംഘവും എതിരാളികളിൽനിന്നും രക്ഷപ്പെടുത്തി ട്രെയിനിൽ കയറ്റിവിടുമ്പോൾ ഇത്തരത്തിലൊരു നഗരത്തിലാവും യാത്ര അവസാനിക്കുക എന്ന് ഇരുവർക്കും അറിയില്ലായിരുന്നു. ആദ്യ ദിവസങ്ങളിൽ ഒരു ലോഡ്ജിലായിരുന്നു താമസം. പിന്നീട് സത്യവ്രതൻ കൊടുത്തയച്ച വിലാസത്തിലെ സുഹൃത്ത് ജോണിനെ കണ്ടെത്താനുള്ള ശ്രമമായി. അപരിചിത നഗരത്തിൽ ജോൺ ഏറെ ആശ്വാസമായിരുന്നു. സത്യവ്രതനെപ്പോലെ തീവ്രമായ പാർട്ടി ബന്ധങ്ങളുള്ള അയാളുടെ സഹായം വിലപ്പെട്ടതായിരുന്നു. നഗരത്തിലെ മുക്കും മൂലയും അയാൾക്കറിയാം. പാർട്ടിക്കുവേണ്ടി മരിക്കാൻവരെ തയ്യാറായിനിൽക്കുന്ന വിപ്ലവകാരി. ട്രേഡ് യൂണിയൻ നേതാവായ അയാളാണ് ലെയ്ത്തു കമ്പനിയിൽ ശ്യാമിനു പണി വാങ്ങിക്കൊടുത്തത്. ആദ്യത്തെ നാലഞ്ചു മാസം പരിശീലനം. ശമ്പളമില്ല. സ്റ്റൈപ്പന്റു മാത്രം. നിരവധി പരീക്ഷണങ്ങളിലൂടെയാണ് ഇത്രയും കാലം കടന്നുപോയത്.

പരിശീലനം കഴിഞ്ഞപ്പോൾ നിയമനം. അതും ജോണിന്റെ സഹായത്താൽ. ലെയ്ത്തു മെഷീനിലെ ജോലി ക്ലേശകരമായിരുന്നു. ഒന്നാം ക്ലാസ് ബിരുദം ഉണ്ടെന്നല്ലാതെ തൊഴിൽപരിചയം കുറവായിരുന്നല്ലോ. ശ്യാമിന്റെ ആദ്യനാളുകൾ വിസ്മയയെ ആകെ തകർത്തിരുന്നു. താമസിയാതെ മറ്റേതെങ്കിലും കമ്പനിയിൽ മികച്ച ജോലി കിട്ടുമെന്നായിരുന്നു ജോണിന്റെ സാന്ത്വനം. പക്ഷേ വർഷങ്ങൾ നാലഞ്ചു കടന്നുപോയിട്ടും കാര്യങ്ങൾക്ക് മാറ്റമുണ്ടായില്ല. കുഞ്ഞിനെ പ്ലേ സ്കൂളിൽ വിടാൻതന്നെ ബുദ്ധിമുട്ടേണ്ടി വന്നു. അവിടെയും സഹായത്തിനെത്തിയത് ജോണായിരുന്നു. ഗാന്ധിനഗറിലെ വാടകവീടുപോലും തരപ്പെടുത്തിയത് ജോണാണ്. ആദ്യത്തെ നാലഞ്ചു മാസം കഷ്ടപ്പാടുകളുടെ വിളനിലമായിരുന്നു.

ഇതിനിടയിൽ പല കമ്പനികളിൽനിന്നും വിസ്മയയ്ക്ക് ഇന്റർവ്യൂന് കാർഡ് വന്നു. എങ്ങുമെത്തിയില്ല. എങ്കിലും ജോലിക്കുള്ള ശ്രമം ഉപേക്ഷിച്ചില്ല. അതിനിടയിലാണ് സത്യവ്രതന്റെ വരവ്. ശ്യാമുമായി വീട്ടുകാര്യങ്ങൾ ചർച്ച ചെയ്യാൻതന്നെ സമയം കിട്ടുന്നില്ല. അനുജത്തിക്ക് കത്തെഴുതിയിട്ടു നാളുകളായിരിക്കുന്നു. ഒരുതരം മരവിപ്പ് തന്നെ ബാധിച്ചിരിക്കുന്നോ എന്നവൾ ഭയന്നു. ആകെയുണ്ടായിരുന്ന

കവിതാഭ്രാന്തും അസ്തമിച്ചെന്നു തോന്നുന്നു. സത്യവ്രതന്റെ ചോദ്യം അവളെ വിഷാദത്തിലാഴ്ത്തി:

''അവളുടെ കവിതാസരണികളൊക്കെ നീ കുഴിച്ചുമൂടിയോ? പഴയ വിരഹത്തിന്റെ അഗ്നിനാളങ്ങൾ എങ്ങുപോയി?''

അഞ്ച്

നഗരം ഉഷ്ണപ്രവാഹത്തിലാണ്. മെയ് മാസത്തിലെ ചുട്ടുപൊള്ളുന്ന വെയിൽ. പാറുക്കുട്ടിയെ സ്കൂളിൽ വിട്ടു കഴിഞ്ഞാൽ പത്രങ്ങളിലെ വാണ്ടഡ് കോളങ്ങൾ നോക്കുകയാണ് വിസ്മയയുടെ ജോലി. അനുജത്തി രേഷ്മയുടെ കത്തുകൾക്കുള്ള മറുകുറി എഴുതുകയാണ് മറ്റൊന്ന്. കവിതയോടുള്ള പ്രതിപത്തി മാറിയിട്ടില്ല. ചിലപ്പോഴൊക്കെ എന്തെങ്കിലും കുത്തിക്കുറിക്കും. ഇടയ്ക്കിടെ ശ്യാമേട്ടൻ എടുത്തു വായിക്കും. പണ്ടത്തെപ്പോലെ അഭിപ്രായമൊന്നും പറയാറില്ല. ചോദിക്കാറുമില്ല.

ഗ്രാമത്തിൽ നിന്ന് രാത്രി പാടശേഖരത്തിലൂടെ ഓടി രക്ഷപ്പെട്ട ശേഷം അവിടേക്ക് പോയിട്ടില്ല. ചിലപ്പോൾ ബന്ധുക്കളുടെ ആക്രമണം ഉണ്ടാകുമെന്നാണ് ചിലർ മുമ്പ് അറിയിച്ചത്. അച്ഛനേയും അമ്മയേയും ബന്ധുക്കൾ ഒറ്റപ്പെടുത്തിയെന്നാണ് അനുജത്തി പറയുന്നത്. പക്ഷേ അച്ഛൻ ബന്ധുക്കളെയൊക്കെ പണ്ടേ പുറംതള്ളിയതാണ്. സ്വന്തം കാലിൽ നിൽക്കാൻ പഠിച്ചവനു മറ്റുള്ളവരുടെ ഔദാര്യം വേണ്ടെന്നാണ് അച്ഛൻ അവരോടെ പറഞ്ഞത്. മകളുടെ പ്രണയത്തിന്റെ പേരിൽ അച്ഛനോടുള്ള കടുത്ത വിരോധം വർഷങ്ങൾക്കു ശേഷവും അവർ നിലനിർത്തുന്നു. അച്ഛന്റെ നിലപാടുകൾ മാറ്റാൻ ബന്ധുക്കൾക്കെന്നല്ല ആർക്കും കഴിഞ്ഞിട്ടില്ല. വിശ്വാസത്തിന്റെ പേരിൽ പാർട്ടിയിൽ ഒത്തുതീർപ്പുകൾ വേണ്ടിവന്നപ്പോൾ മെമ്പർഷിപ്പും ഉപേക്ഷിച്ചു ഇറങ്ങിപ്പോന്നവനാണ് അച്ഛൻ. പാർട്ടിപ്രവർത്തകർ പലപാടു ക്ഷമ ചോദിച്ചു വന്നെങ്കിലും അച്ഛൻ തന്റെ നിലപാടുകളിൽ നിന്ന് അൽപംപോലും വ്യതിചലിക്കാൻ കൂട്ടാക്കിയില്ല. മതവും ജാതിയുമൊന്നും അച്ഛനു പ്രശ്നമേയല്ല. മകളെ നോക്കുന്നവനായിരിക്കണം ഒപ്പമുണ്ടാവേണ്ടതെന്ന ചിന്താഗതിയിൽ എന്താണ് തെറ്റ്?

അച്ഛനേയും അമ്മയേയും പ്രായത്തിന്റെ പ്രശ്നങ്ങൾ ബാധിച്ചു തുടങ്ങിയിരിക്കുന്നു. അതാണ് വിസ്മയയെ സങ്കടപ്പെടുത്തുന്നത്. നഗരത്തിൽ വന്നിട്ടും അവരെ സാമ്പത്തികമായി സഹായിക്കാൻ

കഴിയുന്നില്ല. ശ്യാമേട്ടന്റെ വരുമാനമാകട്ടെ, നിത്യച്ചിലവിനു കഷ്ടിച്ച് വന്നെന്നിരിക്കും. കുറച്ചു ഭൂമിയുള്ളതിൽ കൃഷിയിറക്കാൻ ആരുമില്ല. പ്രായവും ആരോഗ്യവും അച്ഛനെ അലട്ടുന്നു. ജോലിക്കാരെ വച്ചു പണിയെടുപ്പിക്കാൻ കഴിയില്ല. ഇന്നത്തെ അവരുടെ കൂലിയും ഇടപെടലുകളും കൃഷിയിറക്കുന്നതിനു അനുകൂലമല്ല. കാലം മാറിയിരിക്കുന്നു.

തനിക്കൊരു ജോലി കിട്ടിയാൽ ബുദ്ധിമുട്ടില്ലാതെ മുന്നോട്ടു പോകാം. അച്ഛന്റേയും അമ്മയുടേയും അത്യാവശ്യം വേണ്ടുന്ന ചികിത്സയ്ക്കും അനിയത്തിയുടെ വിദ്യാഭ്യാസത്തിനും സഹായിക്കാം. എല്ലാ സ്വപ്നങ്ങളും വഴിമുട്ടി നിൽക്കുകയാണ്. എല്ലാം ശരിയാകുമെന്ന ചിന്തയാണ് ശ്യാമേട്ടനുള്ളത്. താനും അതിൽ വിശ്വസിക്കുന്നു എന്ന് വിസ്മയ പറയാറുണ്ട്.

തന്നോടൊപ്പം കോളെജിൽ പഠിച്ചിരുന്ന ചില സുഹൃത്തുക്കൾ നഗരത്തിലുണ്ട്. അവരുമായുള്ള കൂടിക്കാഴ്ചകളും സംഭാഷണങ്ങളുമാണ് വിസ്മയയുടെ വിനോദങ്ങൾ. ഒഴിവുദിനങ്ങളിൽ അതിൽ ചിലരെ കാണാൻ സമയം കണ്ടെത്തും. ശ്യാമിനു അതിലൊന്നും താൽപര്യമില്ലെങ്കിലും നിർബന്ധിച്ചു കൊണ്ടുപോകും. സുഹൃത്തുക്കളുമായുള്ള കൂടിച്ചേരലുകളാണ് വിസ്മയയെ പലപ്പോഴും വിഷമസന്ധികളിൽ നിന്ന് മോചിപ്പിക്കുന്നത്. പഴയ കോളെജ്കാലത്തെ തമാശകളും പ്രണയങ്ങളുമൊക്കെ അവർ പങ്കു വയ്ക്കും. സുഹൃത്തുക്കൾ വിചാരിച്ചാൽ തനിക്ക് ഏതെങ്കിലും കമ്പനിയിൽ എന്തെങ്കിലും പണി കിട്ടും. പക്ഷേ അത്തരം ശുപാർശകളോട് ശ്യാമേട്ടന് താൽപര്യമില്ല. അഭിമാനത്തെ ബാധിക്കുന്ന സൗഹൃദങ്ങൾ പാടില്ലെന്നാണ് ശ്യാമേട്ടന്റെ അഭിപ്രായം. ചില കാര്യങ്ങളിൽ അച്ഛന്റെ നിലപാടുകളാണ് ശ്യാമേട്ടനുള്ളതെന്ന് വിസ്മയയ്ക്ക് തോന്നിയിട്ടുണ്ട്.

നഗരത്തിൽ എത്തിയ കാലത്ത് തൊഴിലന്വേഷിച്ചുപോയ അനുഭവം വിസ്മയയ്ക്ക് മറക്കാനാവില്ല. ഇന്നും അതൊരു ദുഃസ്വപ്നമായി മനസ്സിന്റെ കോണിലെവിടെയോ കിടക്കുന്നു, ഒരു മുറിപ്പാടു പോലെ. മാധവിക്കുട്ടിയുടെ 'പക്ഷിയുടെ മണ'ത്തിലെ ജോലി തേടിപ്പോകുന്ന കഥാപാത്രത്തിന്റെ അനുഭവത്തിനു സമാനമായിരുന്നു അത്. അനേകം നിലകളുള്ള വലിയൊരു ഓഫീസ് കോംപ്ലക്സ്. ഒറ്റയ്ക്കാണ് യാത്ര. ഒറ്റയ്ക്ക് പോയി ശീലിക്കണമെന്ന് ശ്യാമേട്ടനാണ് പറഞ്ഞത്. വീട്ടിനുള്ളിൽ ഒതുങ്ങിക്കഴിഞ്ഞാൽ ജീവിതമാവില്ല. എല്ലാം പരിചിതമാവണം.

പത്രപ്പരസ്യം കണ്ടാണ് ജോലിക്ക് അപേക്ഷിച്ചത്. ഡേറ്റാശേഖരണമാണ് തൊഴിൽ. എന്തു ഡേറ്റ ആണെന്നോ അതെങ്ങനെ

ശേഖരിക്കണമെന്നോ പത്രപ്പരസ്യത്തിൽ പറഞ്ഞിട്ടില്ല. രാവിലെ പത്തു മണിക്കാണ് അഭിമുഖം. എന്തായാലും നേരേ ഓഫീസിലേക്ക് കയറിച്ചെന്നു. ആകെ അലങ്കോലപ്പെട്ട ആഫീസ് പരിസരം. അടുക്കും ചിട്ടയുമില്ല. മേശമേൽ കുന്നുകൂടിക്കിടക്കുന്ന ഫയലുകൾ. പ്രായം ചെന്ന ചില ജോലിക്കാർ പേപ്പർക്കൂനകളിൽ നിന്ന് എന്തൊക്കെയോ തപ്പിയെടുക്കുകയാണ്. അവർ ഏറെക്കാലമായി ആ ജോലി ചെയ്യുകയാണെന്ന് മുഖം കണ്ടാൽ തോന്നും. തന്നെപ്പോലെ നിരവധി ഉദ്യോഗാർത്ഥികൾ ഹാളിലെ മരബെഞ്ചിൽ കാത്തിരിക്കുന്നു. കൂടുതലും യുവതികളാണ്. ഒരു ബുക്കിൽ പേരെഴുതി വയ്ക്കണം. അതനുസരിച്ച് എംഡി അകത്തേക്ക് വിളിക്കും. താനും പേരെഴുതിക്കൊടുത്തു. നേരത്തേ അയച്ചുകൊടുത്ത അപേക്ഷകൾ അയാളുടെ മേശപ്പുറത്താണ്. അവിടെ ഇരിക്കുന്നവർ അവരെയല്ലാതെ മറ്റാരെയും ശ്രദ്ധിക്കുന്നില്ല. ഒരുതരം വിഭ്രാന്തി പടർന്നുപിടിച്ചപോലെ.

ചിലരൊക്കെ അകത്തുപോയി തിരിച്ചുവരുന്നുണ്ട്. തന്റെ ഊഴമായപ്പോൾ പ്രായമുള്ള അറ്റന്റർ വന്നു വിളിച്ചു. അടുത്തത് കുമാരി വിസ്മയ. തന്നെ കുമാരിയാക്കാൻ അയാൾക്ക് ഇത്ര തിടുക്കമോ! അകത്തേക്ക് ചെന്നു. എംഡിയുടെ മുറിയും അലങ്കോലപ്പെട്ടതാണ്. ഇരിക്കാൻ അയാൾ കൈകാണിച്ചു. കറുത്തുതടിച്ച മുഖമുള്ള ഒരാൾ. ചില ഹോളിവുഡ് ചിത്രങ്ങളിൽ കാണുന്ന പ്രതിനായകന്റെ ലുക്ക്. അവൾ അയാളുടെ മുന്നിലെ കസേരയിൽ ഇരുന്നു. അപേക്ഷ പരിശോധിച്ചശേഷം പൊതുവായ ചില ചോദ്യങ്ങളൊക്കെ ചോദിച്ചു. അറിയാവുന്ന ഉത്തരങ്ങളും പറഞ്ഞു. അയാളുടെ മുഖത്ത് ടെൻഷൻ പ്രകടമായിരുന്നു.

'പ്രതിനായക'ന്റെ ചേഷ്ടകൾ ഒരു മാനസിക രോഗിയുടേതിനു സമാനമായിരുന്നു. ഒരിക്കൽ നോക്കിയാൽ രണ്ടാമതൊന്നു നോക്കാൻ അറപ്പു തോന്നും. അയാൾ പരുക്കൻ ശബ്ദത്തിൽ പറഞ്ഞു:

''ഇതൊരു സന്നദ്ധസംഘടനയാണ്. വിദേശത്തുള്ള ഒരു കമ്പനിക്കു വേണ്ടി ഡേറ്റ കളക്റ്റു ചെയ്യുകയാണ് നിങ്ങളുടെ ജോലി. ദിവസം പത്തു മണിക്കൂർ പണിയെടുത്താൽ മതിയാകും: എട്ടു മുതൽ ആറു വരെ.''

''എന്ത് ഡേറ്റയാണ് കളക്റ്റ് ചെയ്യേണ്ടത് സേർ?'' വിസ്മയ ഭവ്യതയോടെ ചോദിച്ചു.

''അതെ, അങ്ങനെ ചോദിക്കൂ. പറയാം. നമ്മുടെ തെരുവുകളിൽ നിരവധി മാനസികനില തെറ്റിയവർ സഞ്ചരിക്കുന്നുണ്ട്. അവരെ കണ്ടെത്തി വിവരങ്ങൾ ശേഖരിക്കുകയാണ് നിങ്ങളുടെ ജോലി. വളരെ നിസ്സാരം.''

വിസ്മയയ്ക്ക് കാര്യം പിടികിട്ടി. തെരുവിലെ ഭ്രാന്തന്മാരുടെ കണക്കെടുപ്പ്. അവിടെനിന്ന് എങ്ങനെയെങ്കിലും രക്ഷപ്പെട്ടാൽ മതി യെന്നായി അവൾക്ക്.

അയാൾ ഭ്രാന്തമായ മുഖത്തോടെ വീണ്ടും പറഞ്ഞുതുടങ്ങി:

''ജോലി എളുപ്പമാണ്. നമ്മുടെ തെരുവുകളിൽ നിരവധി മാന സികനില തെറ്റിയവരുണ്ട്. നല്ല ശമ്പളവും ലഭിക്കും. നിങ്ങൾ മൂന്നു വർഷത്തെ ബോണ്ട് വയ്ക്കണം. സമ്മതമാണെങ്കിൽ ഇതാ, ഈ ഫോം ഒന്നു പൂരിപ്പിച്ചു തന്നോളൂ.''

ഫോറവും വാങ്ങി അവൾ അവിടന്നു പുറത്തേക്ക് കടന്നതു മാത്രമറിയാം.

അവിടെ നിന്ന് എങ്ങനെ രക്ഷപ്പെട്ടെന്ന് അവൾക്കുതന്നെ അറി യില്ലായിരുന്നു. അതിനുശേഷം എങ്ങും അപേക്ഷകൾ കൊടുക്കാൻ വിസ്മയ തയ്യാറായിട്ടില്ല. ആ ഇന്റർവ്യൂവിനെപ്പറ്റി ശ്യാമേട്ടനുമായി പലപ്പോഴും പറഞ്ഞു ചിരിക്കുമായിരുന്നു. ബുദ്ധിമുട്ടുകൾ വന്നപ്പോ ഴാണ് വീണ്ടും ജോലി തേടണമെന്ന ചിന്ത ഉണ്ടായത്. അങ്ങനെ യാണ് പത്രപ്പരസ്യങ്ങളെ ആശ്രയിക്കാൻ തുടങ്ങിയത്.

നഗരം ഒരു ജയിലാണെന്ന് വിസ്മയയ്ക്ക് പലപ്പോഴും തോന്നി യിട്ടുണ്ട്. ഗ്രാമത്തിന്റെ ഗൃഹാതുരത്വം പലപ്പോഴും മനസ്സിനെ അസ്വ സ്ഥമാക്കാറുണ്ട്. പക്ഷേ മറ്റുവഴികൾ അടയുമ്പോൾ എന്തു ചെയ്യാ നാണ്.

സത്യവ്രതൻ വീട്ടിലെത്തി രണ്ടുദിവസം കഴിഞ്ഞ് രാത്രിയിൽ സംസാരിച്ചിരിക്കുമ്പോൾ ചോദിച്ചു:

''വിസ്മയയുടെ കവിതാപ്രവാഹം നിലച്ചോ? അടുത്തകാലത്തായി കവിതകൾ കാണാറില്ലല്ലോ. അപൂർവം പേർക്ക് മാത്രം കിട്ടുന്ന ദൈവീകമായ ഗിഫ്റ്റാണ് കവിതാവാസന. കോളെജുകാലത്തെ കവിതകൾ ഞാൻ ഇന്നും ഓർക്കുന്നു. പക്വത വന്ന കവികളുടെ സൃഷ്ടികളേക്കാൾ മെച്ചപ്പെട്ടതായിരുന്നു വിസ്മയയുടെ വരികൾ. ഒരിക്കലും കവിതയെ ഉപേക്ഷിക്കരുത്. അന്ന് കോളെജ് മാഗസിനിൽ വന്ന തിരയൊഴിയാത്ത ബന്ധങ്ങൾ എന്ന കവിതയിലെ ദർശന സമന്വയം എന്നെ വല്ലാതെ ആകർഷിച്ചിരുന്നു.

നിന്റെ നിരാമയ തീർത്ഥങ്ങളിൽ
വെറുമൊരു പുൽക്കൊടിയായ് ഞാൻ ജനിക്കാം
തീരാത്ത നിന്റെ വ്യഥകളിൽ പങ്കുചേരാൻ
മന്വന്തരങ്ങളായ് തപസ്സിരിക്കാം...

ആ വരികൾ ഇന്നും എന്റെ മനസ്സിനെ നോവിക്കാറുണ്ട്.''

സത്യവ്രതൻ ശ്യാമിനോടു പറഞ്ഞു:

''നീ കവിതയുടെ ഭാവി വാഗ്ദാനത്തെയാണ് തടവറയിലാക്കിയിരിക്കുന്നത്. വിസ്മയ എഴുതിയ കവിതകൾ അമ്പതിലധികം ഉണ്ടാകുമെന്നാണ് എനിക്ക് തോന്നുന്നത്. നീ അതെല്ലാം സംഘടിപ്പിച്ച് ഏതെങ്കിലും പ്രസാധകർക്ക് കൊടുക്ക്. അതിന്റെ വില നിനക്കറിയില്ലെങ്കിലും പ്രസാധകർക്ക് മനസ്സിലാകും.''

കുറേ കഴിഞ്ഞ് സത്യവ്രതൻ തുടർന്നു:

''അടുത്ത തവണ ഞാൻ വരുമ്പോൾ പുസ്തകം പുറത്തിറങ്ങിയിരിക്കണം. പ്രസാധകരെ ഞാൻ ബന്ധപ്പെടുത്തിത്തരാം. എന്താ ശ്യാമേ, പറഞ്ഞതു നീ കേട്ടില്ലെന്നുണ്ടോ?''

ശ്യാം എന്തു പറയണമെന്നറിയാതെ മിഴിച്ചിരുന്നു. നേരത്തേ വന്നു കഴിഞ്ഞാൽ പാറുക്കുട്ടിയുമായി സല്ലപിക്കുന്നതല്ലാതെ തന്നോടു കൂടുതലൊന്നും സത്യവ്രതൻ സംസാരിക്കാറില്ലല്ലോ. അവൻ ഇല്ലാത്തപ്പോൾ അവൻ പറഞ്ഞുകൊടുത്ത റൈമുകളും പാടിയാണ് പാറുക്കുട്ടിയുടെ സഞ്ചാരം. അവനോട് അത്രമാത്രം ഇഷ്ടമായിരിക്കുന്നു അവൾക്ക്. പാറു നേരത്തേ ഉറങ്ങിയതിനാൽ അവൻ അസ്വസ്ഥനായിരുന്നു. അല്ലെങ്കിൽ പാട്ടുംചിരിയും കവിതകളുമായി ഇരുവരും സമയം ചെലവിടും.

അന്ന് രാത്രി ഇരുവരും ഹാളിലാണ് കിടന്നത്. സത്യവ്രതൻ എന്തൊക്കയോ ആലോചിക്കുകയാണ്. അവൻ ഒന്നും പറയാത്ത സ്ഥിതിക്ക് എന്ത് ചോദിക്കാനാണ്?

വിപ്ലവത്തിന്റെ അർത്ഥതലങ്ങൾ തേടിപ്പോയ സത്യവ്രതൻ ഇന്നെവിടെ എത്തിനിൽക്കുന്നു? പലപ്പോഴും ശ്യാംപ്രഭാകർ ആലോചിക്കാറുണ്ട്. ഒരിക്കൽ അവൻ പറഞ്ഞു, ''വിപ്ലവമെന്നാൽ കമ്യൂണിസ്റ്റുകാരുടെ കെണിയാണെന്ന് വിശ്വസിച്ച് അതിനെ നഖശിഖാന്തം എതിർക്കണമെന്ന വാശിയുള്ളവർ ഏറിവരുന്ന നമ്മുടെ നാട്ടിൽ വിപ്ലവസംഘത്തിന്റെ പുതിയ അരങ്ങേറ്റം അത്രയൊന്നും ആഹ്ലാദത്തോടെ സ്വാഗതം ചെയ്യപ്പെടുകയില്ലായിരിക്കാം.''

അവന്റെ നിഗമനങ്ങൾ ശരിയായിരുന്നെന്ന് കാലം തെളിയിച്ചു. എന്തെങ്കിലുമൊക്കെ വീണുകിട്ടുമെന്ന പ്രതീക്ഷയിലാണ് ശ്യാം അവന്റെ അടുത്ത് കിടന്നത്. ചിന്താധീനനായ സത്യവ്രതൻ ഏറെ നേരം മിണ്ടാതെ കിടന്നു. ശ്യാം ചോദിച്ചു, ''സത്യവ്രതാ, നീ കണ്ടറിഞ്ഞ വിപ്ലവത്തിന് മാറ്റങ്ങൾ വന്നിട്ടുണ്ടോ? എങ്കിൽ എന്താണ് ആ മാറ്റങ്ങൾ? നഗരത്തിലെത്തിയശേഷം എന്റെ വായന കുറഞ്ഞിരിക്കുന്നു. അതിനാൽ വിവരവും കുറഞ്ഞിരിക്കുന്നു.''

ഏറെ നേരം ആലോചനയിലായ സത്യവ്രതൻ അരണ്ട പ്രകാശത്തിൽ ശ്യാമിന്റെ മുഖത്ത് സൂക്ഷിച്ചുനോക്കി. എന്നിട്ട് അടക്കിയ സ്വരത്തിൽ ഉരുവിട്ടു:

''ലോകത്ത് നമ്മെ നിലനിർത്തുന്ന ഘടകം വായനയാണ്. അതില്ലെങ്കിൽ നാം ജീവിച്ചിട്ട് എന്തുകാര്യം? പഠിക്കുമ്പോൾ നീ എത്രമാത്രം വായിച്ചവനാണ്. നിന്റെ വായന എന്നെപ്പോലും അത്ഭുതപ്പെടുത്തിയിട്ടുണ്ട്. ഒരു പ്രണയത്തിന്റെ പേരിൽ അറിവിനെപ്പോലും നീ കുപ്പത്തൊട്ടിയിൽ എറിയുന്നതിനോട് എനിക്ക് യോജിപ്പില്ല. നിന്റെ അവസരങ്ങൾ ആരും കവർന്നെടുക്കുന്നില്ല. ഇനി നിന്റെ സംശയത്തിലേക്ക് വരാം. വിപ്ലവത്തിനു ഒരിക്കലും മാറ്റം വരില്ല. എന്റെ ഗുരുവിന്റെ വാക്കുകൾ കടമെടുത്തു പറഞ്ഞാൽ മനുഷ്യചരിത്രത്തിന്റെ ആകെത്തുക അവന്റെ നിർമ്മിതമായ സാമൂഹിക ലോകമാണ്. അതിന്റെ ആന്തരശക്തിയാകട്ടെ സ്വാതന്ത്ര്യാഭിവാഞ്ഛയും. സ്വാതന്ത്ര്യാഭിവാഞ്ഛയുടെ ബൃഹത്പ്രകടനങ്ങളെ വിപ്ലവമെന്നു വിളിക്കാം. എന്നാൽ ഒച്ചപ്പാടുണ്ടാക്കുന്ന എല്ലാ പ്രകടനങ്ങളും വിപ്ലവകരമായിത്തീരണമെന്നു യാതൊരു നിയമവുമില്ല. അവ വല്ലപ്പോഴും പ്രതിവിപ്ലവങ്ങളുടെ പ്രസൂതി കർമ്മങ്ങളായി ഭവിച്ചേക്കാം. ഞാൻ മുമ്പ് പറഞ്ഞിട്ടില്ലേ, അധികാരത്തിന്റെ സോപാനങ്ങളാണ് കമ്യൂണിസത്തിന്റെ പരാജയത്തിനും അപചയത്തിനും കാരണം.''

ശ്യാമിനു പിന്നീടൊന്നും ചോദിക്കാൻ മനസ്സു വന്നില്ല.

സത്യവ്രതൻ തുടർന്നു: ''എന്നെ കമ്യൂണിസത്തിന്റെ ബാലപാഠങ്ങൾ പഠിപ്പിച്ചത് തെലുങ്കാനയിലുള്ള പ്രൊഫസർ മൈത്രേയറാവു ആയിരുന്നു. ഏതാണ്ട് ആറേഴ് മാസക്കാലം ഞാനദ്ദേഹത്തോടൊപ്പമാണ് ജീവിച്ചത്. അത്തരത്തിലുള്ളവരെ തഴഞ്ഞതാണ് പാർട്ടിയുടെ കാഴ്ചപ്പാടിനു പറ്റിയ പാളിച്ച.''

സത്യവ്രതൻ പിന്നീടൊന്നും പറഞ്ഞില്ല. അവൻ ഉറക്കത്തിലേക്ക് വീഴുകയായിരുന്നു.

സുഹൃത്തിനെ മനസ്സിലാക്കാൻ കഴിയാത്ത ശ്യാം ഏറെ നേരം വെറുതേ കിടന്നു.

ആറ്

സത്യവ്രതൻ അന്ന് രാത്രി വൈകിയാണ് വീട്ടിലെത്തിയത്. സാധാരണ ഇത്രത്തോളം വൈകാറില്ല. നഗരത്തിൽ അലഞ്ഞുതിരിയുന്ന അവൻ ഏറെ ക്ഷീണിച്ചാണ് വരുന്നതെന്ന് ശ്യാമിനും വിസ്മയയ്ക്കും

തോന്നി. പലപ്പോഴും ആഹാരം കഴിച്ചെന്നു പറഞ്ഞാണ് ഉറക്കത്തിലേക്ക് വീഴുക. അതിനു മുമ്പ് പാറുക്കുട്ടിയെ കണ്ടു കുശലം ചോദിക്കാൻ അവൻ മറക്കാറില്ല. അവൾ ഉറങ്ങിക്കഴിഞ്ഞാൽ വിളിക്കേണ്ടെന്നു പറയും. എങ്കിലും അവൾ ഉറങ്ങുന്നത് നോക്കി നിന്നിട്ടേ അവൻ തന്റെ കിടക്കയിലേക്ക് പോകാറുള്ളൂ. ചുരുങ്ങിയ ദിവസങ്ങൾക്കുള്ളിൽ അവന് അതൊരു ശീലമായിക്കഴിഞ്ഞിരുന്നു. അവർ തമ്മിൽ അസാധാരണമായ ഒരടുപ്പമാണ് മെനഞ്ഞെടുത്തിരിക്കുന്നത്. മറ്റുള്ളവരുമായി കാര്യമായ ബന്ധം സ്ഥാപിച്ചെടുക്കുന്നതിൽ അവൻ പണ്ടേതന്നെ വിമുഖനായിരുന്നു. അച്ഛൻ കൊല്ലപ്പെട്ടശേഷമാണ് അവൻ കൂടുതൽ മൗനിയായതെന്ന് അവന്റെ അമ്മ പറയുമായിരുന്നു. പഠിക്കുന്ന കാലത്തും അവനു സുഹൃത്തുക്കൾ കുറവായിരുന്നല്ലോ. എന്തെങ്കിലും സൗഹൃദം സൂക്ഷിച്ചത് ഏതാനും ചിലരോടു മാത്രം. അതിലൊരാളായിരുന്നു താനെന്ന് ശ്യാമിനു പലപ്പോഴും തോന്നിയിട്ടുണ്ട്.

പാറുക്കുട്ടിയുമായുള്ള ആ അടുപ്പത്തെക്കുറിച്ച് ഒരിക്കൽ സത്യവ്രതൻ പറഞ്ഞു:

''ശ്യാമേ, കുട്ടികൾ നമ്മുടെ പൂർവജന്മത്തിന്റെ പതാകവാഹകരാണ്. നമ്മുടെ തെറ്റും ശരിയുമൊക്കെ അവർക്ക് നന്നായറിയാം. കുത്തഴിഞ്ഞുപോയ എത്രയോ ജീവിതങ്ങളെ കുഞ്ഞുങ്ങൾ മാറ്റി മറിച്ചിരിക്കുന്നു.''

അന്ന് രാത്രി ഹാളിലെ കിടക്കയിൽ കിടക്കാനൊരുങ്ങുമ്പോൾ സത്യവ്രതന്റെ മനസ്സ് പ്രക്ഷുബ്ധമാണെന്ന് ശ്യാമിന് തോന്നി. തനിക്ക് മനസ്സിലാക്കാൻ സാധിക്കാത്ത ഏതോ അസ്വസ്ഥത അവനെ വേട്ടയാടുകയാണ്. അതിനാലായിരിക്കാം അവൻ കാര്യമായൊന്നും സംസാരിക്കാൻ തുനിയാതെ കിടക്കാൻ തുടങ്ങിയത്. എങ്കിലും ഇരുവരോടുമായി അവൻ പറഞ്ഞു:

''നാളെ രാവിലെ എനിക്ക് പോകേണ്ടിയിരിക്കുന്നു. എത്രയും വേഗം ഹൈദ്രബാദിൽ എത്തേണ്ടതുണ്ട്. ചിലപ്പോൾ നിങ്ങളെ ഉണർത്താതെ പോയെന്നുമിരിക്കും. അവസരമുണ്ടെങ്കിൽ അടുത്ത തവണ കാണാം. പാറുക്കുട്ടിയോട് അമ്മാവന്റെ അന്വേഷണം അറിയിക്കുക. അവൾക്കൊരു സമ്മാനം കൊടുക്കാമെന്ന് ദിവസങ്ങൾക്ക് മുമ്പ് ഞാനേറ്റിരുന്നു. ഇത് അവൾക്ക് കൊടുക്കണം. ഒരു പാവക്കുട്ടിയാണ് – ടെഡിബിയർ.''

ബാഗിൽ സൂക്ഷിച്ചിരുന്ന പാവക്കുട്ടിയുടെ സമ്മാനപ്പൊതി ഏൽപ്പിച്ചിട്ട് അവൻ പറഞ്ഞു: ''തൽക്കാലം നിങ്ങളതു തുറന്നു നോക്കണ്ട.

നാളെ അവൾ തന്നെ അത് പൊട്ടിച്ച് അമ്മാവന്റെ സമ്മാനം കണ്ട് അത്ഭുതപ്പെടട്ടെ. അമ്മാവൻ ഫോട്ടോയൊന്നും എടുക്കാറില്ലേ എന്നും എന്റെ ആൽബത്തിൽ നിറയെ ഫോട്ടോകളുണ്ടെന്നും പാറു എന്നോട് ഒരു ദിവസം പറഞ്ഞു. എന്നെ മറക്കാതിരിക്കാൻ എന്റെ ഒരു ഫോട്ടോ കൂടി ഞാനതിൽ വച്ചിട്ടുണ്ട്. ആ ഫോട്ടോ മറ്റാരും കാണണ്ട. രഹസ്യ മായിരിക്കട്ടെ.''

ചിന്താക്കുഴപ്പം നിറഞ്ഞ സത്യവ്രതന്റെ മനസ്സ് അപ്പോൾ ശ്യാമിനു കാണാമായിരുന്നു. എങ്കിലും ഒന്നും ചോദിക്കാൻ തോന്നിയില്ല. ശ്യാം അവന്റെ സമീപം ചെന്നിരുന്നു. യാത്രയിൽ ഉപയോഗിക്കുന്ന കട്ടി യുള്ള കറുത്ത ചെറിയ തുണിബാഗ് അവൻ തലയ്ക്കൽ വച്ചിരുന്നു. താടി അലസമായി വളർന്നിരിക്കുന്നു. എങ്കിലും ആ മുഖത്ത് നിശ്ചയ ദാർഢ്യം ഘനീഭവിച്ചു നിൽക്കുന്നത് അവൻ കണ്ടു. അവന്റെ നിസ്സംഗത കാർമേഘങ്ങളെപ്പോലെ പടർന്നു പന്തലിക്കുകയാണ്. സ്വരം താഴ്ത്തി ശ്യാം ചോദിച്ചു:

''സത്യവ്രതാ, നീ വന്ന കാര്യങ്ങളൊക്കെ നിർവഹിച്ചോ എന്ന് ഞാൻ ചോദിക്കുന്നില്ല. അത് നിന്റെ വ്യക്തിപരമായ കർമ്മങ്ങൾ. നിന്റെ അത്തരം കാര്യങ്ങളെപ്പറ്റി ഞാനൊരിക്കലും ചോദിച്ചിട്ടുമില്ല. അത് നിനക്കറിയുകയും ചെയ്യാം. ഇന്ന് നിന്റെ മനസ്സിനെ പിന്തുട രാനുള്ള ശേഷി എനിക്കില്ല. നിന്റെ മനസ്സ് വളർന്ന് മറ്റെവിടെയോ സഞ്ചരിക്കുകയാണെന്ന് എനിക്കറിയാം. ആവശ്യമുള്ളപ്പോൾ നിനക്ക് വരാം. ഈ പരിമിതികളിൽ നിനക്ക് എപ്പോഴും പങ്കുചേരാം, താമ സിക്കാം. ഞങ്ങൾ എപ്പോഴും നിന്നോടൊപ്പം ഉണ്ടാകും.''

ശ്യാം അത്രയും പറഞ്ഞുനിർത്തുമ്പോൾ സത്യവ്രതൻ നിശ്ശബ്ദ നായിരുന്നു. പ്രത്യേകിച്ചു ഒന്നും പറയാനുണ്ടായിരുന്നില്ല. മറ്റേതോ ചിന്തയിലായിരുന്നു. കുറച്ചു കഴിഞ്ഞ് ശ്യാമിന്റെ കൈയിൽ അമർത്തി പ്പിടിച്ചു. പിന്നെ പതുക്കെ അവൻ പറഞ്ഞു:

''നാം കോളേജിൽ കണ്ടതല്ല ഇന്നത്തെ ലോകം. അഞ്ചാറു വർ ഷത്തെ എന്റെ സഞ്ചാരത്തിനിടയിൽ എന്റെ കാഴ്ചപ്പാടുകളൊക്കെ മാറിയിരിക്കുന്നു. അല്ലെങ്കിൽ എനിക്ക് കാഴ്ചപ്പാടുകൾ ഉണ്ടായി രുന്നോ എന്നുപോലും സംശയിക്കേണ്ടിയിരിക്കുന്നു. നമുക്ക് ഒരിക്കലും തിരിച്ചുപോകാനാവില്ല. എന്റെ ഗുരുവിന്റെ വാക്കുകൾ കടമെടുത്തു പറഞ്ഞാൽ, ജീവിതം കർമ്മപ്രധാനമാണ്. ഒരാൾ ജീവിക്കുന്നു എന്ന തിന്റെ തെളിവ് അയാൾ എന്തെങ്കിലും ചെയ്യുന്നു എന്നതാണ്. ജീവി ച്ചതിന്റെ ലക്ഷ്യം ചെയ്തതും. അതാകട്ടെ അയാളുടെ ജീവിതപരി സരവും ദർശനവും അനുസരിച്ചിരിക്കും. എന്നെ സംബന്ധിച്ച് കർമ്മവും ദർശനവും രണ്ടല്ല. ഒന്നുതന്നെയെന്നു വേണമെങ്കിൽ

പറയാം. അതിനാൽ എന്നോട് ആർക്കും ബാധ്യതയില്ല. തിരിച്ച് എനിക്കും.''

സത്യവ്രതന്റെ വാക്കുകൾ ശ്യാമിന്റെ മനസ്സിൽ അവ്യക്തതയാണ് സൃഷ്ടിച്ചത്. അവൻ ഉദ്ദേശിക്കുന്നതിന്റെ പൊരുളൊന്നും ശ്യാമിന്റെ മനസ്സിലേക്ക് കയറിയില്ല. ഒരുപക്ഷേ അവന്റെ ജീവിതദർശനങ്ങൾ മാറിമറിഞ്ഞെന്നിരിക്കാം. അതെവിടെ തുടങ്ങിയെന്നോ എവിടെ അവസാനിക്കുമെന്നോ വ്യക്തമല്ല. ഉപനിഷത്തുകളും തത്ത്വവചസ്സു കളും അവനെ അടിമുടി മാറ്റിയിരിക്കുന്നു. ശ്യാമിന്റെ മനസ്സ് ഒരു ലെയ്ത്ത് മെഷീൻ പോലെ ഓടിക്കൊണ്ടിരുന്നു. അവൻ കുറച്ചു സമയം തന്റെ പ്രിയപ്പെട്ട സുഹൃത്തിനെ നോക്കിനിന്നു. പിന്നെ മുറിയിലേക്ക് നടന്നു.

സത്യവ്രതൻ ഒരു പ്രഹേളികയാണെന്ന് ശ്യാമിനു തോന്നി. ജീവിതത്തിന്റെ അർത്ഥങ്ങളേക്കാൾ അർത്ഥശൂന്യതയെപ്പറ്റിയാണ് അവൻ പറയുന്നത്. അവന്റെ സഞ്ചാരപഥങ്ങൾ പലവഴിക്കും അപ്പുറ ത്താണ്. ആർക്കും കടന്നുചെല്ലാനാവാത്ത വിധം അതു മുള്ളുവേലി കൾകൊണ്ട് കെട്ടിയടച്ചിരിക്കുന്നു.

പാതിരാത്രി ആയിക്കാണും. വീട്ടിലേക്കുള്ള കോവണിപ്പടിയിലൂടെ ഷൂസിട്ട കുറച്ചേറെപ്പേർ അതിവേഗം ഓടിക്കയറിവരുന്ന ശബ്ദം കേട്ടാണ് ശ്യാമും വിസ്മയയും ഞെട്ടിയുണർന്നത്. ഏതോ യുദ്ധ ഭൂമിയിൽ നിൽക്കുന്ന പ്രതീതി. പുറത്ത് പൊലീസ് വണ്ടിയിൽ നിന്നുള്ള നിലയ്ക്കാത്ത സൈറൺ ഗാന്ധിനഗർ കോളനിയിൽ ആകെ പരിഭ്രാന്തി പടർത്തിയിരിക്കുന്നു. എന്തോ അത്യാഹിതം സംഭവിച്ചിരിക്കുന്നു എന്ന് അവർക്ക് തോന്നി. ഹാളിലേക്ക് നിറയെ പൊലീസുകാർ തള്ളിക്കയറി. അത്രയും പൊലീസുകാർക്ക് അവിടെ നിൽക്കാൻതന്നെ സ്ഥലമില്ലായിരുന്നു. എങ്കിലും കരുതലോടെ തോക്കുമായി അവർ നിലയുറപ്പിച്ചു. ശ്യാം ആകെ പരിഭ്രമിച്ചു. എന്തു സംഭവിക്കുകയാണെന്ന് മനസ്സിലാകുന്നില്ല. ഒരു സംഘം പൊലീസു കാർ വീട്ടിനുള്ളിൽ കയറി ഏതോ കുറ്റവാളിയെ അന്വേഷിക്കുകയാണ്. സത്യവ്രതന്റെ കിടക്ക ഒഴിഞ്ഞുകിടക്കുന്നു. ഉയർന്ന ഒരു പൊലീസ് ഉദ്യോഗസ്ഥൻ ശ്യാമിനെ ലാത്തികൊണ്ട് കുത്തിയിട്ട് ആക്രോശിച്ചു:

''അവനെവിടെ? പറയെടാ, എവിടെടാ അവൻ?''

ശ്യാമും വിസ്മയയും ഒന്നും മനസ്സിലാകാതെ ഭയത്തോടെ നിൽ ക്കുകയാണ്. ആരെക്കുറിച്ചാണ് ചോദിക്കുന്നതെന്നുപോലും അവർക്ക് മനസ്സിലാകുന്നില്ല. പുറത്തുള്ള വീടുകളിൽ ആളുകൾ ഉണർന്നിരി ക്കുന്നു. എല്ലായിടത്തും വെളിച്ചം തെളിഞ്ഞിരിക്കുന്നു. എന്തോ

അത്യാഹിതം സംഭവിച്ചിരിക്കുന്നു എന്ന് ആ തെരുവിലുള്ളവർ മനസ്സിലാക്കിയെന്നു തോന്നുന്നു. പുറത്തെ പൊലീസ് വണ്ടിയിലെ സൈറൺ നിലയ്ക്കാതെ ശബ്ദിക്കുന്നു.

പൊലീസ് ഉദ്യോഗസ്ഥൻ വീണ്ടും അലറി,

''എവിടെടാ അവൻ, പറയെടാ. ആ ദേശദ്രോഹി എവിടെ? പറയൂ.''

അയാൾ പൊലീസുകാരോട് ഉറക്കെ പറഞ്ഞു,

''പോകൂ, അകത്തു പോയി സെർച്ച് ചെയ്യൂ. എല്ലായിടവും പരിശോധിക്കൂ. അവൻ ഇവിടെത്തന്നെ ഉണ്ടാകും. എങ്ങും പോയിക്കാണാൻ വഴിയില്ല.''

പൊലീസ് ഓഫീസറുടെ ഉത്തരവു പ്രതീക്ഷിച്ചു തോക്കുമായി നിന്ന നാലഞ്ച് പൊലീസുകാർ മുറിക്കുള്ളിലേക്ക് ഓടിക്കയറി. പൊലീസ് ഉദ്യോഗസ്ഥൻ കോപത്തോടെ ശ്യാമിന്റെ കോളറിൽപ്പിടിച്ചുകൊണ്ട് ചോദിച്ചു,

''അവനെവിടെ? പറയെടാ, അവൻ നിന്റെ ആരായിരുന്നു? അവനെന്തിനു നീ ഇവിടെ താമസിപ്പിച്ചു? കൊടുംകുറ്റവാളിയായ മാവോയിസ്റ്റ് എങ്ങനെ ഇവിടെ വന്നു, പറയെടാ.''

പരിസരബോധം കിട്ടാതെ നിന്ന ശ്യാമിനെ ലാത്തികൊണ്ട് അയാൾ വീണ്ടും കുത്തി. മുറിക്കുള്ളിൽ കുഞ്ഞിന്റെ കരച്ചിൽ കേട്ടാണ് ശ്യാമിനു ബോധം വന്നത്. പൊലീസ് മുറിയൊക്കെ പരിശോധിക്കുകയാണ്. സാധനങ്ങളൊക്കെ പൊലീസുകാർ വാരിവലിച്ചിട്ട് താറുമാറാക്കുകയാണ്. അതൊക്കെ കണ്ടുനിന്ന വിസ്മയ പൊട്ടിക്കരഞ്ഞു. ഒക്കത്തിരുന്ന കുഞ്ഞും കരഞ്ഞു തളർന്നു.

പൊലീസ് ഉദ്യോഗസ്ഥൻ കോപത്തോടെ ചോദ്യം ആവർത്തിച്ചു:

''അവൻ ആരായിരുന്നു? എന്തിനവൻ ഇവിടെ വന്നു? നീയും മാവോയിസ്റ്റാണോ?''

ശ്യാം കിതപ്പോടെ പറഞ്ഞു, ''അയാൾ എന്റെ ഒരു സുഹൃത്ത് മാത്രമായിരുന്നു. മറ്റൊന്നും എനിക്കറിയില്ല. ഇവിടെ വന്നിട്ട് ഒരാഴ്ചയായിട്ടുണ്ടാകും. അയാൾ എങ്ങോട്ടു പോയെന്നും ഞങ്ങൾക്കറിയില്ല.''

കരയുന്ന കുഞ്ഞിനെ തോളിൽകിടത്തി ആശ്വസിപ്പിക്കുന്ന വിസ്മയയുടെ അടുത്തേക്കാണ് ആ പൊലീസ് ഉദ്യോഗസ്ഥൻ നടന്നടുത്തത്. അയാൾ ആക്രോശിച്ചു.

''ഇല്ല, അവൻ സത്യം പറയില്ല. പറയിക്കാൻ എനിക്കറിയാം. പറയെടീ ആരാണവൻ? എന്തിനവൻ ഇവിടെ വന്നു? നിനക്കും

അവനും തമ്മിൽ എന്തവിഹിതമാണ്? എന്തിനവനെ ഇവിടെ താമസിപ്പിച്ചു? പറയെടീ.''

വെളിച്ചപ്പാടിന്റെ കൈയിലെ പൂക്കുലപോലെ വിസ്മയ നിന്നു വിറയ്ക്കുകയാണ്. അവൾക്ക് ഒന്നും പറയാൻ കഴിയുന്നില്ല. കുഞ്ഞാകട്ടെ, വിങ്ങിവിങ്ങി കരയുന്നു. അയാളുടെ കോപം വർദ്ധിക്കുന്നതേയുള്ളൂ. മറ്റൊരു പൊലീസുകാരൻ വന്നു വിസ്മയയേയും കുഞ്ഞിനേയും മുന്നോട്ടു പിടിച്ചു നിർത്തി ചോദിച്ചു:

''പറയെടീ. അല്ലെങ്കിൽ എല്ലാത്തിനേം അകത്താക്കും. പിന്നെ ജീവനോടെ മടങ്ങിവരില്ല. സാറ് പറയുന്ന കേട്ടില്ലേ?''

വിസ്മയയുടെ മുഖം സങ്കടംകൊണ്ട് വിതുമ്പുകയാണ്. നിശ്ശബ്ദത മാത്രമായിരുന്നു അവളുടെ മറുപടി. ജീവിതത്തിൽ ഇത്തരത്തിലൊരു അനുഭവം ആദ്യമായാണ് അവൾ നേരിടുന്നത്. പാറുക്കുട്ടിയുടെ കരച്ചിൽ ശക്തമാകുന്നു. അവളിൽനിന്ന് ഒന്നും കിട്ടില്ലെന്നു മനസ്സിലായപ്പോൾ പൊലീസ് ഉദ്യോഗസ്ഥൻ വീണ്ടും ശ്യാമിന്റെ നേരേ തിരിഞ്ഞു. അയാൾ നിയന്ത്രിക്കാനാവാത്ത കോപത്തോടെ ചോദിച്ചു:

''നിന്റെ പേരെന്താണ്? നീയെന്തു ചെയ്യുന്നു?''

ശ്യാം നിസ്സംഗതയോടെ അയാളെ നേക്കി. എന്നിട്ട് വളരെ പതുക്കെ പറഞ്ഞു,

''ഞാൻ ശ്യാം, ശ്യാംപ്രഭാകർ. നഗരത്തിലെ ഇൻഡസ്ട്രിയയിൽ സെക്ടറിൽ മെക്കാനിക്കാണ്. ഇതെന്റെ ഭാര്യ വിസ്മയ.''

''അവന്റെ പേരെന്താണ്? നീ അഭയംകൊടുത്ത ആ നായിന്റെ മോന്റെ പേര്? അവൻ എന്തിനു ഇവിടെ വന്നു?''

ശ്യാം തുടർന്നു: ''ഞങ്ങൾ നാട്ടിൽ യൂണിവേഴ്സിറ്റി കോളെജിൽ ഒന്നിച്ചു പഠിച്ചവരാണ്. പേര് സത്യവ്രതൻ. ആറേഴ് ദിവസം മുമ്പാണ് ഇവിടെ വന്നത്. സത്യത്തിൽ മറ്റൊന്നും ഞങ്ങൾക്കറിയില്ല.''

അപ്പോഴാണ് ഒരു പൊലീസുകാരൻ അകത്തുനിന്ന് ഒരു ഫോട്ടോഗ്രാഫുമായി വന്നത്. അയാൾ പൊലീസ് ഓഫീസറുടെ നേരേ നീട്ടിക്കൊണ്ടു പറഞ്ഞു,

''സാർ ഈ ഫോട്ടോ കുഞ്ഞിന്റെ സ്കൂൾ ബാഗിൽനിന്ന് കിട്ടിയതാണ്. അവന്റേതാണെന്ന് തോന്നുന്നു.''

പൊലീസ് ഓഫീസർ അതു വാങ്ങി പരിശോധിച്ചശേഷം ശ്യാമിനോടു ചോദിച്ചു,

''ഇതാരാണ്? ഇവനാണോ അവൻ? സത്യവ്രതൻ? ഇവനെയാണോ

നീ ഒളിപ്പിച്ചുവച്ചത്? ഇവനെ കണ്ടാൽത്തന്നെ ഒരു തീവ്രവാദി ലുക്കുണ്ട്. പറയെടാ. ഇവനാണോ അവൻ?''

കഴിഞ്ഞ ദിവസം രാത്രി സത്യവ്രതൻ പാറുവിനു കൊടുക്കാൻ ഏൽപ്പിച്ച ഫോട്ടോ ആണത്. സ്നേഹം കാത്തുസൂക്ഷിക്കാൻ അമ്മാവൻ ഏൽപ്പിച്ച സ്നേഹസമ്മാനം. ഇതെങ്ങനെ പൊലീസിന്റെ കൈയിൽ കിട്ടിയെന്ന് അവൻ അത്ഭുതപ്പെട്ടു.

''അതെ, അത് അവനാണ്. സത്യവ്രതൻ.'' ശ്യാം നിസ്സഹായതയോടെ പറഞ്ഞു.

പൊലീസ് ഓഫീസർ സത്യവ്രതന്റെ ഫോട്ടോ കാണിച്ചുകൊണ്ടു ചോദിച്ചു, ''അവൻ പിടികിട്ടാപ്പുള്ളിയായ ഒരു മാവോയിസ്റ്റ് തീവ്രവാദിയാണെന്നറിഞ്ഞിട്ടും നീ അവനു ഇവിടെ അഭയം കൊടുത്തു. അല്ലേ? കഴിഞ്ഞ മൂന്നു വർഷമായി പൊലീസ് അന്വേഷിക്കുന്ന ഭീകര കുറ്റവാളിയാണ് അവനെന്ന് നിനക്കറിയാമോ? അവന്റെ പേരിൽ എത്ര കേസുകൾ ഉണ്ടെന്ന് നിനക്കറിയാമോ? ഇന്ത്യൻ ശിക്ഷാനിയമം അനുസരിച്ച് കുറ്റവാളിക്ക് മാത്രമല്ല അവനെ അഭയം കൊടുക്കുന്നവനും സംരക്ഷിക്കുന്നവനും കഠിനശിക്ഷയാണ്. എത്ര വർഷത്തെ ജയിൽവാസമാണെന്നറിയാമോ? ഇല്ലെങ്കിൽ നീ അറിയാൻ പോകുന്നതേയുള്ളൂ.''

ശ്യാം ഉത്തരമില്ലാതെ നിന്നു. പിന്നിൽ പാറുക്കുട്ടി വിങ്ങിവിങ്ങി കരയുന്നത് അവൻ ശ്രദ്ധിക്കാതിരുന്നില്ല. പക്ഷേ ഈ നിസ്സഹായാവസ്ഥയിൽ എന്താണ് ചെയ്യുക? താൻ കെണിയിൽ പെട്ടിരിക്കുകയാണെന്ന് അവനു തോന്നി. സത്യവ്രതൻ എങ്ങനെ രക്ഷപ്പെട്ടു എന്നാണ് മനസ്സിലാകാത്തത്. പൊലീസ് റെയ്ഡിനു വരുമെന്ന് അവൻ അറിഞ്ഞിരുന്നോ?

പൊലീസ് ഓഫീസർ പറഞ്ഞു:

''അവനെ കണ്ടെത്തുന്നതുവരെ നീ അഴികൾക്കുള്ളിലായിരിക്കും. തീവ്രവാദികളും ക്രിമിനലുകളും അടയിരിക്കാൻ കയറുന്നത് ഇത്തരം കുടുംബങ്ങളിലാണ്. ആരുമറിയില്ലല്ലോ. നിനക്ക് അവനെക്കുറിച്ച് അറിയാമെന്ന് വ്യക്തം. സത്യം പറഞ്ഞില്ലെങ്കിൽ നിന്നെ കൈകാര്യം ചെയ്യാൻ എനിക്കറിയാം.''

പിന്നെ പൊലീസുകാരോടായി പറഞ്ഞു:

''ഇവനെ വിലങ്ങു വച്ചു വണ്ടിയിൽ കയറ്റു. നേരേ സ്റ്റേഷനിലേക്ക് പോകട്ടെ.''

പിന്നിലേക്ക് നടന്നു വിസ്മയയോടു പറഞ്ഞു:

‘‘തൽക്കാലം നിന്നെയും കുഞ്ഞിനേയും സ്റ്റേഷനിലേക്ക് കൊണ്ടുപോകുന്നില്ല. പൊലീസുകാർക്കും ചില ധാർമ്മികതയൊക്കെ ഉണ്ടല്ലോ. നിങ്ങൾക്കതില്ലെങ്കിലും. നാളെ കോടതിയിൽ ഹാജരാക്കിയശേഷം നടപടികൾ തീരുമാനിക്കും. എന്തായാലും ഇവൻ പതിന്നാലു ദിവസത്തെ റിമാൻഡിലായിരിക്കും. ആവശ്യമെങ്കിൽ ഞങ്ങൾ വീണ്ടും വരും. അവൻ ഇവിടെ വരാൻ സാധ്യതയുണ്ട്. വന്നാൽ ഇവിടെ പൂട്ടിയിട്ടിട്ട് പൊലീസിനെ അറിയിക്കണം. പറഞ്ഞതു കേട്ടല്ലോ.’’

വിസ്മയ മറുപടിയൊന്നും പറയാതെ നിന്നതേയുള്ളൂ. അവളുടെ അന്നനാളത്തിൽ ജലകണങ്ങൾ തിങ്ങിത്തിങ്ങി കയറുന്നതുപോലെ അനുഭവപ്പെട്ടു. തന്റെ സംസാരശേഷി മൊത്തം നഷ്ടപ്പെട്ടെന്ന് അവൾക്ക് തോന്നി. കുഞ്ഞ് അവളെ പൂണ്ടടക്കം പിടിച്ചു ഭയന്നു കരയുകയാണ്.

ശ്യാമിനെ വിലങ്ങുവച്ച് പൊലീസുകാർ കോവണിയിലൂടെ താഴേക്ക് നടത്തി. കുഞ്ഞിന്റെ കരച്ചിലും വിസ്മയയുടെ നിറഞ്ഞൊഴുകുന്ന കണ്ണുകളും അയാളെ നിസ്സംഗതയ്ക്കപ്പുറത്തുള്ള ഏതോ ലോകത്തിലെത്തിച്ചു. രണ്ടാമതൊന്നുകൂടി അവരെ നോക്കാൻ അയാൾക്ക് ശക്തിയുണ്ടായില്ല.

ഓഫീസർ പൊലീസുകാരെയും കൂട്ടി പുറത്തേക്ക് നടന്നു. കോവണിയിൽ ഷൂസുകളുടെ അമിതമായ ശബ്ദം വിസ്മയയുടെ വിഷാദ മനസ്സിന്റെ ചുറ്റുമതിലിൽ ഇടിമുഴക്കം സൃഷ്ടിച്ചു.

വിലങ്ങുവച്ചു കൊണ്ടുപോകുന്ന ശ്യാമിനെ കാണാൻ വെളുപ്പാൻ കാലത്ത് ഗാന്ധിനഗർ കോളനികളിലെ തെരുവുകളിൽ ജനങ്ങൾ തിങ്ങിനിറഞ്ഞു. സംഭവം അറിയാതെ അവർ ആകാംക്ഷയോടെ കാതോർത്തു.

പൊലീസ് വണ്ടിയിൽ കയറുമ്പോൾ ശ്യാമിന്റെ മനസ്സിൽ സത്യവ്രതന്റെ വാചകങ്ങൾ തെന്നിത്തെന്നി പ്രതിദ്ധ്വനിച്ചു, ‘‘എന്നെ സംബന്ധിച്ച് കർമ്മവും ദർശനവും രണ്ടല്ല. ഒന്നുതന്നെയെന്നു വേണമെങ്കിൽ പറയാം. അതിനാൽ എന്നോട് ആർക്കും ബാധ്യതയില്ല. തിരിച്ച് എനിക്കും.’’

ഏഴ്

കഴിഞ്ഞ രാത്രിയിലെ സംഭവങ്ങൾ സ്വപ്നമായിരുന്നോ യാഥാർത്ഥ്യമായിരുന്നോ?

ശ്യാമിന്റെ മനസ്സ് ഏതോ ക്രൈംനോവലിന്റെ ചുറ്റുവട്ടത്തിൽ അകപ്പെട്ടതുപോലെ സഞ്ചരിച്ചു. കൊച്ചുവെളുപ്പാൻകാലത്ത്

വീട്ടിലുണ്ടായ പുകിലുകൾ എന്തായിരുന്നു. സ്റ്റേഷനിൽ എത്തിയിട്ടും പൊലീസുകാർ വിടാതെ ചോദ്യങ്ങൾ ആവർത്തിക്കുകയായിരുന്നു. ഉന്നത പൊലീസുദ്യോഗസ്ഥർ വന്നുംപോയുമിരുന്നു. ഏതോ ഭീകര കുറ്റവാളിയെ കിട്ടിയതുപോലുള്ള ആവേശത്തിലും തത്രപ്പാടിലുമായിരുന്നു അവർ.

പൊലീസിന്റെ സ്വരം മാറ്റിയുള്ള ചോദ്യങ്ങൾക്ക് തനിക്കറിയാവുന്ന ഉത്തരങ്ങൾ മാത്രമേ പറയാൻ കഴിയുമായിരുന്നുള്ളൂ. എന്നാൽ തന്റെ ഉത്തരങ്ങൾക്ക് തരിമ്പു വിലപോലും അവർ കൊടുക്കുന്നതായി ശ്യാമിനു തോന്നിയില്ല. സ്റ്റേഷനിലെ ഇരുണ്ട ലോക്കപ്പിലാണ് വെളുക്കുന്നതുവരെ കഴിയേണ്ടി വന്നത്. മനസ്സിൽ പോലും ഇരുട്ടു കയറുന്ന അന്തരീക്ഷം. പല പ്രായത്തിലും തരത്തിലുമുള്ള നിരവധി കുറ്റവാളികളായിരുന്നു അതിനകത്ത്. ഇടയ്ക്കിടെ തന്നേയും അവരിൽ പലരേയും പുറത്തേക്ക് കൂട്ടിക്കൊണ്ടുപോയി ചോദ്യം ചെയ്യുന്നു. ചിലരെ അടുത്ത മുറിയിൽ കൊണ്ടുപോയി മർദ്ദിക്കുകയും ചെയ്യുന്നുണ്ട്.

എന്തു ചെയ്യണമെന്നറിയാതെ ശ്യാം ഒരറ്റത്ത് ഇരുട്ടിന്റെ ഭാഗമായി കൂനിക്കൂടിയിരുന്നു. ഇനി എന്താണ് സംഭവിക്കുക? ആരു സഹായിച്ചാലാണ് തനിക്ക് ഈ ലോക്കപ്പിൽ നിന്ന് പുറത്തിറങ്ങാനാവുക? വിസ്മയയെക്കുറിച്ചും കുഞ്ഞിനെക്കുറിച്ചും ചിന്തിച്ചപ്പോൾ അയാളുടെ മനസ്സ് വല്ലാതെ വിങ്ങിപ്പോയി. പാതിരാത്രിയിൽ ഉണ്ടായ സംഭവത്തോടെ അയൽവാസികളൊക്കെ നിസ്സഹരണത്തിലായിരിക്കും. പൊലീസിന്റെ ഭാഷ്യത്തിൽ താൻ ഒരു ഭീകരകുറ്റവാളിക്കാണ് അഭയം കൊടുത്തിരുന്നത്. അയാൾ ചെയ്ത കുറ്റകൃത്യങ്ങൾ എന്താണ്? രാജ്യത്തിന്റെ ഭദ്രതയെ അട്ടിമറിക്കാൻ അയാൾ ശ്രമിച്ചെന്നാണ് പൊലീസ് സ്ഥാപിക്കാൻ ശ്രമിക്കുന്നത്. പക്ഷേ സത്യവ്രതൻ ബന്ധപ്പെട്ട കേസുകളെക്കുറിച്ച് തനിക്ക് ഒന്നുമറിയില്ല. അക്കാര്യം തിരിച്ചറിയാൻ പൊലീസ് ഉദ്യോഗസ്ഥർക്ക് താൽപ്പര്യവുമില്ല. കട്ടവനെ കണ്ടില്ലെങ്കിൽ കണ്ടവനെ പിടിക്കുക. അത്രതന്നെ.

സത്യവ്രതൻ ആരായിരുന്നു? അവൻ പിടികിട്ടാപ്പുള്ളിയായ മാവോയിസ്റ്റ് ആയിരുന്നോ? അവൻ ചെയ്ത കുറ്റകൃത്യങ്ങൾ എന്തെല്ലാമായിരുന്നു? ഒന്നിനും ഉത്തരമില്ല. രക്ഷപ്പെടാനാകാത്ത ഏതോ അഗാധഗർത്തത്തിൽ വീണതുപോലെ ശ്യാമിനു തോന്നി. നഗരത്തിന്റെ രാപകലുകളിൽ ജീവിച്ചുപോകാൻ തന്നെ ബുദ്ധിമുട്ടാണ്. അതിനിടയിലാണ് കുഴക്കുന്ന അപ്രതീക്ഷിത സംഭവങ്ങൾ.

കഴിഞ്ഞ ദിവസം രാത്രിയിൽ സത്യവ്രതൻ എങ്ങനെയാണ് രക്ഷപ്പെട്ടത്? പതിയിരിക്കുന്ന വിപത്തിനെക്കുറിച്ച് അവന് അറിയാമായിരുന്നിരിക്കണം. റെയ്ഡിനെക്കുറിച്ച് വിവരം കിട്ടിയതിനാലാകണം

അവൻ പൊലീസ് എത്തുന്നതിനു മുമ്പ് സ്ഥലം വിട്ടത്. തന്നെയും തന്റെ കുടംബത്തേയും കുരുക്കിലാക്കാൻ അവനെങ്ങനെ മനസ്സു വന്നു? അവന്റെ അവസാനത്തെ വാചകങ്ങൾ ശ്യാമിന്റെ മനസ്സിൽ പ്രതിധ്വനിച്ചു:

''നമുക്ക് ഒരിക്കലും തിരിച്ചുപോകാനാവില്ല. എന്റെ ഗുരുവിന്റെ വാക്കുകൾ കടമെടുത്തു പറഞ്ഞാൽ, ജീവിതം കർമ്മപ്രധാനമാണ്. ഒരാൾ ജീവിക്കുന്നു എന്നതിന്റെ തെളിവ് അയാൾ എന്തെങ്കിലും ചെയ്യുന്നു എന്നതാണ്. ജീവിച്ചതിന്റെ ലക്ഷ്യം ചെയ്തതും.''

സുഹൃത്തു കാരണം തനിക്ക് വന്നുപെട്ട ദുരന്തത്തെപ്പറ്റി ചിന്തിച്ചിരിക്കുമ്പോഴാണ് ഒരു കോൺസ്റ്റബിൾ വന്നു വിളിക്കുന്നത്. അയാൾ ശ്യാമിനെ ഒരു ഉന്നത പൊലീസ് ഓഫീസറുടെ ക്യാബിനിലേക്കാണ് കൂട്ടിക്കൊണ്ടു പോയത്. ഐപിഎസ് റാങ്കിലുള്ള ഉദ്യോഗസ്ഥനായിരിക്കണമെന്ന് വേഷം കണ്ടാലറിയാം. കഷണ്ടി കയറിയ തല തടവിക്കൊണ്ട് ഓഫീസർ ശ്യാമിനെ അടിമുടി വീക്ഷിച്ചു. തുടർന്ന് പരുക്കൻ ശബ്ദത്തിൽ ആദ്യചോദ്യമെറിഞ്ഞു,

''എന്താ നിന്റെ പേര്?''

''ശ്യാം, ശ്യാം പ്രഭാകർ.''

''എന്തായാലും തൊഴിൽ കൊള്ളാം. ഭീകരവാദികളായ മാവോയിസ്റ്റുകളെ സ്വന്തം വീട്ടിൽ സംരക്ഷിക്കുന്നതല്ലേ തൊഴിൽ? എത്ര നാളായി ഈ പണി തുടങ്ങിയിട്ട്? ഇതുവരെ എത്ര പേരെ സംരക്ഷിച്ചു?''

ഒന്നും പറയാനാകാതെ ശ്യാം നിശ്ശബ്ദനായി നിന്നതേയുള്ളൂ. അടുത്തുണ്ടായിരുന്ന പൊലീസുകാരൻ പറഞ്ഞു:

''സർ, രാജ്യസുരക്ഷയുമായി ബന്ധപ്പെട്ട നിരവധി കേസുകളിൽ പിടികിട്ടാപ്പുള്ളിയായ സത്യവ്രതനെന്ന കുറ്റവാളിയെ ഇവനാണ് രഹസ്യമായി താമസിപ്പിച്ചത്. പൊലീസ് എത്തിയപ്പോഴേക്കും അവനെ രക്ഷപ്പെടാൻ ഇവൻ സഹായിച്ചു.''

കുഞ്ഞിന്റെ ബാഗിൽനിന്നു കിട്ടിയ ഫോട്ടോ കൊടുത്തുകൊണ്ട് അയാൾ തുടർന്നു:

''സർ ഇതാണവന്റെ ഫോട്ടോ. വീട് റെയ്ഡ് ചെയ്തപ്പോൾ ഇവന്റെ കുഞ്ഞിന്റെ ബേഗിൽ നിന്ന് കിട്ടിയതാണ്.''

ഫോട്ടോ വാങ്ങി സൂക്ഷിച്ചു നോക്കിയശേഷം ഓഫീസർ ശ്യാമിനോട് ചോദിച്ചു:

''എന്താ നിനക്ക് ഉത്തരമില്ലേ?''

''സർ, സത്യവ്രതൻ കോളെജിൽ എന്റെ ക്ലാസ്മേറ്റായിരുന്നു. കഴിഞ്ഞ വാരം അയാൾ എന്നെ കാണാൻ നഗരത്തിൽ വന്നു. ചില അത്യാവശ്യക്കാര്യങ്ങൾ ചെയ്തു തീർക്കാനുണ്ടെന്നും പറഞ്ഞിരുന്നു. ഞങ്ങൾ തമ്മിൽ കാര്യമായ സംഭാഷണം പോലും ഉണ്ടായിരുന്നില്ല. അയാൾ രാവിലെ പോയാൽ രാത്രി വൈകിയാണ് വന്നിരുന്നത്. അതിനപ്പുറം എനിക്കൊന്നും അറിയില്ല സർ.''

പൊലീസ് ഓഫീസർ ശ്യാമിനെ നന്നായി ശ്രദ്ധിക്കുന്നുണ്ടായിരുന്നു. പെട്ടെന്ന് രൂക്ഷമായ നോട്ടത്തോടെ ഓഫീസർ ആക്രോശിച്ചു:

''ഇങ്ങോട്ടു മാറിനിൽക്കെടാ...''

അയാളുടെ ശബ്ദം ശ്യാമിനെ ഞെട്ടിച്ചുകളഞ്ഞു. പഠിക്കുന്ന കാലത്ത് രാഷ്ട്രീയം കളിച്ചതിന്റെ പേരിൽ പൊലീസ് സ്റ്റേഷനിൽ പോയിട്ടുണ്ടെങ്കിലും ഇത്തരത്തിലൊരു അനുഭവം ഇതേവരെ ഉണ്ടായിട്ടില്ല. ഓഫീസറുടെ നിർദ്ദേശപ്രകാരം അവൻ കുറച്ചുകൂടി മാറി നിന്നു.

ഓഫീസർ വീണ്ടും അതേ ശബ്ദത്തിൽ ചോദിച്ചു:

''നീ എവിടെയാണ് പണിയെടുക്കുന്നത്. എന്താ നിന്റെ ജോലി?''

ഓഫീസറുടെ പെരുമാറ്റത്തിൽ ഉണ്ടായ വ്യതിയാനം ശ്യാമിനെ വല്ലാതെ അമ്പരപ്പിച്ചു. വളരെ സാവധാനം വാക്കുകൾ തെരഞ്ഞെടുത്ത് അവൻ പറഞ്ഞു:

''നഗരത്തിലെ ഓറിയന്റൽ ലെയ്ത്ത് കമ്പനിയിലെ മെക്കാനിക്കാണ് സർ. എനിക്ക് ഭാര്യയും അഞ്ചു വയസ്സുള്ള ഒരു മകളുമുണ്ട്. കഴിഞ്ഞ അഞ്ചാറു വർഷമായി സത്യവ്രതനെക്കുറിച്ച് എനിക്ക് ഒന്നുമറിയില്ലായിരുന്നു സർ. അയാൾ എവിടെ ആയിരുന്നെന്നും.''

പൊലീസ് ഓഫീസർ അതേ രീതിയിൽ ശബ്ദം താഴ്ത്താതെ തന്നെ ചോദിച്ചു,

''നീ ഏത് ക്ലാസുവരെ പഠിച്ചു?''

ശ്യാം പതുക്കെ പറഞ്ഞു, ''ഡിഗ്രിവരെ സർ.''

ഓഫീസർ ഇരിപ്പിടത്തിൽ നിന്നെഴുന്നേറ്റ് ശ്യാമിന്റെ മുന്നിലേക്ക് നടന്നു വന്നിട്ട് ഒരു വക്കീലിന്റെ ലാഘവത്തോടെ പറഞ്ഞുതുടങ്ങി:

''ഈ രാജ്യത്ത് ഒരു ഭരണഘടനയുണ്ട്. നിയമങ്ങളും ശിക്ഷാവിധികളുമുണ്ട്. അത്തരം നിയമങ്ങളെക്കുറിച്ചും ശിക്ഷാവിധികളെക്കുറിച്ചും ബിരുദധാരിയായ നീ വായിച്ചിട്ടുണ്ടോ? ഇന്ത്യൻ പൗരനെന്ന നിലയ്ക്ക് നീ അതൊക്കെ വായിച്ചിട്ടുണ്ടാകും. കുറ്റവാളികളെ സംരക്ഷിക്കുന്നതിന്റെ ഭവിഷ്യത്തുകൾ നിനക്കറിയാമോ? രാഷ്ട്രത്തിനെതിരെ തെറ്റു ചെയ്യുന്നവനു കിട്ടുന്ന ശിക്ഷ എന്താണെന്നറിയാമോ?

വിവരമുണ്ടായിട്ടും തെറ്റുകൾ ചെയ്യുന്നവനെ ശിക്ഷിക്കാതിരിക്കാൻ പറ്റുമോ?''

ഓഫീസർ മേശയിൽ ചാരിനിന്നുകൊണ്ട് വീണ്ടും ശ്യാംപ്രഭാകറിനെ അടിമുടി നോക്കി. ആ മുഖത്ത് അൽപ്പംപോലും മനുഷ്യത്വം കാണാനായില്ല. പൊലീസുകാരൊക്കെ ഇത്തരത്തിൽ കഠിനഹൃദയരാകുന്നത് എന്തുകൊണ്ട്? ശ്യാമിന്റെ ചിന്തകൾ വഴിതെറ്റുമ്പോൾ പൊലീസ് ഓഫീസറുടെ ശബ്ദം ചിതറിവീണു:

''ഇപ്പോൾ തയ്യാറാക്കാൻ പോകുന്ന എഫ്ഐആറിന്റെ അടിസ്ഥാനത്തിൽ ഭീകരവാദിയെ സംരക്ഷിച്ചവന് ലഭിക്കുന്ന ശിക്ഷ എന്തെന്നറിയാമോ? ഇന്ത്യൻ ശിക്ഷാനിയമം അനുസരിച്ച് പത്ത് വർഷം കഠിനതടവും പിഴയും ആണെന്നറിയാമോ? ഇതൊന്നുമറിയാത്ത ഒരാൾ സുഹൃത്തെന്നു പറഞ്ഞെത്തുന്ന ആളെ സഹായിച്ചാൽ ഉണ്ടാകുന്ന കുഴപ്പങ്ങൾ മനസ്സിലാക്കാനുള്ള കഴിവുണ്ടോ നിനക്ക്? ഇവിടെ നിരപരാധിത്വം തെളിയിക്കാൻ നിനക്കാവില്ല. പൊലീസിന്റെ കൈയിൽ തെളിവുകളുണ്ട്. അത് ശക്തമാണ്. തെളിവില്ലെങ്കിൽ ഞങ്ങൾക്ക് അതുണ്ടാക്കാനറിയാം. നിന്റെ ഭാര്യയും കുഞ്ഞുമടങ്ങുന്ന കുടുംബം അനാഥരായിക്കഴിഞ്ഞു. കാരണം എന്താണെന്നറിയാമോ? ആലോചനാശേഷിയില്ലാതെ സുഹൃത്തുക്കളെ സഹായിക്കാൻ ഇറങ്ങിപ്പുറപ്പെട്ടതിനാൽ.''

''സർ, പഠിക്കുന്ന കാലത്ത് അയാൾ പ്രശ്നങ്ങളൊന്നും സൃഷ്ടിച്ചിരുന്നില്ല. നല്ല സുഹൃത്തായിരുന്നു. അഞ്ചാറു വർഷങ്ങൾക്ക് മുമ്പ് അയാൾ നാടു വിട്ടിരുന്നു. പിന്നെയുള്ള വിവരങ്ങളൊന്നും എനിക്കറിയില്ല.'' വളരെ കരുതലോടെ ശ്യാം അത്രയും പറഞ്ഞു.

പൊലീസ് ഓഫീസർ ഇടയ്ക്ക് വന്ന ഫോൺ അറ്റൻഡ് ചെയ്യാനായി പുറത്തേക്ക് പോയി. ഓഫീസറുടെ യൂണിഫോമിൽ വിക്രം സേനൻ എന്നെഴുതിയിരിക്കുന്നത് ശ്യാം ശ്രദ്ധിച്ചു.

അവിടെ ഡ്യൂട്ടിയിലുണ്ടായിരുന്ന പൊലീസുകാരൻ ശ്യാമിന്റെ അടുത്തുവന്നു പറഞ്ഞു,

''അയാളെക്കുറിച്ച് അറിയാവുന്ന കാര്യങ്ങൾ പറഞ്ഞാൽ നിന്നെ വിട്ടെന്നിരിക്കും. ഇല്ലെങ്കിൽ പതിനഞ്ചു ദിവസം റിമാൻഡിൽ അകത്തു പോകേണ്ടി വരും. ഇക്കാലത്ത് തീവ്രവാദികളായ മാവോയിസ്റ്റുകളെ സംരക്ഷിക്കുന്നവർക്കുള്ള ശിക്ഷ ഞാൻ പറയാതെതന്നെ നിനക്കറിയാമല്ലോ? അതിനാൽ വിക്രം സാർ വരുമ്പോൾ സത്യം തുറന്നു പറയണം. നാടു നീളെ മാവോയിസ്റ്റുകൾ പെറ്റുപെരുകുന്ന കാലമായതിനാൽ ആരും നിന്നെ രക്ഷിക്കാൻ മുന്നോട്ടു വരില്ല. അത് ഓർമ്മയിലിരിക്കട്ടെ.''

ശ്യാം ഒന്നും പറഞ്ഞില്ല. പൊലീസ് സ്റ്റേഷന് പുറത്തുള്ള മരച്ചില്ലകളിൽ കാക്കകൾ കൂട്ടംകൂടിയിരുന്നു ശബ്ദമുണ്ടാക്കുന്നു. അവർക്കിടയിലും പ്രതിസന്ധി ഉണ്ടായിരിക്കണം. മരച്ചുവട്ടിൽ കൈക്കുഞ്ഞുമായി ഒരു യുവതി ഇരിക്കുന്നു. ഏതോ കേസ്സുമായി വന്നതാകണം. അപ്പോൾ അവന്റെ ചിന്ത മകളേയും വിസ്മയയേയും കുറിച്ചായിരുന്നു. രാത്രിയിലെ സംഭവങ്ങൾക്കുശേഷം അവർ ഉറങ്ങിയോ എന്നുതന്നെ സംശയമാണ്.

ഫോൺവിളി അവസാനിപ്പിച്ചുകൊണ്ട് പൊലീസ് ഓഫീസർ വിക്രം സേനൻ അകത്തേക്ക് വന്നു. വീണ്ടും ശ്യാമിന്റെ നേരേ വിരൽ ചൂണ്ടി പറഞ്ഞു:

''നോക്കൂ, കാര്യങ്ങൾ കൈവിട്ടുപോകുന്നതിനു മുമ്പ് അറിയാവുന്ന സത്യം പറയണം. അല്ലെങ്കിൽ അകത്താകും. നിയമത്തിനു ദാക്ഷിണ്യമില്ല. അവന്റെ പഴയ ഹിസ്റ്ററി എന്തായിരുന്നു? അവൻ നാട്ടിൽ ഏതെങ്കിലും പാർട്ടിയിൽ പ്രവർത്തിച്ചിരുന്നോ? എല്ലാം വിശദമായി പൊലീസിനോട് പറയണം. അവരതൊക്കെ രേഖപ്പെടുത്തും. നിന്നേയും അവനേയും കുടുക്കാൻ കോടതിയിൽ അതൊക്കെ ആവശ്യമാണ്. പിന്നെ മറ്റൊരു കാര്യം. രാജ്യത്ത് മാവോയിസ്റ്റുകളുടെ കടന്നുകയറ്റം വർദ്ധിക്കുകയാണ്. അവരെ അമർച്ച ചെയ്യാൻ കഴിഞ്ഞ ബജറ്റിൽ എത്ര കോടികളാണ് നീക്കിവച്ചതെന്ന് നിനക്ക് അറിയാമോ? ഇല്ലെങ്കിൽ നീ അറിയണം. നീ ഒരു ബിരുദധാരിയാണ്. സാധാരണക്കാരനല്ല. പത്രങ്ങളും ചാനലുകളുമൊക്കെ കാണുന്നവനാണ്. കേസുകൾ കെട്ടിച്ചമക്കാനും സർക്കാരിനു എതിരു നിൽക്കുന്ന നിരപരാധികളെ മാവോയിസ്റ്റുകളാക്കി അകത്താക്കാനും ആസൂത്രണങ്ങൾ നടക്കുന്നുണ്ട്. അതിനാൽ നീ അവനെ കണ്ടെത്താൻ സഹായിക്കണം. എങ്കിൽ നിനക്ക് കൊള്ളാം, നിന്റെ കുടുംബത്തിനു കൊള്ളാം. പറഞ്ഞത് മനസ്സിലായോ?''

തുടർന്ന് അടുത്തു നിന്ന പൊലീസിനോട് ഓഫീസർ പറഞ്ഞു:

''എഫ്ഐആർ തയ്യാറാക്കി കോടതിയിൽ ഹാജരാക്കണം. പതിനഞ്ച് നാൾ അകത്തു കിടക്കട്ടെ. അപ്പോൾ എല്ലാം അവൻ തുറന്നു പറയും.''

ശ്യാം ഒന്നും പറയാൻ കഴിയാതെ നിൽക്കുന്നതു കണ്ടപ്പോൾ ഓഫീസർ ചോദിച്ചു,

''എന്താ നാവിറങ്ങിപ്പോയോ? ഇവിടെ ചില നടപടിക്രമങ്ങളൊക്കെയുണ്ട്. അതിനു ശേഷമാകും കോടതിയിലേക്ക്. അതിനു മുമ്പ് ഞാൻ വരും. എന്നിട്ട് അടുത്ത നടപടികൾ.''

ഇത്രയും പറഞ്ഞു ഡ്യൂട്ടി പൊലീസുകാരനെ വിളിച്ച് എന്തൊക്കയോ നിർദ്ദേശങ്ങൾ കൊടുത്തശേഷം ഓഫീസർ പുറത്തേക്ക് പോയി. മറ്റേതോ കേസ്സന്വേഷിക്കാനുള്ള തിടുക്കം അയാളിൽ കാണാനുണ്ടായിരുന്നു. മണി പത്തു കഴിഞ്ഞിരിക്കുന്നു.

ഡ്യൂട്ടി പൊലീസുകാരൻ ശ്യാമിനെ റൈറ്ററുടെ അടുത്തേക്ക് കൊണ്ടുപോയി.

ഏറെ കാത്തിരുന്നശേഷം റൈറ്റർ അവനോട് നിരവധി ചോദ്യങ്ങൾ ചോദിച്ചു. വിക്രം സേനൻ ഉൾപ്പെടെ ചോദിച്ച ചോദ്യങ്ങൾ തന്നെയാണ് റൈറ്ററും ചോദിച്ചത്. ആവർത്തനങ്ങളുടെ തിരയിളക്കം. അയാൾ എന്തൊക്കയോ ചോദിക്കുന്നു, ശ്യാം തന്റെ ഉത്തരങ്ങൾ ആവർത്തിക്കുന്നു. അതെല്ലാം അയാൾ കാർബൺ വച്ച പേപ്പറിൽ എഴുതുകയാണ്. താൻ നിരപരാധിയാണെന്നും കുറ്റങ്ങളൊന്നും ചെയ്തിട്ടില്ലെന്നും പറഞ്ഞിട്ടും റൈറ്റർ ശ്രദ്ധിക്കുന്നില്ല. അയാൾ എഴുതിക്കൊണ്ടേയിരിക്കുകയാണ്. വർഷങ്ങൾക്കു മുമ്പ് കൊളെജിൽ പഠിച്ചതുമുതലുള്ള കാര്യങ്ങളാണ് അയാൾ ചോദിക്കുന്നതും എഴുതുന്നതും. താനൊരു തീവ്രവാദിയെ സംരക്ഷിച്ചു എന്നത് സ്ഥാപിക്കാൻ അയാൾ കാടുകയറുകയാണ്.

പൊലീസ് ഓഫീസറുടെ വാക്കുകൾ ശ്യാമിൽ ഭീതി വളർത്തി. ''കേസ്സുകൾ കെട്ടിച്ചമക്കാനും സർക്കാരിനു എതിരു നിൽക്കുന്ന നിരപരാധികളെ മാവോയിസ്റ്റുകളാക്കി അകത്താക്കാനും ആസൂത്രണങ്ങൾ നടക്കുന്നുണ്ട്.''

ശരിയാണ് ഭരണകൂടഭീകരതയെപ്പറ്റിയാണ് അയാൾ അറിഞ്ഞോ അറിയാതെയോ ഉരുവിട്ടത്. പത്രങ്ങളിൽ വരുന്ന വാർത്തകളിൽ എത്ര പേരാണ് ഏറ്റുമുട്ടൽ കാപട്യങ്ങളിൽ ചത്തുവീഴുന്നത്. നിരപരാധികളെ സഹായിക്കാൻ ഇവിടത്തെ നീതിന്യായങ്ങളിൽ വകുപ്പില്ല. നീതിപീഠങ്ങൾ അവർക്കൊപ്പവുമല്ല. ശ്യാമിന്റെ ചിന്തകൾ കാടുകയറുകയാണ്.

പഠിക്കുന്ന കാലത്തുപോലും നീതിന്യായ വ്യവസ്ഥയോടു ശ്യാമിനു വലിയ പ്രതിപത്തിയൊന്നും ഉണ്ടായിരുന്നില്ല. എങ്കിലും അതിനെ മറികടക്കാൻ ശ്രമിച്ചിട്ടുമില്ല. കുറ്റവാസനകൾ വർദ്ധിക്കുന്നത് നീതിന്യായ വ്യവസ്ഥയുടെ അലസത കൊണ്ടാണെന്ന് സത്യവ്രതൻ പറയുമായിരുന്നു. കുറ്റം ചെയ്യാത്തവനെ ബലാൽക്കാരത്തിൽ ജയിലിലാക്കുന്ന സമ്പ്രദായത്തോടാണ് തനിക്ക് എതിർപ്പെന്ന് അവൻ ആവർത്തിക്കുമായിരുന്നു. എന്തായാലും താനും ആ ഗതികേടിൽ പ്പെട്ടിരിക്കുന്നു. ഭീതി സാധാരണക്കാരന്റെ കൂടപ്പിറപ്പായി മാറുന്നത് ഇത്തരം സന്ദർഭങ്ങളിലാണല്ലോ.

''ഇതാ ഇവിടെ ഒപ്പിടൂ.''

റൈറ്ററുടെ പരുക്കൻ ശബ്ദം കേട്ടാണ് ചിന്തയിൽ നിന്നുണർന്നത്. അയാൾ കാണിച്ച ഭാഗങ്ങളിലൊക്കെ ഒപ്പിട്ടു. എന്നിട്ട് അയാൾ പറഞ്ഞു:

''എഫ് ഐആർ കോപ്പി കിട്ടാൻ വൈകും. വിക്രം സാർ വന്നിട്ട് ബാക്കി കാര്യങ്ങൾ ആലോചിക്കാം. എപ്പോഴാണ് കോടതിയിൽ പോകേണ്ടതെന്ന് അദ്ദേഹം തീരുമാനിക്കട്ടെ.''

കൂട്ടിക്കൊണ്ടുവന്ന പൊലീസുകാരനോടൊപ്പം അവൻ നടന്ന് പഴയ സ്ഥാനത്ത് ചെന്നിരുന്നു.

''എഫ്.ഐ.ആർ തയ്യാറാക്കി കോടതിയിൽ ഹാജരാക്കണം. പതിനഞ്ച് നാൾ അകത്തു കിടക്കട്ടെ.''

പൊലീസ് ഓഫീസർ വിക്രം സേനന്റെ ശബ്ദം അവന്റെ തലച്ചോറിൽ പ്രതിദ്ധ്വനിക്കുന്നപോലെ തോന്നി. കോടതിയിൽ ഹാജരാക്കാനുള്ള അനേകം പ്രതികൾ അവിടെ കൈവിലങ്ങുകളുമായി നിൽക്കുന്നുണ്ടായിരുന്നു. അവരുടെ മുഖത്തെ സ്ഥായീഭാവം ഭീതിയാണ്. ജയിലിൽ കഴിയുന്നവരിൽ 80 ശതമാനം പേരും വിചാരണത്തടവുകാരാണെന്ന് അടുത്തിടെ പത്രത്തിൽ കണ്ടകാര്യം ശ്യാം ഓർക്കുകയായിരുന്നു.

ഈ കുരുക്കിൽ നിന്ന് എങ്ങനെ രക്ഷപ്പെടാനാകും? കമ്പനിയിൽ അറിഞ്ഞാൽ പ്രശ്നമാകും. യൂണിയനുമായി ബന്ധപ്പെട്ട ആരെയെങ്കിലും കിട്ടിയിരുന്നെങ്കിൽ കൂടിയാലോചിച്ച് വേണ്ടതു ചെയ്യാമായിരുന്നു. പക്ഷേ ഫോൺ ചെയ്യാൻപോലുമുള്ള സാഹചര്യമല്ല ഇവിടെയുള്ളത്.

പലതരം കേസുകളുമായി നിരവധി പേർ രാവിലെതന്നെ പൊലീസ് സ്റ്റേഷൻ പരിസരത്തു അലയുകയാണ്. സാധാരണക്കാരായ അവരുടെ മുഖങ്ങളിൽ വ്യഥകളും വേവലാതികളും പടർന്നുപിടിച്ചിരിക്കുന്നു. പ്രായമുള്ള സ്ത്രീകളും പുരുഷന്മാരുമാണധികവും. അവരുടെ ഉറ്റവരോ ഉടയവരോ സ്റ്റേഷനുള്ളിൽ അകപ്പെട്ടുണ്ടാകണം. ചെറിയ കുറ്റകൃത്യങ്ങൾക്കുവരെ കടുത്ത നടപടികളാണ് അവരെ കാത്തിരിക്കുന്നത്. നമ്മുടെ നാടിന്റെ ദുരവസ്ഥ അവരുടെ മുഖങ്ങളിൽ കാണാമായിരുന്നു.

വെറുംനിലത്ത് കൂനിക്കൂടി ഇരിക്കുമ്പോൾ ആ പൊലീസുകാരൻ വന്നു തട്ടിവിളിച്ചു.

''വിക്രംസാർ വന്നിട്ടുണ്ട്. വിളിക്കുന്നു. അകത്തേക്ക് ചെല്ലൂ.''

അപ്പോഴാണ് ശ്യാം സമയം നോക്കുന്നത്. മണി പതിനൊന്നു

കഴിഞ്ഞിരിക്കുന്നു. എത്ര മണിക്കൂർ സ്റ്റേഷനിൽ ചിലവിട്ടെന്നും അവനറിയില്ല. ഒരുതരം നിർവികാരത കടന്നുകൂടിയിരിക്കുന്നു.

വിക്രം സേനന്റെ മുറിയാകെ പത്രക്കാർ. ചിലരുടെ കൈയിൽ ക്യാമറയുണ്ട്. ശ്യാം ആകെ അസ്വസ്ഥനായി. കേസുകളുടെ ബ്രീഫിംഗ് നടക്കുകയാണെന്ന് ശ്യാമിനു മനസ്സിലായി. ശ്യാമിനെ കണ്ട മാത്രയിൽ വിക്രം സേനൻ പത്രക്കാരോട് പറഞ്ഞു:

''ഇതാ ഇവനാണ് ആ മാവോയിസ്റ്റിനെ സംരക്ഷിച്ച വിദ്വാൻ. ദിവസങ്ങളാണ് ഇവൻ അയാൾക്ക് അഭയം നൽകിയത്.''

പൊലീസ് ഓഫീസർ ശ്യാമിനെ നോക്കി ആക്രോശിച്ചു:

''ഇങ്ങോട്ടു മാറിനിൽക്കെടാ. എന്താ നിനക്ക് നാണം തോന്നുന്നോ?''

പത്രക്കാർ എന്തൊക്കെയോ ചോദിക്കുകയും ചിത്രങ്ങൾ എടുക്കുകയും ചെയ്തു. അതിനൊക്കെ മറുപടി നൽകിയത് പൊലീസ് ഓഫീസറുടെ സമീപത്തുണ്ടായിരുന്ന കോൺസ്റ്റബിളായിരുന്നു. അയാൾ പൊടിപ്പും തൊങ്ങലും വച്ച് പത്രക്കാരോട് കാര്യങ്ങൾ വിശദീകരിക്കുകയായിരുന്നു. രാത്രിയിൽ വീട്ടിലേക്ക് പൊലീസ് ഇരച്ചു കയറുന്നതും കുറ്റവാളിയെ തിരയുന്നതുമൊക്കെ നാടകീയമായി അയാൾ അവതരിപ്പിക്കുകയാണ്. പൊലീസ് മേധാവിയുടെ തിരക്കഥയാണ് അവിടെ അരങ്ങേറുന്നതെന്ന് അവനു മനസ്സിലായി. ഏതോ വലിയ ക്രൈം റാക്കറ്റിന്റെ ഭാഗമാണ് ഈ നിൽക്കുന്ന ശ്യാം പ്രഭാകറെന്ന തോന്നലാണ് അയാൾ പത്രക്കാർക്ക് നൽകുന്നത്. ആടിനെ പട്ടിയാക്കാനും പട്ടിയെ പൂച്ചയാക്കാനും പോരുന്ന തിരുവെഴുത്തുള്ളവരാണല്ലോ മാധ്യമക്കാർ.

മാധ്യമപ്പട ഒഴിഞ്ഞപ്പോൾ പൊലീസ് ഓഫീസർ വിക്രം സേനൻ ശ്യാമിനെ അടുത്തേക്ക് വിളിച്ചു;

''കണ്ടോ, ഇതാണ് മാധ്യമങ്ങളുടെ അവസ്ഥ. അവന്മാർ നാളെ എന്തൊക്കെ എഴുതിപ്പിടിപ്പിക്കുമെന്ന് ഉടയതമ്പുരാനുപോലും അറിയില്ല. റിപ്പോർട്ടിൽ അൽപം പിശകു വന്നാൽ എന്റെ തൊപ്പി തെറിക്കുമെന്നുറപ്പാണ്. അവരെ ഞാൻ വിളിപ്പിച്ചത് എന്റെ തൊപ്പി തലയിൽ ത്തന്നെ ഉറപ്പിക്കാനാണ്. മാധ്യമരംഗത്തുള്ളവരിൽ അധികവും മാനേജുമെന്റ് സംരക്ഷിക്കുന്ന ക്രിമിനലുകളാണ്. പത്രധർമ്മം എന്നൊക്കെ പറയുന്നത് തെരുവുനായകളുടെ കഴുത്തിൽ കെട്ടിയ ബെൽറ്റുകളാണ്. മാധ്യമപ്പടകളെ തക്കസമയത്ത് അറിയിച്ചില്ലെങ്കിൽ വായിത്തോന്നിയതൊക്കെ എഴുതിക്കൂട്ടി എന്നെപ്പോലെ നല്ല റെക്കോർഡുള്ള പൊലീസ് ഓഫീസറന്മാരെ കുരുക്കിലാക്കും. ഏറ്റവും വലിയ ക്രിമിനലുകൾ ചാനലുകളിലാണ്. പൊലീസിനെ കുരുക്കിലാക്കാനുള്ള

സർവ അടവുകളും പരിശീലിപ്പിച്ചാണ് അവന്മാരെയും അവളുമാരേയും കളത്തിലിറക്കുന്നത്. കണ്ടില്ലേ വന്നുനിന്ന അവന്മാരുടേയും അവളുമാരുടേയും ചേല്? ഓരോ ചാനലിനും അവരുടേതായ രാഷ്ട്രീയമുണ്ട്. അത് സംരക്ഷിക്കാൻ അവർ ഏതറ്റംവരെയും പോകും. അതറിഞ്ഞു നിന്നില്ലെങ്കിൽ ഞങ്ങൾ പൊലീസുകാർ കുരുക്കിലാകും. മനസ്സിലായോ?'

പൊലീസുകാരൻ കൊടുത്ത ചില ഫയലുകൾ നോക്കുന്നതിനിടയിൽ ഓഫീസർ വിക്രം സേനൻ വീണ്ടും പറഞ്ഞു:

''എന്തായാലും ഞാനൊരു ഉപാധി വയ്ക്കാം. ആർക്കും പരിക്കുകളില്ലാതെ.''

അയാൾ ശ്യാമിനെ ഗൗരവത്തോടെ നോക്കിയശേഷം തുടർന്നു: ''തൽക്കാലം എഫ്ഐആർ കോടതിയിൽ സബ്മിറ്റ് ചെയ്യുന്നില്ല. പക്ഷേ ഒന്നു നീ ചെയ്യണം. അഞ്ച് ദിവസത്തിനകം നിന്റെ പ്രിയ സഹപാഠി സത്യവ്രതനെ ഈ സ്റ്റേഷനിൽ ഹാജരാക്കണം. എന്താ സമ്മതമല്ലേ. അവൻ നഗരം വിട്ടുപോകാൻ സാധ്യത കുറവാണ്. അതിനാൽ നീ വിചാരിച്ചാൽ അവനെ വെട്ടിലാക്കി ഞങ്ങളുടെ കൈകളിൽ എത്തിക്കാൻ കഴിയും. അവൻ വീണ്ടും നിന്റെ വീട്ടിലോ ഫാക്ടറിയിലോ വരാം. നിന്റെ കുഞ്ഞുമായി അവൻ അസാധാരണമായ ഒരു ബന്ധം സ്ഥാപിച്ചിരിക്കുന്നു എന്നാണ് ഞങ്ങളുടെ രഹസ്യാന്വേഷണസംഘം കണ്ടെത്തിയിരിക്കുന്നത്. അവൻ നിരപരാധി ആണെങ്കിൽ അത് തെളിയിക്കട്ടെ. പിന്നെ നിന്റെ പിന്നാലെ ഞങ്ങളുണ്ടാകും, പൊലീസ്. അതിനാൽ നിനക്ക് ഞങ്ങളെ പറ്റിക്കാനാവില്ല. നിന്റെ ഓരോ ചലനവും ഞങ്ങൾക്കറിയാം. മനസ്സിലായോ?''

എന്തു പറയണമെന്നറിയാതെ ശ്യാം പകച്ചുനിന്നു. ഈ വിശാലമായ നഗരത്തിൽ താനെവിടെയാണ് അവനെ അന്വേഷിക്കേണ്ടത്? അവന്റെ അസ്തിത്വം എങ്ങനെയാണ് കണ്ടെത്തേണ്ടത്? ജീവിതത്തിന്റെ നിർണായക ഘട്ടത്തിൽ തന്നെ സഹായിച്ചവനാണ് അവൻ. അവനെ സംശയത്തിന്റെ പേരിൽ പൊലീസിനു ഒറ്റുകൊടുക്കാൻ തനിക്ക് കഴിയുമോ? തലച്ചോറിൽ അഗ്നിപർവതം പുകയുന്നപോലെ ശ്യാമിനു തോന്നി.

അവന്റെ ഭാവങ്ങൾ സസൂക്ഷ്മം ശ്രദ്ധിക്കുകയായിരുന്നു ഓഫീസർ. അയാൾ സീറ്റിൽ നിന്നെഴുന്നേറ്റ് ശ്യാമിന്റെ അടുത്തേക്ക് വന്നു. പിന്നെ സാവധാനം പറഞ്ഞു:

''ഒരു കുറ്റവാളിയെ ശിക്ഷിക്കാൻ തുടങ്ങുമ്പോൾ ഞാൻ ഒരു കാര്യം ചിന്തിക്കാറുണ്ട്. ആദ്യത്തെ കുറ്റമാണെങ്കിൽ തിരുത്താൻ ആർക്കും കഴിയും. നിനക്ക് തിരുത്താൻ ഒരവസരം ഞാൻ തരുന്നു.

അവനെ, സത്യവ്രതനെ നീ കണ്ടെത്തണം. നാളെ പുലരുമ്പോൾ ഞാൻ പറഞ്ഞതിന്റെ അർത്ഥം നിനക്ക് മനസ്സിലാകും. അതെല്ലാം മാധ്യമങ്ങൾ നിന്നോടു പറയും. ഇന്നുമുതൽ നീ അവനെ അന്വേഷിക്കണം, കണ്ടെത്തണം. നിനക്കതിനു കഴിയും. നിനക്ക് പോകാം.''

അടുത്തുനിന്ന പൊലീസിനോടു അയാൾ പറഞ്ഞു:

''ഇവനെ വിട്ടയയ്ക്കുക. ജയിലിൽ അടച്ചിട്ടും കാര്യമില്ല. ഇവൻ തന്നെ പരിഹാരം കണ്ടെത്തട്ടെ. ദിവസവും രാവിലെ പത്തു മണിക്ക് സ്റ്റേഷനിൽ വന്നു സൈൺ ചെയ്യണം. മറക്കണ്ട. ഇവനിൽ ഒരു കണ്ണുവേണം, കേട്ടോ.''

അത്രയും പറഞ്ഞ് പൊലീസ് ഓഫീസർ വിക്രം സേനൻ പുറത്തേക്ക് പോയി. ഡ്യൂട്ടി പൊലീസുകാരൻ ചില പേപ്പറുകളിൽ ഒപ്പിട്ട ശേഷം പോകാൻ അനുവദിച്ചു. ശ്യാം ഏറെ നേരം അവിടെ നിന്നെങ്കിലും ആരെയും ശ്രദ്ധിച്ചില്ല. പിന്നെ സാവധാനം അവൻ സ്റ്റേഷനു പുറത്തേക്ക് നടന്നു.

എട്ട്

ഓഫീസിലെത്തി അവധി എഴുതിക്കൊടുത്ത ശേഷമാണ് ശ്യാം വീട്ടിലെത്തിയത്. കഴിഞ്ഞ ദിവസത്തെ സംഭവങ്ങൾ അയാളെ നിർവികാരതയുടെ കയങ്ങളിലേക്ക് തള്ളിവിട്ടിരിക്കുന്നു. വിസ്മയയ്ക്ക് സംസാരശേഷി നഷ്ടപ്പെട്ടിരിക്കുകയാണോ? അവൾ ഒരു മൂലയിൽ കുന്തിച്ചിരിപ്പാണ്. അവളുടെ മുഖത്തുനോക്കാൻ പോലും അയാൾക്ക് കഴിയുന്നില്ല. പാറുക്കുട്ടി ഉറക്കത്തിലാണ്. കഴിഞ്ഞ ദിവസത്തെ ബഹളം കുഞ്ഞിനെ തളർത്തിയിരിക്കണം. അവിചാരിതമായി കയറി വന്ന പൊലീസുകാർ അവളെ ഭയത്തിന്റെ ഇരുട്ടിലേക്കാണ് വലിച്ചെറിഞ്ഞത്. ഒരു ക്രിമിനലിനോടെന്നപോലെയാണ് പൊലീസ് പെരുമാറിയത്. പൊലീസിന്റെ മുന്നിലാണ് വീട്ടിലെ ഭീകരത വളർന്നു പന്തലിച്ചത്. അതിന്റെ പടർപ്പുകളിൽ നിന്നും ഉറയൂരിപ്പുറത്തിറങ്ങാൻ വിസ്മയ ഏറെ വിഷമിച്ചുകാണും. കുഞ്ഞിന്റെ വിങ്ങിവിങ്ങിയുള്ള കരച്ചിലും ഞെട്ടലും മറക്കാൻ കഴിയുന്നതായിരുന്നതല്ല.

വീട് ആകെ അലങ്കോലപ്പെട്ടു കിടക്കുകയാണ്. അതിലൊന്നുമായിരുന്നില്ല വിസ്മയയുടെ ശ്രദ്ധ. ചെറിയൊരു പേപ്പർ കഷണം ക്രമം തെറ്റി കിടന്നാൽപോലും ബഹളം വയ്ക്കുന്നവളാണ് അവൾ. ഇന്നലെ കയറിയിറങ്ങിയ പൊലീസുകാരുടെ ഷൂസിലെ മണ്ണും

മണലുമൊക്കെ ഹാളിൽ നിറഞ്ഞു കിടക്കുകയാണ്. വൃത്തിയുടെ കാര്യം പറയുമ്പോൾ എതിർത്താൽ അവൾ പറയും:

''ശ്യാമേട്ടൻ എന്നെ വൃത്തി പഠിപ്പിക്കേണ്ട. എനിക്കറിയാം അതൊക്കെ. അന്തസ്സും വൃത്തിയുമൊക്കെയുള്ള കുടുംബത്തിലാണ് ഞാനും ജനിച്ചത്.''

അവൾക്ക് സ്വന്തമായ നിലപാടുകളും നിബന്ധനകളുമൊക്കെ യുണ്ട്. അങ്ങനെയുള്ളവളാണ് ഒറ്റ രാത്രികൊണ്ട് വൃത്തം തെറ്റിയ കവിതപോലെ, വാടിയ തണ്ടുപോലെ ഒരറ്റത്ത് തകർന്നിരിക്കുന്നത്.

ശ്യാം സാവധാനം വിസ്മയയുടെ സമീപത്തു ചെന്നിരുന്നു. അവളുടെ ചേതോവികാരം തനിക്കറിയാവുന്നതിനപ്പുറമല്ല. കഴിഞ്ഞ അഞ്ചാറു വർഷങ്ങൾക്കുള്ളിൽ സാമ്പത്തിക ബുദ്ധിമുട്ടുകൾ ഉണ്ടാ യിട്ടുണ്ടെങ്കിലും ഇത്തരത്തിലുള്ള മാനസിക പീഡനം ഇതുവരെ ഉണ്ടായിട്ടില്ല. പ്രണയത്തിന്റെ പേരിൽ എല്ലാം വലിച്ചെറിഞ്ഞു വന്ന വളാണവൾ. അവൾക്കുണ്ടാകുന്ന അസ്വസ്ഥത തന്റേതുമാണ്. ജീവിത ത്തിൽ ഒരു സന്ദർഭത്തിലും വിഷമവൃത്തത്തിലാക്കില്ല എന്നതായി രുന്നു അവൾക്ക് കൊടുത്ത ഉറപ്പ്. ഇത്രയും നാൾ അതു പാലിച്ചു. സത്യവ്രതൻസംഭവം ആരുടേയും പേരിൽ കെട്ടിവയ്ക്കാനാവില്ലല്ലോ. തനിക്കുതന്നെ ചിന്തിക്കാനാവാത്ത പരിസമാപ്തിയോ, ആരംഭമോ ആയിരിക്കുന്നു അത്. ജീവിതത്തിന്റെ കുത്തൊഴുക്കിൽ സംഭവി ക്കുന്ന ആകസ്മികതകൾ. ആർക്കും മുൻകൂട്ടി നിശ്ചയിക്കാനാവാത്ത തീവ്രതകൾ. ഇവിടെ വിസ്മയയെ മാത്രമല്ല തന്നേയും കുഞ്ഞിനേ യുമൊക്കെ ഭീതി തുലാസുകളിൽ നിർത്തിയിരിക്കുകയാണ്.

ശ്യാം പൊലീസ് സ്റ്റേഷനിൽ നടന്ന സംഭവങ്ങളൊക്കെ വിസ്മയ യോടു വിശദമായിത്തന്നെ പറഞ്ഞു. അവളുടെ മുഖം ഭയത്താൽ വിവർണമാകുന്നത് അവൻ ആദ്യമായി കാണുകയാണ്. വീടു മുഴു വൻ കനത്ത നിസ്സഹായത നിറഞ്ഞുകവിയുന്നതായി അവനു തോന്നി. അതിൽ തങ്ങൾ മുങ്ങിത്താഴുകയാണ്. ചിലപ്പോൾ ശ്വാസം മുട്ടുന്ന പോലെ. വീടിനുള്ളിൽ ഇത്രമാത്രം നിശ്ശബ്ദത അയാൾ അനുഭവി ച്ചിട്ടില്ല. എന്തു ചെയ്യണമെന്നതിനെക്കുറിച്ചും ഒരു എത്തുംപിടിയും കിട്ടുന്നില്ല.

വിസ്മയ അടുക്കളയിൽ യാന്ത്രികമായി എന്തൊക്കെയോ ചെയ്യു ന്നുണ്ട്. കുഞ്ഞുണരുമ്പോൾ എന്തെങ്കിലും കൊടുക്കണമല്ലോ. അവ ളുടെ മനസ്സിൽ അസ്വസ്ഥത നുരയുകയാണ്. ഇരുവർക്കും പരസ്പരം സംസാരിക്കാൻ വിഷയങ്ങൾ ഇല്ലാതായിരിക്കുന്നു. അവർക്കിടയിൽ ശൂന്യത നിമിഷംപ്രതി വളരുകയാണെന്ന് ശ്യാമിനു തോന്നി. ശൂന്യത വളർന്ന് തങ്ങളുടെ ജീവിതത്തെത്തന്നെ വരിഞ്ഞു മുറുക്കുമോ?

ഡോക്ടർ ടെറേഴ്സ് ഓഫ് ഹൊറർ എന്ന ചിത്രത്തിലെ അപകടകാരിയായ വിചിത്ര സസ്യത്തെക്കുറിച്ചാണ് അയാൾ ചിന്തിച്ചത്. തനിക്ക് ഇഷ്ടമില്ലാത്തതിനെയൊക്കെ വരിഞ്ഞുമുറുക്കി ജീവനെടുക്കുന്ന വിചിത്ര സസ്യം. സങ്കീർണമായ ചിന്തകളാണ് മനസ്സിനെ ഭരിക്കുന്നത്.

ശ്യാംപ്രഭാകർ വെറും നിലത്ത് ഏറെ നേരം കിടന്നു. മുകളിൽ ഫാൻ അലസമായി ചുറ്റുകയാണ്. തണുത്ത കാറ്റിൽ ചെറുതായി മയങ്ങിയപ്പോഴാണ് ഫോൺ അടിക്കുന്നത്. തന്നോടൊപ്പം നാഷണൽ ഓറിയന്റൽ കമ്പനിയിൽ പണിയെടുക്കുന്ന നന്ദകുമാറാണ് മറുതലയ്ക്കൽ. പത്രങ്ങളിലൊക്കെ വാർത്ത പ്രാധാന്യത്തോടെ വന്നിരിക്കുന്നു. തീവ്രവാദിയെ സംരക്ഷിച്ചതിന്റെ പേരിൽ നാഷണൽ ഓറിയന്റൽ കമ്പനിയിലെ ജീവനക്കാരൻ അറസ്റ്റിലായിരിക്കുന്നു. ഒരു നിമിഷം അയാൾ സ്തബ്ധനായി അങ്ങനെതന്നെ കിടന്നുപോയി. എഴുന്നേൽക്കാൻ കഴിയുന്നില്ല.

വാതിൽക്കലിൽ കാത്തുകിടന്ന പത്രം എടുത്തുനോക്കുമ്പോൾ ശ്യാം ഞെട്ടിപ്പോയി. തന്റേയും സത്യവ്രതന്റേയും ഫോട്ടോകൾ മുൻപേജിൽത്തന്നെ വാർത്തയോടൊപ്പമുണ്ട്. പാറുക്കുട്ടിയുടെ ബാഗിൽ നിന്നു കണ്ടെടുത്ത സത്യവ്രതന്റെ ഫോട്ടോയാണ് പത്രക്കാർ ഉപയോഗിച്ചിരിക്കുന്നത്. പൊലീസ് സ്റ്റേഷനിൽ നിൽക്കുന്ന തന്റെ പടമാണ് മറ്റൊന്ന്. പല കേസുകളിലും പ്രതിയെന്നു സംശയിക്കപ്പെടുന്ന വ്യക്തിക്ക് അഭയം കൊടുത്തതിന്റെ പേരിലാണ് ശ്യാംപ്രഭാകർ എന്ന നാഷണൽ ഓറിയന്റൽ കമ്പനിയിലെ ജീവനക്കാരനെ കസ്റ്റഡിയിലെടുത്തത്. ഇയാൾക്ക് മാവോയിസ്റ്റ് ബന്ധമുണ്ടെന്നാണ് പൊലീസ് സംശയിക്കുന്നത്. നഗരത്തിൽ പലയിടത്തും ബോംബു വയ്ക്കാനുള്ള രഹസ്യനീക്കങ്ങളാണ് ഇയാളുടെ അറസ്റ്റോടെ പുറത്തായതെന്ന് പൊലീസ് ഓഫീസർ വിക്രം സേനൻ മാധ്യമങ്ങളോടു പറഞ്ഞു. രാജ്യത്തു നടക്കുന്ന തീവ്രവാദ പ്രവർത്തനങ്ങളെക്കുറിച്ചും അതിനായി ഉപയോഗിക്കുന്ന രഹസ്യ വിദേശഫണ്ടിനെക്കുറിച്ചുമൊക്കെ റിപ്പോർട്ടിൽ വർണ്ണിച്ചിരിക്കുന്നു.

വാർത്ത സൃഷ്ടിക്കാൻ പോകുന്ന ദുരന്തങ്ങൾ ശ്യാമിന്റെ മനസ്സിൽ അലയടിച്ചു. ഇന്നത്തെ സാഹചര്യത്തിൽ തീവ്രവാദികളുടെ നുഴഞ്ഞുകയറ്റം നിസ്സാരമല്ല. പൊലീസ് കെട്ടിച്ചമയ്ക്കുന്ന കേസുകൾ അച്ചടി-ദൃശ്യ മാധ്യമങ്ങളിൽ കാണുന്നതാണ്. കുറ്റമൊന്നും ചെയ്യാത്തവർ കല്ലേറിയപ്പെടുന്നതിന്റെ എത്രയോ കഥകൾ. ശ്യാമിന്റെ ഉള്ളിൽ ഭീതിയുടെ വിത്തുകൾ മുളച്ചുപൊന്താൻ തുടങ്ങി. തന്നെക്കുറിച്ചല്ല തന്നോടൊപ്പം ഇറങ്ങിവന്ന വിസ്മയയെക്കുറിച്ചും അഞ്ചു വയസ്സുള്ള പാറുവിനെക്കുറിച്ചുമാണ് അയാൾ ചിന്തിച്ചത്.

പത്രവാർത്തയെന്ന കാട്ടുതീ നഗരത്തിൽ പതുക്കെ പടരാൻ തുടങ്ങിയിരിക്കുന്നു. തനിക്ക് ഈ നഗരത്തിൽ സുഹൃത്തുക്കൾ കുറവായിരുന്നുവെന്ന സത്യം ശ്യാം ഓർത്തു. എങ്കിലും അറിഞ്ഞവരൊക്കെ വിളിച്ചു ചോദിക്കുകയാണ്. നാഷണൽ ഓറിയന്റൽ കമ്പനിയിലെ ജീവനക്കാരായ സുഹൃത്തുക്കളും വിളിക്കുന്നു. എന്താണ് സംഭവിച്ചത്? എത്ര പേരോടാണ് ഉത്തരം പറയേണ്ടത്. പത്രവാർത്ത കണ്ട വിസ്മയ ആകെ തകർന്നിരിക്കുകയാണ്. പാറുക്കുട്ടി കളിപ്പാട്ടങ്ങളിൽ മുഴുകിയിരിക്കുന്നു. ജീവിതത്തിലേക്ക് ഇടിച്ചുകയറുന്ന സുനാമിയെക്കുറിച്ച് അവൾക്കൊന്നും അറിയാത്തതിൽ ബാല്യത്തോട് അവൻ നന്ദി പറഞ്ഞു.

''ഇനി എന്താണ് വഴി?'' ആലോചനയിൽ മുഴുകിയിരിക്കുമ്പോഴാണ് വിസ്മയയുടെ തളർന്ന ശബ്ദം അയാളുടെ മൗനത്തിലേക്കാണ് ഇരച്ചുകയറി വന്നത്. ഒന്നും പറയാൻ കഴിയാതെ ശ്യാം വീണ്ടും വെറുംനിലത്തു കിടന്നു. വിസ്മയ അയാളുടെ സമീപത്തു വന്നിരുന്നു. ചോദ്യങ്ങളും ഉത്തരങ്ങളുമൊക്കെ ശ്വാസംമുട്ടി മരിക്കുകയാണോ?

നാഷണൽ ഓറിയന്റൽ കമ്പനി വർക്കേഴ്സ് യൂണിയൻ പ്രസിഡണ്ട് കെ ആർ ജോണിന്റെ വിളി വന്നപ്പോഴാണ് കേസിന്റെ തീവ്രത ശ്യാമിനെ കൂടുതൽ തളർത്തിയത്. പത്തുമണിക്കു തന്നെ ഓഫീസിൽ എത്തണമെന്നതാണ് കൽപ്പന. പത്രവാർത്തയും തീവ്രവാദിക്ക് അഭയം നൽകിയ നടപടിയുമൊക്കെ കമ്പനിയെ അസ്വസ്ഥമാക്കിയിരിക്കുന്നു എന്നാണ് ജോൺ പറയുന്നത്. അയാളുടെ സംഭാഷണത്തിൽ നിഴലിച്ചതും പൂർണ്ണ അസംതൃപ്തിയാണ്. വരാൻ പോകുന്ന പുകിലുകൾ എന്തായാലും നേരിട്ടേ മതിയാവൂ. വസ്തുതകൾ സുതാര്യമാകുന്നിടത്താണ് ജീവൻ നിലനിൽക്കുന്നതെന്ന് ആരോ പറഞ്ഞിട്ടില്ലേ. അത് ഏറക്കുറേ ശരിയാണ്. സംഭവിക്കാൻ പോകുന്നതെന്തെന്ന് അറിയില്ല. എന്തായാലും ഓഫീസിൽ പോകാതെ തരമില്ല. മണി പത്തു കഴിഞ്ഞിരിക്കുന്നു.

തന്നെയും പ്രതീക്ഷിച്ച് യൂണിയൻ സെക്രട്ടറി ജോൺ ഫാക്ടറിയുടെ മുന്നിൽത്തന്നെ അക്ഷമനായി നിൽക്കുന്നുണ്ടായിരുന്നു. അയാളുടെ ഭാവം അത്ര സുഖകരമല്ലെന്ന് ശ്യാമിനു തോന്നി. നേതാവിന്റെ അധികാരത്തോടെ കണ്ടപാടേ അയാൾ തട്ടിക്കയറി:

''എന്താണ് ശ്യാം ഈ വാർത്തകൾ പറയുന്നത്? നമ്മുടെ ഫാക്ടറി പൊലീസിന്റെ നോട്ടത്തിലായിരിക്കുന്നു. മാനേജുമെന്റ് ആകെ ചിന്താക്കുഴപ്പത്തിലാണ്. ജനറൽ മാനേജരെ നേരിൽ കാണണമെന്ന്

ഉത്തരവിട്ടിരിക്കുകയാണ്. അയാളുടെ സ്വഭാവം അറിയാമല്ലോ? ഒരു കാര്യം തീരുമാനിച്ചാൽ അത് നടപ്പിലാക്കിയിട്ടേ അടങ്ങുകയുള്ളൂ. അത്രതന്നെ. മറിച്ചൊരു തീരുമാനമുണ്ടായാൽ യൂണിയൻ സെക്രട്ടറി എന്ന നിലയിൽ എനിക്ക് എന്തു ചെയ്യാനാവും? താൻ പറയണം. ശ്യാം ചെയ്തത് മണ്ടത്തരമായിപ്പോയി. ഒരു തീവ്രവാദിക്ക് വീട്ടിൽ അഭയം കൊടുക്കുക. ഇല്ല, എനിക്കത് ചിന്തിക്കാൻപോലും കഴിയുന്നില്ല.''

ശ്യാം കുറച്ചുനേരം നിശ്ശബ്ദനായി. നാഷണൽ ഓറിയന്റൽ കമ്പനിയിലെ പ്രൊഡക്ഷൻ വിഭാഗത്തിൽ രാവിലെതന്നെ പൊലീസ് എത്തിയെന്നും തന്നെക്കുറിച്ചുള്ള വിവരങ്ങൾ ശേഖരിച്ചെന്നും അറിയിച്ചത് തന്നോടൊപ്പം പ്രവർത്തിക്കുന്നവരാണ്. ശ്യാം പറഞ്ഞു:

''ജോൺ, നിങ്ങൾ കരുതുന്നതുപോലെയോ മാധ്യമങ്ങളിൽ പറയുന്നതുപോലെയോ അല്ല കാര്യങ്ങൾ. സത്യവ്രതൻ എന്റെ കോളെജുമേറ്റായിരുന്നു എന്നത് സത്യമാണ്. അഞ്ചാറു വർഷം മുമ്പ് എന്നെ കത്തുമായി പറഞ്ഞു ജോണിന്റെ സമീപം അയച്ച അതേ സത്യവ്രതനാണ് ഇയാൾ. പഠനം കഴിഞ്ഞശേഷം ഞാനവനെ കാണുന്നത് കഴിഞ്ഞ വാരമാണ്. നഗരത്തിൽ ആരെയോ കാണാൻ വന്നപ്പോൾ എന്റെ വീട്ടിൽ വന്നു. നാലഞ്ചു ദിവസം എന്നോടൊപ്പം ഉണ്ടായിരുന്നു. ഇന്നലെ രാത്രി പൊലീസ് സെർച്ചിനു വന്നപ്പോൾ അവനെ കണ്ടെത്താനായില്ല. അവൻ എവിടെ, എങ്ങനെ അപ്രത്യക്ഷനായെന്ന് ഞങ്ങൾക്കറിയില്ല. അയാൾ തീവ്രവാദിയെന്നോ മിതവാദിയെന്നോ മാവോവാദിയെന്നോ എനിക്കറിയില്ലായിരുന്നു ജോൺ. ഇതാണ് സത്യം.''

അസ്വസ്ഥനായ ജോൺ തുടർന്നു, ''നോക്കൂ ശ്യാം, നീ പറഞ്ഞത് ശരിയായിരിക്കാം. പക്ഷേ മാനേജുമെന്റ് നിഷേധാത്മകമായി എന്തെങ്കിലും നടപടിയെടുത്താൽ സെക്രട്ടറിയായ എനിക്കോ നമ്മുടെ യൂണിയനോ ഒന്നും ചെയ്യാൻ പറ്റില്ല. അതോർമ്മ വേണം. എന്തായാലും ഒരു മണിക്കാണ് ജനറൽ മാനേജർ പാർത്ഥസാരഥി അയ്യരെ കാണാൻ പറഞ്ഞിരിക്കുന്നത്. അയാളെ കാണുന്നതുവരെ ജോലിയിൽ പ്രവേശിക്കണ്ട എന്നാണ് അയാൾ യൂണിയനെ അറിയിച്ചിരിക്കുന്നത്.''

രാവിലെ പൊലീസ് നാഷണൽ ഓറിയന്റൽ കമ്പനിയിൽ അന്വേഷണത്തിന് എത്തിയെന്ന വാർത്ത ശ്യാമിനെ വല്ലാതെ അസ്വസ്ഥനാക്കി. സത്യവ്രതനെ സംരക്ഷിച്ച തൊഴിലാളിയുടെ പൂർവകാല വിവരങ്ങൾ ശേഖരിക്കാൻ വന്നതാണത്രേ. അതോടെയാണ് മാനേജ്മെന്റ് പ്രശ്നത്തിലായത്. അവരുടെ ലക്ഷ്യവും അന്വേഷണവും എന്തു

തന്നെ ആയാലും കമ്പനിക്ക് അതൊരു കളങ്കമാണ്. സംശയമില്ല. താനുമായി അടുത്ത ബന്ധം പുലർത്തിയിരുന്ന ജോലിക്കാരുമായും പൊലീസ് സംസാരിച്ചിരുന്നുവെന്ന് ജോൺ പറയുന്നു. സർക്കാരിന്റെ നിരവധി പ്രോജക്ടുകൾക്ക് കമ്പനി മെറ്റീരിയലുകൾ സപ്ലൈ ചെയ്യുന്നുണ്ട്. പൊലീസ് കേസുണ്ടായാൽ സർക്കാർ ഇടപെടും. കമ്പനിയുടെ പ്രവർത്തനങ്ങളെ താറുമാറാക്കും. എന്തായാലും കേസു പല തലങ്ങളിലൂടെ അതിവേഗം സഞ്ചരിക്കുകയാണെന്ന് ശ്യാമിനു മനസ്സിലായി. അതാകട്ടെ, മനസ്സിന്റെ ഏകാന്തതയിൽ സാരമായ വിള്ളലുകൾ സൃഷ്ടിച്ചിരിക്കുന്നു.

കമ്പനിയിലെ പലരും തന്നോടു സംസാരിക്കാൻപോലും മടിക്കുന്നതായി അയാൾക്ക് തോന്നി. പൊലീസ് സ്റ്റേഷനിൽ മുഖം കുനിച്ചുനിൽക്കുന്ന ചിത്രമാണ് പലരേയും സംശയത്തിന്റെ നിഴലിൽ എത്തിച്ചിരിക്കുന്നത്. ശ്യാമിനു തീവ്രവാദി ബന്ധമുണ്ടെന്ന ചിന്ത അവരെ ഭീതിയിലാഴ്ത്തിക്കാണണം. സത്യവ്രതന്റെ ഫോട്ടോ കണ്ടാൽ അയാൾ തീവ്രവാദിയോ മാവോയിസ്റ്റോ ആണെന്ന് പലരും സംശയിക്കും. അലസമായ വസ്ത്രധാരണവും അലങ്കോലമായ താടിയും മുടിയും. സത്യവ്രതന്റെ മുഖത്തു പ്രകടമായ നിശ്ചയദാർഢ്യം ആ ചിത്രത്തിൽ കണ്ടെങ്കിൽ പൊലീസിനെ കുറ്റപ്പെടുത്താനാകില്ലല്ലോ.

ഏറെ നേരം പുറത്തു കാത്തിരുന്ന ശേഷമാണ് ശ്യാമിനെ ജോൺ വന്ന് അകത്തേക്ക് കൂട്ടിക്കൊണ്ടുപോകുന്നത്. തൊഴിൽ പ്രശ്നങ്ങളൊക്കെ ജനറൽ മാനേജർ പാർത്ഥസാരഥി അയ്യരാണ് നോക്കുന്നത്. തൊഴിലാളികളോടുള്ള അയാളുടെ ഇടപെടൽ അത്രയ്ക്ക് ആശ്വാസകരമായിരുന്നില്ല എന്നാണ് പൊതുവിശ്വാസം. പക്ഷേ തന്നെ സംബന്ധിച്ച് ഇതുവരെ നാഷണൽ ഓറിയന്റൽ കമ്പനിയിൽ പൊരുത്തക്കേടുകൾ ഉണ്ടായിട്ടില്ല എന്നതാണ് ഏക ആശ്വാസമെന്ന് ശ്യാമിനു തോന്നി.

ഒൻപത്

രണ്ടും കൽപ്പിച്ചാണ് ശ്യാം ഓഫീസ് മുറിയിൽ കയറിച്ചെന്നത്. ജനറൽ മാനേജർ പാർത്ഥസാരഥി അയ്യരുടെ വിശാലമായ മുറിയിൽ എന്നും പരാതികളുടെ നീക്കുപോക്കുകളും സമരങ്ങളെ തകർക്കാനുള്ള ആയുധങ്ങളും നിറഞ്ഞിരിക്കുകയാവും. തന്ത്രങ്ങൾ അനുനയരൂപത്തിൽ മെനഞ്ഞെടുക്കാനുള്ള ജനറൽ മാനേജരുടെ കഴിവ് അപാരമാണെന്ന് യൂണിയൻ നേതൃത്വംതന്നെ സമ്മതിച്ചിട്ടുള്ളതാണ്.

കമ്പനിക്ക് അനുയോജ്യമല്ലെന്ന് തോന്നുന്ന തൊഴിലാളികളെ എത്ര മാത്രം കരുതലോടെയാണ് അയാൾ കൈകാര്യം ചെയ്തിട്ടുള്ളത്. താനിവിടെ ജോലിയിൽ പ്രവേശിച്ചശേഷം പല തൊഴിലാളികളേയും കമ്പനി നിഷ്ക്കരുണം പുറത്താക്കിയിട്ടുണ്ട്. അതിന്റെയൊക്കെ ചുക്കാൻ പിടിച്ചത് ജനറൽ മാനേജർ പാർത്ഥസാരഥി അയ്യരാണെന്ന് എല്ലാവർക്കുമറിയാം. തൊഴിലിന്റെ കാര്യത്തിൽ അയാൾക്ക് തന്നോട് അങ്ങേയറ്റം വിശ്വാസമാണ്. തന്റെ സെക്ഷനിൽ മറ്റാരും ഇത്രമാത്രം ആത്മാർത്ഥമായി പണിയെടുക്കാറില്ലെന്ന് പാർത്ഥസാരഥി അയ്യർ മാനേജുമെന്റിനെ അറിയിച്ചിട്ടുള്ളതുമാണ്. പക്ഷേ വിപ്ലവകാരിയെ സംരക്ഷിച്ചതിന്റെ പേരിൽ തനിക്കെതിരെ എന്ത് ശിക്ഷാവിധിയാണ് കൽപ്പിക്കാൻ പോകുന്നതെന്നതിനെപ്പറ്റി ഒന്നും വ്യക്തമല്ല.

ജോണും ശ്യാമും കൂടി പാർത്ഥസാരഥിയെ സമീപിക്കുമ്പോൾ മേശ നിറയെ അന്നത്തെ പ്രമുഖ പത്രങ്ങൾ നിരന്നു കിടക്കുകയാണ്. അതിൽ മുൻപേജ് വാർത്ത മാവോയിസ്റ്റായ തീവ്രവാദിയെ സംരക്ഷിച്ചതാണെന്ന് ശ്യാമിനു വ്യക്തമായിരുന്നു. തന്റേയും സത്യവ്രതന്റേയും ചിത്രങ്ങൾ സഹിതമുള്ള വാർത്തയിലേക്ക് നോക്കിയിരിക്കുകയാണ് പാർത്ഥസാരഥി. കണ്ടപാടേ അതിൽ ചൂണ്ടിക്കൊണ്ട് മാനേജർ ആക്രോശിച്ചു,

''എന്താണ് മിസ്റ്റർ ഈ പത്രങ്ങൾ പറയുന്നത്?''

അയാളുടെ വ്യസനം നിറഞ്ഞ വാക്കുകളാണ് പിന്നെ ചൊരിഞ്ഞത്.

''നാഷണൽ ഓറിയന്റൽ കമ്പനിയിലെ ജീവനക്കാരൻ വിപ്ലവകാരിയെ ഒരാഴ്ച്ചയായി വീട്ടിൽ സംരക്ഷിച്ചിരിക്കുന്നു.'' വാർത്തകളിൽ നിന്നു മുഖമെടുത്തു ശ്യാമിനെ നോക്കിക്കൊണ്ട് അയാൾ തുടർന്നു, ''ഇത്ര നീചമായ ഒരു വാർത്ത ഈ കമ്പനിയുടെ അമ്പതു വർഷത്തെ ചരിത്രത്തിൽ ആദ്യമാണ്. കമ്പനിയുടെ യശ്ശസിനേയും പ്രവർത്തനങ്ങളേയും സർക്കാർ കോൺട്രാക്റ്റുകളേയും എത്രമാത്രം ബാധിച്ചിരിക്കുന്നു എന്ന് താങ്കൾക്ക് മനസ്സിലായിക്കാണില്ല. ഏറെ റെപ്യൂട്ടേഷനുള്ള ഒരു കമ്പനിയുടെ തലയിലാണ് ഇടിത്തീപോലെ ഈ തീവ്രവാദി വാർത്ത വന്നു വീണിരിക്കുന്നത്. ഇതൊക്കെ മാധ്യമങ്ങളുടെ കണ്ണിൽപ്പെട്ടാൽ പറയാനുണ്ടോ മിസ്റ്റർ.'' അരിശം അടങ്ങാതെ അയാൾ വീണ്ടും തുടർന്നു:

''ഒരു മികച്ച കമ്പനിക്ക് ഇതിനപ്പുറം ഒരു തൊഴിലാളിയിൽനിന്ന് എന്തു പാരിതോഷികമാണ് ലഭിക്കാനുള്ളത്? പറയൂ മിസ്റ്റർ. മാനേജുമെന്റിനോടു എന്ത് സമാധാനമാണ് ഞാൻ എഴുന്നള്ളിക്കേണ്ടത്? ദയവായി ഒന്നു പറഞ്ഞുതരൂ.''

ജോൺ മുന്നോട്ടു വന്നു പറയാൻ തുടങ്ങി, ''സർ, ചില പ്രശ്നങ്ങൾ.''

ഇടയ്ക്കുകയറി അരിശത്തോടെ പാർത്ഥസാരഥി പറഞ്ഞു:

''മിസ്റ്റർ ജോൺ, നിങ്ങളല്ലല്ലോ ശ്യാംപ്രഭാകർ. നിങ്ങൾ യൂണിയൻ നേതാവ് മാത്രമാണ്. ഇയാൾ പറയട്ടെ. ഞാൻ എന്താണ് ചെയ്യേണ്ടതെന്ന്? പറയൂ ശ്യാംപ്രഭാകർ. കമ്പനിയുടെ നിലനിൽപ്പിനെ ബാധിക്കുന്ന ഒരു ഇടപെടലിനും ഞാൻ കൂട്ടുനിൽക്കില്ലെന്ന് ജോണിനറിയാമല്ലോ? ശ്യാംപ്രഭാകർ, നിങ്ങൾ മികച്ച തൊഴിലാളി ആയതിനാലാണ് ഞാൻ ഇങ്ങനെ സംസാരിക്കുന്നത്. മറ്റാരെങ്കിലും ആയിരുന്നെങ്കിൽ ഡിസ്മിസൽ ഓർഡർ അടിച്ചുകൊടുത്തു പുറത്താക്കിയേനേ.''

പാർത്ഥസാരഥി കോപാകുലനായി ശ്യാമിനെ തുറിച്ചുനോക്കി. പ്രത്യേകിച്ചു ഒന്നും പറയാനില്ലാതെ ശ്യാം പരുങ്ങി നിൽക്കുകയാണ്. എങ്കിലും പതിഞ്ഞ ശബ്ദത്തിൽ അയാൾ പറഞ്ഞു,

''സർ, എനിക്ക് ഈ സത്യവ്രതനെക്കുറിച്ചു ഒന്നുമറിയില്ല. പഠിക്കുമ്പോൾ അയാൾ എന്റെ ക്ലാസ്മേറ്റ് മാത്രമായിരുന്നു. അയാൾ ഏതു വിപ്ലവകക്ഷിയിൽ പെട്ടതെന്നോ എന്തിനു നഗരത്തിൽ വന്നെന്നോ എനിക്കറിയില്ല. ഒരു സുഹൃത്തെന്ന നിലയിൽ ഞാനയാളെ താമസിപ്പിച്ചു എന്നത് സത്യമാണ്. പക്ഷേ അയാളെക്കുറിച്ച് മറ്റൊന്നും എനിക്കറിയില്ല. പത്രങ്ങൾ എഴുതിയിരിക്കുന്നപോലെ ഞാൻ തീവ്രവാദിക്കല്ല അഭയം കൊടുത്തത്. എന്റെ പഴയകാല സുഹൃത്തിനാണ്. വാർത്തകൾ സൃഷ്ടിക്കുന്ന പൊല്ലാപ്പുകൾ എന്നെ നശിപ്പിക്കാൻ മാത്രമേ സഹായിക്കൂ, സർ.''

ശ്യാം തന്റെ നിലപാടുകൾ നിരത്തുമ്പോൾ മാനേജരുടെ കോപം തണുക്കുകയായിരുന്നെന്നു തോന്നി. എങ്കിലും അയാൾ പറഞ്ഞു:

''നിങ്ങളെ കമ്പനിയിൽനിന്ന് സസ്പെൻഡ് ചെയ്യാനാണ് മാനേജുമെന്റിന്റെ തീരുമാനം. ജനറൽ മാനേജർ രാവിലെ പത്രവാർത്ത കണ്ടിട്ട് വിളിച്ചിരുന്നു. ഈ തീരുമാനം അദ്ദേഹത്തിന്റേതാണ്.''

ജോൺ എന്തോ പറയാൻ തുടങ്ങുമ്പോൾ മാനേജർക്ക് ശുണ്ഠി വന്നു. അയാൾ പറഞ്ഞു:

''മിസ്റ്റർ ജോൺ, യൂണിയനു ഇക്കാര്യത്തിൽ എന്താണ് പറയാനുള്ളത്, ചെയ്യാനുള്ളത്. എഫ്ഐആർ തയ്യാറാക്കിയ കേസിലെ പ്രതിക്ക് സസ്പെൻഷനല്ലാതെ കമ്പനി എന്താണ് ചെയ്യേണ്ടത്? വിളിച്ചുവരുത്തി പാരിതോഷികം കൊടുക്കണോ? മാനേജുമെന്റു തീരുമാനം തീരുമാനമാണ്. ഇവിടെ യൂണിയനും ഇടപെടാൻ

പഴുതുകളില്ല. ഓഫീസിൽ സസ്പെൻഷൻ ഓർഡർ റെഡിയാണ്. അതും വാങ്ങി തൽക്കാലം സ്ഥലം വിടുക. ഇവിടെയെങ്ങും കണ്ടു പോകരുത്. കമ്പനിക്ക് നാണക്കേടാണ്. മാനേജുമെന്റ് പറയുന്നതേ എനിക്ക് അനുസരിക്കാൻ പറ്റൂ. എനിക്ക് വേറേ പണിയുണ്ട്. നിങ്ങൾക്ക് പോകാം.''

മാനേജർ എഴുന്നേറ്റ് പുറത്തേക്ക് പോയി.

ശ്യാമും ജോണും ഏതാനും മിനിട്ടുകൾ പരസ്പരം നോക്കി നിന്നു. ഇനി എന്താണ് ചെയ്യേണ്ടത്? ശ്യാമിന്റെ മനസ്സിൽ കാർമേഘങ്ങൾ ഉരുണ്ടുകൂടുകയായിരുന്നു. തൊഴിൽ നഷ്ടമായതല്ല, അപമാനവും തലയിൽ വീണിരിക്കുന്നു.

അവർ പുറത്തിറങ്ങി കാന്റീനിലേക്ക് നടന്നു. ഡ്യൂട്ടി കഴിഞ്ഞവരും ഡ്യൂട്ടിക്ക് കയറാൻ തുടങ്ങുന്നവരും പരിസരങ്ങളിൽ. അവരെ നോക്കാനോ ശ്രദ്ധിക്കാനോ ശ്യാമിനു കഴിയുന്നില്ല. ചിലർക്ക് യൂണിഫോം ഭാരമായി ശരീരത്തിൽ കിടക്കുകയാണെന്നു അയാൾക്ക് തോന്നി. മറ്റു ചിലർക്ക് ആഡംബരവും. ആരൊക്കെ എന്തൊക്കെ ചോദിച്ചിട്ടും അയാളിൽ നിന്ന് മറുപടിയൊന്നും വന്നില്ല. ജോണിനോടു യാത്ര പറഞ്ഞു അയാൾ നഗരഹൃദയത്തിലേക്കു നടന്നു.

മണി രണ്ടു കഴിഞ്ഞിരിക്കുന്നു. ശ്യാം ലക്ഷ്യബോധം നഷ്ടപ്പെട്ടവനെപ്പോലെ അലയുകയാണ്. തൊഴിൽ നഷ്ടപ്പെട്ടതിലല്ല, തന്റെ നേരേ നീങ്ങുന്ന ചൂണ്ടുവിരലുകളാണ് അയാളെ അസ്വസ്ഥനാക്കിയത്. സത്യവ്രതനെ കുറ്റപ്പെടുത്താനുള്ള മാനസിക നിലയിലല്ല ശ്യാം. അതിലൊന്നുമല്ല മനസ്സിപ്പോൾ. നിയമത്തിന്റെ വിക്രിയകളാണ് തന്നെ ചിന്തിപ്പിക്കുന്നത്. അതിൽ നിന്ന് എങ്ങനെ രക്ഷപ്പെടാം. അതിനുള്ള മാർഗ്ഗങ്ങൾ എങ്ങനെ കണ്ടെത്താം. താൻ ഒറ്റയ്ക്കാണെങ്കിൽ അതിനു ന്യായീകരണമുണ്ട്. ഇപ്പോൾ അതല്ല അവസ്ഥ. വിസ്മയയും പാറുവും താൻ ഏർപ്പെട്ടിരിക്കുന്ന ദുരന്തങ്ങൾക്കൊപ്പം നീന്തുകയാണ്. കരയിലേക്കുള്ള ദൂരമാണ് പ്രധാനം.

തന്നോടൊപ്പം യൂണിവേഴ്സിറ്റി കോളെജിൽ പഠിച്ചിരുന്ന രഘുരാമനെ കണ്ടാൽ എന്തെങ്കിലും വഴി കണ്ടെത്താനാവുമോ? നിയമത്തിൽ ബിരുദാനന്തരപഠനം കഴിഞ്ഞ ശേഷമാണ് അവൻ ഒരു ബാങ്കിലെ സോണൽ മാനേജരായി നഗരത്തിലെത്തുന്നത്. പഠിക്കുന്ന കാലത്ത് വിപ്ലവത്തിന്റെ തീപ്പൊരിയുമായി നടന്നവനാണ്. ഇടതുപക്ഷ യൂണിയന്റെ സജീവപ്രവർത്തകനായിരുന്നു. പല വിധത്തിലുള്ള സാംസ്ക്കാരിക പരിപാടികളും അവന്റെ നേതൃത്വത്തിൽ കോളെജിൽ നടത്തിയിരുന്നു. കവിതയും സംഗീതവുമൊക്കെ അവന്റെ

ലഹരിയായിരുന്നു. മലയാളത്തിലെ ഒട്ടുമിക്ക കവികളേയും കോളെജിൽ കൊണ്ടുവന്നു കവിയരങ്ങുകൾ നടത്തിയിരുന്നു. നല്ലൊരു സംഘാടകൻ. ചാർട്ടേർഡ് അക്കൗണ്ടിന്റെ മകൻ. പണത്തിനു പഞ്ഞമില്ല. നിറയെ പുസ്തകങ്ങൾ വാങ്ങിക്കൂട്ടും. യൂണിയൻ എന്തെങ്കിലും ചുമതല ഏൽപ്പിച്ചുകഴിഞ്ഞാൽ രഘുരാമൻ അത് ഭംഗിയായി നിറവേറ്റിയിരിക്കും.

സെക്രട്ടേറിയേറ്റിലെ ഉയർന്ന ഉദ്യോഗസ്ഥന്റെ മകളെ വിവാഹം കഴിച്ചശേഷം പഴയ കോളെജ് സംഘത്തിലൊന്നും അവനെ കണ്ടിട്ടില്ല. നഗരത്തിൽ വന്നെന്നറിഞ്ഞെങ്കിലും ശ്യാം അവനെ കാണാനുള്ള താൽപര്യം കാണിച്ചില്ല. നഗരത്തിൽ വന്നശേഷം നേരിൽ കാണുക അപൂർവമായിരുന്നു. എങ്കിലും ഫോണിൽ വല്ലപ്പോഴുമൊക്കെ കുശലാന്വേഷണം നടത്താറുണ്ട്. അവൻ എന്നും തിരക്കുള്ള ഓഫീസറാണ്. അതിനാൽ കൂടുതൽ ശല്യപ്പെടുത്തുന്നതും ശരിയല്ലെന്ന് അറിയാം. ഡിഗ്രി ഒന്നാം ക്ലാസിൽ പാസ്സായിട്ട് ഒരു സാധാരണ കമ്പനിയിൽ വിലക്കുറഞ്ഞ യൂണിഫോമും ധരിച്ച് ജീവിക്കാൻ പണിയെടുക്കുന്ന ഒരാൾക്ക് സൗഹൃദങ്ങൾ ഭാരമായിരിക്കുമെന്ന ധാരണ ശ്യാമിനെ എന്നും ശല്യം ചെയ്തുരുന്നു. നഗരത്തിലെ പഴയ ചങ്ങാതിമാരെ അതിനാൽ മനപ്പൂർവം താൻ മാറ്റിനിർത്തുകയായിരുന്നല്ലോ. തന്റെ പരാധീനതകളും ബുദ്ധിമുട്ടുകളും മറ്റാരെയും അറിയിക്കാൻ പാടില്ലെന്നത് തന്റെ അജണ്ടയായിരുന്നു. പ്രണയത്തിന്റെ പേരിൽ നടത്തിയ ഒളിച്ചോട്ടം ഇന്നും ഒരു കടങ്കഥയായി നീളുകയാണ്.

വിസ്മയയുടെ കവിതാഭ്രമം അവനെ വല്ലാതെ ആകർഷിച്ചിരുന്നു എന്നത് സത്യമാണ്. മാത്രമല്ല ഒരിക്കൽ കണ്ടപ്പോൾ അവൻ പറയുകയും ചെയ്തു, ‘‘ഭാവിയുള്ള ഒരു കവയത്രിയെ നീ കൊന്നുകളഞ്ഞല്ലോടാ.’’

ശ്യാമിനെ കണ്ടപ്പോൾ രഘുരാമന്റെ മുഖത്ത് അത്ഭുതം പ്രകടമായി. കാബിനിലേക്ക് നടക്കുമ്പോൾ രഘുരാമൻ ചോദിച്ചു:

‘‘നീ ഈ വഴിയൊന്നും വരാറില്ലല്ലോ ശ്യാമേ. നമ്മുടെ പഴയ കാലത്തെക്കുറിച്ച് ഞാൻ പലപ്പോഴും ആലോചിക്കാറുണ്ടായിരുന്നു. അത്തരത്തിലൊരു വിദ്യാർത്ഥിജീവിതത്തിലേക്ക് വീണ്ടും സഞ്ചരിക്കണമെന്ന മോഹം എനിക്കുണ്ടാകാറുണ്ട്. കവിതയും കഥയും പ്രണയവും പ്രണയലേഖനങ്ങളും സംവാദങ്ങളുമൊക്കെ കെട്ടുപിണഞ്ഞുകിടന്നിരുന്ന ആ കാലഘട്ടം മറക്കാനാവില്ല. ഒരു പക്ഷേ ആ കാലഘട്ടമായിരിക്കണം എന്റെ ഇന്നത്തെ ജീവിതത്തെ നിലനിർത്തുന്നത്. പക്ഷേ ജീവിതം നാം പിടിക്കുന്നിടത്തു നിൽക്കണമെന്നില്ലല്ലോ. നീയും സത്യവ്രതനുമായിരുന്നല്ലോ എന്റെ കലാപ്രവർത്തനങ്ങളുടെ രാസത്വരകങ്ങൾ.’’

രഘുരാമന്റെ മുന്നിലെ സീറ്റിൽ ഇരിക്കുമ്പോൾ പഴയ കാര്യങ്ങളിലൂടെ ശ്യാം ഓട്ടപ്രദക്ഷിണം നടത്തുകയായിരുന്നു. അയാളുടെ വാക്കുകൾ ശ്യാമിനെ ഏതോ ഗൃഹാതുരത്വത്തിന്റെ നെടുനീളൻ കോട്ടകളിലേക്ക് ആനയിക്കുകയായിരുന്നു. മനസ്സിൽ കുളിർമ്മയുടെ ഓളങ്ങൾ തിരതല്ലുകയായിരുന്നു. ശ്യാം പതുക്കെ പറഞ്ഞു, ''നിന്റെ ഓഫീസിൽ വന്ന് ബുദ്ധിമുട്ടിക്കരുതെന്നു കരുതിയാണ് വരാതിരുന്നത്. എനിക്കിപ്പോൾ ചെറിയൊരു നിയമോപദേശം ആവശ്യമായിരിക്കുന്നു.''

''എന്താണ് പറയൂ. നിനക്കറിയാത്ത നിയമങ്ങളും നിയമക്കുരുക്കുകളുമാണോ എനിക്കറിയാവുന്നത്? കോളെജിൽ വച്ച് എത്ര കേസുകളിൽ നിന്ന് ഊരിപ്പോകാൻ നിന്റേയും സത്യവ്രതന്റേയുമൊക്കെ നിയമപാഠങ്ങൾ എനിക്ക് ലഭിച്ചിരിക്കുന്നു.'' രഘുരാമൻ പറഞ്ഞു.

ശ്യാമിന്റെ മുഖത്ത് ആകാംക്ഷ നിറഞ്ഞു. ഇല്ല, അവൻ മാറിയിട്ടില്ല. ആറേഴ് വർഷങ്ങൾക്ക് മുമ്പുള്ള ഊഷ്മളതയാണ് ഇപ്പോഴും കാണുന്നത്. അവന്റെ വാക്കുകളിലെ തിളക്കം ശ്യാമിനെ അത്ഭുതപ്പെടുത്തി. തനിക്ക് സംഭവിച്ച പ്രശ്നങ്ങളെല്ലാം ശ്യാം വിശദമായി രഘുരാമന്റെ മുന്നിൽ അവതരിപ്പിച്ചു. എല്ലാം ശ്രദ്ധയോടെ അവൻ കേട്ടിരുന്നു. കുറേനേരം നിശ്ശബ്ദനായിരുന്നു. പിന്നെ അയാൾ തുടർന്നു:

''ശ്യാമേ, ഇതൽപ്പം ഗുലുമാലു പിടിച്ച കേസ്സാണ്. എഫ്ഐആർ തയ്യാറാക്കിയ സ്ഥിതിക്ക് കോടതിയിൽ ഫയൽ ചെയ്യും. അത് കുറേക്കൂടി സംഗതി വഷളാക്കും. പ്രത്യേകിച്ചു ഇന്നത്തെ സാഹചര്യത്തിൽ ഊരിപ്പോരാൻ പ്രയാസമാകും. സത്യവ്രതന്റെ ഇന്നത്തെ പ്രവർത്തനമണ്ഡലത്തെക്കുറിച്ച് നമുക്ക് ഒന്നുമറിയില്ല. എഫ്ഐആർ കോടതിയിൽ എത്താതിരിക്കാൻ നമുക്ക് എന്തെങ്കിലും വഴി നോക്കിയെ മതിയാകൂ. ഒന്നാമത് തീവ്രവാദി- മാവോയിസ്റ്റ് ബന്ധം എന്നൊക്കെ പറഞ്ഞ് പാവങ്ങളെ കുരുക്കാൻ നിരവധി തന്ത്രങ്ങൾ പൊലീസിന്റെ കൈവശമുണ്ട്. അതിനാൽ കൂടുതൽ ജാഗ്രത വേണം. നീ പറഞ്ഞ ആ പൊലീസ് ഓഫീസറെ കണ്ട് എങ്ങനെയെങ്കിലും തല ഊരാൻ നോക്കുക. അല്ലാതെ മറ്റ് മാർഗ്ഗങ്ങളൊന്നും ഇപ്പോൾ എന്റെ ചിന്തയിൽ വരുന്നില്ല.'' അത്രയും പറഞ്ഞ് രഘുരാമൻ ശ്യാമിനെ നോക്കിയിരുന്നു.

അവന്റെ ഉപദേശങ്ങളിൽ നനുത്ത നിസ്സഹായത നിഴലിക്കുന്നത് ശ്യാം തിരിച്ചറിഞ്ഞു. അവൻ പറഞ്ഞതിൽ കഴമ്പുണ്ട്. രക്ഷപ്പെടാനുള്ള മാർഗ്ഗങ്ങൾ വളരെ വിരളമാണ്. ഇരിപ്പിടത്തിൽ നിന്ന് എഴുന്നേറ്റുകൊണ്ട് ശ്യാം പറഞ്ഞു:

''എന്തായാലും നിന്നെ ബുദ്ധിമുട്ടിച്ചതിൽ പ്രയാസമുണ്ട്. ഞാനിറങ്ങുന്നു.''

''എനിക്കെന്ത് ബുദ്ധിമുട്ട്? വർഷാവസാന കണക്കെടുപ്പും ബഹളവും കാരണം സമയം തീരെയില്ല. വീട്ടിലെത്താൻതന്നെ വളരെ വൈകുന്നു. അല്ലായിരുന്നെങ്കിൽ നിന്നോടൊപ്പം ഞാനും വരാമായിരുന്നു.'' രഘുരാമന്റെ വാക്കുകളിൽ കുറ്റബോധം നിഴലിച്ചു.

''സാരമില്ല, ഞാനിറങ്ങുന്നു. ഒത്താൽ സൗകര്യംപോലെ കാണാം.'' ശ്യാം യാത്ര പറഞ്ഞിറങ്ങി.

ബാങ്കിന്റെ ക്യാബിനിൻ നിന്നിറങ്ങുമ്പോൾ രഘുരാമൻ അയാളുടെ ജോലിയിൽ തിടുക്കപ്പെട്ടു മടങ്ങുന്നത് ശ്യാം കണ്ടു. ആർക്കും ഒന്നിനും സമയമില്ലാതെ ലോകത്തിൽ ജീവിക്കുന്നതിന്റെ യുക്തികളെക്കുറിച്ചായിരുന്നു അവൻ ചിന്തിച്ചത്. കോളെജുകാലത്തെ സൗഹൃദങ്ങൾ ആ മതിൽക്കെട്ടുകൾക്കുള്ളിൽ അവസാനിക്കുന്നു. പിന്നെ അതിനെ വിളക്കിച്ചേർക്കാൻ കഴിഞ്ഞില്ലെന്നു വരാം. പ്രായമാകുംതോറും നാം സൗഹൃദങ്ങളുടെ ഊഷ്മാവിന്റെ തോതു കുറയും. പിന്നെ ഒറ്റപ്പെടുകയേ നിർവാഹമുള്ളു. ശരിയാണ്, കുടുംബബന്ധങ്ങളിൽ ഒതുങ്ങുമ്പോൾ എല്ലാവരും അങ്ങനെ ആയിരിക്കാം. ഒറ്റപ്പെടലിന്റെ ദുരന്തങ്ങൾ ക്രൂരമാണ്. വിസ്മയയും കുഞ്ഞും അടങ്ങുന്ന ചെറിയൊരു ലോകത്തിലേക്ക് താനും ഒതുങ്ങിയിരിക്കുകയാണല്ലോ. ഉൾക്കടലിലെ തുരുത്തിൽ ഒറ്റപ്പെട്ട പ്രതീതി. വിശാലമായ നഗരത്തിന്റെ കുരുക്കുകളിൽ പെട്ടുപോകുന്നവരെക്കുറിച്ചാണ് ശ്യാം ആലോചിച്ചത്. നമ്മുടെ നിയമങ്ങളും നിയമവ്യവസ്ഥകളും ഭരണപ്രക്രിയകളും സാധാരണക്കാരന്റെ നിലനിൽപ്പിനെത്തന്നെ ചോദ്യംചെയ്യുന്ന നിലയിലാണല്ലോ സഞ്ചരിക്കുന്നത്. സാധാരണക്കാരന്റെ ഭാഗത്തു നിൽക്കാൻ ആരുമില്ല.

മനസ്സു തികച്ചും ശൂന്യമായിരിക്കുന്നെന്ന് ശ്യാമിനു തോന്നി. അതിൽ വിസ്മയയ്ക്കോ പാറുവിനോ പോലും പ്രവേശിക്കാൻ കഴിയുന്നില്ല. ഈ ശൂന്യതയെ എന്തു പേരിട്ടാണ് വിളിക്കേണ്ടത്?

പത്ത്

മൂടിക്കെട്ടിയ ആകാശം. രാവിലെതന്നെ അസംതൃപ്തിയുടെ സൂചനകളാണ് കയറിവരുന്നത്. കുഞ്ഞിനെ സ്കൂളിൽ വിടാനുള്ള തിരക്കിലാണ് വിസ്മയ. ശ്യാം കിടക്കയിൽതന്നെ വെറുതേ ചുരുണ്ടുകൂടി കിടക്കുകയാണ്. രാവിലെ എട്ടു മണിക്ക് കമ്പനിയിൽ പോകാറുള്ള

പതിവെല്ലാം തെറ്റിയിരിക്കുന്നു. തൊഴിൽ നഷ്ടപ്പെട്ടവന് അത്തരം ഒരുക്കങ്ങളുടെ ആവശ്യം വരുന്നില്ല. കമ്പനി പുറത്താക്കിയതിന്റെ രണ്ടാം ദിവസവും നിശ്ചലമായി കടന്നുപോകുകയാണ്. രാവിലെ പത്തു മണിക്ക് പൊലീസ് സ്റ്റേഷനിൽ എത്തി ബുക്കിൽ ഒപ്പിടണം.

സത്യവ്രതനെ അഞ്ച് ദിവസത്തിനകം കണ്ടെത്തണമെന്നാണ് പൊലീസ് ഓഫീസർ വിക്രം സേനന്റെ കൽപന. ഇല്ലെങ്കിൽ അഴി കൾക്കുള്ളിൽ പോകേണ്ടിവരും. അതൊരു സാഹസികമായ കൽ പനയാണെന്ന് ശ്യാമിനു അറിയാത്തതല്ല. പക്ഷേ ഈ മഹാനഗര ത്തിൽ തീവ്രവാദിയെന്ന് പൊലീസ് മുദ്ര കുത്തിയിരിക്കുന്ന ഒരാളെ കണ്ടെത്തുക ഏറെ പ്രയാസമുള്ള കാര്യമാണ്. അവൻ നഗരം വിടാൻ സാധ്യതയില്ലെന്നാണ് പൊലീസ് നിഗമനം. പൊലീസിനു കണ്ടെ ത്താൻ കഴിയാത്ത ഒരാളെ തനിക്കെങ്ങനെ കണ്ടെത്താനാവും?

സത്യവ്രതൻ ഹൈദ്രാബാദിലേക്ക് പോകുന്നു എന്നാണല്ലോ അന്ന് രാത്രി പറഞ്ഞിരുന്നത്. പൊലീസ് തന്നെ തിരയുന്നുണ്ടെന്ന് മനസ്സിലാക്കിയതുകൊണ്ടാണല്ലോ അവൻ അന്നുതന്നെ തങ്ങളെ ധർമ്മസങ്കടങ്ങളിലേക്ക് വലിച്ചെറിഞ്ഞുകൊണ്ട് സ്ഥലം വിട്ടത്. ഒരു പക്ഷേ തന്നെയും വിസ്മയയേയും ബലിയാടാക്കാതിരിക്കാനാവും അവൻ തീരുമാനിച്ചുറച്ചതും സ്ഥലം വിട്ടതും. അവൻ പണ്ടും അങ്ങനെ ആയിരുന്നില്ലേ? സങ്കീർണമായ പ്രശ്നങ്ങൾ വരുമ്പോൾ അവൻ രംഗത്തു നിന്നു മറഞ്ഞിരിക്കും. അന്തരീക്ഷം തണുക്കുമ്പോൾ ഏതെ ങ്കിലും കാണാക്കോണിൽ നിന്ന് പുറത്തുവരികയും ചെയ്യും.

സ്കൂളിൽ പോയ വിസ്മയ പാറുവുമായി മടങ്ങി വന്നിരിക്കുന്നു. ഒന്നും മനസ്സിലാകാതെ ശ്യാം ചോദിച്ചു,

''എന്തുപറ്റി. ഇന്ന് സ്കൂൾ ഇല്ലേ? അവധിയാണോ?'' ശ്യാം ജിജ്ഞാസയോടെ ചോദിച്ചു.

അവളുടെ മുഖം ആകെ ചുവന്നു തുടുത്തിരിക്കുന്നു. പൊതുവേ സൗന്ദര്യമുള്ള കണ്ണുകൾ കരുവാളിച്ചിരിക്കുന്നു. പാറു അവളുടെ കളിപ്പാട്ടങ്ങളുമായി സംവദിക്കുകയാണ്. ശ്യാം കിടക്കയിൽനിന്ന് എഴുന്നേറ്റ് വിസ്മയയുടെ അടുത്തേക്കു വന്നു.

''എന്തുപറ്റി. പറയൂ. വിഷമിച്ചിട്ട് കാര്യമില്ല. എന്തുപറ്റിയെന്നു പറയൂ.''

ഇനി മുതൽ കുഞ്ഞിനെ സ്കൂളിൽ വിടേണ്ടെന്ന് മിസ് പറഞ്ഞിരി ക്കുന്നു. വിപ്ലവകാരികളെ സംരക്ഷിക്കുന്നവരുടെ കുട്ടികളെ പഠിപ്പി ച്ചാൽ മറ്റുള്ള കുട്ടികളുടെ പേരെന്റ്സ് പ്രശ്നമുണ്ടാക്കുമത്രേ. മറ്റേ തെങ്കിലും സ്കൂൾ അന്വേഷിക്കാനാണ് ഹെഡ്മിസ്ട്രസ് ഉപദേശിക്കു ന്നത്.

വിസ്മയയുടെ മനസ്സു ആകെ തകർന്നിരിക്കുന്നു. ഇനിയെന്തു പറഞ്ഞാണ് അവളെ ആശ്വസിപ്പിക്കേണ്ടത്?

''വിസ്മയേ, നീ ടെൻഷനടിക്കാതിരിക്കൂ. നമുക്ക് മറ്റെന്തെങ്കിലും പോംവഴിയുണ്ടാക്കാം.'' ശ്യാം അവളെ സമാധാനിപ്പിക്കാൻ ശ്രമിക്കുകയാണ്. അതുണ്ടാകില്ലെന്ന് അവനറിയാം. കുറച്ചകലെ മറ്റൊരു സ്കൂളുണ്ട്. അവിടെ അന്വേഷിക്കാം. പക്ഷേ അവിടെയും ഇതേ പ്രശ്നം തല പൊക്കിയാൽ എന്തു ചെയ്യും? തൽക്കാലം പാറുവിനെ സ്കൂളിൽ വിടേണ്ടതില്ലെന്ന് തീരുമാനിക്കേണ്ടി വരും.

കാര്യങ്ങൾ കൂടുതൽ സങ്കീർണതകളിലേക്ക് നീങ്ങുകയാണെന്നതിന്റെ സൂചനയാണ് സ്കൂൾ വിലക്കെന്ന് ശ്യാമിനു മനസ്സിലായി. ഈ നഗരത്തിൽനിന്ന് എവിടെ പോകാനാണ്? ജാതി മാറി പ്രണയിച്ചതിന്റെ പേരിൽ അഞ്ചാറു വർഷമായി അനുഭവിക്കുന്ന ഏകാന്തതയുടെ ഭീകരത ശ്യാമിനും വിസ്മയയ്ക്കും നന്നായറിയാം. നാട്ടിലേക്ക് പോകാൻ കഴിയാത്ത അവസ്ഥയിൽ വീണ്ടും വീണ്ടും ഒറ്റപ്പെടുകയാണ്.

എന്തു സംഭവിച്ചാലും നാട്ടിലേക്ക് പോകണമെന്ന് ചിലപ്പോഴൊക്കെ വിസ്മയ പറയാറുണ്ട്. അച്ഛനും അമ്മയും സഹോദരിയും എതിർക്കാത്തിടത്തോളം കാലം മടക്കയാത്ര ദുസ്സഹമല്ല. ബന്ധുക്കളടങ്ങുന്ന സമൂഹമാണ് അതിനു വഴിമുടക്കം സൃഷ്ടിക്കുന്നത്. എന്നാൽ ശ്യാമിന്റെ ദുരഭിമാനബോധമാണ് മടക്കയാത്രയ്ക്ക് വിരാമം സൃഷ്ടിക്കുന്നതെന്ന് വിസ്മയ പറയാറുണ്ട്. അത് ഏറെക്കുറെ ശരിയുമാണ്.

അയൽവാസികളൊക്കെ തീവ്രവാദിയെ ഒളിപ്പിച്ചുവച്ച കമ്പനി ജീവനക്കാരന്റെ പിന്നാലെ സഞ്ചരിക്കുകയാണ്. അവർക്ക് എത്രയെത്ര ചോദ്യങ്ങളാണ് ചോദിക്കാനുള്ളത്. എത്രയെത്ര ഉത്തരങ്ങളാണ് കണ്ടെത്തേണ്ടിയിരിക്കുന്നത്? ആരാണ് സത്യവ്രതൻ? അയാൾക്ക് നിങ്ങളുമായിട്ടുള്ള ബന്ധമെന്താണ്? പൊലീസ് സ്റ്റേഷനിൽ കൊണ്ടുപോയി മർദ്ദിച്ചോ?

കഴിഞ്ഞ ദിവസം വളരെ ദുഃഖത്തോടെയാണ് അയൽവാസികളുടെ ചോദ്യശരങ്ങളുടെ മുന്നിൽ നിന്നത്. രാത്രിയിൽ അവൾ അക്കാര്യം പറയുമ്പോൾ ആകെ അസ്വസ്ഥയായിരുന്നു. ചോദ്യങ്ങളുടെ കുത്തൊഴുക്കുകാരണം അവൾ പുറത്തിറങ്ങാറില്ല. എല്ലാവരും തങ്ങളുടെ വീട്ടിലേക്ക് ഒളിഞ്ഞുനോക്കുന്നുവെന്നാണ് അവളുടെ ആവലാതി. നമ്മുടെ സമൂഹത്തിന്റെ പൊതുസ്വഭാവമാണ് ഈ ഒളിഞ്ഞുനോട്ടമെന്ന് പറഞ്ഞാൽ അവൾക്ക് മനസ്സിലാവില്ല. അവളുടെ ലോകം വ്യത്യസ്തമാണ്.

ജോലിയിൽ പ്രവേശിച്ചില്ലെങ്കിൽ കാര്യങ്ങൾ അവതാളത്തിലാകും. കമ്പനിയിൽ പോയി ജോണിനെ കാണണം. പൊലീസ് സ്റ്റേഷനിൽ സൈൻ ചെയ്യണം. പൊലീസിന്റെ സഹായമില്ലാതെ ജോലിയിൽ പ്രവേശിക്കാനാവില്ല. ഒരിക്കൽ എഫ്ഐആർ എഴുതിക്കഴിഞ്ഞാൽ റദ്ദ് ചെയ്യാനാവില്ലെന്നാണ് ജോണും പറയുന്നത്. അതിന്റെ നിയമ വശമൊന്നും തനിക്ക് അറിയില്ല.

പെട്ടെന്നാണ് ചിലർ കോവണിപ്പടി കയറിവരുന്ന ശബ്ദം കേട്ടത്. ഷൂസിന്റെ നിർദ്ദയമായ ശബ്ദം അലോസരമുണ്ടാക്കുന്നതായിരുന്നു. കതക് തുറന്നപ്പോൾ രണ്ടു പൊലീസുകാർ. അവർ അനുവാദമൊന്നും ചോദിക്കാതെ അകത്തേക്ക് കയറിവന്നു. വലിയ റാങ്കൊന്നുമുള്ള വരല്ല. സാധാരണ പൊലീസ് കോൺസ്റ്റബിൾമാർ. വന്നപാടേ അതി ലൊരാൾ അൽപം ദാർഢ്യത്തോടെ പറഞ്ഞു:

''ഞങ്ങൾക്ക് വീടൊന്നു പരിശോധിക്കണം. ഈ വീട്ടിൽ ചില മാവോയിസ്റ്റ് ലഘുലേഖകൾ ഉണ്ടെന്നാണ് ഡിവൈഎസ്പി സംശയി ക്കുന്നത്. അദ്ദേഹത്തിന്റെ കൽപന പ്രകാരമാണ് ഞങ്ങൾ വന്നിരി ക്കുന്നത്. ഞങ്ങൾക്ക് ഇവിടെമെല്ലാം നന്നായി പരിശോധിക്കേണ്ടി യിരിക്കുന്നു.''

അവർ മറ്റൊന്നും പറയാതെ നേരേ മുറിക്കുള്ളിൽ കയറി പര തുകയാണ്. പൊലീസിനെ കണ്ടപാടേ പാറു വീർപ്പടക്കി കരയാൻ തുടങ്ങി. വിസ്മയ അവളെ നെഞ്ചോടു ചേർത്തുപിടിച്ചു. അവർക്ക് എന്താണ് കണ്ടെത്തേണ്ടത്? എന്തു ലഘുലേഖയാണ് പിടിച്ചെടു ക്കേണ്ടത്. അയൽക്കാരുടെ മുന്നിൽ സംശയത്തിന്റെ വിത്തുകൾ വിതയ്ക്കാനുള്ള പൊലീസിന്റെ തന്ത്രങ്ങളെക്കുറിച്ചാണ് ശ്യാം ചിന്തി ച്ചത്. വിസ്മയ കുഞ്ഞിനേയും ചേർത്തുപിടിച്ച് ശ്യാമിന്റെ സമീ പത്തുവന്നു നിന്നു. അവളുടെ മുഖത്ത് വിട്ടുമാറാത്ത ഭീതി പടരുന്ന തായി അവനു തോന്നി.

തങ്ങളുടെ ചെറിയ തോതിലുള്ള സാധനങ്ങളല്ലാതെ മറ്റൊന്നും അവിടെയുണ്ടാവില്ല. നഗരത്തിലെ സെക്കൻഡ്ഹാൻഡ് ബുക്സ്റ്റാളു കളിൽ നിന്നു വാങ്ങിയ ചില പുസ്തകങ്ങളുമൊക്കെ ഉണ്ടാകും. പിടി ച്ചെടുക്കാൻ പറ്റിയ നക്സൽ സാഹിത്യമോ മാവോയിസ്റ്റു സാഹി ത്യമോ അവിടെ ഉണ്ടാകില്ല. പഠിക്കുന്ന കാലത്തെ വായന ഇന്നില്ല എന്നതാണ് തന്നെ അലട്ടാറുള്ളത്. ജീവിതം പരീക്ഷണങ്ങളിലൂടെ കടന്നുപോകുമ്പോൾ വായനയ്ക്ക് എന്ത് പ്രസക്തി?.

മുറിയിലെ സാധനങ്ങളെല്ലാം വാരിവലിച്ചിട്ട് പൊലീസുകാർ പുറ ത്തേക്കു വന്നു. പരിശോധന കഴിഞ്ഞിരിക്കുന്നു. ഒന്നും കണ്ടെടു ക്കാൻ അവർക്ക് കഴിഞ്ഞിട്ടില്ല.

‘‘ചില സംശയങ്ങളുടെ പേരിലാണ് ഞങ്ങൾ പരിശോധനയ്ക്ക് വന്നത്. തൽക്കാലം ഒന്നും കിട്ടിയില്ല. എങ്കിലും വീണ്ടും വരാം. സത്യവ്രതൻ എന്ന പിടികിട്ടാപ്പുള്ളിയെ കൈയിൽ കിട്ടുന്നതുവരെ ഞങ്ങൾക്ക് വിശ്രമമില്ല. അയാൾ ഉപേക്ഷിച്ചുപോയ പുസ്തകങ്ങളോ ഫയലുകളോ കണ്ടുകിട്ടിയാൽ ഞങ്ങളെ അറിയിക്കണം.’’ പൊലീസു കാരിൽ ഒരാൾ അത്രയും പറഞ്ഞ് കോവണിപ്പടികൾ ഇറങ്ങി.

എന്തു സംഭവിക്കുന്നു എന്നറിയാതെ ശ്യാമും വിസ്മയയും നിന്നു. പരീക്ഷണങ്ങൾ അകലുന്നില്ല. പൊലീസിന്റെ വരവും നോക്കി നിൽക്കുന്ന ഗാന്ധിനഗർ കോളനിയിലെ താമസക്കാർ. നിയമങ്ങളും നയങ്ങളും നിരുപദ്രവമായ ജീവിതത്തെ പിച്ചിച്ചീന്തുന്നത് കാണാൻ അവർ കാത്തുനിൽക്കുകയാണ്. തങ്ങൾക്കെതിരെ പൊലീസ് പുതിയ കെണികൾ നിരത്തുന്നതു കാണാൻ നാട്ടുകാർക്ക് ഏറെ താൽപര്യ മാണ്.

പാറു കരച്ചിൽ നിർത്തി ശ്യാമിന്റെ തോളിൽ കെട്ടിപ്പിടിച്ചു കിടന്നു. അവളെ സമാശ്വസിപ്പിക്കാൻപോലും അവർക്കാവുന്നില്ല.

ശ്യാം പ്രഭാകർ പത്തു മണിക്കുതന്നെ പൊലീസ് സ്റ്റേഷനിൽ എത്തി യിരുന്നു. പല കേസുകളിൽ കുരുങ്ങിയ നൂറുകണക്കിനു പേർ പൊലീസ് സ്റ്റേഷൻ പരിസരത്ത് തമ്പടിച്ചിരിക്കുന്നു. തലേ ദിവസം രാത്രിയിൽ ലോക്കപ്പ് മർദ്ദനത്തെത്തുടർന്ന് ഒരു യുവാവ് കൊല്ല പ്പെട്ടതായി വാർത്ത ഉണ്ടായിരുന്നു. ലോക്കപ്പ് മർദ്ദനവും മരണവു മൊക്കെ നമ്മുടെ ജനാധിപത്യക്രമത്തിൽ ഒഴിച്ചുകൂടാത്തതാണല്ലോ. ഇന്നലെ നടന്ന മരണത്തെ മുതലെടുക്കാൻ ചില പ്രതിപക്ഷ രാഷ്ട്രീയ കക്ഷികൾ സ്റ്റേഷനിൽ കാവൽ നിൽക്കുകയാണ്. മരിച്ച വന്റെ മാതാപിതാക്കൾ മരച്ചുവട്ടിൽ നിലവിളിച്ചു കരയുകയാണ്. അവശരായ അവരുടെ മുഖത്ത് നിരാശയും നിരാശ്രയത്വവും പടർന്നു പിടിച്ചിരിക്കുന്നു. ഏതോ പാവപ്പെട്ട കർഷകത്തൊഴിലാളി കുടുംബ ത്തിലെ യുവാവാണ് മർദ്ദനമേറ്റു മരിച്ചത്.

ഏറെ പ്രയാസപ്പെട്ടാണ് ശ്യാം റൈറ്ററുടെ അടുത്തെത്തിയത്. അയാൾ തിരക്കിട്ട് എന്തോ എഴുതുകയാണ്. മുന്നിൽ നിൽക്കുന്ന ആളിനെ നോക്കാൻപോലും അയാൾക്ക് സമയമില്ല. ലോക്കപ്പിൽ മരിച്ച യുവാവിന്റെ റിപ്പോർട്ടുകൾ തയ്യാറാക്കി പോസ്റ്റുമാർട്ടത്തിനു അയയ്ക്കുന്ന തിരക്കിലാണ്. ഒപ്പിടാൻ വന്നതാണെന്നു പറഞ്ഞ പ്പോൾ അയാൾ മുഖമുയർത്തി നോക്കിയശേഷം പറഞ്ഞു. ‘‘ഇവിടെ ഇപ്പോൾ നിന്നിട്ട് കാര്യമില്ല. കുറച്ചുകഴിഞ്ഞു വരൂ. വേണ്ട. അല്ലെ ങ്കിൽ ഇൻസ്പക്ടറെ കണ്ടാൽ മതി.’’

ശ്യാം പുറത്തുവന്നു. തിരക്കിനു കുറവില്ല. മരിച്ചവന്റെ മാതാപിതാക്കളുടെ മുഖങ്ങൾ കാർമേഘപടലം പോലെ കരുവാളിച്ചിരിക്കുന്നു. മൃതശരീരം കൊണ്ടുപോകാൻ ആംബുലൻസ് സൈറൺ മുഴക്കി വന്നുനിന്നു. പൊലീസിനെ പ്രതിക്കൂട്ടിലാക്കുന്ന നടപടിയെ മുതലെടുക്കുകയാണ് രാഷ്ട്രീയക്കാർ. അവിടെ മരണമോ കൊലപാതമോ അല്ല പ്രശ്നം. മരിച്ചവനെ രാഷ്ട്രീയത്തിന്റെ നിറംപൂശി മുതലെടുക്കാനുള്ള തത്രപ്പാടിലാണ്.

പുറത്തു മരച്ചുവട്ടിലെ തണലിൽ വിശ്രമിക്കുകയാണ് ചിലർ. ശ്യാമും അവരിൽ ഒരാളായി. നിയമക്കുരുക്കിൽപ്പെട്ടാൽ ജീവിതം തന്നെ പ്രഹേളികയായി മാറുമെന്ന് അവിടെ കൂടിയവരുടെ മുഖങ്ങൾ വിളിച്ചു പറയുന്നുണ്ട്. പാവപ്പെട്ടവരുടെ പിണിയാളുകളുമായി രാഷ്ട്രീയക്കാർ അവിടെ വാതുവയ്ക്കുകയാണ്. രാഷ്ട്രീയ മേലാളന്മാരുടെ വേഷപ്പകർച്ചകൾ ശ്യാമിൽ കൗതുകമുണർത്തി. പണ്ട് വായിച്ച സോക്രട്ടീസിന്റെ വാചകം അയാളുടെ ഓർമ്മയിൽ പൊന്തി വന്നു:

‘‘രാഷ്ട്രീയ മണ്ഡലം അൽപ ബുദ്ധിജീവികളെക്കൊണ്ടും അവസരവാദികളെക്കൊണ്ടും സ്വാർത്ഥന്മാരെക്കൊണ്ടും നിറഞ്ഞിരിക്കുന്നു.’’

നമ്മുടെ നിയമവാഴ്ചയുടെ കിരാതപർവങ്ങൾ ജനങ്ങളിൽ ഭീതി പടർത്താൻ മാത്രമേ സഹായിക്കുന്നുള്ളൂ.

ഒരാഴ്ചയുടെ കൂടിക്കാഴ്ചയിൽ ഒരിക്കൽപോലും സത്യവ്രതൻ തന്റെ രാഷ്ട്രീയ നിലപാടുകളെക്കുറിച്ചു പറഞ്ഞിട്ടേയില്ല. അവന്റെ വിപ്ലവപ്രസ്ഥാനങ്ങൾ ഏതാണെന്നും വ്യക്തമായിരുന്നില്ല. പഴയ നക്സലൈറ്റ് പ്രസ്ഥാനം കൈവഴികൾ സഞ്ചരിച്ച് ഒഴുകുകയാണല്ലോ മാവോയിസ്റ്റ് നിലപാടുകളിൽ എത്തിനിൽക്കുന്നത്. അതിൽ ഏതെങ്കിലും ഒന്നായിരിക്കാം സത്യവ്രതന്റെ പാതയിൽ പരവതാനി വിരിച്ചിരിക്കുന്നത്. തന്നോടൊന്നും പറയാതെ ആയിരുന്നല്ലോ അവന്റെ നീക്കങ്ങൾ. നഗരത്തിലെ ചില സുഹൃത്തുക്കളെ കാണാനുണ്ടെന്നു മാത്രമാണ് അവൻ രണ്ടുമൂന്ന് തവണ ആവർത്തിച്ചത്. ആ ചില സുഹൃത്തുക്കൾ ആരൊക്കയായിരിക്കും? അവരെ കണ്ടെത്തിയാൽ സത്യവ്രതന്റെ വിവരങ്ങൾ അറിയാൻ കഴിഞ്ഞേക്കും. അവൻ കുറ്റവാളിയോ മാവോയിസ്റ്റ് തീവ്രവാദിയോ അല്ലെന്ന് വെളിപ്പെടുന്നതോടെ താനും അവനും രക്ഷപ്പെടും. അവനെ കണ്ടെത്തി പൊലീസിനെ ഏൽപ്പിക്കണമെന്നതല്ല തന്റെ നിലപാട്. അവനെ പിടിച്ചു പൊലീസിൽ ഏൽപ്പിച്ചിട്ട് കമ്പനിയിൽ ജോലിയിൽ പ്രവേശിക്കണമെന്ന ചിന്തയുമില്ല. അവനെ പൊലീസിൽ ഏൽപ്പിക്കുക എന്നാൽ

ഒറ്റുകൊടുക്കുക എന്നാണർത്ഥം. സ്വന്തം സുഹൃത്തിനെ ഒറ്റുകൊടുത്തു വേണോ എന്റെ കുടുംബത്തെ രക്ഷപ്പെടുത്താൻ? ഇല്ല. തനിക്കതിനു കഴിയില്ല.

സൂര്യൻ ആകാശത്തിനു മുകളിൽ എത്തിയിരിക്കുന്നു. പൊലീസ് സ്റ്റേഷനിലെ ആരവം കുറയുകയാണ്. ലോക്കപ്പിൽ കൊല്ലപ്പെട്ട യുവാവിന്റെ മൃതശരീരം പോസ്റ്റുമാർട്ടത്തിനു പോയതോടെ തിരക്ക് പകുതിയായി കുറഞ്ഞിരിക്കുന്നു. മരത്തിന്റെ ചുവട്ടിൽ തമ്പടിച്ചിരുന്നവരൊക്കെ എങ്ങോ ചിതറിപ്പോയിരിക്കുന്നു. വ്യാധികളും വ്യഥകളുമായി കുറച്ചുപേർ മരച്ചുവട്ടിൽ കാത്തിരിക്കുന്നുണ്ട്.

''ഹലോ, എഴുന്നേൽക്കണം. അതെ, നിങ്ങളെത്തന്നെ. ഇൻസ്പെക്ടർ വിളിക്കുന്നു.'' ആലോചനയിലായിരുന്ന തന്നെ തട്ടിയുണർത്തിയത് പൊലീസുകാരന്റെ പരുക്കൻ ശബ്ദമായിരുന്നു.

ശ്യാം പൊലീസുകാരന്റെ പിന്നാലെ നടന്നു. ഒരു ലോക്കപ്പ് മുറിയുടെ മുന്നിലാണ് അയാൾ നിന്നത്. ഇൻസ്പെക്ടർ മുന്നോട്ടുവന്നു ചോദിച്ചു:

''സത്യവ്രതനെന്ന പിടികിട്ടാപ്പുള്ളിയുടെ സുഹൃത്തുക്കളിൽ എത്ര പേരെ നിനക്കറിയാം? മുഖം കണ്ടാൽ തിരിച്ചറിയാനാവുമോ?''

പെട്ടെന്നുള്ള ചോദ്യം ശ്യാമിനെ തെല്ലൊന്നമ്പരപ്പിച്ചു. എങ്കിലും ഇടറിയ ശബ്ദത്തിൽ അയാൾ പറഞ്ഞു,

''ഇല്ല. എനിക്കാരെയും അറിയില്ല.''

ലോക്കപ്പിൽ അടിവസ്ത്രത്തിൽ നിൽക്കുന്ന നാലഞ്ചു പേരെ ചൂണ്ടി ഇൻസ്പെക്ടർ ചോദിച്ചു:

''നഗരത്തിലെ ഒളിസങ്കേതങ്ങളിൽനിന്ന് ഇന്നലെ പിടികൂടിയ മാവോയിസ്റ്റുകളാണ് ഇവർ. സ്ഫോടനവുമായി ബന്ധപ്പെട്ടാണ് ഇവർ നഗരത്തിൽ എത്തിയത്. അവന്മാരുടെ സംഘത്തിൽപ്പെട്ടവനായിരിക്കണം നിന്റെ ചങ്ങാതി സത്യവ്രതൻ. എന്തായാലും പൊലീസിന്റെ കാര്യക്ഷമത കാരണം വമ്പിച്ച അപകടത്തിൽനിന്ന് നഗരത്തിലെ ജനങ്ങൾ രക്ഷപ്പെട്ടു. ദൈവത്തിനു സ്തുതി. ഇവരെ അവസാനമായി നീ എവിടെ വച്ചാണ് കണ്ടത്?''

ഇൻസ്പെക്ടറുടെ ഉച്ചത്തിലുള്ള ചോദ്യം കതിനവെടിപോലെ അന്തരീക്ഷത്തിൽ പ്രതിധ്വനിച്ചു:

''പറയൂ, ഇവരിൽ ആരാണ് നിന്റെ വീട്ടിൽ ആദ്യം വന്നത്? ആരാണ് സത്യവ്രതനോടൊപ്പം ഉണ്ടായിരുന്നത്?''

എന്തൊക്കെയാണ് പൊലീസ് പറയുന്നത്? തന്റെ വീട്ടിൽ

ആരാണ് ആദ്യം വന്നതെന്ന്? ഉത്തരംമുട്ടി നിൽക്കുന്ന ശ്യാമിനു നേരേ കൈയോങ്ങിക്കൊണ്ട് അയാൾ അലറി.

''ഇല്ല. എനിക്കറിയില്ല. എനിക്കിവരെ ആരെയും അറിയില്ല. ഇവർ എന്റെ വീട്ടിൽ വന്നിട്ടുമില്ല. ഒരിക്കലും ഇവരെ ഞാൻ എങ്ങും കണ്ടിട്ടില്ല.'' ശ്യാം നിസ്സഹായത നിറഞ്ഞ ശബ്ദത്തിൽ പറഞ്ഞു. ലോക്കപ്പിൽ നിൽക്കുന്ന, തനിക്കറിയാത്ത കുറ്റവാളിയെ സത്യവ്രതൻ കേസ്സുമായി ബന്ധിപ്പിച്ച് കൂടുതൽ സങ്കീർണമാക്കാനുള്ള പഴുതുകൾ തേടുകയാണ് പൊലീസ്.

''അപ്പോൾ ഇവരെ നീ നേരത്തേ കണ്ടിട്ടില്ല അല്ലേ? ശരി. നീയിനി ഡിവൈഎസ്പി സാറിനെ കണ്ടിട്ടു പോയാൽ മതി. നിന്നെക്കൊണ്ട് സത്യം പറയാൻ പറ്റുമോ എന്ന് നോക്കട്ടെ.''

അടുത്തുള്ള പൊലീസുകാരനോടായി ഇൻസ്പെക്ടർ പറഞ്ഞു:

''ഇവനെ സാറിന്റെ ക്യാബിനിലെത്തിക്കൂ.''

പൊലീസുകാരൻ ശ്യാമിനേയും കൂട്ടി ഡിവൈഎസ്പി വിക്രംസേനന്റെ ക്യാബിനിലേക്ക് നടന്നു.

എന്തൊക്കെ നാടകങ്ങളാണ് ഇനി കാണാനിരിക്കുന്നത്. അഞ്ചു ദിവസത്തെ സമയം അവസാനിക്കാൻ ഇനി രണ്ടു ദിവസം മാത്രം. ഡിവൈഎസ്പി എന്തായിരിക്കാം പറയാൻ പോകുന്നത്?

ഡിവൈഎസ്പിയുടെ ഓഫീസിൽ നല്ല തിരക്കാണ്. പൊലീസുകാരും രാഷ്ട്രീയക്കാരും തമ്മിലുള്ള ചർച്ചകൾ ഓഫീസിനു പുറത്തു നടക്കുന്നു. തന്നോടു അവിടെ നിൽക്കാൻ പറഞ്ഞിട്ടു പൊലീസുകാരൻ ഹാഫ് ഡോർ തുറന്ന് ഡിവൈഎസ്പിയുടെ ഓഫീസിലേക്ക് കയറി.

പൊലീസ് സ്റ്റേഷന്റെ അന്തരീക്ഷം ശ്യാമിനു അരോചകമായി തോന്നിത്തുടങ്ങി. ക്രമസമാധാനത്തിന്റെ മണമല്ല മറിച്ച് രക്തത്തിന്റെ രൂക്ഷഗന്ധമാണ് അവിടെ തളംകെട്ടി നിൽക്കുന്നതെന്ന് അവനു തോന്നി. വർഷങ്ങളുടെ പഴക്കമുള്ള ഈ സ്റ്റേഷനുള്ളിൽ എത്രയെത്ര ജീവിതങ്ങൾ തകർന്നുവീണിരിക്കണം? ലോക്കപ്പിൽ പോകുന്നവർ മടങ്ങിവരുമെന്നു ആർക്കും നിശ്ചയിക്കാനാവില്ല. എന്തിനും പുറപ്പെടുന്നവർ യുവാക്കളായിരിക്കും. അവരെയാണ് പൊലീസ് സ്റ്റേഷനിൽ പതിയിരിക്കുന്ന അപമൃത്യു അധികവും പിടികൂടുന്നത്.

കോൺസ്റ്റബിൾ പുറത്തേക്ക് വന്നു വിളിച്ചു,

''ശ്യാംപ്രഭാകർ ഉള്ളിലേക്ക് വരണം. സാർ വിളിക്കുന്നു.''

അയാൾ അകത്തേക്ക് ചെന്നു. ഡിവൈഎസ്പി നല്ല ഫോമിലാണെന്ന് ശ്യാമിനു തോന്നി. മുഖത്തെ ക്രൂരതക്ക് കുറവൊന്നും കാണുന്നില്ല.

‘‘എന്താ ശ്യംപ്രഭാകരാ, നിന്റെ അവനെ കിട്ടിയില്ലേ? അവൻ ഇപ്പോഴും നിന്റെ സംരക്ഷണയിൽ നഗരത്തിൽ കഴിയുന്നുണ്ടെന്നാണ് ഇന്റലിജൻസ് റിപ്പോർട്ട്. അകത്തുപോകണോ അതോ അവനെ കണ്ടുപിടിച്ചു എന്റെ മുന്നിൽ കൊണ്ടുവരുമോ?’’

ഉത്തരംമുട്ടി നിൽക്കുന്ന ശ്യാമിനെ നോക്കാതെ അയാൾ ഏതോ ഫയലുകൾ പരിശോധിക്കുകയാണ്. തന്റെ നിസ്സഹായത മനസ്സിലാക്കാൻ അയാൾക്ക് കഴിയണമെന്നില്ല. അയാൾക്ക് ആവശ്യം കുറ്റവാളിയായ സത്യവ്രതനെയാണ്. അതിനപ്പുറം പൊലീസിനു ഒന്നും കേൾക്കേണ്ട കാര്യവുമില്ല.

‘‘രണ്ടു ദിവസത്തിനകം അവനെ കണ്ടെത്തണം. നീ വിചാരിച്ചാൽ അത് നടക്കും. സ്വന്തം സുഹൃത്തിനോട് എന്തെങ്കിലും അനുകമ്പയുണ്ടെങ്കിൽ അവൻ നിന്നെത്തേടിയെത്തും. കടിച്ച പാമ്പിനെക്കൊണ്ട് വിഷമിറക്കുന്ന തന്ത്രമാണ് പൊലീസിന്റേതെന്ന് നിനക്കറിയില്ലേ. അറിയില്ലെങ്കിൽ നീ അറിയാൻ പോകുന്നതേയുള്ളൂ.’’

ഒന്നും ഉരിയാടാതെ നിൽക്കുന്ന ശ്യാമിനു നേരേ വന്നു അയാൾ ആക്രോശിച്ചു:

‘‘നീ താമസിയാതെ ലോക്കപ്പിൽ കിടന്നു പൊലീസുകാരുടെ ചവിട്ടേറ്റ് കൊല്ലപ്പെടും. അല്ലെങ്കിൽ നഗരമധ്യത്തിൽ പൊലീസ് എൻകൗണ്ടറിൽ നിന്റെ ജീവിതം അവസാനിക്കും. ഏതു വേണം? നീ തന്നെ തീരുമാനിക്കൂ. അതു വേണോ മര്യാദയ്ക്ക് അവനെ ഹാജരാക്കുമോ? എന്തായാലും നിനക്ക് പോകാം. അവനില്ലാതെ നീയില്ല. അത് മനസ്സിലാക്കണം. പിന്നെ മിസ്റ്റർ ശ്യാംപ്രഭാകർ, മറ്റൊരു കാര്യം കൂടി കേട്ടിട്ടു പോകൂ. മാസത്തിൽ എത്ര എൻകൗണ്ടർ വേണമെന്ന് തീരുമാനിക്കുന്നത് പൊലീസാണ്. അതായത് ഞങ്ങൾ പൊലീസുകാർ. പ്രതിക്ക് പകരം വാദിയായിരിക്കും എൻകൗണ്ടർ വേട്ടയിൽ അകപ്പെടുക. അത് മറക്കണ്ട.’’ അത്രയും പറഞ്ഞു പൊലീസ് കോൺസ്റ്റബിളിനോട് അയാൾ ആജ്ഞാപിച്ചു,

‘‘ഇവനെ പറഞ്ഞുവിട്ടേക്കൂ. എന്തു ചെയ്യുന്നു എന്ന് കാണട്ടെ. എന്തായാലും ഇവനിൽ ഒരു കണ്ണ് വേണം.’’ അത്രയും പറഞ്ഞു അയാൾ വീണ്ടും സീറ്റിൽ ചെന്നിരുന്നു ഫയലുകൾ നോക്കാൻ തുടങ്ങി.

പൊലീസ് കോൺസ്റ്റബിളിന്റെ പിന്നാലെ ശ്യാം പുറത്തേക്ക് നടന്നു.

പതിനൊന്ന്

സൂര്യൻ ഇപ്പോൾ നേരേ തലയ്ക്കു മുകളിലാണ്. നഗരത്തിലെ ചൂടിനു കുറവൊന്നുമില്ല. ലോകത്ത് മനുഷ്യമനസ്സുകളിൽ ഉഷ്ണ മേഖലകൾ ദിനംപ്രതി വളരുകയാണ്. വസന്തങ്ങളും മഴവില്ലുകളും അന്യമാകുന്നെന്ന് നഗരത്തിൽ വന്ന ദിവസങ്ങളിൽ വിസ്മയയാണ് പറഞ്ഞത്. അവളുടെ ഏതോ കവിതയിൽ ആ വിഷയം അവതരിപ്പിക്കുകയും ചെയ്തിരുന്നു. ഗ്രാമത്തിന്റെ ചുറ്റുവട്ടങ്ങളിൽ വളർന്ന അവൾക്ക് ചുട്ടുപൊള്ളുന്ന നഗരത്തിന്റെ തീക്ഷ്ണതകൾ അന്യമായിരുന്നു. പക്ഷേ നഗരമല്ലാതെ തങ്ങളുടെ ജീവിതത്തിൽ താങ്ങും തണലുമായി നിൽക്കാൻ മറ്റൊരിടമില്ലായിരുന്നല്ലോ. അതൊക്കെ അവളെ പറഞ്ഞു മനസ്സിലാക്കിക്കുവാൻ എത്ര പ്രയാസപ്പെടേണ്ടി വന്നു. പച്ചപുതച്ച ഗ്രാമങ്ങളായിരുന്നു അവളുടെ കൂടപ്പിറപ്പ്. പ്രണയത്തിന്റെ താക്കോലുമായി ഗ്രാമം വിടുമ്പോൾ ഇത്തരത്തിലൊരു ലോകത്തിലാവും എത്തിപ്പെടുക എന്നവൾ കരുതിയിരിക്കില്ല. എല്ലാം തന്റെ ധൃതിപിടിച്ചുള്ള എടുത്തുചാട്ടങ്ങളായിരുന്നല്ലോ.

രാവിലെ പത്രത്തിലെ പൊലീസിന്റെ പ്രസ്താവനകളാണ് ശ്യാമിനെ ചിന്തിപ്പിച്ചത്. നഗരത്തിൽ തീവ്രവാദികൾ നുഴഞ്ഞു കയറുകയാണ്. അവരെ കണ്ടെത്തി ഉന്മൂലനം ചെയ്യാനുള്ള ചുമതല ഡിവൈഎസ്പിയെയാണ് ഡിപ്പാർട്ടുമെന്റ് ഏൽപ്പിച്ചിരിക്കുന്നതെന്ന് പത്രങ്ങൾ അഞ്ചും ആറും കോളങ്ങളിൽ അച്ചുനിരത്തുന്നു. പത്രറിപ്പോർട്ടുകൾ കണ്ടപ്പോൾ ശ്യാമിനു നിർവികാരതയാണ് തോന്നിയത്. ഇന്ത്യയിലെ ഒട്ടുമിക്ക നഗരങ്ങളിലും മാവോയിസ്റ്റുകൾ എന്ന വിപ്ലവകാരികൾ നുഴഞ്ഞുകയറ്റം നടത്തിത്തുടങ്ങിയിരിക്കുന്നു എന്നാണ് സിറ്റി പൊലീസ് കമ്മിഷണറുടെ പ്രത്യേക അഭിമുഖത്തിൽ പറയുന്നത്. അത് പ്രസിദ്ധീകരിച്ച ദേശീയപത്രമാകട്ടെ മാവോയിസ്റ്റു പ്രസ്ഥാനത്തെക്കുറിച്ച് നിരന്തരം പ്രസംഗിക്കുന്നുമുണ്ട്. അതിനു തടയിടാൻ പൊലീസ് പുതിയ ഹൈടെക് സംവിധാനങ്ങൾ ഒരുക്കുകയാണത്രേ. സുരക്ഷാസന്നാഹങ്ങളുടെ പാളിച്ചകൾ കാരണം കുറ്റവാളികളെന്ന് സംശയിക്കപ്പെടുന്നവർ രക്ഷപ്പെടാൻ പാടില്ല എന്നാണ് കമ്മിഷണറുടെ വിശദീകരണം. ഇതേ അഭിപ്രായമാണ് മന്ത്രിതലത്തിലുള്ളവരും ആവർത്തിക്കുന്നത്.

ഫാക്ടറിയിൽ പോയി ജോണിനെ കാണണമെന്നുണ്ടായിരുന്നു. പക്ഷേ മനസ്സ് ആകസ്മികമായി പിൻതിരിയുകയാണ്. നേതാക്കന്മാരെ കണ്ടാൽ ജോലിയിൽ പ്രവേശിക്കാനാവുമോ? തനിക്കുവേണ്ടി ആരെങ്കിലും ഫാക്ടറി ചെയർമാനോട് ശുപാർശ ചെയ്യുമോ? താൻ പ്രശ്നം അവതരിപ്പിക്കുമ്പോൾത്തന്നെ പലരും പിൻവാങ്ങുന്നതാണ്

കണ്ടത്. അതിനാൽ സുഹൃത്തുക്കളെപ്പോലും നേരിൽ കാണാൻ വൈമുഖ്യമാണ്. താനാണ് തെറ്റുകാരൻ എന്നവർ സ്ഥാപിക്കാൻ ശ്രമിക്കുമ്പോൾ മറ്റെന്താണ് പറയാനുള്ളത്? സുഹൃത്തിനെ ഏതാനും ദിവസം താമസിക്കാൻ അനുവദിച്ചതാണ് അവർ തന്നിൽ കാണുന്ന തെറ്റ്. ആയിരിക്കാം. പക്ഷേ അടുത്ത ചങ്ങാതിയെയാണ് താൻ സഹായിച്ചത് എന്നവർ വിസ്മരിക്കുന്നു.

ഇല്ല. ഒന്നിനും കഴിയുന്നില്ല. ചൂടിന്റെ കാഠിന്യം വർദ്ധിക്കുകയാണ്. വീട്ടിലേക്ക് പോകുന്നതാണ് നല്ലതെന്ന് ശ്യാമിനു തോന്നി.

വീട്ടിലെത്തുമ്പോൾ വിസ്മയ ആകാംക്ഷയോടെ കാത്തിരിക്കുകയാണ്. അനുകൂലമായി എന്തെങ്കിലും സംഭവിച്ചോ എന്നറിയാനുള്ള ജിജ്ഞാസ അവളിൽ നിറഞ്ഞുനിൽക്കുന്നതായി ആ മുഖത്തു നിന്നറിയാം. ഇല്ല, ഒന്നുമായില്ല എന്ന് പറയാനുള്ള കരുത്ത് ശ്യാമിനു നഷ്ടപ്പെട്ടിരുന്നു.

പാറു ഉച്ചയുറക്കത്തിലാണ്. അച്ഛനും അമ്മയും അനുഭവിക്കുന്ന മാനസിക സംഘർഷങ്ങൾ അവൾക്കറിയില്ലല്ലോ.

''വരൂ, എന്തെങ്കിലും കഴിച്ചിട്ട് വിശ്രമിക്കാൻ നോക്കൂ.'' വിസ്മയ അയാളെ നിർബന്ധിച്ചു. വിശപ്പുണ്ട്. പക്ഷേ കഴിക്കാൻ തോന്നുന്നില്ല. വിശപ്പും ദാഹവും അന്യമായിത്തീർന്നിരിക്കുന്നു. വിസ്മയയും ഒന്നും കഴിച്ചിട്ടുണ്ടാവില്ല എന്ന് ശ്യാമിനറിയാം.

അപ്പോഴാണ് കോളിംഗ് ബെൽ കേൾക്കുന്നത്.

നാലഞ്ചു പേർ അകത്തേക്ക് കയറിവന്നു. അവരുടെ ഭാവങ്ങളും നോട്ടങ്ങളും കണ്ടാൽ റൗഡികളാണെന്നേ തോന്നൂ. അക്കൂട്ടത്തിൽ വീടിന്റെ ഉടമ ഉമാദത്തനുമുണ്ട്. ഒന്നും മനസ്സിലാകാതെ ശ്യാം മുന്നോട്ടു ചെന്നു.

''നിങ്ങളാണോ ശ്യാം പ്രഭാകർ?'' മുന്നിൽ നിന്ന ഒരാൾ പരുക്കൻ ശബ്ദത്തിൽ ചോദിച്ചു.

''അതെ.'' ശ്യാം പറഞ്ഞു.

മുഖത്താകെ വസൂരിക്കലയുള്ള ഒരാൾ രണ്ടുചുവട് മുന്നോട്ടു വന്നു ചോദിച്ചു,

''നിങ്ങളല്ലേ ആ വിപ്ലവകാരിയെ ഈ വീട്ടിൽ താമസിപ്പിച്ചത്?''

ശ്യാമിൽ നിന്ന് മറുപടി കിട്ടാതായപ്പോൾ അയാൾ വീണ്ടും പറയാൻ തുടങ്ങി,

''ഞാൻ ഇവിടത്തെ ഗാന്ധിനഗർ റെസിഡൻഷ്യൽ അസ്സോസിയേഷന്റെ പ്രസിഡന്റാണ്. രങ്കരാജൻ. ഇത്തരക്കാരെ ഇവിടെ

താമസിപ്പിക്കാൻ പാടില്ലെന്നാണ് അസ്സോസിയേഷൻ ബൈലോ. പത്രവാർത്തകൾ വന്നശേഷം ഞങ്ങൾ കമ്മിറ്റികൂടി ശ്രദ്ധേയമായ ഒരു തീരുമാനമെടുത്തു. എത്രയും വേഗം നിങ്ങളെ ഇവിടെനിന്നും ഒഴിപ്പിക്കുക. അതിനായി നിങ്ങളുടെ വീടിന്റെ ഉടമ മിസ്റ്റർ ഉമാദത്ത നേയും വിളിച്ചുവരുത്തിയിട്ടുണ്ട്. മിസ്റ്റർ ഉമാദത്തൻ മുന്നോട്ടു വരൂ. താങ്കളുടെ തീരുമാനം എന്താന്നു വച്ചാൽ അതങ്ങ് പറയുക.''

പൊതുവേ ശാന്തസ്വഭാവക്കാരനായ ഉമാദത്തൻ എന്ന വീട്ടുടമ യുടെ മുഖം മ്ലാനമായിരുന്നു. മാസത്തിലൊരിക്കൽ വാടക പിരി ക്കാൻ മാത്രമേ അയാൾ ഈ പടികടന്നു വരാറുള്ളൂ. വിദേശത്തുള്ള മകന്റെ വീടാണിത്. വാടക അൽപം താമസിച്ചാൽപ്പോലും പരിഭവം പറയാറില്ല. സൗമ്യമായി പടിയിറങ്ങിപ്പോകാറേയുള്ളൂ. അങ്ങനെ യുള്ള വീട്ടുടമയെയാണ് റെസിഡൻഷ്യൽ അസ്സോസിയേഷൻ വിരട്ടി ഹാജരാക്കിയിരിക്കുന്നത്.

ഉമാദത്തൻ പതുക്കെ മുന്നോട്ടുവന്നു. എന്നിട്ട് ശിഥിലമായ വാക്കു കൾ കോർത്തെടുത്ത് മുന്നോട്ടുവച്ചു:

''മിസ്റ്റർ ശ്യാംപ്രഭാകർ, ഗാന്ധിനഗർ റെസിഡൻഷ്യൽ അസ്സോ സിയേഷന്റെ തീരുമാനം അതാണെങ്കിൽ എനിക്ക് മറിച്ചൊന്നും ചെയ്യാനാവില്ല. താങ്കൾ എത്രയും വേഗം മറ്റൊരു വീടു കണ്ടെത്തി എന്റെ വീടൊഴിഞ്ഞുതരണം.''

വസൂരിക്കലക്കാരൻ ക്രമരഹിതമായ മീശ തടവിക്കൊണ്ട് മുര ടനക്കി:

''മിസ്റ്റർ ഉമാദത്തൻ, നിങ്ങൾ താഴ്മയൊന്നും കാണിക്കേണ്ട കാര്യമില്ല. ഇത് താങ്കളുടെ മകൻ വിദേശത്തുപോയി കഷ്ടപ്പെട്ടു പണിയെടുത്തുണ്ടാക്കിയ വീടാണ്. അത് ആർക്ക് വാടകയ്ക്ക് കൊടു ക്കണം ആർക്ക് കൊടുക്കണ്ട എന്ന് തീരുമാനിക്കാനുള്ള അവകാശം നിങ്ങൾക്ക് മാത്രമാണ്. ഏതെങ്കിലും ക്രിമിനലുകൾക്ക് കൊടുത്തു വേണമോ വാടക വാങ്ങാൻ? വീട് മാറിത്തരണമെന്നു പറയാൻ നിങ്ങളെന്തിനു മടിക്കുന്നു? റെസിഡൻഷ്യൽ അസ്സോസിയേഷൻ പ്രസിഡന്റ് എന്ന നിലയ്ക്ക് ഇന്നു ഇറക്കിവിടണമെങ്കിലും എനി ക്കാകും. താങ്കളുടെ സമ്മതപത്രം മാത്രം മതി. പറയൂ, തുറന്നു പറയൂ. വിപ്ലവകാരികളെ സംരക്ഷിച്ചതിന്റെ പേരിൽ ഈ വീട് പൊലീസ് പിടിച്ചെടുത്താൽ പൂട്ടിയിടേണ്ടിവരും. ഇല്ലെന്നു പറയാൻ താങ്കൾക്ക് പറ്റുമോ? മാത്രമല്ല, കേസിൽ കുരുങ്ങിയ വീട് വാടക യ്ക്കെടുക്കാനും പ്രയാസമായിരിക്കും. അതോർമ്മ വേണം.''

ഉമാദത്തൻ വസൂരിക്കലയെ നോക്കുകയാണ്. അയാൾ വഴങ്ങാത്ത

ഭാവവുമായി നിൽക്കുന്നു. കൂട്ടത്തിൽ പ്രായമുള്ള ഒരാൾ മുന്നോട്ടു വന്നു. ആൾ സൗമ്യനാണെന്ന് കണ്ടാൽ തോന്നും. അയാൾ പറഞ്ഞു:

''മിസ്റ്റർ ശ്യാം, ഞാൻ ഈ കോളനിയിൽ താമസിക്കുന്നു. എന്റെ പേര് ഗൗതമൻ. ഒരു കാര്യം ചെയ്യൂ. താമസിയാതെ മറ്റൊരു വീട് കണ്ടെത്താൻ നോക്കുന്നതല്ലേ നല്ലത്? പൊലീസും പട്ടാളവുമൊക്കെ സ്ഥിരം കയറിയിറങ്ങിയാൽ ഈ കോളനിയിൽ താമസിക്കുന്നവർക്ക് ബുദ്ധിമുട്ടാവും. ഇവിടെയുള്ളവർക്കും കുറച്ച് അന്തസ്സും അഭിമാനവുമൊക്കെയില്ലേ?''

അയാൾ തിരിഞ്ഞു കൂടിനിൽക്കുന്നവരോടായി ചോദിച്ചു:

''അതല്ലേ നല്ലത്? ഒറ്റയ്ക്കാണെങ്കിൽ ശ്യാമിനു എപ്പോൾ വേണമെങ്കിലും സ്ഥലം കാലിയാക്കാം. കുടുംബമായി കഴിയുന്ന ഒരാൾക്ക് അതങ്ങനെ കഴിയില്ലല്ലോ. പുതിയ വീടു കണ്ടെത്താൻ ഇപ്പോൾ പ്രയാസമാണ്. അതിനാൽ എടുപിടിയെന്ന് പറയുന്നതിനോടു എനിക്ക് യോജിപ്പില്ല. നമുക്കും വീടും കുടുംബവുമൊക്കെ ഉള്ളതല്ലേ? നിങ്ങൾ ആലോചിച്ചു വേണ്ടത് ചെയ്യൂ.''

അത്രയും പറഞ്ഞ് അയാൾ പിന്നിലേക്ക് മാറിയപ്പോൾ വസൂരിക്കലക്കാരൻ പറഞ്ഞു:

''ശരി, മിസ്റ്റർ ഗൗതമൻ പറഞ്ഞതനുസരിച്ചും മാനുഷിക പരിഗണനവച്ചും ഒരാഴ്ച സമയം തരുന്നു. അതിനുള്ളിൽ ഇടം കാലിയാക്കണം.''

വീട്ടുടമ ഉമാദത്തൻ പടിയിറങ്ങുമ്പോൾ കുറ്റബോധം മുഖത്ത് നിഴലിക്കുന്നുണ്ടായിരുന്നു. പോകുന്നതിനു മുമ്പ് അയാൾ തിരിഞ്ഞു നിന്ന് പറഞ്ഞു,

''ഡിപ്പോസിറ്റു തുക വീട് കാലിയാക്കുന്ന ദിവസം എത്തിക്കാം.''

അവർ ശബ്ദത്തോടെ മരക്കോണിയിറങ്ങുമ്പോൾ ശ്യാമും വിസ്മയയും പരസ്പരം നോക്കാൻ പോലുമാവാതെ നിൽക്കുകയായിരുന്നു.

വിസ്മയ പതുക്കെ ശ്യാമിന്റെ തോളിൽ കൈവച്ചുകൊണ്ട് സംശയത്തോടെ ചോദിച്ചു:

''ഇങ്ങനെ പോയാൽ നമ്മുടെ ജീവിതം എവിടെ ചെന്നവസാനിക്കും? നമുക്ക് എന്താണ് പറ്റിയത്?''

അവളുടെ ചോദ്യങ്ങൾക്ക് മുന്നിൽ ശ്യാം നിർവികാരനും നിശ്ശബ്ദനുമായി. ഭക്ഷണത്തിനു മുന്നിൽ ഇരിക്കുമ്പോൾ അവൾ ആകെ വിഷമസന്ധിയിലായിരുന്നു. അവൾക്ക് പ്രശ്നങ്ങൾക്ക് പോംവഴി കിട്ടിയപോലെ മുഖം പ്രസന്നമായി. എന്നിട്ടു പറഞ്ഞു:

''ശ്യാമേട്ടാ, നമുക്ക് ഗ്രാമത്തിലേക്ക് മടങ്ങിയാലോ? അവിടെ എന്തെങ്കിലും കൂലിപ്പണിയെടുത്തെങ്കിലും ജീവിക്കാമല്ലോ. അവിടത്തെ എതിർപ്പുകളൊക്കെ നമുക്ക് നേരിടാം. നമ്മുടെ നാടല്ലേ? അച്ഛനുള്ളപ്പോൾ നാം ആരെയാണ് ഭയപ്പെടുന്നത്? ഇവിടത്തെ ഭയത്തേക്കാൾ എത്ര നിസ്സാരമാണ് അവിടെയുള്ളത്? ഇതിനേക്കാൾ എന്തുകൊണ്ടും നമുക്ക് ഗ്രാമത്തെ വിശ്വസിക്കാം. എന്താ ശ്യാമേട്ടാ? എന്താ അതല്ലേ നല്ലത്?''

അവളുടെ കണ്ണുകളിൽ പ്രകാശം പരക്കുന്നത് അവൻ കണ്ടു. ആറേഴ് വർഷം മുമ്പേ ഉപേക്ഷിച്ചുപോന്ന സാഹചര്യമായിരിക്കില്ലല്ലോ ഇപ്പോഴത്തേത്. അനുജത്തിയും അച്ഛനും അമ്മയും അടങ്ങുന്ന കൊച്ചുകുടുംബത്തിലേക്ക് ജീവിതത്തിന്റെ തോണിയടുപ്പിക്കാൻ അവൾ വ്യഗ്രത കാട്ടിത്തുടങ്ങിയിട്ട് നാളുകളായി. സത്യവ്രതന്റെ വരവും തുടർന്നുണ്ടായ സംഭവങ്ങളും അവളെ കൂടുതൽ സങ്കടത്തുരുത്തിൽ എത്തിച്ചിരിക്കുന്നു. ഇനിയൊരു മടക്കയാത്രയ്ക്ക് കഴിയില്ലെന്ന വിശ്വാസത്തിലായിരുന്നു അവൻ. ജാതിയുടേയും മതത്തിന്റേയും ഇഴകൾ ചൂഴ്ന്നെടുത്തു മതിലുകൾ കെട്ടി ഉയർത്തുന്ന കാലമാണിത്. മനുഷ്യൻ പുരോഗമിക്കുന്തോറും അവന്റെ മനസ്സ് സങ്കുചിതമായിത്തീരുന്നു എന്ന് ഒരിക്കൽ കോളെജിലെ സംവാദത്തിൽ സത്യവ്രതൻ പറഞ്ഞത് എത്ര വാസ്തവമായിരുന്നു. തങ്ങൾക്ക് മുന്നിൽ ഉയർന്നിരിക്കുന്ന മതിലുകൾ തകർത്തു മുന്നേറാനുള്ള ശേഷി തന്റെ ജീവിതത്തിൽ ഉണ്ടാകുമോ?

പഴയ കോളെജ് വിദ്യാർത്ഥിനിയല്ല ഇന്നത്തെ വിസ്മയ. ഇന്നവൾ വീട്ടമ്മയാണ്. പരിമിതമായ സാഹചര്യങ്ങളിൽ അവൾ തന്റെ മോഹങ്ങൾ നട്ടുവളർത്തുകയാണ്. അതിൽ പുഴുക്കുത്തു വീഴാൻ അവൾ ആരെയും അനുവദിക്കില്ല. അതവളുടെ മാത്രം പ്രശ്നമല്ല. അഞ്ചു വയസ്സുകാരി പാറുവാണ് അവളുടെ പ്രതീക്ഷ. ആ കുഞ്ഞിനെ അസംതൃപ്തിയുടെ മൂടുപടങ്ങളിൽ തകർന്നുവീഴാൻ അവൾ അനുവദിക്കില്ല. അവളെപ്പോലെ ജീവിതം ആരംഭിക്കുന്ന ഏതൊരു സ്ത്രീയും ഇങ്ങനെയൊക്കെ ആയിരിക്കും. അതിൽ ആരെയാണ് കുറ്റപ്പെടുത്താനാവുക?

വിസ്മയ ആഹാരം കഴിക്കുന്നുണ്ടെങ്കിലും താൽപര്യം ഒട്ടും പ്രകടമാകുന്നില്ല. അവൾ ആകെ അസ്വസ്ഥയാണ്. അവളെ എങ്ങനെ പറഞ്ഞു സമാധാനിപ്പിക്കണമെന്ന് ശ്യാമിനറിയില്ല.

പെട്ടെന്നാണ് കോളിംഗ് ബെൽ കേട്ടത്. വിസ്മയ വാതിൽ തുറന്നു. അപരിചിതരായ രണ്ടു പൊലീസുകാർ വാതിൽക്കൽ. തികച്ചും പരുഷമായ ശബ്ദം:

''ശ്യാം പ്രഭാകറിന്റെ വീടല്ലേ? അയാളുണ്ടോ?''

''ഉണ്ട്.'' വിസ്മയ.

''എന്നാൽ ഉടൻ ജില്ലാ ആശുപത്രിയിൽ എത്തണം. വരാൻ പറയൂ. ഡിവൈഎസ്പി സാറിന്റെ ഉത്തരവാണ്.''

എന്താണ് കാര്യം എന്ന അർത്ഥത്തിൽ ശ്യാം അവരെ നോക്കി. പൊലീസ് തുടർന്നു:

''ഇന്നലെ കഴിഞ്ഞ ഏതോ രാത്രിയിൽ ഏതോ ഒരുത്തൻ പൊലീസ് ഏറ്റുമുട്ടലിൽ ചത്തു. അത് ആ മാവോയിസ്റ്റ് തീവ്രവാദിയാണോ യെന്നു സംശയം. ഡെഡ്ബോഡി ഇപ്പോൾ ജനറൽ ആശുപത്രി യിലെ മോർച്ചറിയിലാണ്. പൊലീസ് നിരവധി തവണ വെടിവച്ചാണ് അയാളെ കീഴ്പ്പെടുത്തിയത്. അതിനാൽ മുഖമൊക്കെ വികൃതമായിരി ക്കുന്നുവെന്നാണ് ആശുപത്രിക്കാർ പറയുന്നത്. മറ്റെന്തെങ്കിലും അടയാളം വച്ച് അവനാണോ എന്ന് തിരിച്ചറിയാൻ നിനക്ക് കഴിയു മെന്നാണ് ഡിവൈഎസ്പി സാർ പറയുന്നത്. താമസിക്കേണ്ട. വേഗം ഇറങ്ങിക്കോ. പുറത്ത് ജീപ്പ് വെയ്റ്റ് ചെയ്യുന്നുണ്ട്.'' അത്രയും പറഞ്ഞ് അവർ കോവണിപ്പടി ഇറങ്ങി.

ഭക്ഷണം പൂർത്തിയാക്കാതെ ശ്യാം കൈകഴുകി അവർക്ക് പിന്നാലെ നടന്നു. വിസ്മയയുടെ മുഖത്ത് വീണ്ടും ഭീതി നിഴലിക്കുന്നത് അവൻ കണ്ടു.

ജീപ്പ് നഗരമധ്യത്തിലൂടെ സഞ്ചരിക്കുകയാണ്. പൊലീസുകാർ ഏറെ നേരം നിശ്ശബ്ദരായി. കുറച്ചു കഴിഞ്ഞു അതിലൊരാൾ പറഞ്ഞു:

''മോർച്ചറിയിൽ ശവങ്ങൾ കണ്ടുകണ്ട് ഡ്യൂട്ടി പൊലീസുകാരുടെ മനസ്സൊക്കെ മരവിച്ചുപോയി. കണ്ടാലറിയാവുന്നവർ കൊല്ലപ്പെട്ടാലും തിരിച്ചറിയാൻ പൊലീസുകാർക്ക് പ്രയാസമാണ്. നിന്റെ ചങ്ങാതി യായ തീവ്രവാദിയാണോ കൊല്ലപ്പെട്ടതെന്ന് നിശ്ചയമില്ല. ആയി രിക്കാം. അല്ലായിരിക്കാം. പക്ഷേ പരിചയമുള്ള ഒരാൾ സർട്ടിഫൈ ചെയ്താൽ ഡിപ്പാർട്ടുമെന്റിനു അതൊരു നേട്ടമായിരിക്കുമല്ലോ. അതാണ് നിന്നെ വിളിപ്പിച്ച് പരിശോധിക്കാൻ സാർ ഉത്തരവിട്ടത്.''

അത്രയും പറഞ്ഞ് അയാൾ തിരക്കുള്ള റോഡിൽ നോക്കിയിരുന്നു.

സത്യവ്രതനാണ് കൊല്ലപ്പെട്ടതെങ്കിൽ അത് തികച്ചും അനീതി യാണ്. പലപ്പോഴും വ്യാജമാകുന്ന എത്രയെത്ര ഏറ്റുമുട്ടലുകളാണ്, റിപ്പോർട്ടുകളാണ് നിർഭയം വായിച്ചുവിടുന്നത്. വിപ്ലവം തോക്കിൻ കുഴലിലൂടെ എന്ന് പ്രഖ്യാപിച്ച എത്ര ധീരസഖാക്കളാണ് പൊലീ സിന്റെ തോക്കുകൾക്ക് ഇരയായിരിക്കുന്നത്. സത്യവ്രതനും അത്തര ത്തിൽ രക്തസാക്ഷിയായി മാറിയിരിക്കുകയാണോ? ശ്യാമിന്റെ ചിന്ത കൾ കാടുകയറിയപ്പോൾ പൊലീസുകാരൻ പറഞ്ഞു,

‘‘ഭയപ്പെടാനൊന്നുമില്ല. മോർച്ചറിയിൽ നൂറു കണക്കിനു ശവങ്ങളുണ്ടാകും. അതിൽ പൊലീസ് സംശയിക്കുന്ന മൃതദേഹത്തെ ഒന്നു സൂക്ഷിച്ചു നോക്കുക. അവനാണോ അല്ലയോ എന്ന് തിരിച്ചറിയണം. അത്രതന്നെ.’’

നഗരഹൃദയത്തിലൂടെ ജീപ്പ് പായുകയാണ്. പൊലീസുകാർ ഏതൊക്കെയോ കേസുകളെക്കുറിച്ച് സംസാരിക്കുന്നുണ്ട്. അതിൽ പലതും കഴിഞ്ഞ ദിവസം നഗരത്തിൽ നടന്ന കൊലപാതകങ്ങളേയും തട്ടിപ്പുകളേയും കുറിച്ചാണ്. അടുത്തകാലത്തായി നഗരത്തിന്റെ ക്രമസമാധാനനില തകർന്നിരിക്കുന്നു എന്നാണവർ രഹസ്യമായി സമ്മതിക്കുന്നത്. തീവ്രവാദികൾ നഗരത്തിന്റെ മുക്കിലും മൂലയിലും തമ്പടിക്കുന്നു എന്ന സൂചനയാണ് വെളിപ്പെടുന്നത്. അവരുടെ രഹസ്യസംഭാഷണങ്ങളൊന്നും ശ്യാമിന്റെ മനസ്സിൽ തട്ടുന്നില്ല. അയാളുടെ മനസ്സ് നിശ്ചലമായ പുഴയിലെ കെട്ടുവള്ളം പോലെ ചാഞ്ചാടുകയാണ്.

തിരക്കുള്ള റോഡിന്റെ പാർശ്വങ്ങളിലൂടെ മനുഷ്യർ അലഞ്ഞു തിരിയുന്നു. പൊലീസുമായി ഏറ്റുമുട്ടി വീരമൃത്യു വരിക്കാനുള്ള ശേഷിയുണ്ടോ സത്യവ്രതന്? അവനെ കണ്ടാൽ മാവോയിസ്റ്റാണെന്ന് ആരാണ് പറയുക? മുടിയും താടിയും നീട്ടിവളർത്തിയതിനാൽ അവനെങ്ങനെ താവ്രവാദിയാകും? മാനസികമായി അവനൊരിക്കലും മാവോയിസ്റ്റാകാൻ കഴിയില്ലെന്നാണ് തന്റെ വിശ്വാസം. അവന്റെ ചിന്തകൾ വളർന്നുപന്തലിച്ച മുഹൂർത്തങ്ങളെക്കുറിച്ചാണ് ശ്യാം ഒരുവേള ഓർത്തത്. തന്നോട് പ്രണയം തോന്നിയ പെണ്ണിനെപ്പോലും കണ്ടില്ലെന്ന് നടിച്ചുനടന്ന സത്യവ്രതൻ. പ്രണയാക്ഷരങ്ങൾ കോർത്തുവയ്ക്കുന്ന ലാഘവത്തോടെയല്ലേ യമുന അവനെ സമീപിച്ചത്? എന്നിട്ട് എന്ത് സംഭവിച്ചു. അവൾ തോറ്റു പിൻമാറുകയായിരുന്നില്ലേ?

‘‘പുറത്തിറങ്ങണം. ആശുപത്രിയായി.’’ പൊലീസുകാരന്റെ പരുക്കൻ ശബ്ദം കേട്ടാണ് ശ്യാം ചിന്തയിൽ നിന്നുണർന്നത്.

മോർച്ചറി

പഴകി ദ്രവിച്ച മരപ്പലകയിലെ ഒരു ബോർഡ് ഉണങ്ങിവരണ്ട മൃതശരീരം പോലെ വാതിൽപ്പടിയിൽ തൂങ്ങുന്നുണ്ടായിരുന്നു. മോർഫിന്റെ രൂക്ഷഗന്ധം അവിടെ തത്തിക്കളിച്ചു. പൊലീസുകാർ ഗേറ്റിനു സമീപം നിന്നു. അടച്ചിട്ട തുരുമ്പിച്ച ഇരുമ്പുവാതിലിന്റെ മുന്നിൽ കൂനിക്കൂടിയിരിക്കുന്ന വൃദ്ധനായ പാറാവുകാരനെ നോക്കി ഒരു പൊലീസുകാരൻ വിളിച്ചുകൂവി:

''എടോ സെക്യൂറിറ്റി, പതിനൊന്നാം റോയിലെ 112 ലെ ഡെഡ് ബോഡി ഇയാൾക്കൊന്നു കാണിച്ചുകൊടുക്കൂ.''

പാതി മയക്കത്തിൽ നിന്നുണർന്ന പാറാവുകാരൻ ആജ്ഞ പുറപ്പെടുവിച്ച പൊലീസുകാരനെ തുറിച്ചുനോക്കി. അയാളുടെ മുഖം അപകടത്തിൽ മരിച്ച ഏതോ ഭിക്ഷക്കാരന്റെ മുഖത്തിനു തുല്യമാണെന്ന് ശ്യാമിനു തോന്നി.

പൊലീസുകാരന്റെ ശബ്ദം ഉയർന്നു,

''എന്താടോ വായിനോക്കി നിൽക്കുന്നത്? പറഞ്ഞത് കേട്ടില്ലേ? പതിനൊന്നാം റോയിലെ 112ലെ ഡെഡ്ബോഡി. മനസ്സിലായോ?''

പൊലീസുകാരൻ ആത്മഗതം പോലെ പറഞ്ഞു,

''ഇരുപത്തിനാല് മണിക്കൂറും പട്ടയടിച്ചു നിൽക്കുന്ന ഇവന്മാരോടൊക്കെ എന്തു പറയാനാണ്.''

മറ്റേ പൊലീസുകാരൻ ഇടപെട്ടു.

''സാറേ, മോർച്ചറിയിൽ പണിയെടുക്കണമെങ്കിൽ 24 മണിക്കൂറും പട്ട കലക്കിയ ടാങ്കിൽ കിടന്നാലേ പറ്റൂ. നമുക്കതിനു കഴിയില്ലല്ലോ. അങ്ങ് ക്ഷമിച്ചുകള സാറേ. അവിടെ മൂന്നുനാലു ദിവസമായി ചത്തു കിടക്കുന്നവൻ നമ്മുടെ പിടികിട്ടാപ്പുള്ളിയാണോ എന്നറിയണം. അത്രയല്ലേ ഉള്ളൂ. ഞാൻ ഇടപെട്ടോളാം.' അയാൾ അറച്ചറച്ചു മുന്നോട്ടു വന്നു പാറാവുകാരനോടു പറഞ്ഞു.

''സഹോദരാ, ഈ സാർ പറഞ്ഞ റോയിലെ ഡഡ്ബോഡിയെ ദാണ്ടെ ആ സാറിനെ ഒന്നു കാണിച്ചുകൊടുത്താട്ടെ.''

സെക്യൂരിറ്റി ആടിയാടി എഴുന്നേറ്റു ശ്യാമിനെ അകത്തേക്ക് ക്ഷണിച്ചു. പൊളിഞ്ഞുവീഴാറായ മരബെഞ്ചിൽ വച്ചിരുന്ന മുഷിഞ്ഞ ലഡ്ജറിൽ ഒപ്പിടാൻ അയാൾ ശ്യാമിനോടു പറഞ്ഞു. ഒപ്പിട്ട ശേഷം നിർവികാരനായി അയാൾ അകത്തേക്ക് നടന്നു. ശ്യാം അനങ്ങാതെ നിന്നപ്പോൾ അയാൾ കൈയടിച്ചു വിളിച്ചു:

''വരണം സാറേ. പേടിക്കേണ്ട. നൂറ്റമ്പതോളം ശവങ്ങൾ ഇവിടെ പാർക്കുന്നുണ്ട് സാറേ. പക്ഷേ അവറ്റകൾ ആരെയും ഉപദ്രവിക്കില്ല സാറേ. മനുഷ്യരെപ്പോലയല്ല. പിന്നെ അവയുടെ മോന്തായങ്ങൾ കണ്ടാൽ നമുക്ക് പേടി തോന്നിയെന്നിരിക്കും. അതവങ്ങളുടെ കൊഴപ്പമല്ലല്ലോ. സാറ് നടന്നാട്ടെ. നേരേപോയി ഇടതുവശത്ത് ചെന്നാൽ പൊലീസിന്റെ അടയാളം പതിച്ച നാലഞ്ച് പെട്ടികൾ കാണാം. അതിൽ മൂന്നാമത്തെ ശവത്തെയാണ് സാറ് നോക്കി തിരിച്ചറിയേണ്ടത്.''

അയാളുടെ വിവരണം കേട്ടപ്പോൾ ശ്യാം വല്ലാതെ അസ്വസ്ഥനായി. അവറ്റകൾ ആരെയും ഉപദ്രവിക്കില്ലത്രേ. അയാൾ മുന്നോട്ടു നടന്നു. രക്തത്തിന്റേയും മോർഫിന്റേയും രൂക്ഷഗന്ധം അവിടെ തളംകെട്ടി നിൽക്കുകയാണ്. മോർച്ചറി എസി ആയിരിക്കണം എന്നാണ് നിയമം. പക്ഷേ ഇവിടെ ഈ ഭീകരമായ ഉഷ്ണത്തിന്റെ നെടുമ്പുരയിലാണ് താൻ നിൽക്കുന്നതെന്ന് മനസ്സിലായി. എന്നിട്ടും അയാൾ അറച്ചറച്ചു മുന്നോട്ടു നടന്നു. ''പതിനൊന്നാം റോയിലെ 112-ാമത്തെ ഡെഡ്ബോഡി.'' പൊലീസുകാരന്റെ ശബ്ദം ശ്യാമിന്റെ മനസ്സിൽ ഭീതിയുടെ മൂടുപടങ്ങൾ വിതറി. സെക്യൂരിറ്റി ഗാർഡിന്റെ വിശദീകരണം ഒരുതരം നിർവികാരതയാണ് സൃഷ്ടിച്ചത്.

എലികളും വാവലുകളും യഥേഷ്ടം പാർക്കുന്ന പഴഞ്ചൻ മോർച്ചറി. നടക്കാൻ തുടങ്ങുമ്പോൾ എലികൾ അയാളുടെ കാലുകളിൽ സ്പർശിച്ചുകൊണ്ട് തലങ്ങും വിലങ്ങും ഓടുകയാണ്. അരണ്ട വെളിച്ചത്തിൽ സ്വസ്ഥമായി കിടക്കുന്ന ശവങ്ങൾ. അതിൽ ചിലത് അയാളെ നോക്കുന്നുണ്ട്. മുഖങ്ങൾ വികൃതമാണെങ്കിലും പലരും ദീർഘസുഷുപ്തിയിലാണ്. അവയെ നോക്കാൻ പോലും ഭയമായിരിക്കുന്നു. അവയ്ക്കിടയിൽ സത്യവ്രതന്റെ മുഖം കണ്ടാൽ എങ്ങനെ തിരിച്ചറിയാനാകും?

ശ്യാം നടന്നു പതിനൊന്നാം റോയിലെത്തി. 112-ാം നമ്പർ മൃതശരീരം തുണികൊണ്ട് പുതച്ചിരിക്കുന്നു. അയാൾ ആശങ്കയോടെ അവിടെ നിന്നു. പിന്നിൽ നിന്ന് ഗാർഡിന്റെ ശബ്ദം കേട്ടാണ് അയാൾക്ക് പരിസര ബോധമുണ്ടായത്.

''സാറേ, സംശയിക്കേണ്ട. അതുതന്നെയാണ് സാറിന്റെ ചങ്ങാതി. ആ തുണിയൊന്നു മാറ്റി നോക്കിയാട്ടെ. മരിച്ചിട്ടു നാലഞ്ചു നാൾ ആയിട്ടുണ്ടാവും. അതിനാൽ പച്ചമനുഷ്യനെപ്പോലെ ആക്രമിക്കുമെന്ന് പേടിക്കേണ്ട സാറേ. മാത്രമല്ല അയാൾ പൊലീസിന്റെ വെടികൊണ്ടാണ് ചത്തത്. സാറിനു ഈ പൊലീസിന്റെ വിക്രിയകളൊന്നും അറിയില്ലെന്നു തോന്നുന്നു.''

ആ മൃതശരീരത്തിലെ രക്തക്കറ പുരണ്ട മുഷിഞ്ഞ തുണിക്കഷണം ശ്യാം വളരെ പതുക്കെ മാറ്റി. താടിയുണ്ടെങ്കിലും അത് സത്യവ്രതനല്ലെന്ന് അയാൾക്ക് ബോധ്യമായി. പട്ടിണികാരണം റോഡിൽക്കിടന്നു മരിച്ച ഏതോ തെണ്ടിയുടെ ശവമാണത്. പെട്ടെന്ന് മുഖാവരണം മടക്കിയിട്ട് അയാൾ പിന്നിലേക്ക് മാറി.

''എന്താ സാറേ, അവന്മാർ പറഞ്ഞ ആളല്ല അല്ലേ? സാറിന്റെ മോന്ത കണ്ടപ്പോൾ മനസ്സിലായി.'' സെക്യൂരിറ്റി പറഞ്ഞപ്പോൾ ശ്യാമിന് ആശ്വാസമായി. അയാൾ പറഞ്ഞു,

''അതെ, അത് അയാളല്ല. മറ്റാരോ ആണ്.''

പുറത്തേക്ക് നടക്കുമ്പോൾ സെക്യൂരിറ്റി മുരടനക്കി,

''സാറേ, ഇവിടെ ചെറിയൊരു കീഴ്വഴക്കമുണ്ട് സാറേ. സാറിന്റെ ആദ്യവരവായിരിക്കും. ഈ ശവങ്ങൾക്ക് കാവൽ നിൽക്കുന്ന എന്നെപ്പോലുള്ള സെക്യൂരിറ്റികൾക്ക് സന്ദർശകർ നൂറു മില്ലിയുടെ കാശു തരാതെ പോകില്ല സാറേ. കാരണം ഇനിയും ഇങ്ങോട്ടു വരേണ്ട അവസരമുണ്ടാകുമല്ലോ സാറേ.''

ശ്യാം പോക്കറ്റിൽനിന്ന് നൂറു രൂപയെടുത്തു അയാൾക്ക് കൊടുത്തു.

''സന്തോഷം സാറേ. ഈ പാരിതോഷികത്തെപ്പറ്റി അവന്മാരോടു പറയരുതേ. അറിഞ്ഞാൽ ഇതുംകൂടി അവർ പിടിച്ചുവാങ്ങും. ശവത്തിൽ കുത്തുന്നവരാണ് ഈ പൊലീസുകാരെന്ന് ഞാൻ പറയേണ്ടതില്ലല്ലോ സാറേ.''

പുറത്തുവന്നപ്പോൾ പൊലീസുകാർ അവിടെ കാത്തുനിൽക്കുന്നുണ്ട്.

''എന്തായി, കണ്ടോ? അത് അയാൾ തന്നെയാണോ?'' ഒരു പൊലീസുകാരൻ ചോദിച്ചു.

ഒരു നിമിഷം അവൻ മിണ്ടാതെ നിന്നു. അത് സത്യവ്രതനാണെന്നു പറഞ്ഞാൽ അവന് രക്ഷപ്പെടാം. കേസുകളിൽ നിന്ന് ഊരിപ്പോകാൻ കഴിഞ്ഞേക്കും. പക്ഷേ അത് ശരിയാണോ? ഭാര്യയും കുഞ്ഞുമടങ്ങുന്ന കുടുംബത്തിന്റെ ഭാവിയാണ് ഒരു ശവത്തിന്റെ പേരും പറഞ്ഞ് തന്നെ അലട്ടുന്നത്. അവന്റെ മനസ്സ് ഒരു നിമിഷം ആശങ്കയിലായി. ഒരു ശവത്തോട് ആത്മാർത്ഥതയില്ലായ്മ കാണിക്കാമോ? പേരറിയാത്ത ശവത്തെ സത്യവ്രതനെന്നു മുദ്ര കുത്തുമ്പോൾ താൻ സ്വയം നിന്ദ്യനാകുകയല്ലേ? അവൻ എന്റെ സുഹൃത്താണ്. ഈ സന്ദർഭത്തിൽ അവനെ അങ്ങനെ ശവമായി കാണുന്നത് അനീതിയാണ്. അനാഥശവത്തിനെ സത്യവ്രതനായി സ്ഥാപിച്ചു കിട്ടുന്ന ജീവിതത്തിനു എന്താണ് വില. പൊലീസിൽ നിന്ന് തനിക്ക് ചിലപ്പോൾ മോചനം ലഭിച്ചേക്കാം. പക്ഷേ സ്വന്തം ധാർമ്മികതയുടെ ചുറ്റുവട്ടങ്ങളിൽ തന്റെ അസ്തിത്വം അസ്തമിക്കുകയല്ലേ? ആലോചനയിലാണ്ട് ശ്യാമിനെ നോക്കി പൊലീസുകാരൻ വീണ്ടും ചോദിച്ചു:

''എന്തായി? അയാളാണോ?''

''അല്ല. അത് അയാളല്ല. മറ്റാരോ ആണ്.''

ശ്യാം അതു പറയുമ്പോൾ പൊലീസുകാരുടെ മുഖത്ത് നിരാശ പടരുന്നുണ്ടായിരുന്നു.

പന്ത്രണ്ട്

രണ്ടുമൂന്നു ദിവസമായി വിസ്മയ പാറുവിനേയുംകൊണ്ട് പുറത്തിറങ്ങിയിട്ട്. കോളനിയിലെ പാർക്കിൽ സാധാരണ വൈകുന്നേരങ്ങളിൽ നല്ല തിരക്കാവും. പല പ്രായത്തിലുള്ള കുഞ്ഞുങ്ങളും അമ്മമാരും പാർക്കിലെത്താറുണ്ട്. പരിചയക്കാർ കുറവായിരിക്കും. എങ്കിലും അവിടെ കുഞ്ഞ് ഓടിക്കളിക്കുന്നത് കാണാൻ രസമാണ്. എന്നാൽ പാർക്കിൽ പോകാൻ മനസ്സനുവദിക്കുന്നില്ല. പാറുക്കുട്ടി പുറത്തു പോകാൻ നിർബന്ധം പിടിക്കുന്നു. പക്ഷേ പുറത്തിറങ്ങിയാൽ പരിചയക്കാരിൽ പലരും ഒളിഞ്ഞും തെളിഞ്ഞും നോക്കുന്നതു കാണാനുള്ള ശേഷി വിസ്മയയ്ക്കില്ല. ഏതോ ഭീകര കുറ്റവാളിയെ നോക്കുന്ന പോലെയാണ് തന്നെ സുഹൃത്തുക്കളായ അയൽക്കാർ നോക്കുന്നത്. കൊലയാളികളെ കാണുന്ന പ്രതീതി. തന്നെയും അത്തരത്തിലാണ് അയൽക്കാർ നോക്കുന്നതെന്ന് കഴിഞ്ഞ ദിവസം ശ്യാം പറഞ്ഞപ്പോൾ അവൾ കരച്ചിലിന്റെ വക്കിലെത്തിയിരുന്നു.

ഗാന്ധിനഗർ കോളനിയിലെ പ്രൊവിഷൻ സ്റ്റോറിലും പോകാൻ മടിയാണ്. മനസ്സ് ആകെ അസ്വസ്ഥമാണ്. ശ്യാം അനുഭവിക്കുന്ന പ്രയാസങ്ങൾ ഏറക്കുറെ മനസ്സിലാക്കാൻ അവൾക്ക് കഴിയുന്നുണ്ട്. എങ്കിലും പോംവഴി കണ്ടെത്താൻ മാർഗ്ഗമെവിടെ? സങ്കീർണമായ കൊടുമുടിയിലൂടെ സഞ്ചരിക്കുന്ന പ്രതീതിയാണ്. ഒരുതരം യാന്ത്രികത തന്നെ പിടികൂടിയിരിക്കുന്നു എന്നവൾക്ക് തോന്നിത്തുടങ്ങി. ഈ പ്രതിസന്ധിഘട്ടത്തിൽ എന്താണ് ചെയ്യുക? സുഹൃത്തുക്കൾ പലരും കൈമലർത്തുകയാണ്. രാജ്യദ്രോഹിയായ കുറ്റവാളിയെ സംരക്ഷിച്ചു എന്നതാണ് കുറ്റം. ശിക്ഷ എന്തുതന്നെ ആയാലും അനുഭവിച്ചേ മതിയാവൂ. അതാണവരുടെ നിലപാട്.

അനുജത്തിയെപ്പോലും വിളിക്കാറില്ല. വീട്ടിലെ വിശേഷങ്ങൾ ചോദിക്കാൻ കഴിയാത്തതിനാലാണ് അവൾ ഒഴിവുകഴിവുകൾ പറഞ്ഞു പിൻവാങ്ങുന്നത്. ചേച്ചിക്ക് എന്തുപറ്റിയെന്ന് അവൾ വിളിക്കുമ്പോഴൊക്കെ ചോദിക്കാറുണ്ട്. തന്റെ സംഭാഷണത്തിലെ പൊരുത്തക്കേടുകൾ അവളെ അത്ഭുതപ്പെടുത്തുന്നുണ്ടാവണം. തന്റെ മാനസികനില അവതാളത്തിലായതിന്റെ കാരണം അവൾക്കറിയണം. തൽക്കാലം അതു പറയാൻ നിർവാഹമില്ല. സത്യവ്രതൻ സംഭവം നാട്ടിലറിഞ്ഞാൽ ആകെ പുകിലാകും. കൊച്ചുകൊച്ചു കാര്യങ്ങൾപോലും ചികഞ്ഞെടുത്ത് ഭൂകമ്പങ്ങൾ സൃഷ്ടിക്കുന്നതിലാണ് നാട്ടുകാർക്ക് താൽപര്യം. തങ്ങളുടെ പ്രണയത്തിനു കൂട്ടുനിന്നതും ബന്ധുക്കളുടെ തന്ത്രപരമായ നീക്കങ്ങളിൽനിന്ന് രക്ഷപ്പെടുത്തിയതും സത്യവ്രതനാണെന്ന്

ഗ്രാമത്തിലെ എല്ലാവർക്കുമറിയാം. അതിനാൽ സത്യവ്രതനുമായി ബന്ധപ്പെട്ട വാർത്ത പുറത്തായാൽ ജീവിതം താറുമാറായതുതന്നെ. അതേക്കുറിച്ച് ചിന്തിക്കാൻ വിസ്മയയ്ക്ക് കഴിയില്ല.

വല്ലപ്പോഴുമുള്ള എഴുത്തും അവതാളത്തിലായിരിക്കുന്നു. വാങ്ങി വച്ച കവിതാപ്പുസ്തകങ്ങൾ പലതും മറിച്ചുപോലും നോക്കാതെ മുറിയിലെ അലമാരയിൽ ചിതറിക്കിടക്കുന്നു. ജീവൻ നിലനിർത്താൻ വേണ്ടി അടുക്കളയിൽ എന്തൊക്കെയോ ചെയ്യുന്നു എന്നുമാത്രം. ഭക്ഷണത്തിനു രുചിയൊക്കെ നഷ്ടമായിരിക്കുന്നു. കുഞ്ഞിന്റെ ആരോഗ്യകാര്യത്തിൽപോലും ശ്രദ്ധ നഷ്ടപ്പെട്ടില്ലേ? ഒരേതരം ചിന്തകളാണ് വിസ്മയയെ നയിക്കുന്നത്.

പാറു കളിപ്പാട്ടങ്ങളുമായി ഇടയ്ക്കിടെ വന്ന് സംശയം ചോദിച്ചാൽപോലും ഒന്നും പറഞ്ഞുകൊടുക്കാൻ കഴിയുന്നില്ല. മനസ്സിൽ ചിതൽ കയറി അരിക്കുന്നതുപോലെ. ശിഥിലമായ ഒരു കവിത പോലെ ജീവിതം തണുത്തുറയുന്നു. അക്കിത്തത്തിന്റെ കവിത പൊടുന്നനെ മനസ്സിലേക്ക് കയറിവന്നു:

അഭിമാനഭാരത്താൽ കുനിയും ശിരസ്സുമാ-
യാഗതനായ് നിൽപ്പേൻ
ആപാതനിർമ്മല കാരുണ്യരൂപിണി,
അങ്ങതൻ തൃപ്പാദത്തിൽ.
ആവതില്ലെന്നാലെൻ കണ്ണുകൾക്കാ ഭവ-
ദാനനശോഭയിങ്കൽ
ആകണ്ഠമാനാസം നീന്തിക്കളിക്കുവാ-
നപമാനഭാരവായ്പിൽ.
തളരുന്നൂ ഹാ, ഞാൻ വിയർപ്പിൽ കുളിച്ചിതാ
തലചുറ്റി വീണീടുന്നു:
ആണ്ടീല നിൻമുഖശ്രീയിൽ ഞാനെങ്കിലും
പൂണ്ടു നിൻപാദപത്മം.

ചിന്തകൾ കത്തിപ്പടരുമ്പോഴാണ് ഡോർബെൽ മുഴങ്ങുന്നത്. ശ്യാമേട്ടനായിരിക്കുമെന്ന് ആദ്യം കരുതി. പക്ഷേ അതൊരു പൊലീസുകാരനായിരുന്നു. അയാൾ മുമ്പ് വന്ന സംഘത്തിലുള്ള ഒരാളാണെന്ന് വിസ്മയയ്ക്ക് തോന്നി.

കതകു തുറന്നപ്പോൾ അയാൾ അകത്തേക്ക് കയറിവന്നു. ഒരു ഡിറ്റക്റ്റീവിനെപ്പോലെ അയാൾ പരിസരമൊക്കെ വീക്ഷിക്കുകയാണ്.

ആരെങ്കിലും അവിടെ പതിയിരിക്കുന്നുണ്ടോ എന്ന് പരിശോധിക്കുന്ന പോലെ. പിന്നെ അധികാരത്തോടെ ഒരു കസേരയിൽ ഇരുന്നു. അയാൾക്ക് ഏതോ ഒരു ബെസ്റ്റ്സെല്ലർ ഇംഗ്ലീഷ് നോവലിലെ പിമ്പിന്റെ മുഖമാണെന്ന് അവൾക്ക് തോന്നി.

മുഖവുരയില്ലാതെ അയാൾ പറഞ്ഞുതുടങ്ങി:

''എന്നെ ഡിവൈഎസ്പിയാണ് പറഞ്ഞുവിട്ടത്. അവനുണ്ടല്ലോ, ആ മാവോയിസ്റ്റ് തീവ്രവാദി ഇവിടെ വരാൻ സാധ്യതയുണ്ടെന്നും എപ്പോഴും ഒരു കണ്ണുവേണമെന്നും പറഞ്ഞയച്ചത് അദ്ദേഹമാണ്. ആരുമറിയാതെ അവൻ കടന്നുവരും. ഇത്തരക്കാരുടെ സ്വഭാവം എനിക്ക് നന്നായറിയാം. അതിനാൽ രാത്രിയും പകലും ഞാൻ ഈ പരിസരത്തൊക്കെത്തന്നെ ഉണ്ടാകും. ക്രമസമാധാനം പാലിക്കേണ്ട ജോലി ഞങ്ങൾ പൊലീസുകാരുടേതാണല്ലോ.''

അയാളുടെ ശിഥിലമായ ശബ്ദം വിസ്മയയിൽ അറപ്പും ഭയവുമാണ് സൃഷ്ടിച്ചത്. എങ്കിലും ഒന്നും പറയാതെ അവൾ നിന്നു. കുഞ്ഞ് ഉറങ്ങുകയാണ്. ഇയാളുടെ ശബ്ദം കേട്ടാൽ അവൾ ഉണരുമോ എന്നവൾ ആശങ്കപ്പെട്ടു. അന്നു രാത്രിക്കുശേഷം പൊലീസുകാരുടെ വേഷം കണ്ടാൽ പാറുക്കുട്ടിക്ക് അങ്കലാപ്പാണ്. കുഞ്ഞുമനസ്സിൽ പൊലീസ് വേഷം ഭീതി പടർത്തിയിരിക്കുന്നു. തനിക്കുപോലും പൊലീസിനെ സഹിക്കാൻ കഴിയാത്ത അവസ്ഥയിൽ പാറുവിന്റെ കാര്യം പറയാനുമില്ല. ക്രിമിനലുകൾ പൊലീസിൽ ക്രമാതീതമായി ഏറിവരികയാണെന്ന് പത്രങ്ങൾ വായിച്ചാൽ അറിയാമെന്ന് ഇടയ്ക്കിടെ ശ്യാമേട്ടൻ പറയാറുണ്ട്. രാജ്യത്തു നടക്കുന്ന ഭൂരിഭാഗം ക്രിമിനൽക്കേസുകളുടേയും മുഖ്യപ്രതികൾ പൊലീസുകാരാണ്. കാക്കിക്കുള്ളിലെ കപട സദാചാരനിയമങ്ങൾ എല്ലാവർക്കുമറിയാവുന്നതാണ്.

പൊലീസുകാരൻ മുരടനക്കി:

''എന്താ മാഡം ഒന്നും മിണ്ടാതെ നിൽക്കുന്നേ? എന്തെങ്കിലും പറയണം. പെണ്ണുങ്ങളായാൽ അൽപ്പം ചുറുചുറുക്കൊക്കെ വേണ്ടേ? കേസിൽ നിന്ന് നിന്റെ അവനെ രക്ഷിക്കാൻ ഒരെളുപ്പവഴി പറഞ്ഞുതരാം.''

ആ വഴിയെന്താണെന്ന വ്യഗ്രതയിൽ വിസ്മയ അയാളെ നോക്കി. പക്ഷേ അയാൾ കള്ളനെപ്പോലെ അവളുടെ മുഖം ശ്രദ്ധിക്കാതെയാണ് സംസാരിക്കുന്നത്.

''നമ്മുടെ പൊലീസ് ഏമാനെ നീ നേരിട്ടുപോയി ഒന്നു കാണണം. സംഗതി എല്ലാം ശരിയാകും. നീ ഒറ്റയ്ക്കാണ് പോകേണ്ടത്. മറ്റവനുണ്ടല്ലോ, നിന്റെ ഭർത്താവുദ്യോഗസ്ഥൻ അവൻ വരണ്ട. നീ മാത്രം

അദ്ദേഹത്തിന്റെ ക്വാർട്ടേഴ്സിൽ പോകണം. നിന്നെപ്പോലുള്ള സുന്ദരിപ്പെമ്പിള്ളേരോട് അദ്ദേഹത്തിനു വലിയ കാര്യമാണ്. പറയുന്നതെന്തും സാധിച്ചുകൊടുക്കും. നീ കാര്യമായി അദ്ദേഹത്തെ കണ്ടാൽ മതി. എഫ്ഐആറും മറ്റും വലിച്ചുകീറി കുപ്പത്തൊട്ടിയിലെറിയാൻ അദ്ദേഹം ആജ്ഞാപിക്കും. പിന്നെ ഒരു കാര്യം പറയാം. എല്ലാവരോടും ഇത്തരത്തിലുള്ള താൽപര്യമൊന്നും അദ്ദേഹം കാണിക്കാറില്ല. നിന്നെ കണ്ടാൽ അദ്ദേഹത്തിനു ഇഷ്ടപ്പെടും. നിന്റെ പ്രായവും അതാണല്ലോ. ഞാൻ പറഞ്ഞത് മനസ്സിലായല്ലോ?''

അയാളുടെ വാക്കുകൾ അവളിൽ അരിശത്തേക്കാൾ സങ്കടമാണ് സൃഷ്ടിച്ചത്. ഇയാളോട് എന്താണ് പറയേണ്ടത്? പൊലീസ് മേധാവിക്ക് തന്നെ കൂട്ടിക്കൊടുക്കാൻ വന്നിരിക്കുന്ന ഇയാളുടെ പള്ളയിൽ കത്തികേറ്റി കൊല്ലണമെന്നുവരെ അവൾക്ക് തോന്നി. പക്ഷേ ഇപ്പോഴത്തെ സാഹചര്യത്തിൽ ഒന്നും ചെയ്യാൻ കഴിയുന്നില്ലല്ലോ എന്നവൾ വിഷാദിച്ചു. പൊലീസിലെ പ്രധാനപ്പെട്ട ഓഫീസർമാർ ഇത്തരത്തിലുള്ള ഏഴാംകൂലിക്കാരെ വിട്ട് പെണ്ണുങ്ങളെ വശീകരിക്കാൻ ശ്രമിക്കുന്നവരാണോ?

അയാൾ വീണ്ടും മുരടനക്കി:

''ഇഷ്ടമാണെങ്കിൽ, നിന്റെ അവനെ കേസിന്റെ നൂലാമാലകളിൽ നിന്ന് രക്ഷപ്പെടുത്തണമെങ്കിൽ മാത്രം നീ അദ്ദേഹത്തെ ക്വാർട്ടേഴ്സിൽ പോയി കണ്ടാൽ മതി. ഇക്കാര്യം മറ്റാരും അറിയണ്ട. നിന്റെ ഭർത്താവുപോലും. അദ്ദേഹം മഹാമനസ്കനാണ്. പറഞ്ഞതു മനസ്സിലായല്ലോ? ഞാൻ നാളെ ജീപ്പുമായി വരാം. ഞാനവിടെ എത്തിക്കാം. പിന്നെ നിന്റെ വിരുതുപോലിരിക്കും കാര്യങ്ങൾ.''

അയാൾ പുറത്തേക്ക് പോയതും വിസ്മയ പൊട്ടിക്കരയാൻ തുടങ്ങി. അയാളുടെ നിർദ്ദയമായ വാചകങ്ങൾ അവളെ വേട്ടയാടിക്കൊണ്ടിരുന്നു. കിടക്കയിൽ തിരിഞ്ഞുംമറിഞ്ഞും കിടന്ന് കരയാൻ മാത്രമേ അവൾക്കായുള്ളൂ. ജീവിതം തരിശുനിലങ്ങളായി തീരുകയാണോ എന്നവൾ ഭയന്നു. ഒരു സുഹൃത്തിനെ താമസിപ്പിക്കാൻ സൗകര്യമൊരുക്കിക്കൊടുത്തതിന്റെ പേരിൽ എന്തൊക്കെ ക്രൂരതകളാണ് പൊലീസ് അധികാരികൾ വാരിയെറിയുന്നത്. ഏതോ അപസർപ്പക കഥയിലെ സംഭവങ്ങൾപോലെ കാര്യങ്ങൾ നീങ്ങുകയാണല്ലോ. പൊലീസ് ഓഫീസറുടെ കിടപ്പറയിലേക്ക് ആനയിക്കുന്ന ആ വൃത്തികെട്ട പൊലീസിന്റെ നീചമനസ്സിനെക്കുറിച്ചാണ് അവളുടെ വ്യാകുലതകൾ പടർന്നുപന്തലിച്ചത്. അതോടൊപ്പം തന്റെ ഭീതി വർദ്ധിക്കുന്നതായി അവൾക്ക് അനുഭവപ്പെട്ടു. താൻ മറ്റേതോ മായികലോകത്തിൽ സഞ്ചരിക്കുകയാണെന്നുപോലും അവൾക്ക് തോന്നി.

വൈകുന്നേരം ശ്യാം വന്നപ്പോൾ വിസ്മയയ്ക്ക് കരച്ചിൽ നിയന്ത്രിക്കാൻ കഴിഞ്ഞില്ല. ഏറെ സാഹസപ്പെട്ടാണ് ശ്യാം അവളെ സമാശ്വസിപ്പിച്ചത്. അവിടെ നടന്ന സംഭവം വിവരിക്കുമ്പോൾ അവൾ കൊച്ചുകുട്ടിയെപ്പോലെ വീണ്ടും വിങ്ങിവിങ്ങി കരയാൻ തുടങ്ങി. ശ്യാമിന്റെ മനസ്സും ആകെ അലങ്കോലമായിരുന്നു. എന്താണ് ചെയ്യേണ്ടത്? ആരോടാണ് പരാതിപ്പെടേണ്ടത്? എന്തായിരിക്കും സംഭവങ്ങളുടെ പരിസമാപ്തി? പൊലീസ് വീണ്ടും തനിക്കെതിരെയുള്ള എഫ്ഐആർ പുറത്തെടുത്തു കേസ് ബലപ്പിക്കാനുള്ള ശ്രമമാണോ? എങ്കിൽ ജയിലിലേക്കാവും അടുത്ത യാത്ര. തന്റെ കുടുംബത്തിന്റെ അവസ്ഥയെക്കുറിച്ച് ചിന്തിച്ചപ്പോൾ അയാളുടെ മനസ്സ് പിടഞ്ഞു. ഇക്കാര്യം പരാതിയുടെ രൂപത്തിൽ അവതരിപ്പിച്ചാൽ നിയമം തനിക്കെതിരാകുമെന്ന് അറിയാം. താൻ കരുതിക്കൂട്ടി പരാതി കൊടുത്തതാണെന്ന ന്യായീകരണവും വരാം. എന്തെങ്കിലും തരത്തിൽ പ്രശ്നങ്ങൾ കുത്തിപ്പൊക്കാൻ പൊലീസ് അടുത്ത തക്കം കാത്തിരിക്കുകയാണ്. പൊലീസ് ഓഫീസർക്കുവേണ്ടി തന്റെ ഭാര്യയെ ക്ഷണിക്കുന്നിടത്തേക്ക് നമ്മുടെ ക്രമസമാധാനനില വളർന്നിരിക്കുകയാണെന്ന് ചിന്തിച്ചപ്പോൾ ശ്യാമിന്റെ സമനില പരുങ്ങലിലായി. എന്തായാലും ജോണിനോടു ചോദിച്ചിട്ടാകാം അടുത്ത നീക്കമെന്ന് അയാൾ തീരുമാനിച്ചു.

വസ്ത്രങ്ങൾപോലും മാറ്റാതെ അയാൾ ഏറെ നേരം വെറുതേ കിടന്നു. നാളെ വീണ്ടും ജോണിനെ കാണണം. ഏതെങ്കിലും തരത്തിൽ ജോലിയിൽ പ്രവേശിച്ചില്ലെങ്കിൽ ജീവിതം വഴിമുട്ടും. നഗരത്തിലെ ഏതെങ്കിലും ടെക്സ്റ്റെയിൽ കടയിൽ സെയിൽസ് ഗേളായിപ്പോകാമെന്നു വിസ്മയ പറയുന്നു. പക്ഷേ കുഞ്ഞിന്റെ കാര്യമാണ് പ്രശ്നം. അവളെ എവിടെയാണ് നിർത്തുക? ചുറ്റിനും ശത്രുക്കൾ റോന്തുചുറ്റുകയാണ്. തങ്ങളുടെ ചലനങ്ങളും നീക്കങ്ങളും ശ്രദ്ധിക്കുന്നതിലാണ് അവർക്ക് താൽപര്യം. കുഞ്ഞുങ്ങളെ നോക്കുന്ന ഏതെങ്കിലും സ്ഥാപനങ്ങളിൽ പാറുവിനെ കൊണ്ടാക്കാമെന്നാണ് വിസ്മയയുടെ അഭിപ്രായം.

അവൻ ജനാലയിലൂടെ പുറത്തേക്കു നോക്കിക്കിടന്നു. ഇരുട്ടു പടരുകയാണ്. ആകാശത്തിൽ അങ്ങിങ്ങ് ചിതറിക്കിടക്കുന്ന നക്ഷത്രങ്ങൾ. ഭീതി ഒരു നിശാവസ്ത്രംപോലെ നിഴലിക്കുന്നു. അവയുടെ മുഖങ്ങളും ഭീതിയിൽ മുങ്ങിനിൽക്കുകയാണെന്ന് അവനു തോന്നി. ഭയക്കേണ്ടത് മരണത്തെയല്ല, ദുസ്സഹമായ ജീവിതത്തെയാണെന്ന് ബർട്ടോൾഡ് ബ്രെഹ്തിന്റെ വാചകം എവിടെ നിന്നോ മനസ്സിലേക്ക് പൊന്തിവന്നു. നമ്മുടെ അവസ്ഥകൾ ഇത്രത്തോളം വികൃതമായിക്കൊണ്ടിരിക്കുകയാണെന്ന് ചിന്തിക്കാൻപോലും കഴിയുന്നില്ല.

പഠിക്കുന്ന കാലത്ത് ഒരിക്കൽ സത്യവ്രതൻ തന്റെ രാഷ്ട്രീയ നിലപാടുകളെക്കുറിച്ചു പറഞ്ഞപ്പോൾ ശ്യാം അത്ഭുതപ്പെട്ടു. കോളെജിലെ ഏതോ ചടങ്ങു കഴിഞ്ഞശേഷം സുഹൃത്തിന്റെ മുറിയിൽ ഉറങ്ങാൻ കിടക്കുമ്പോഴാണ് തന്റെ മനസ്സിലിരിപ്പ് അവൻ തുറന്നു പറഞ്ഞത്. അവന്റെ ഗുരുവിന്റെ മനസ്സായിരുന്നു അതിൽ പ്രകടമായത്.

''വർത്തമാനകാലത്തും ഭാവിയിലും വ്യക്തമായ നിലപാടുകളുള്ള വ്യക്തികൾക്ക് ചിലതെല്ലാം ചെയ്യാൻ കഴിഞ്ഞേക്കും. ആശിക്കാൻ അത് മാത്രമേ ഉണ്ടാകൂ. പടുകൂറ്റൻ സംഘടനകളുടെ കഴിവുകളും പ്രസക്തിയും ചുരുങ്ങിവരികയാണ്.''

അവന്റെ സംഭാഷണങ്ങൾക്ക് പലപ്പോഴും ദീർഘദർശിത്വം ഉണ്ടെന്ന് തോന്നിയിട്ടുണ്ട്. മിക്കവാറും നാമൊരു പുതിയ അന്ധകാര യുഗത്തിന്റെ വക്കിൽ എത്തിനിൽക്കുകയാണെന്ന് അവൻ പറയുമായിരുന്നു. നേരിയ ചലനം മതി കറുത്ത കൂരിരുട്ടിന്റെ ഒത്ത നടുവിലേക്ക് മുതലക്കൂപ്പുകുത്തി വീഴാൻ. മറ്റൊരവസരത്തിൽ അവൻ അഭിപ്രായപ്പെട്ടു: പുതിയൊരു തത്ത്വശാസ്ത്രവും രാഷ്ട്രതന്ത്രവും ഉണ്ടാകുകയും വെളിച്ചം കൂടുതൽ വെളിച്ചക്ഷമമാകുകയും ചെയ്യുന്നതുവരെ വെറും കൈയൂക്കും കള്ളത്തരവും ലോകത്തിൽ ഭരണം തുടരും. നൂതന ചിന്താഗതി രൂപം കൊള്ളുന്നതിനും വേണം കുറേ സമയം. അന്ധകാരയുഗത്തിനെ അതിജീവിക്കാൻ നമ്മുടെ ചിന്തകൾക്കാകണം.

പതിമ്മൂന്ന്

രാവിലെ ജോണിന്റെ ഫോൺവിളി കേട്ടാണ് ശ്യാം എഴുന്നേറ്റത്. തനിക്ക് മാത്രമല്ല, വിസ്മയയ്ക്കും രാത്രി ഉറക്കം കുറവാണ്. മനസ്സിന്റെ ചാഞ്ചാട്ടം പരസ്പരം അറിയുന്നുണ്ടെങ്കിലും എവിടെയോ എന്തൊക്കെയോ നഷ്ടപ്പെടുന്ന പ്രതീതി. ''പൊലീസ് സ്റ്റേഷനിൽ പോയി ഒപ്പിടൽ ചടങ്ങിനുശേഷം യൂണിയൻ ഓഫീസിൽ എത്തണം. പ്രധാനപ്പെട്ട ചില കാര്യങ്ങൾ സംസാരിക്കാനുണ്ട്.'' അതായിരുന്നു ജോണിന്റെ സന്ദേശം. ആശാവഹമായ എന്തെങ്കിലും കമ്പനിയിൽ നിന്ന് ഉണ്ടായിരിക്കുമോ? തന്റെ ദുരന്തത്തിൽ ജോൺ അസ്വസ്ഥനാണെന്നറിയാം. യൂണിയൻ നേതാവെന്ന നിലയിൽ അയാൾക്കും നിരവധി പ്രശ്നങ്ങളുണ്ട്. ക്രിമിനൽ കേസിൽപ്പെട്ട ഒരു തൊഴിലാളിയെ സഹായിക്കാൻ ശ്രമിച്ചാൽ അത് കമ്പനിയുടെ മാനേജ്മെന്റിന്

ഇഷ്ടമാകണമെന്നില്ല. യൂണിയൻ നേതാവിനേയും നോട്ടപ്പുള്ളിയാക്കാൻ അവർ ശ്രമിച്ചുകൂടെന്നില്ല.

മാനേജുമെന്റ് തനിക്ക് അനുകൂലമായ നിലപാടെടുക്കാനുള്ള സാധ്യത കുറവാണെന്ന് ശ്യാമിനറിയാം. സത്യവ്രതനെ കണ്ടെത്തുകയും എഫ്ഐആർ പിൻവലിക്കുകയും ചെയ്താൽ മാത്രമേ സംഗതികൾ മുന്നോട്ടുപോകൂ എന്ന് വ്യക്തമാണ്. എങ്കിലും ജോണിന്റെ ശ്രമങ്ങൾ തന്നിൽ ആശങ്കകളേക്കാൾ ആശകളാണ് സൃഷ്ടിക്കുന്നത്. തന്റെ മനസ്സ് ഒറ്റപ്പെട്ട തുരുത്തിലൂടെ സഞ്ചരിക്കുന്ന പ്രതീതി.

നാലഞ്ചു ദിവസങ്ങൾക്കകം എന്തൊക്കെ സംഭവവികാസങ്ങളാണ് ഉണ്ടായിരിക്കുന്നത്! ജീവിതത്തെ അനിശ്ചിതമായ ഒരവസ്ഥയിലെത്തിച്ചതിന്റെ ഉത്തരവാദി ആരാണ്? സത്യവ്രതനെ മാത്രം കുറ്റപ്പെടുത്തുന്നതിൽ പങ്കെന്താണ്? നമ്മുടെ നിയമവ്യവസ്ഥകളാണ് കുരുക്കുകൾ ഒരുക്കുന്നത്. അതിൽനിന്നു മോചിതമാകാൻ ഏറെ കഷ്ടപ്പെടേണ്ടിവരും. അതാണ് നമ്മുടെ രാജ്യത്തെ ജനാധിപത്യം. ആരെയും നേരേ നടക്കാൻ അനുവദിക്കാത്ത സമ്പ്രദായങ്ങളാണ് നമ്മെ ഭരിക്കുന്നത്.

പാറുവിനു പുതിയ സ്കൂൾ കണ്ടെത്തണം. അല്ലെങ്കിൽ അവളുടെ ഭാവിയെയാവും ബാധിക്കുക. വീട്ടിൽ എത്രനാൾ അവളെ കെട്ടിയിടും? കുട്ടികളോടൊപ്പം കളിച്ചുവളരണം. കൂട്ടിലിട്ട കിളിയെപ്പോലെ വളർത്തിയാൽ ശരിയാവില്ല. അവൾ സ്കൂളിൽപ്പോയാൽ വിസ്മയയ്ക്ക് ഒരു പണിയന്വേഷിക്കാം. ഗാന്ധിനഗർ കോളനിക്കു പുറത്താകണം പ്ലേസ്കൂൾ അന്വേഷണം. അല്ലെങ്കിൽ റെസിഡൻസ് അസ്സോസിയേഷനിലെ കടൽക്കിഴവന്മാർ കോലാഹലം സൃഷ്ടിക്കാൻ സാധ്യതയുണ്ട്. രാജ്യദ്രോഹി എന്ന് മുദ്രകുത്തിയ വ്യക്തിയുടെ കുഞ്ഞിനെ പഠിപ്പിക്കാൻ അനുവദിക്കാത്ത സമൂഹമാണ് ഇവിടെയുള്ളത്. വിദ്യാഭ്യാസത്തിന്റെ വിലയെപ്പറ്റി ദീർഘവീക്ഷണം നടത്തിയ മഹാത്മാഗാന്ധിയുടെ പേരിലുള്ള ഹൗസിംഗ് കോളനിയിലെ അന്തേവാസികളാണ് ഭീഷണിയുമായി രണ്ടു ദിവസം മുമ്പ് വീട്ടിൽ കയറിവന്നത്.

വീടുമാറ്റമാണ് അടുത്ത കടമ്പ. അസ്സോസിയേഷനിലെ ആൾക്കാർ രണ്ടുമൂന്നു തവണ വന്നന്വേഷിച്ചു എന്നാണ് വിസ്മയ പറഞ്ഞത്. പുതിയൊരു വാടകക്കാരൻ വന്നുനിൽക്കുന്നു. മുടന്തൻ ന്യായങ്ങൾ പറഞ്ഞാണ് അവർ വരുന്നത്. എന്നത്തേക്ക് വീടുമാറാനാകും. അതാണവർക്ക് അറിയേണ്ടത്. വീട്ടുടമയേക്കാൾ അസ്സോസിയേഷനിലെ അംഗങ്ങൾക്കാണ് താൻ വീടൊഴിയേണ്ട ആവശ്യം. ദേശദ്രോഹിയെ പുറത്താക്കുകയാണല്ലോ അവരുടെ രാജ്യസ്നേഹം.

കമ്പനിക്ക് സമീപം വീടന്വേഷിക്കാം. പക്ഷേ വാടകയും ഡെപ്പോസിറ്റും കൂടും. മാത്രമല്ല ഒരു മാസത്തെ വാടക ഏജന്റിനു കമ്മീഷനായി കൊടുക്കണം. സാമ്പത്തിക ബാധ്യത കൂടുമെങ്കിലും എടുക്കാതിരിക്കാൻ നിർവാഹമില്ല. നഗരത്തിന്റെ വന്യതയിൽ ഒളിച്ചിരിക്കാനാണ് തനിക്ക് മോഹമെന്ന് ശ്യാം പണ്ടൊക്കെ പറയുമായിരുന്നു. അതുകേട്ട് സുഹൃത്തുക്കൾ പൊട്ടിച്ചിരിക്കുമായിരുന്നു. അവർ ചോദിച്ചിരുന്നു- നഗരത്തിലെവിടെയാണ് വന്യത? എന്നാൽ ഇന്ന് ആ വന്യതയെ അന്വേഷിക്കുകയാണ് ശ്യാം. നഷ്ടപ്പെട്ട പലതും വീണ്ടെടുക്കാനുണ്ട്.

വിസ്മയ കുഞ്ഞിനേയും കെട്ടിപ്പിടിച്ചു കിടക്കുകയാണ്. അവൾ അങ്ങനെ ആയിരുന്നില്ലല്ലോ. പുറത്തേക്ക് പോകുന്നെന്നു പറഞ്ഞിട്ടു പോലും അവൾക്ക് മാറ്റമില്ല. രണ്ടു മൂന്നു ദിവസമായി അവൾ ക്ഷീണിച്ചിരിക്കുന്നു. രാവിലെ മുതൽ പല കാര്യങ്ങളും സംസാരിക്കാറുള്ള വിസ്മയ ഇപ്പോൾ ഏറെക്കുറേ നിശ്ശബ്ദയാണ്. എന്തെങ്കിലും ചോദിച്ചാൽ ഉത്തരമില്ല. അവൾ എപ്പോഴും മറ്റേതോ ലോകത്തിലായിരിക്കും.

രാവിലെ ഗാന്ധിനഗർ കോളനി ശാന്തമായിരിക്കുന്നു. പാത്തും പതുങ്ങിയും നോക്കുന്നവരെ കാണാനില്ല. ബസിൽ കയറി പൊലീസ് സ്റ്റേഷനിൽ എത്തുമ്പോൾ പരിസരമാകെ ബഹളമയമാണ്. രാവിലെ മുതൽ കേസും വഴക്കുമായി ജനങ്ങൾ കൂടിയിരിക്കുന്നു. പക്ഷേ ഇവിടെനിന്ന് പരിരക്ഷ ലഭിക്കില്ലെന്ന് പാവങ്ങൾക്ക് അറിയില്ലല്ലോ. കുടുംബങ്ങളെ ഛിന്നഭിന്നമാക്കുന്ന ക്രമസമാധാന പ്രശ്നങ്ങൾ. പൊലീസിൽനിന്ന് നീതി ലഭിക്കുമെന്ന വിശ്വാസമാണ് അവരുടെ മുഖങ്ങളിൽ.

റൈറ്ററുടെ അടുത്തുചെന്ന് ഒപ്പിടാൻ വന്നതാണെന്നു പറഞ്ഞപ്പോൾ അയാളുടെ മുഖം വക്രിച്ചു. അയാൾ താക്കീതോടെ പറഞ്ഞു,

''ഒപ്പിടുന്നതൊക്കെ കൊള്ളാം. ഇൻസ്പെക്ടർ സാറിനെ കണ്ടിട്ടു പോയാൽ മതിയെന്ന് കൽപ്പിച്ചിട്ടുണ്ട്. അദ്ദേഹം വരാൻ അൽപം വൈകിയേക്കും. അവിടെപോയി നിൽക്ക്.''

റൈറ്ററുടെ വാക്കുകൾക്ക് ദാക്ഷിണ്യമില്ലെന്ന് അയാൾക്ക് തോന്നി. ഇനിയെന്താണ് ഇൻസ്പെക്ടർക്ക് പറയാനുള്ളത്? പറഞ്ഞ കാര്യങ്ങൾതന്നെ ആവർത്തിക്കുകയല്ലാതെ മറ്റൊന്നുമുണ്ടാകാൻ സാധ്യതയില്ല.

പൊലീസ് സ്റ്റേഷന്റെ മുന്നിലെ മരച്ചുവട്ടിൽ ശ്യാം ഇൻസ്പെക്ടറേയും കാത്തിരുന്നു.

പലപ്പോഴും സത്യവ്രതന്റെ വാക്കുകളാണ് ശ്യാമിനെ ത്രസിപ്പിച്ചിരുന്നത്. ജനങ്ങളെ നിയന്ത്രിക്കാൻ ക്രമസമാധാനനിലയുടെ പേരിൽ നടക്കുന്ന വ്യാപാരങ്ങളാണ് ജനാധിപത്യത്തിന്റെ ശത്രുവെന്ന് അവൻ പറയാറുണ്ടായിരുന്നു. പഠിക്കുന്ന കാലത്ത് അവൻ മിലാൻ കുന്ദേരയുടെ ചില വാചകങ്ങൾ ഉരുവിടുമായിരുന്നു. ഒരു ജനതയെ ഇല്ലായ്മ ചെയ്യുന്നതിനുള്ള ആദ്യനടപടി അവരുടെ ഓർമ്മകൾ ഇല്ലാതാക്കുകയാണ്. അവരുടെ പുസ്തകങ്ങൾ, സംസ്ക്കാരം, ചരിത്രം എന്നിവ നശിപ്പിക്കുക. എന്നിട്ട് പുതിയ പുസ്തകങ്ങൾ എഴുതുക. പുതിയ ചരിത്രം നിർമ്മിക്കുക. പുതിയ സംസ്ക്കാരം കണ്ടെത്തുക. അധികാരം കഴിയുന്നതിനു മുമ്പ് തങ്ങൾ ആരായിരുന്നെന്നും ആരാണെന്നും രാഷ്ട്രം മറക്കാൻ തുടങ്ങും. അവർക്ക് ചുറ്റുമുള്ള ലോകം അവരേക്കാൾ വേഗത്തിൽ ഇക്കാര്യങ്ങൾ മറക്കും.

ഇന്നത്തെ വ്യവസ്ഥിതിയെക്കുറിച്ച് ചിന്തിക്കുമ്പോൾ സത്യവ്രതന്റെ കോളെജ് പ്രസംഗങ്ങൾ എത്രത്തോളം അർത്ഥവത്തായിരുന്നു എന്ന് ശ്യാം ചിന്തിക്കാറുണ്ടായിരുന്നു.

പൊലീസ് സ്റ്റേഷന്റെ വൃത്തിഹീനമായ അന്തരീക്ഷത്തിൽ പാവങ്ങൾ ന്യായങ്ങളുടെ വഴങ്ങാത്ത ഉറവിടം തേടി എത്തുകയാണ്. അവരുടെ സത്യസന്ധതയിൽ ക്ലാവ് പിടിക്കുന്ന കാലത്തെപ്പറ്റി അവർ മനസ്സിലാക്കുന്നില്ല. ചിന്തകൾക്ക് കണിഞ്ഞാണിട്ടുകൊണ്ട് പൊലീസുകാരന്റെ ശബ്ദം:

''എന്താ പൊലീസ് സ്റ്റേഷനിലാണോ ചിന്താശതകം? ദേ, ഇൻസ്പെക്ടർ വന്നു. അങ്ങോട്ടു ചെന്നു കാണൂ.''

ഇൻസ്പെക്ടർ ശ്യാമിനെ കാത്തിരിക്കുകയായിരുന്നപോലെ തോന്നി. അദ്ദേഹം അകത്തേക്ക് വിളിച്ചു. എന്നിട്ട് ചോദിച്ചു:

''ദിവസവും റജിസ്റ്ററിൽ ഒപ്പിടുന്നുണ്ടല്ലോ? നന്നായി. പക്ഷേ, കേസിന്റെ കിടപ്പ് അതുകൊണ്ടൊന്നും അവസാനിക്കുന്നില്ല. ഡിവൈഎസ്പി സാർ അവസാനമായി ഒരു കൽപന തന്നിട്ടുണ്ട്. രണ്ടു ദിവസത്തിനകം നിന്റെ മറ്റവനുണ്ടല്ലോ ആ സത്യവ്രതനെ കണ്ടെത്തി ഇവിടെ ഹാജരാക്കിയിട്ടില്ലെങ്കിൽ നിന്നെപ്പിടിച്ചു അകത്താക്കാൻ അദ്ദേഹം പറഞ്ഞിരിക്കുകയാണ്. എഫ്ഐആർ വീണ്ടും അദ്ദേഹത്തിന്റെ മേശപ്പുറത്തു എത്തിയിട്ടുണ്ട്. അദ്ദേഹത്തിന്റെ സ്വഭാവം നിനക്കറിയാഞ്ഞിട്ടാണ്. ഇനി എന്തും സംഭവിക്കാം.''

ശ്യാം പ്രത്യേകിച്ച് ഒന്നും പറയാതെ നിന്നു. വീണ്ടും ഇൻസ്പെക്ടറുടെ ശബ്ദം പൊങ്ങി,

''എന്താ നിന്റെ നാവിറങ്ങിപ്പോയോ? ഇന്നലെ രാത്രി നഗരത്തിലുണ്ടായ എൻകൗണ്ടറിൽ മൂന്നു തീവ്രവാദികളാണ് കൊല്ലപ്പെട്ടത്.

അതൊക്കെ അവന്റെ ഗ്രൂപ്പിൽപ്പെട്ടവരാണോ എന്നാണ് ഡിവൈഎസ്പി സാറിന്റെ സംശയം. അന്വേഷണം നടക്കുന്നുണ്ട്. അതാണ് നിന്നെ പൊക്കി അകത്താക്കാൻ സാർ ഉത്തരവിട്ടിരിക്കുന്നത്. അവനെ കണ്ടെത്തിയില്ലെങ്കിൽ നീയും താമസിയാതെ മറ്റൊരു എൻകൗണ്ടറിൽ കൊല്ലപ്പെട്ടുകൂടെന്നില്ല. നിനക്കിനി രക്ഷപ്പെടാൻ കഴിയുമെന്നു തോന്നുന്നില്ല. ഇക്കാര്യം അറിയിക്കാനാണ് നിന്നെ വിളിപ്പിച്ചത്. ഒരിക്കൽകൂടി നിന്നെ ഓർമ്മപ്പെടുത്തുകയാണ്. അവനെ കണ്ടെത്തി ഹാജരാക്കിയില്ലെങ്കിൽ നിന്റെ ജീവിതം ദുരന്തപൂർണമാകും. മറക്കണ്ട. പൊയ്ക്കോ.''

അത്രയും പറഞ്ഞശേഷം ഇൻസ്പെക്ടർ തന്നെ ശ്രദ്ധിക്കാതെ ഫയലുകൾ നോക്കുന്ന തിരക്കിലായി.

പുറത്ത് സൂര്യൻ ഉച്ചസ്ഥായിയിൽ ആയിരുന്നു. ശക്തമായ ചൂടുകാറ്റ് ആഞ്ഞടിക്കുന്നു. പ്രകൃതിപോലും തനിക്കെതിരാണെന്ന് ശ്യാമിനു തോന്നി.

അടുത്ത ബസ്സിൽ കയറി ശ്യാം കമ്പനിയിലേക്ക് പോയി. ജോൺ യൂണിയൻ ഓഫീസിൽ ഉണ്ടാകുമെന്നാണല്ലോ പറഞ്ഞിരുന്നത്. എന്താണ് അയാൾക്ക് തന്നോടു പറയാനുള്ളത്? എഫ്ഐആർ പിൻവലിക്കാനുള്ള എന്തെങ്കിലും ശ്രമങ്ങൾ ഉണ്ടായാലേ പ്രശ്നങ്ങൾ പരിഹരിക്കാനാവൂ. വേറേ വഴിയൊന്നും കാണുന്നില്ല. അതിനാവശ്യമായ നിയമോപദേശങ്ങളാണ് കണ്ടെത്തേണ്ടത്.

യൂണിയൻ ഓഫീസിൽ ജോണും മറ്റു ചില പ്രവർത്തകരും സംസാരിച്ചിരിക്കുകയാണ്. ശ്യാമിനെ കണ്ടപാടേ ജോൺ പുറത്തേക്കു വന്നു. അവർ ക്യാന്റീനിലേക്ക് നടന്നു. സ്വകാര്യമായി സംസാരിക്കണമെങ്കിൽ ഓഫീസ് പറ്റില്ല. അവിടെ എപ്പോഴും കമ്പനി പ്രവർത്തകരുടെ തിരക്കാണ്. കാന്റീൻ കുറേക്കൂടി ഭേദമാണ്.

ചായ ഓർഡർ ചെയ്യുന്നതിനിടയിൽ ജോൺ പറഞ്ഞുതുടങ്ങി:

''ഇപ്പോഴത്തെ പ്രശ്നങ്ങൾ പരിഹരിക്കുന്നതിനു നാം കോൺക്രീറ്റായ ചില തീരുമാനങ്ങൾ എടുത്തേ മതിയാവൂ. അതിൽ പ്രധാനം സത്യവ്രതനെ കണ്ടെത്തുകയാണ്. അതിനു ആരെയൊക്കെ നമുക്ക് ബന്ധപ്പെടാനാകും? അതേക്കുറിച്ച് ആലോചിക്കാനാണ് ശ്യാമിനെ വരാൻ പറഞ്ഞത്.''

ശ്യാം ഏറെനേരം നിശ്ശബ്ദനായിരുന്നു. സത്യവ്രതനെ കണ്ടെത്തുകതന്നെയാണ് തന്റേയും ലക്ഷ്യം. പക്ഷേ അതെങ്ങനെ എന്നതാണ് മുന്നിലുള്ള ചോദ്യം. ശ്യാം പിന്നെ സാവധാനം പറഞ്ഞു:

''ജോൺ, ഞാൻ എന്താണ് ചെയ്യേണ്ടത്? പറയൂ. അതനുസരിച്ച് ഞാൻ ചെയ്യാം. അല്ലാതെന്തു പറയാനാണ്?''

ജോൺ ചായ കുടിക്കുന്നതിനിടയിൽ ഒരഭിപ്രായം പറഞ്ഞു:

''സത്യവ്രതൻ നഗരം വിട്ടുപോയിട്ടില്ല എന്നാണല്ലോ പൊലീസിന്റെ നിഗമനം. അയാൾ വിപ്ലവകാരിയാണെന്നോ മാവോയിസ്റ്റാണെന്നോ ജനാധിപത്യത്തെ ഡയനാമിറ്റു വച്ചുതകർക്കാൻ നടക്കുന്ന ആളാണെന്നോ എനിക്കഭിപ്രായമില്ല. എങ്ങനെയെങ്കിലും സുഹൃത്തിനു ജോലിവാങ്ങിക്കൊടുക്കണം എന്ന സത്യവ്രതന്റെ കത്തുമായാണല്ലോ ശ്യാം വരുന്നത്. ഞങ്ങൾ വർഷങ്ങൾക്കു മുമ്പുള്ള പരിചയമാണ്. അതും പഠിക്കുന്ന കാലത്ത്. പാർട്ടിയുടെ പ്രവർത്തകനായിരുന്ന സമയത്ത് ഹൈദ്രബാദിൽ ഒരു സമ്മേളനത്തിൽ ഞങ്ങൾ ഒന്നിച്ചു പങ്കെടുത്തിട്ടുണ്ട്. ഞങ്ങൾ ഒരു മുറിയിലാണ് അന്ന് താമസിച്ചിരുന്നത്. ആ സൗഹൃദമല്ലാതെ മറ്റൊന്നും അവനുമായി എനിക്കില്ല. വർഷങ്ങൾ കഴിഞ്ഞു കണ്ടാലും ആ സൗഹൃദം നിലനിന്നിരുന്നു.''

ജോൺ പറഞ്ഞത് ശരിയാണ്. സത്യവ്രതൻ വിപ്ലവകാരിയാണെന്നോ മാവോയിസ്റ്റാണെന്നോ തനിക്കും വിശ്വാസമില്ല. പക്ഷേ ഇന്നത്തെ സാഹചര്യത്തിൽ നാം എങ്ങനെയാണ് തീരുമാനങ്ങൾ കൈക്കൊള്ളുന്നത്. എടുക്കുന്ന തീരുമാനങ്ങൾ ശരിയാകണമെന്നുമില്ല.

അൽപം നിശ്ശബ്ദതയ്ക്കുശേഷം ജോൺ തുടർന്നു:

''നഗരത്തിലുള്ള സത്യവ്രതന്റെ ബന്ധങ്ങൾ ശ്യാമിനറിയാമോ എന്നെനിക്കറിയില്ല. ആരുടേയെങ്കിലും പേരുകൾ സംസാരത്തിനിടയിൽ അയാൾ പറഞ്ഞിരുന്നോ?''

പണ്ട് വിപ്ലവപ്രസ്ഥാനവുമായി സഞ്ചരിക്കുകയും പിന്നീട് ജയിൽ ശിക്ഷ കഴിഞ്ഞ് നിശ്ശബ്ദമായി ജീവിക്കുകയും ചെയ്യുന്ന മൈത്രേയറാവുവിനെക്കുറിച്ച് ഒന്നുരണ്ടു തവണ സത്യവ്രതൻ പറഞ്ഞ കാര്യം ശ്യാം ഓർത്തു. മുമ്പൊക്കെ നഗരത്തിൽ വന്നാൽ അദ്ദേഹത്തെ സന്ദർശിക്കാതെ പോകാറില്ലെന്നും അവൻ പറയുമായിരുന്നു. അയാൾ എവിടെയാണെന്ന് ആർക്കറിയാം? ഇക്കാര്യം പറഞ്ഞപ്പോൾ ജോണിന്റെ മനസ്സിൽ എന്തോ ഒന്നുടക്കിയപോലെ. അതേ, മൈത്രേയറാവു നഗരത്തിനു പുറത്ത് ബഹളങ്ങളിൽ നിന്നൊക്കെ ഒഴിഞ്ഞ് ഒറ്റയ്ക്ക് കഴിയുകയാണെന്ന് ജോണിനറിയാം.

''എന്തായാലും ശ്യാം ഏറെ താമസിയാതെ മൈത്രേയ റാവുവിനെ കണ്ടെത്തണം. സത്യവ്രതൻ അയാളെ സന്ദർശിച്ചുണ്ടാകാം. അപ്പോൾ കാര്യങ്ങൾ എളുപ്പമാണ്. അങ്ങനെയാണെങ്കിൽ അയാൾ ഹൈദ്രബാദിലൊന്നും പോയിട്ടില്ല. റാവുവിനെ കണ്ടശേഷം അയാൾ ഇവിടെത്തന്നെ ചുറ്റിത്തിരിയുന്നുണ്ടാവും. ഞാൻ വിലാസം സംഘടിപ്പിച്ചു

തരാം. ശ്യാം അയാളെ നാളെത്തന്നെ കണ്ടെത്തണം. റാവുവിനോട് കാര്യങ്ങൾ തുറന്നുപറയുക. ആർക്കും എപ്പോഴും കാണാവുന്ന പ്രകൃതക്കാരനാണ് റാവു എന്നാണ് കേട്ടിട്ടുള്ളത്. സത്യവ്രതനെ കണ്ടെത്താനുള്ള പോംവഴി അദ്ദേഹം പറഞ്ഞുതരാതിരിക്കില്ല.''

ജോൺ പറഞ്ഞതു ശരിയാണെന്ന് ശ്യാമിനു തോന്നി. തീവ്രവിപ്ലവത്തിന്റെ നാളുകളിൽ നിന്നെല്ലാം ഒഴിഞ്ഞുമാറി കഴിയുന്ന കറകളഞ്ഞ വിപ്ലവകാരി. പൊലീസിന്റെ കിരാതവാഴ്ചയെത്തുടർന്ന് എല്ലാം എടുത്തെറിഞ്ഞ ആളെന്നു എവിടെയോ വായിച്ചിട്ടുണ്ട്. മാവോയിസ്റ്റുകാലത്തിന്റെ ഓർമ്മകളെ പിൻതള്ളിക്കൊണ്ട് വളരെ അകലേക്ക് ചേക്കേറിയ അദ്ദേഹത്തെക്കുറിച്ച് പണ്ടൊക്കെ ഫീച്ചറുകൾ എഴുതാൻ പത്രപ്പയ്യന്മാർ നിരന്തരം ശ്രമിച്ചിരുന്നു. പക്ഷേ ആരും കടന്നുചെല്ലാൻ കഴിയാത്തത്ര ദൂരം അദ്ദേഹം സഞ്ചരിച്ചുകൊണ്ടിരുന്നു. പറയാവുന്ന ബന്ധുക്കളും ഇല്ല. ഒളിവിലും തെളിവിലും ജയിലിലുമായി ജീവിതം വാരിവിതറിയ അവിവാഹിതൻ.

വിപ്ലവം സജീവമായിരിക്കുമ്പോൾ മാത്രമാണ് വിപ്ലവകാരിക്ക് വിലയുള്ളൂ. അത്തരക്കാർ മരിച്ചാൽപോലും കുഴിച്ചിടാൻ ആളെ കിട്ടില്ല. മൈത്രേയ റാവു ഇതിൽനിന്ന് വ്യത്യസ്തനായിരിക്കാം. എന്തായാലും ജോണിന്റെ നിർദ്ദേശം പരീക്ഷിക്കുകതന്നെ. അവസാന പ്രയോഗം എന്ന നിലയ്ക്ക് അതും നോക്കാം. സത്യവ്രതനെ കണ്ടെത്താൻ റാവു സഹായിച്ചാൽ പൊലീസ് സ്റ്റേഷനിൽ വന്ന് തന്റെ നിരപരാധിത്വം അവൻ വ്യക്തമാക്കട്ടെ. അതോടെ താറുമാറായ തന്റെ ജീവിതം തിരിച്ചുപിടിക്കാനാവും.

ത്രാസിൽ തൂങ്ങുന്ന നിസ്സഹായതയെ രക്ഷപ്പെടുത്താൻ അവനു കഴിയാതിരിക്കുമോ?

പതിന്നാല്

ജോൺ സംഘടിപ്പിച്ചുകൊടുത്ത വിലാസവുമായി പിറ്റേ ദിവസം രാവിലെ ശ്യാംപ്രഭാകർ മൈത്രേയ റാവുവിനെത്തേടി യാത്ര തുടങ്ങി. നഗരത്തിൽനിന്ന് രണ്ടുമൂന്നു മണിക്കൂർ യാത്ര ചെയ്യണം. പ്രധാന ബസ്ഡിപ്പോയിൽ നിന്നാണ് ബസുകൾ ശുകപുരത്തേക്ക് തിരിക്കുക. രാവിലെ ആയതിനാൽ യാത്രക്കാർ കുറവായിരുന്നു. ജനാലയ്ക്ക് സമീപമുള്ള സീറ്റാണ് കിട്ടിയത്. ശുകപുരത്ത് ഇറങ്ങി അന്വേഷിച്ചാൽ മൈത്രേയ റാവുവന്റെ സ്ഥലം കണ്ടെത്താൻ പ്രയാസമുണ്ടാവില്ല

എന്നാണ് ജോൺ പറഞ്ഞത്. ഒരിക്കൽ വാർത്തകളിൽ സ്ഥിരം പ്രത്യക്ഷപ്പെട്ട മാവോയിസ്റ്റായിരുന്നു റാവു. അതിനാൽ ആ പ്രദേശ ത്തുള്ളവർക്ക് സുപരിചിതനായിരിക്കുമെന്നാണ് ജോണിന്റെ പക്ഷം. ജോണും പണ്ട് വിപ്ലവപ്പാർട്ടിക്കുവേണ്ടി രഹസ്യമായി പ്രവർത്തിച്ച വനാണ്.

സത്യവ്രതൻ ഈ മനുഷ്യനെ എവിടെ വച്ചായിരിക്കും പരിചയ പ്പെട്ടത്? കോളെജ് വിട്ടശേഷം ചുറ്റിക്കറങ്ങുന്നതിനിടയിൽ സ്ഥാപിച്ച ബന്ധമായിരിക്കണം. മാവോയിസ്റ്റ് വിഭാഗത്തിന്റെ താത്ത്വികാചാര്യ നായിരുന്നു ഒരിക്കൽ റാവുവെന്ന് ജോൺ പറഞ്ഞിരുന്നു. ഇദ്ദേഹ ത്തെപ്പറ്റി സത്യവ്രതൻ അധികമൊന്നും പറഞ്ഞിട്ടില്ല. താൻ ചോദി ച്ചിട്ടുമില്ല. എങ്കിലും അവർ ഇടയ്ക്കിടെ ബന്ധപ്പെട്ടിരുന്നു എന്ന് ജോൺ തന്നെയാണ് സൂചിപ്പിച്ചത്.

പ്രധാന റോഡുകളിലൂടെ ബസ് സഞ്ചരിക്കുകയാണ്. ചുറ്റിലും വിശാലമായ കൃഷിയിടങ്ങൾ. രാവിലെതന്നെ കർഷകർ പാടങ്ങളിൽ എത്തിയിരിക്കുന്നു. അവരുടെ അന്നം കൃഷിയാണ്. തന്റെ ഗ്രാമവും കൃഷിയിലാണ് ശ്രദ്ധിക്കുന്നത്. രാജ്യത്തെ സമൃദ്ധിയിലേക്ക് നയി ക്കാൻ കൃഷിക്കല്ലാതെ മറ്റൊന്നിനുമാവില്ലെന്ന് പുതിയ ഭരണകൂട ങ്ങൾ തിരിച്ചറിയുന്നില്ല.

തന്റെ യാത്രയെക്കുറിച്ച് വിസ്മയയോട് ശ്യാം പറഞ്ഞിട്ടില്ല. അത്യാവശ്യകാര്യത്തിനു നഗരത്തിനു പുറത്തുപോകുന്നു എന്നേ പറഞ്ഞിട്ടുള്ളൂ. മൈത്രേയ റാവു എന്നൊക്കെ പറഞ്ഞാൽ അവൾക്ക് ദഹിക്കില്ല. മാത്രമല്ല യാത്ര മുടക്കിയെന്നും വരാം. കാരണം ഇന്നത്തെ സാഹചര്യത്തിൽ വീട്ടിൽനിന്നു മാറിനിൽക്കാൻ കഴിയില്ല. കോളനി വാസികളുടേയും പൊലീസുകാരുടേയും അനാവശ്യമായ കടന്നു കയറ്റമാണ് അവൾക്ക് തലവേദന സൃഷ്ടിക്കുന്നത്. നിനച്ചിരിക്കാതെ വന്നുപെട്ടിരിക്കുന്ന നൂലാമാലകളിൽനിന്ന് തൽക്കാലം രക്ഷപ്പെടണ മെന്നു മാത്രമാണ് അവളുടെ ആഗ്രഹം.

ഈ യാത്ര ഒരു ഭാഗ്യപരീക്ഷണം മാത്രമാണെന്ന് ശ്യാമിനറിയാം. അവസാനത്തെ കണ്ണി. അവിചാരിതമായ സന്ദർഭങ്ങളിലായിരിക്കും സാധ്യതകൾ ഉയർന്നുവരുന്നത്. മുങ്ങിപ്പോയ കപ്പൽ പ്രതീക്ഷകൾ കൈവിടാതെ സമുദ്രത്തിൽ നിന്ന് ഉയർന്നുവരുന്ന പോലെ. കാല മാണ് എല്ലാറ്റിനും സാക്ഷി. അല്ലെങ്കിൽ ഏറെക്കാലത്തിനു ശേഷം സത്യവ്രതൻ കടന്നുവരാനും പ്രതീക്ഷിക്കാത്ത സംഭവങ്ങൾക്ക് സാക്ഷ്യം വഹിക്കാനും കഴിയുന്നതെങ്ങനെ?

മനുഷ്യചരിത്രത്തിൽ ദൈവികമായ ഇടപെടലുകൾ ഇല്ലെന്ന് ഒരിക്കൽ അവൻ ഗുരുവിനെ ഉദ്ധരിച്ചുകൊണ്ട് പറഞ്ഞിട്ടുണ്ട്.

അവസാന വിശകലനത്തിൽ മനുഷ്യൻ അവന്റെ നന്മതിന്മകൾക്ക് അവനോടുതന്നെ ഉത്തരവാദപ്പെട്ടിരിക്കുന്നു. പുരോഗതിയുടെ പദചലനങ്ങളാണ് മാനുഷിക മൂല്യങ്ങളുടെ ശ്രേണീഭാവത്തെ നയിക്കുന്നത് എന്നാണ് അവന്റെ നിഗമനം.

ബസ് സാമാന്യം വേഗത്തിൽ ഓടുകയാണ്. നഗരത്തിന്റെ അതിർത്തികൾ ഗ്രാമത്തിന്റെ വിശാലതയിൽ ലയിക്കുന്നപോലെ. നെൽവയലുകൾ നീണ്ടുനിവർന്നു കിടക്കുന്നു. ഗ്രാമത്തിന്റെ സൗന്ദര്യം ശ്യാമിനെ വല്ലാതെ മത്തുപിടിപ്പിക്കുന്നുണ്ടായിരുന്നു. തന്നെ വിട്ടൊഴിയാതെ നിൽക്കുന്ന പ്രശ്നങ്ങളൊക്കെ തൽക്കാലം വിട പറഞ്ഞിരിക്കുന്നു. ശുകപുരം എത്തുമ്പോൾ അറിയിക്കണമെന്ന് നേരത്തേ കണ്ടക്ടറോടു പറഞ്ഞിരുന്നു. തണുത്ത കാറ്റടിച്ചപ്പോൾ അയാൾ ചെറുതായൊന്നു മയങ്ങി. അപ്പോഴാണ് കണ്ടക്ടർ തട്ടിവിളിക്കുന്നത്.

''നിങ്ങളുടെ സ്ഥലമെത്തി. ശുകപുരം.''

ശ്യാം അവിടെ ഇറങ്ങി. അടുത്ത കടയിൽ കയറി തനിക്ക് കാണേണ്ട ആളെക്കുറിച്ച് അന്വേഷിച്ചു. അയാളുടെ മുഖം വിവർണമാകുന്നത് ശ്യാമറിഞ്ഞു. ഏതോ ഭീകരന്റെ പേരുകേട്ടപോലെ കടക്കാരൻ ഒന്നു ഞെട്ടിയോ?

''നേരേ പോയാൽ രണ്ടാമത്തെ വളവിലെ ആദ്യത്തെ പുരയാണ്. അവിടെ ആരോടെങ്കിലും ചോദിച്ചാൽ കാണിച്ചുതരും.'' കടക്കാരൻ വിമുഖതയോടെ പറഞ്ഞു.

ശ്യാം മുന്നോട്ടു നടന്നു. ഈ പ്രദേശത്തുള്ളവർ എങ്ങനെയാവും റാവുവിനെ കാണുക? തെലുങ്കാനയിൽനിന്ന് കൂടുമാറ്റം നടത്തി ഇവിടെ വന്നു താമസിക്കുന്നതിനുള്ള കാരണമെന്താണ്?

ഏറ്റുമുട്ടലിൽ വെടിയേറ്റു മരിക്കാത്ത നമ്മുടെ പഴയ നക്സലുകളുടെ അവസാനം ആത്മീയതയിലേക്കാണ് ചാഞ്ഞതെന്ന് ചരിത്രം പറയുന്നു. അതിനൊക്കെ വിചിത്രങ്ങളായ ചില ന്യായീകരണങ്ങളും അവർ കണ്ടെത്തിയിട്ടുണ്ട്. ഇന്നത്തെ മാവോയിസ്റ്റുകളുടെ അവസ്ഥ എന്തായിരിക്കാം?

പുല്ലുകൾ വളർന്നുകിടക്കുന്ന പൊളിഞ്ഞ വേലി കടന്നു ചെറിയ വീട്ടിലേക്ക് കടന്നുചെല്ലുമ്പോൾ എഴുപത്തഞ്ചോളം പ്രായംവരുന്ന ഒരാൾ കോലായിലെ പഴക്കംചെന്ന ചാരുകസേരയിൽ കിടക്കുന്നു. മറ്റാരും അവിടെ ഇല്ലാത്ത സ്ഥിതിക്ക് അത് റാവു ആയിരിക്കണമെന്ന് ശ്യാമിനു തോന്നി. തന്നെ കണ്ടയുടനേ അദ്ദേഹം അകത്തേക്ക് വിളിച്ചു. നിരവധി പുസ്തകങ്ങളുടെ നടുവിലാണ് റാവു ഇരിക്കുന്നത്. ബാരക് ഒബാമയുടെ എ പ്രോമിസ്ഡ് ലാൻഡ് എന്ന പുസ്തകം

പകുതിയോളം വായിച്ചതിന്റെ അടയാളം കാണാം. അത് മടക്കിവച്ച് അദ്ദേഹം സ്നേഹത്തോടെ പറഞ്ഞു,

''വരൂ, ഇരിക്കൂ.''

ശ്യാം അയാളുടെ തൊട്ടടുത്തുള്ള പഴയൊരു കസേരയിൽ ഇരുന്നു. വയസ്സിനേക്കാൾ പ്രായം തോന്നിക്കുന്ന റാവു ചിതറിയ ശബ്ദത്തിൽ ചോദിച്ചു,

''ആരാ? എവിടെ നിന്നു വരുന്നു? പത്രക്കാരനാണോ? സാധാരണ തുടക്കക്കാരായ പത്രക്കാരാണ് അധികവും എന്നെ കാണാൻ വരിക. ഞാൻ പല്ലുകൊഴിഞ്ഞ വിപ്ലവസിംഹമാണല്ലോ അവർക്ക്.''

അദ്ദേഹത്തിന്റെ വാക്കുകളിൽ നിരാശയുടെ മൂടുപടം ഇടതൂർന്നു കിടന്നു. ഒരു കാവി മുണ്ടുമാത്രമാണ് അദ്ദേഹത്തിന്റെ വേഷം. ചുക്കിച്ചുളിഞ്ഞ ശരീരം. ശരിക്കും ഭക്ഷണം കഴിക്കാത്തതിന്റെ ലക്ഷണം കാണാം. എന്നാൽ മുഖത്ത് അത്ഭുതകരമായ പ്രസരിപ്പ് നിഴലിക്കുന്നു. കേൾവിക്ക് അൽപം പ്രശ്നം ഉണ്ടോയെന്ന തോന്നൽ.

ശ്യാം ഭവ്യത കൈവിടാതെ പറഞ്ഞു:

''എന്റെ പേര് ശ്യാംപ്രഭാകർ. ഞാൻ നഗരത്തിൽനിന്ന് വരികയാണ്. താങ്കളെ ഒന്നുകാണാൻവേണ്ടി മാത്രമാണ് വന്നത്. പത്രക്കരനല്ല.''

''ഇവിടെ ഒരു ചായ തരാനുള്ള സൗകര്യംപോലുമില്ല. ക്ഷമിക്കുക. വെള്ളം വേണമെങ്കിൽ ആ കൂജയിൽ നിന്നെടുത്തു കുടിക്കാം. പിന്നെ വെറുതേ എന്നെ കാണാൻ വരില്ലെന്നറിയാം. ഞാൻ കഴിഞ്ഞ അഞ്ചു വർഷമായി ഈ ഗ്രാമത്തിലെത്തിയിട്ട്. മാവോയിസ്റ്റ് വിപ്ലവത്തിൽനിന്ന് കൊഴിഞ്ഞുവീണ ചിറകറ്റ ഒരു ചിത്രശലഭമാണ് ഞാൻ. അതാണ് പത്രക്കാരിലെ പുത്തൻതലമുറ എന്നെ അന്വേഷിച്ചു വരുന്നത്. എനിക്കാകട്ടെ, ഒന്നുംതന്നെ പുതുതായി അവർക്ക് പറഞ്ഞുകൊടുക്കാനുമില്ല. അങ്ങനെ പറഞ്ഞാൽ ഈ പ്രായത്തിൽ ഇവിടെ ഇരിക്കാൻ ഭരണകൂടം എന്നെ അനുവദിക്കുമെന്ന് കരുതുന്നുണ്ടോ? പത്തുവർഷത്തെ വിചാരണത്തടവു കഴിഞ്ഞ് ഇവിടെ എത്തുകയായിരുന്നു. കോടതിക്ക് കുറ്റമൊന്നും കണ്ടെത്താൻ കഴിഞ്ഞില്ല. അതിനാൽ വെറുതേ വിടേണ്ടിവന്നു. ഇവിടെ പത്തുപതിനഞ്ച് സെന്റ് സ്ഥലമുണ്ട്. ചെറിയ തോതിലുള്ള കൃഷിയൊക്കെ ചെയ്യുന്നുണ്ട്.'' റാവു വാക്കുകൾ അളന്നുതൂക്കിയാണ് പ്രയോഗിക്കുന്നത്.

അദ്ദേഹത്തിന്റെ തീക്ഷ്ണമായ വാക്കുകൾക്കായി ശ്യാം ചെവിയോർത്തിരുന്നു. പിന്നെ പറഞ്ഞു:

''അങ്ങയോടൊപ്പം തെലുങ്കാനയിൽ കുറച്ചുനാൾ ഉണ്ടായിരുന്ന സത്യവ്രതനെക്കുറിച്ച് അറിയാനാണ് ഞാൻ ഇവിടെ വന്നത്.''

സത്യവ്രതൻ എന്ന പേരു കേട്ടപ്പോൾ റാവുവിന്റെ മുഖം പ്രസന്നമാകുന്നത് ശ്യാം ശ്രദ്ധിച്ചു. പിന്നെ കുറച്ചുനേരം പ്രാർത്ഥനയിലെന്നപോലെ കൈകൾ തമ്മിൽ ബന്ധിച്ചു നിർവികാരതയോടെ ഇരുന്നു. പിന്നെ പതുക്കെ, വളരെ പതുക്കെ പറഞ്ഞുതുടങ്ങി:

''അവൻ ഏതാണ്ട് ഒരു വർഷക്കാലം എന്നോടൊപ്പം ഉണ്ടായിരുന്നു. തെലുങ്കാനയിൽ ഏറെക്കുറെ വിജനമായ ഒരു ഗ്രാമത്തിൽ. എനിക്ക് ഏറെ പ്രതീക്ഷയുള്ളവനായിരുന്നു സത്യവ്രതൻ. എന്റെ ദുരിതങ്ങളുടെ കാലത്താണ് അവൻ എന്നെത്തേടി വന്നത്- ഒരു രക്ഷകനെപ്പോലെ. ചെയ്യാത്ത കുറ്റത്തിനു ശിക്ഷയനുഭവിക്കുമ്പോൾ ഒപ്പമുണ്ടായിരുന്ന വിപ്ലവത്തീപ്പൊരിപ്പന്തങ്ങളൊന്നും ഉണ്ടായിരുന്നില്ല. ഇന്ത്യൻ രാഷ്ട്രീയത്തിന്റെ ഇന്നത്തെ അവസ്ഥ കാണാറില്ലേ. വീണവനെ വീണ്ടും വീഴ്ത്തുക. അത് പോകട്ടെ എന്തായിരുന്നു സത്യവ്രതനെ അന്വേഷിക്കാനുള്ള കാരണം?'' റാവു ശ്യാമിനെ ശ്രദ്ധാപൂർവം നോക്കിക്കൊണ്ട് ചോദിച്ചു.

എന്തു പറയണമെന്ന് ശ്യാം ആലോചിക്കുകയായിരുന്നു. എന്തു പറയാൻ ശ്രമിച്ചാലും അതിന്റെ വസ്തുതകൾക്ക് പൊരുത്തക്കേടുകൾ ഉണ്ടാകാം. തന്റെ ഇന്നത്തെ അവസ്ഥയ്ക്ക് സത്യവ്രതൻ കാരണക്കാരനെന്നു പറയുന്നത് തന്റെ മനസ്സാക്ഷിയെപ്പോലും ലജ്ജിപ്പിക്കുന്നതാണ്. ശ്യാമിന്റെ മുഖത്ത് ഉത്തരങ്ങളൊന്നും പ്രകടമാകാതായപ്പോൾ മൈത്രേയറാവു വീണ്ടും ചോദിച്ചു:

''പറയൂ, എന്തായാലും പറയൂ. അവനെക്കുറിച്ച് കേൾക്കുന്നത് എനിക്ക് ഏറെ സന്തോഷമുള്ള കാര്യമാണ്.''

''സത്യവ്രതൻ എന്റെ കോളെജ്മേറ്റാണ്. ഞങ്ങൾ ഒന്നിച്ചു യൂണിവേഴ്സിറ്റിയിൽ ആറേഴ് വർഷം മുമ്പ് ഒന്നിച്ചുപഠിച്ചിരുന്നു. എന്റെ അടുത്ത ചങ്ങാതിയായിരുന്നു. ഞാനവനെ കണ്ടിട്ട് നാളുകളായി. അവൻ ഇവിടെ വന്നിട്ടുണ്ടോ എന്നറിയാൻ വന്നതാണ്. എനിക്ക് ഇതിനടുത്ത് ഒരിടം വരെ വരാനുണ്ടായിരുന്നു. അക്കൂട്ടത്തിൽ താങ്കളെ കണ്ടു ചോദിക്കാമെന്ന് കരുതി കയറിയെന്നേയുള്ളൂ.''

മൈത്രേയ റാവു കസേരയിൽ ചാഞ്ഞിരുന്നുകൊണ്ട് വീണ്ടും മൗനത്തിലായി. സത്യവ്രതന്റെ പേര് അദ്ദേഹത്തെ ഏതോ ഗതകാലത്തിലേക്ക് കൂട്ടിക്കൊണ്ട് പോയെന്ന് തോന്നി. അപ്പോൾ റാവു പറഞ്ഞുതുടങ്ങി:

''ഞാനവനെ കണ്ടിട്ട് വർഷം രണ്ടുമൂന്നായിക്കാണണം. ഇവിടെ വന്നു താമസമായശേഷം ഒരിക്കലേ അവൻ വന്നിട്ടുള്ളൂ. ഉത്തരേന്ത്യയിലെങ്ങോ കറങ്ങിത്തിരിഞ്ഞു വന്നതായിരുന്നു. രണ്ടു ദിവസം എന്നോടൊപ്പം ഉണ്ടായിരുന്നു. അതിനുശേഷം അവൻ വന്നിട്ടില്ല.''

നാലഞ്ചു മിനിട്ട് മൗനത്തിലായശേഷം റാവു തുടർന്നു:

''എന്നെ മാവോയിസ്റ്റെന്നും പറഞ്ഞ് സർക്കാർ ജയിലിൽ അടച്ചപ്പോൾ അവൻ മാത്രമാണ് സഹായിക്കാനെത്തിയത്. പുസ്തകം എഴുതുന്നതും വായിക്കുന്നതും ചർച്ചകളിൽ പങ്കെടുക്കുന്നതും ദേശദ്രോഹമാണെന്നു സർക്കാർ പ്രഖ്യാപിക്കുകയും എന്നെ ജയിലിൽ അടയ്ക്കുകയും ചെയ്തപ്പോൾ അവൻ അതിനെ ശക്തമായി എതിർത്തു. മാധ്യമങ്ങൾ വഴി അവനതിനെ അപലപിച്ചു. കിട്ടാവുന്ന സുഹൃത്ത് വക്കീലന്മാരെയൊക്കെ കൊണ്ട് അവൻ കോടതികളിൽ എനിക്കുവേണ്ടി സൗജന്യമായി വാദിച്ചു. അപ്പോഴേക്കും ഞാൻ വിചാരണത്തടവുകാരനായി മാറിയിരുന്നു. പൊലീസും ജയിലധികൃതരും കൂടി എന്നെ വകവരുത്തി. ഒടുവിൽ തെളിവുകൾ ഇല്ലെന്നു പറഞ്ഞ് മോചിപ്പിച്ചപ്പോൾ ഞാൻ അവശനായിരുന്നു. എന്നെപ്പോലെ പലരും ഇന്ന് ഇന്ത്യൻ ജയിലുകളിൽ ഒരു കുറ്റവും ചെയ്യാതെ കിടക്കുന്നുണ്ട്. ജയിലിൽനിന്ന് പുറത്തിറങ്ങുമ്പോൾ എന്നെ സ്വീകരിക്കാൻ ജയിൽഗേറ്റിനു മുന്നിൽ സത്യവ്രതൻ മാത്രമേ ഉണ്ടായിരുന്നുള്ളൂ. സുഹൃത്തുക്കളുടെ സഹായത്തോടെ എന്നെ ഇവിടെ കൊണ്ടുവന്നതും ഈ ചെറിയ കുടിൽ കെട്ടി താമസിപ്പിച്ചതും സത്യവ്രതനായിരുന്നു. ഭരണകൂടങ്ങൾ സ്വതന്ത്രചിന്തകരെ എങ്ങനെയെല്ലാം ദ്രോഹിക്കുന്നു എന്ന് അവനാണ് എന്നെ മുൻനിർത്തി ലോകത്തോടു വിളിച്ചുപറഞ്ഞത്. ഒരു കോളെജിൽ പൊളിറ്റിക്കൽ സയൻസ് പഠിപ്പിച്ചു എന്നതുമാത്രമായിരുന്നു ഞാൻ ചെയ്ത കുറ്റം.''

താൻ ഏതോ ഭൂതകാലത്തിലൂടെ സഞ്ചരിക്കുകയാണെന്ന് ശ്യാമിനു തോന്നി. സത്യവ്രതന്റെ മറ്റൊരു മുഖമാണ് താൻ കാണുന്നതെന്ന് അയാൾ മനസ്സിലാക്കി.

''എന്താണ് ഇപ്പോൾ സത്യവ്രതനെ തേടിവരാനുണ്ടായ കാരണം? എന്തെങ്കിലും ഗുലുമാലുകൾ അവൻ ഒപ്പിച്ചോ?'' റാവു ആകാംക്ഷയോടെ ചോദിച്ചു. അതിന്റെ തുടർച്ചയെന്നോണം പറഞ്ഞു:

''അവന് രാഷ്ട്രീയമുണ്ട്. പക്ഷേ അതേതു തരത്തിൽ പെട്ടതാണെന്ന് എനിക്ക് പിടികിട്ടുന്നില്ല. കമ്യൂണിസത്തെക്കുറിച്ച് കൂടുതൽ പഠിക്കുംതോറും അവൻ അതിൽനിന്നെല്ലാം അകലേക്ക് തെന്നിത്തെന്നി പോകുകയായിരുന്നു.''

ശ്യാം ക്ഷമാപണത്തോടെ പറഞ്ഞു, ''ഇവിടെ അവൻ എത്തിയിട്ടുണ്ടോ എന്നറിയാൻ മാത്രം വന്നതാണ്. ഒന്നിൽ നേരിൽ കാണണമെന്നേ ഉണ്ടായിരുന്നുള്ളൂ. അങ്ങയെ ശല്യപ്പെടുത്തിയിട്ടുണ്ടെങ്കിൽ ക്ഷമ ചോദിക്കുന്നു.''

''അതിൽ ക്ഷമയുടെ കാര്യമൊന്നും ഉദിക്കുന്നില്ല. അവൻ വരാൻ സാധ്യതയുണ്ടെങ്കിൽ ഞാൻ അറിയിക്കാം. വിലാസവും ഫോൺ

നമ്പരും ഇവിടെ എഴുതി വയ്ക്കൂ.'' പറയാൻ വാക്കുകളില്ലാതെ നിൽക്കുമ്പോൾ റാവു പറഞ്ഞു,

''ഞാൻ പഠിപ്പിച്ചതിനേക്കാൾ ഏറെക്കാര്യങ്ങൾ അവൻ എന്നെ പഠിപ്പിച്ചു എന്നു പറയുന്നതാവും ശരി. അവൻ ആഗ്രഹിച്ച ജീവിത വീക്ഷണം വ്യത്യസ്തമായിരുന്നു. ഇവിടെ വന്നപ്പോൾ ഞാൻ ചോദിച്ചില്ല, സത്യവ്രതാ, നീ എവിടെ ആയിരുന്നെന്ന്. എനിക്കറിയാം അവൻ സ്വാതന്ത്ര്യത്തിന്റേയും സ്വച്ഛതയുടേയും വേരുകൾ തേടി സഞ്ചരിക്കുകയായിരുന്നെന്ന്. വിപ്ലവകാരി എന്നുവച്ചാൽ മനുഷ്യനായി ജീവിക്കുക എന്നാണവൻ അർത്ഥമാക്കുന്നത്. അവന്റെ അഭിപ്രായത്തിൽ മനുഷ്യനായി ജീവിക്കുന്നതിനുള്ള സംരംഭമാണ് വിപ്ലവം. യഥാർത്ഥത്തിൽ വിപ്ലവത്തിന്റെ അക്ഷരമാല കൊത്തിയെടുക്കുന്നത് മനുഷ്യബിംബത്തിൽ നിന്നാണെന്ന് അവന്റെ ഗുരുവിനെ മുൻനിർത്തി പറയാറുണ്ട്. അവന്റെ നിരീക്ഷണത്തിൽ, വീക്ഷണത്തിൽ വിപ്ലവത്തിനു ഒരു ഇതിവൃത്തമേയുള്ളൂ. അത് മനുഷ്യനാണ്. ഒടുവിൽ ചർച്ച അവസാനിക്കുമ്പോൾ അവൻ പറഞ്ഞുനിർത്തും: മനുഷ്യാവസ്ഥയുടെ പ്രകാശങ്ങളാണ് അതിന്റെ ഇതിഹാസം, ഭാവഗീതം, നാടകീയത.''

മൈത്രേയ റാവുവിനോടു യാത്ര പറഞ്ഞിറങ്ങുമ്പോൾ നഷ്ടബോധങ്ങളുടെ കൂമ്പാരമായിരുന്നു ശ്യാമിന്റെ മനസ്സിൽ അലയടിച്ചുയർന്നത്. സ്വന്തം പ്രശ്നങ്ങൾക്ക് പരിഹാരം കണ്ടെത്താനുള്ള സന്ദർഭവും ശൂന്യമായിരിക്കുന്നു. സത്യവ്രതനെ കണ്ടെത്താൻ എന്താണ് ചെയ്യേണ്ടത്? എങ്ങനെയാണ് അവന്റെ നിരപരാധിത്വം പൊലീസിന്റെ മുന്നിൽ തെളിയിക്കുക? നല്ല മനുഷ്യനു മാവോയിസ്റ്റാകാൻ സാധിക്കുമോ? തന്റെ അറിവുകൾ എത്ര പരിമിതമാണെന്ന് ശ്യാം ചിന്തിക്കുകയായിരുന്നു.

നഗരത്തിലേക്കുള്ള മടക്കയാത്രയിൽ മൈത്രേയ റാവു എന്ന വയോവൃദ്ധന്റെ പ്രസരിപ്പുള്ള മുഖമാണ് മനസ്സിൽ നിറഞ്ഞുനിന്നത്. റാവുവിനെപ്പോലെ വിപ്ലവത്തിന്റെ തിരുശ്ശേഷിപ്പുകൾ എവിടെയെല്ലാം ചിതറിക്കിടക്കുന്നുണ്ടാകും?

ഗ്രാമപ്രദേശങ്ങൾ പിന്നിലാക്കി ബസ് ഓടുകയാണ്. തണുത്ത കാറ്റ് വീശുംതോറും ശ്യാമിന്റെ മനസ്സ് അസ്വസ്ഥമാകുകയായിരുന്നു. ബസ് എത്ര വേഗത്തിൽ ഓടിയിട്ടും നഗരത്തിൽ എത്തുന്നില്ലല്ലോ എന്നയാൾ വിഷാദിച്ചു. വിസ്മയയും പാറുവും തന്നെ പ്രതീക്ഷിച്ച് ഇരിക്കുകയാവും. കാര്യമായി എന്തെങ്കിലും കഴിക്കാനും കഴിഞ്ഞിട്ടില്ല. തിരക്കേറിയ നഗരത്തിന്റെ പ്രധാന റോഡിൽ എത്തുമ്പോൾ മണി അഞ്ചായിക്കാണും.

പെട്ടെന്ന് വലിയൊരു ശബ്ദത്തോടെ വണ്ടി നിന്നു. മുന്നിൽ കേട്ട ശബ്ദത്തിൽ യാത്രക്കാർ ഭീതിയിലായി. നടുറോഡിൽ ഒരാൾക്കൂട്ടം. വണ്ടി മുന്നോട്ടു പോകാനാവുന്നില്ല. പൊലീസും ജനങ്ങളും റോഡ് നിറഞ്ഞുനിൽക്കുന്നു. അവിടെ എന്തു നടക്കുന്നെന്നറിയാൻ ജനക്കൂട്ടം തിടുക്കം കാണിക്കുകയാണ്. ശ്യാമും മറ്റുള്ള യാത്രക്കാരും പുറത്തിറങ്ങി. ആരോ പറഞ്ഞു "എൻകൗണ്ടറാണെന്നു തോന്നുന്നു." മറ്റാരോ പറഞ്ഞു, പൊലീസ് ഏറ്റുമുട്ടലിൽ ആരോ കൊല്ലപ്പെട്ടിരിക്കുന്നു.

ശ്യാം ആൾക്കൂട്ടത്തെ തള്ളിമാറ്റിക്കൊണ്ട് മുന്നോട്ടാഞ്ഞു. അതെ ആരോ പൊലീസിന്റെ വെടിയേറ്റ് കിടക്കുന്നു. തലയിലും നെഞ്ചിലും വെടിയേറ്റിടത്തുനിന്ന് രക്തം റോഡിലേക്ക് ചീറ്റുന്നു. വെടിവച്ചെന്നു കരുതപ്പെടുന്ന പൊലീസുകാർ തോക്കുമായി വെറുതേ നോക്കി നിൽക്കുന്നു. അസ്തമയസൂര്യന്റെ കിരണങ്ങൾ മൃതശരീരത്തെ വിവർണമാക്കുന്നു. പൊലീസ് തടഞ്ഞുനിർത്തിയിട്ടും ശ്യാം മുന്നോട്ടാഞ്ഞു സൂക്ഷിച്ചുനോക്കി. അയാൾ സ്തംഭിച്ചുപോയി. അതെ, അത് സത്യവ്രതനാണ്. തൊട്ടടുത്ത് അയാൾ ഉപയോഗിക്കുന്ന കട്ടിയുള്ള കറുത്ത തുണിസഞ്ചിയും. നെറ്റിയിലേറ്റ വെടിയുണ്ടയിൽനിന്ന് ചീറ്റിയ രക്തം വായിലൂടെ ഒലിച്ചിറങ്ങുന്നു. തുറന്നിരിക്കുന്ന അവന്റെ തീക്ഷ്ണമായ കണ്ണുകൾ. ദയനീയമായി അത് തന്നെ നോക്കുകയാണോ? ഒരിക്കൽകൂടി ആ കണ്ണുകളിലേക്ക് നോക്കുവാൻ ശ്യാമിനു കഴിഞ്ഞില്ല. പൊലീസുകാർ പിടിച്ചു പിന്നിലേക്ക് വലിക്കുമ്പോൾ മരണത്തിലും സത്യവ്രതന്റെ മുഖത്തെ നിശ്ചയദാർഢ്യം ശ്യാമിനെ അമ്പരപ്പിച്ചു. കഴിഞ്ഞ ഏതാനും ദിവസങ്ങളായി താൻ അന്വേഷിച്ചു നടന്ന തന്റെ പ്രിയ സുഹൃത്ത് ഇതാ പൊലീസ് എൻകൗണ്ടറിൽ നഗരത്തിന്റെ നടുറോഡിൽ കൊല്ലപ്പെട്ടിരിക്കുന്നു.

ഒന്നിനുമാകാതെ, ഒരടിപോലും മുന്നോട്ടു വയ്ക്കാനാകാതെ ശ്യാം നടുറോഡിൽ അബോധാവസ്ഥയിൽ വീഴുമ്പോൾ പടിഞ്ഞാറ് സൂര്യൻ അസ്തമിക്കുകയായിരുന്നു.

■